U0928124

珍藏本
纪念版

汉译世界学术名著丛书

君士坦丁传

〔古罗马〕尤西比乌斯 著
林中泽 译

商务印书馆
SINCE 1897
The Commercial Press
2017年·北京

Eusebius Pamphilus
THE LIFE OF CONSTANTINE
Cosimo, Inc., New York, 2007
据纽约柯西莫公司 2007 年影印版译出

汉译世界学术名著丛书
（120 年纪念版·珍藏本）
出 版 说 明

2017 年 2 月 11 日，商务印书馆迎来 120 岁的生日。120 年前，商务印书馆前贤怀揣文化救国的理想，抱持“昌明教育，开启民智”的使命，立足本土，放眼寰宇，以出版为津梁，沟通中西，为中国、为世界提供最富智慧的思想文化成果。无论世事白云苍狗，潮流左右激荡，甚至战火硝烟弥漫，始终践行学术报国之志，无改初心。

迻译世界各国学术名著，即其一端。早在 20 世纪初年便出版《原富》《天演论》等影响至今的代表性著作，1950 年代后更致力于外国哲学和社会科学经典的译介，及至 1980 年代，辑为“汉译世界学术名著丛书”，汇涓为流，蔚为大观。丛书自 1981 年开始出版，历时三十余年，迄今已推出七百种，是我国现代出版史上规模最大、最为重要的学术翻译工程。

丛书所选之书，立场观点不囿于一派，学科领域不限于一门，皆为文明开启以来，各时代、各国家、各民族的思想与文化精粹，代表着人类已经到达过的精神境界。从书系统译介世界学术经典，引领时代思想，为本土原创学术的发展提供丰富的文化滋养，为推动中国现代学术和现代化进程做出了突出的贡献。

为纪念商务印书馆成立120周年，我们整体推出“汉译世界学术名著丛书”120年纪念版的珍藏本，寄望既利于文化积累，又便于研读查考，同时向长期支持丛书出版的译者、编者和读者致以敬意。

两甲子后的今天，商务印书馆又站在了一个新的历史时间节点上。我们不仅要铭记先辈的身影和足迹，更须让我们的步伐充满新的时代精神。这是商务人代代相传的事业，更是与国家和民族的命运始终紧密相连的事业。我们责无旁贷，必须做好我们这代人的传承与创造，让我们的努力和成果不仅凝聚成民族文化的记忆，还能成为后来人可以接续的事业。唯此，才能不负前贤，无愧来者。

商务印书馆编辑部

2017年10月

谀媚之歌抑或景仰之辞
——一部备受争议的历史杰作

恺撒利亚的尤西比乌斯(Eusebius of Caesarea，265—339年)，虽因《教会史》而享尽美誉，却因《君士坦丁传》而备受争议。在西方历史上，很少有一部人物传记像《君士坦丁传》那样经受过大褒大贬的评论。对这部著名作品的诟病由来已久。作者在该作品中曾就君士坦丁的继承者们所掌控的政治形势做出过一个很不灵验的乐观预言，这一轻率行为无疑大大贬损了作品本身的声誉。在公元4—5世纪间，继尤西比乌斯之后崛起的教会史家苏克拉底(Socrates，380—450年)，虽然在总体上保持着对尤氏的尊重，但在具体谈及这部传记时却评价不高，他断言，此书的写作目的在于对君士坦丁做高度颂扬，而不是要准确陈述事实。[①] 这一说法深深地影响着古代末期和整个中世纪时期人们对《君士坦丁传》的总体评价。启蒙时代的自由主义学者，把对教会的敌视情绪引申到对历史文献的研究，作为第一位基督教皇帝的君士坦丁，以及为其作传的作家尤西比乌斯，自然身价大跌。18世纪著名历史学家爱

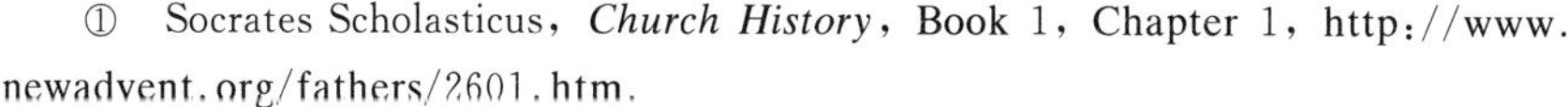

① Socrates Scholasticus, *Church History*, Book 1, Chapter 1, http://www.newadvent.org/fathers/2601.htm.

德华·吉本(Edward Gibbon，1737—1794年)在叙述君士坦丁的生平时，虽然也不时提到尤西比乌斯，但他并不怎么采纳其《君士坦丁传》中所提供的材料，他所大量引用的材料，主要是其他教会史家和异教作家的作品；在谈及君士坦丁对李锡尼的战争和胜利时，他甚至含沙射影地抨击了尤西比乌斯："有些人热衷谀媚奉承，经常把失败者贬得一文不值，将全部光荣归于获胜的对手。"[①]19世纪的历史学家雅各布·布克哈特(Jacob Burckhardt，1818—1897年)则径直称尤西比乌斯是"最令人讨厌的歌功颂德者"，[②]是"古代头号彻头彻尾不诚实的历史学家"；[③]他断言，尤西比乌斯为了把君士坦丁塑造成教会的第一位伟大的保护者和理想的统治者，不惜采用"歪曲、掩饰和伪造"等手段，因此他的作品不能作为决定性的史料来使用。[④] 与布克哈特同时代的不少学者均拥有类似的看法。如克里维鲁奇(Crivellucci)认为《君士坦丁传》不过是一部历史小说；格里斯(Görres)认为它的价值与当时流行的拉丁诗人的颂词差不多；曼索(Manso)则认为它甚至比这些颂词"更加可耻和更加虚伪"。[⑤]

概括地说，人们对尤西比乌斯及其《君士坦丁传》的批评，主要

---

① 〔英〕爱德华·吉本著，席代岳译：《罗马帝国衰亡史》，第一册，吉林出版集团有限责任公司，2008年，第334页。

② 〔瑞士〕雅各布·布克哈特著，宋立宏等译：《君士坦丁大帝时代》，上海三联书店，2006年，第215页。

③ 同上书，第233页。

④ 同上书，第233、240页。

⑤ Ernest Cushing Richardson, "Prolegomena to Life of Constantine", in NPNF2-01. *Eusebius Pamphilus: Church History, Life of Constantine, Oration in Praise of Constantine*, by Eusebius Pamphilus, New York: Cosimo, Inc., 2007, p.925.

是基于三个方面的理由：其一，尤西比乌斯故意隐瞒了一些重大的历史事实。这些事实包括君士坦丁下令处死自己的长子克里斯普斯，并勒令自己的妻子法斯塔自杀等与宫廷丑闻有关的事件。其二，尤西比乌斯夸大和歪曲了某些历史情节。例如在尤西比乌斯的笔下，皈依之后的君士坦丁不仅是基督教的保护者，而且是传统异教的毁灭者，实际上这位皇帝至死也没有对异教采取过重大的毁灭性措施；又如尤西比乌斯描述君士坦丁从伽略里乌斯宫廷出走之后，逃到北高卢，恰好见到弥留之际的父亲，接着马上就接替父亲成为奥古斯都，而实际上，他是在不列颠见到父亲的，而且跟随其作战一年多后才继位的。其三，尤西比乌斯用一种颂词的风格，而不是用纪实的风格来叙述君士坦丁，书中大量歌功颂德式的话语就是明证。

与这类否定性的评价意见相反，某些学者在极力称赞尤西比乌斯的人品的同时，对《君士坦丁传》的价值进行了充分的肯定，理查森博士（Ernest Cushing Richardson）和麦克吉弗特博士（Arthur Cushman Mcgiffert）便是这类学者中的典型代表。针对上述的各种指控，理查森做出了较为系统的回应：

第一，尤西比乌斯在其作品的开头，已经明确告诉过读者，他所记载的主要是君士坦丁在宗教方面的高尚行为，他甚至特意指出，为了达到此一目的，他不得不省略掉一些重要的非宗教事件（《君士坦丁传》第1卷第11章，以下只注明卷次及章节，不标明书名）。在写作目标如此明确的情况下，如果无端地要求他一定要塞入一些影响主题的宫廷丑闻，那不仅是强人所难，而且在技术上和伦理上都站不住脚。

第二，在古罗马时代，基督教与异教处于势不两立的敌对状态，君士坦丁对于基督教信仰的推进和对于基督徒的保护，在很大程度上正是推动了异教的毁灭；而把君士坦丁从异教皇宫出走与他的继位直接连在一起，其中省略了一些中间环节，目的只是为了加强叙述效果，使主人公的形象在读者心目中更为清晰明快。因此，尤西比乌斯并没有蓄意夸大和歪曲历史情节。

第三，至于尤西比乌斯没能使用纯粹的纪实风格来写作之说，更是近于苛求。传统上有一种“死者为尊”的习惯，即后人不揭先人的短；尤西比乌斯既然是在为一名死去的皇帝作传，就难免要遵循这样的古训。即使现代人在为帝王、总统及其他伟大人物立传时，都是只记善不记恶，我们又有何理由要求一位公开表明自己宗教立场的古人，在记述自己所尊崇的君王时，完全采取超然的态度呢？[①]

理查森最后总结说：《君士坦丁传》“是由一名有理智和道德能力并且充满真诚的作者，借助丰富的材料，在没有蓄意造假和误解的情况下撰述出来的，它也许代表了当时的基督徒对于这位皇帝的基本看法，其准确度和诚实度不亚于后来的‘林肯传’或‘威廉大帝传’”[②]。麦克吉弗特基本同意理查森的观点，不过他说得较为婉转：“的确，尤西比乌斯强调了皇帝的优秀品德，他未能提及其性格中的阴暗面；可是据我所知，他并没有歪曲事实，他只是做了天

---

① Ernest Cushing Richardson, “Prolegomena to Life of Constantine”, in NPNF2-01. *Eusebius Pamphilus*: *Church History*, *Life of Constantine*, *Oration in Praise of Constantine*, by Eusebius Pamphilus, New York: Cosimo, Inc., 2007, p.925.

② Ibid. p. 926.

下的人们通常都会做的事情而已，即称颂一位辞世的朋友。”[①]

理查森的辩护从总体上看是很有力度的。不过他既然提到了“死者为尊”，我们就不得不就该问题多讲两句。实际上，古人在为死者立传时，未必都会遵循只记善不记恶的原则。古时最有名的传记作家是希腊人普鲁塔克和罗马人苏维托尼乌斯，在他们的作品里，传主的恶行照例被暴露无遗。真正的记善不记恶原则，恐怕是由基督教的圣徒传记逐渐发展而来的。在后来的西方世界天主教徒看来，由于君士坦丁不是一名圣徒，[②]尤西比乌斯的《君士坦丁传》便说不上是圣徒传记的开山之作。然而，重要的是，尤西比乌斯一反超然和客观的希腊罗马传统，公开申明只记叙君士坦丁的高尚事迹，这无疑是开创了人物传记的一种新的撰述风格。虽然没有确切证据表明《君士坦丁传》与后来的圣徒传记之间存在着内在关联，可是他的风格创新，却足以让人们明显感到一条标界正在隐隐出现，这一标界把异教的旧时代与基督教的新时代清楚地隔离开来。

理查森的观点虽然有一定的说服力，可是在撰述实践上，单纯的颂词与真正的人物传记毕竟是有区别的，《君士坦丁传》却同时

① Arthur Cushman Mcgiffert, “Prolegomena to the Church History of Eusebius”, in NPNF2-01. *Eusebius Pamphilus*: *Church History*, *Life of Constantine*, *Oration in Praise of Constantine*, by Eusebius Pamphilus, New York: Cosimo, Inc., 2007, p.64.

② 虽然君士坦丁的圣徒地位在希腊教会的东正教阵营中受到了承认，可是罗马教廷至今也未承认他的这一地位。详见 Rodney Stark, *The Triumph of Christianity*: *How the Jesus Movement Become the World's Largest Religion*, New York: HarperCollins Publishers, 2011, p.169。

包含了这两个方面的要素，这不得不令人感到困惑：在这一本书里，尤西比乌斯到底是要为君士坦丁撰写一篇以美德和虔诚为素材的颂文呢，还是要为他创作一篇以历史事实为依据的传记呢？有人推测说，尤西比乌斯手头掌握有两类不同性质的材料，一类是有关君士坦丁的各式各样的颂词，另一类是涉及这位皇帝的各种文件和信函；尤西比乌斯希望把这两类材料加工成为一部传记，可是这一工作只做了一半便去世了，他的继任者阿卡丘(Acacius)在获得他的手稿之后，经过简单的处理，再加上各章标题之后便予以公开发表，因此严格来说这是一部尚未完成的半成品。[①] 此说虽属猜度，但尚能自圆其说，故不啻为一种可供参考的见解。

其实，《君士坦丁传》中的自相矛盾还不仅仅表现在单纯文字表述的风格上，它甚至也表现在某些重大的政治倾向上。从总体趋势看，尤西比乌斯应当是一位具有希腊化倾向的君主主义者，他认为君主就是上帝的形象，他代表上帝统治人民；他在道德上仿效上帝，人民则仿效他，他与人民的关系犹如父亲对儿子的关系，他同时也是人民的救主、恩主和好牧人(第4卷第65章)。在这种情况下，君主就是法律的化身，他的权力是无限的。不过奇怪的是，与此同时，一种刻意限制君权的苗头，也出现在同一部作品中。例如某些段落以非同寻常的语气赞扬了君士坦丁的宽容、克制和谦恭，言下之意无非是要强调：作为一名理想皇帝，必须具有教士的品格，必须照管上帝的事情和看守真正的信仰，他当然不应该把自

① 这是帕斯廓里先生(G. Pasquali)的观点，转引自 Timothy D. Barnes, *Constantine and Eusebius*, Cambridge, Massachusetts: Harvard University Press, 1981, p.263。

己的意见强加给主教们；他必须表现得像他们中的一员那样，服从正统派多数人的判决；他不应该动用士兵恐吓主教；最后，他必须拒绝支持顽固的异端少数派（第 1 卷第 44 章）。如何解释这样的叙述矛盾呢？有人认为，目前传世的《君士坦丁传》，有可能已经窜入了一些与尤西比乌斯立场相左的内容，窜入者大概是狄奥多西一世时代的一名正统派人士。上述刻意限定君权的描述，便是这位窜入者的杰作之一。[①] 此类窜入品也出现在别的一些场合中，其中最典型的莫过于对君士坦丁宗教立法行为的描述。例如，《君士坦丁传》谈到这位皇帝如何禁止民众在神庙中安放他的塑像进行崇拜，禁止人们献祭和进行偶像崇拜，甚至禁止埃及人对尼罗河神的崇拜，等等（第 4 卷第 16、23、25 章）。这些举措不仅与尤西比乌斯心目中理想皇帝的宽容形象相抵牾，而且与历史事实极不相符，因为事实上，这些禁令要等到半个多世纪以后的狄奥多西一世时代才出现。[②]此类移花接木式的窜入，在很大程度上反映了公元 4 世纪教会正统派与阿里乌异端之间的博弈和势力消长。

客观地说，在颂词充斥着整个文坛的帝国时代，恐怕任何作者都难以戒除掉夸耀和赞颂的文风，尤西比乌斯既然立意要树立一位基督教皇帝的高大形象，其写作风格不能不受时俗的影响。因此，评判《君士坦丁传》是否有“谀媚”之嫌，就不能仅限于分析作品

① Francis Dvornik, *Early Christian and Byzantine Political Philosophy: Origins and Background*, Volume Two, Washington: Trustees for Harvard University, 1966, p.752.

② Francis Drornik, Early Christian and Political Philosophy: Origins and Background, p.754.

中的措辞和表达方式,更重要的是要弄清楚该作品的真正写作动机。“谀媚者”的一个最大特征,是为了谋求一己之私,无原则地讨好长上。在这里,谋私利是目的,讨好是手段。如果一个人不是为了自己的私利,而是由于某种信仰的原因而对君王有过分溢美之词,则不能算是严格的谀媚。327年,尤西比乌斯曾在安条克主持过一次主教会议,在此次会议上,反阿里乌派的领袖人物之一、安条克主教尤斯塔修斯(Eustathius)遭到谴责和废黜,并经皇帝审批后被放逐。安条克主教一职由此出空,叙利亚人联名致函君士坦丁,要求由尤西比乌斯来填补这一空缺,这一要求虽然一度获得皇帝的批准,却遭到尤西比乌斯本人的断然拒绝(第3卷第60—61章)。安条克主教属于宗主教,对整个叙利亚行省的其他主教拥有管辖权,[①]从一个普通地区主教升任宗主教,对于某些贪恋权势的小人来说自然是一件梦寐以求的美差,而尤西比乌斯却对之毫不心动。或许有人会说,他可能有更大的野心,例如谋求更有权势的亚历山大里亚或罗马宗主教职位,但是根据当时教会的传统惯例,这种可能性是绝对不存在的,聪明无比的尤西比乌斯不可能不知道这一点。因此我们至少可以说,推动尤西比乌斯蓄意讨好一名世俗君主的政治企图并不明显。

毋庸讳言,在尤西比乌斯是否自始至终地忠诚于自己的信仰

---

① 在尤西比乌斯的时代,安条克作为宗主教区的地位,位于罗马和亚历山大里亚之后而排第三。这三个宗主教区据信都直接继承使徒彼得的传统:罗马是彼得传教、建立教会及最后受难的地方,亚历山大里亚教会被认为是由彼得的学生马可所建,而安条克则被认为是彼得在去罗马之前所生活过的城市。详见 Leo Donald Davis, *The First Seven Ecumenical Councils* (325—787): *Their History and Theology*, Collegeville, Minnesota: The Liturgical Press, 1983, p.130。

方面，的确存在着盲点。据与尤氏同时代的萨拉米斯主教艾皮法纽斯(Epiphanius, 315—403 年)的记载，公元 335 年在腓尼基的泰尔城召开的公会议，实际上是阿里乌分子针对尼西亚正统派人士的一场审讯，在此次会议上，尤西比乌斯坐在法官席上，而尼西亚派铁腕人物阿塔纳修斯则站着接受讯问。在场的阿塔纳修斯追随者、赫腊克利亚主教波塔摩(Potamo)，为了维护尼西亚派的尊严，向与会者公开披露了一件鲜为人知的事情，他"悲愤交集，且泪流满面，大声地对尤西比乌斯说：'尤西比乌斯，你坐着审判无辜之人阿塔纳修斯吗？谁能够容忍这样的事情呢？在迫害期间，你不是和我一起受到监禁吗？我为了真理的缘故丢失了一只眼睛，而你身上却分毫未损，更不用说殉道了，你可活得潇洒自如。除非你向对我们施加暴力的人承诺要履行渎神的行为，或实际上已经履行了这种行为，否则你如何能够从牢里逃出呢？'"[①]据此我们得知，尤西比乌斯在埃及旅行时曾经被捕入狱，并且与波塔摩关在一起，后来却安然无恙地被放了出来。至于为何他如此幸运，麦克吉弗特博士的推测是：有可能是政府当局中有影响力的朋友保护了他，使他免于受折磨；也有可能他在反迫害中名气不够大，故未被加害，并在迫害结束后与其他牢友一道被释放。[②] 这一推测也许是有道理的。该事件的披露者艾皮法纽斯本身也是一位正统派人士，

① Arthur Cushman Mcgiffert, "Prolegomena to the Church History of Eusebius", in NPNF2-01. *Eusebius Pamphilus: Church History, Life of Constantine, Oration in Praise of Constantine*, by Eusebius Pamphilus, New York: Cosimo, Inc., 2007, pp. 88—89.

② Ibid. p. 14.

他对尤西比乌斯素怀偏见，但是他在记叙波塔摩对尤氏的指控时，也并没有以肯定的口气断言尤氏曾经以妥协换取自由，他只是转述了波塔摩的一种猜测而已，就当时教派斗争的严酷现实而言，这一猜测的可信度，未必比麦克吉弗特的推论更加接近事实。

我们手头所掌握的材料告诉我们，尤西比乌斯与君士坦丁的私人关系并不像后来的人们所想象的那么亲密。他既不是皇帝的廷臣，也不是皇帝的顾问，当然也算不上是皇帝的挚友。他常驻在恺撒利亚，与皇都君士坦丁堡相距有千余公里之遥，他不可能成为皇帝的常客。终其一生，他与皇帝最多见过五次面。第一次是在301或302年之间，那时君士坦丁作为戴克里先的随从，陪同后者做穿越巴勒斯坦的旅行，路经恺撒利亚，尤西比乌斯作为成千上万的列队欢迎者之一，在路上见到了这位年轻的皇子(第1卷第19章)。两人的第二次见面发生于325年，即在尼西亚公会议上，尤西比乌斯与皇帝一同莅会，会后他与其他主教一起接受皇帝的宴请；也许就在此次会见时，君士坦丁向尤西比乌斯描述了那场促使他皈依上帝的著名异象(第1卷第28章，第3卷第13章)，不过尤西比乌斯未必是唯一的一名听众。327年12月，在尼科米底亚召开了另一次公会议，在此次会议上，两人又遇到了一起，不过此后近八年内未曾见面。335年11月，正在泰尔出席主教会议的尤西比乌斯，突然接到皇帝的命令，要他偕同其余五名主教立即赶往君士坦丁堡，去为阿塔纳修斯的叛国罪指控作证；在阿塔纳修斯被贬黜离去之后，尤西比乌斯当着皇帝的面发表了一个祝贺圣墓教堂落成的演讲，据说为了表示尊重，皇帝坚持站着听完演讲(第4卷

第33、46章)。两人的最后一次会见,发生于336年夏季在君士坦丁堡召开的公会议上;会议结束后,恰遇君士坦丁即位三十周年庆典,皇帝设宴招待包括尤西比乌斯在内的莅会主教们;作为庆典的一部分,尤西比乌斯发表了以《君士坦丁颂》为题的演讲(第4卷第46章),当然,他也未必是发表演讲的唯一一名主教。从两人见面的各个具体场景看,尤西比乌斯似乎从未与君士坦丁单独相处过,所有的会晤,都具有集体活动的性质。从双方交往中所表现出来的礼节和客套,实在看不出彼此间的私谊。

两人的信函来往也不多。尤西比乌斯第一次收到君士坦丁的信函是在324年,这实际上是一封致巴勒斯坦居民的公开信,信中要求他们主动消除李锡尼反基督教立法的影响(第2卷第43章)。此后不久,君士坦丁分别向东方各地的每位主教发出一封信函,敦促他们利用行省总督所提供的资金扩建教堂及其他礼拜场所(第2卷第45章),作为恺撒利亚主教的尤西比乌斯,自然也是收信人之一。第三封信函实际上是写给耶路撒冷主教马卡里乌斯(Macarius)和包括尤西比乌斯在内的巴勒斯坦地区所有主教的,君士坦丁在信中命令他们在一个叫"马姆勒橡树林"(the Oak of Mamre)的异教遗址上面建造教堂(第3卷第51章)。第四封信函是尤西比乌斯首次从皇帝那里收到的真正的私人函件,由于此前尤西比乌斯明确拒绝就任安条克主教职务,皇帝在此信函中表扬了他的高风亮节(第3卷第61章)。此外,尤西比乌斯还援引过君士坦丁写给他的其他两封私人信函,一封是感谢尤西比乌斯给他寄去了一篇有关复活节问题的论文;另一封是要求尤西比乌斯组织制作五十本《圣经》以备君士坦丁堡的教堂使用(第4卷第35、36章)。两封信函充满着尊重的语调,但并不亲密。由此看来,君士坦丁无疑只把尤西比乌斯当作一位值得敬重的作家、学者和神学家来看待,他们的关系并未超出一般君臣之间的限度。

尤西比乌斯对于自己一贯倾慕的皇帝及其亲属,也并非一味地曲意逢迎。实际上,在大是大非的问题上,他是颇能坚持原则的。例如,君士坦丁在一次演讲中,曾经长篇累牍地引述西比尔预言和维吉尔的田园诗,力图证明古代异教神谕早就预告了基督的降临、传道、死难及复活;①针对这一标新立异的说法,尤西比乌斯并不认可,他说道:"(古时)有哪个预言家或占卜师能够预言,他们的仪式将随着一位新神莅临这个世界而消亡,全能君王的知识和崇拜将被自由地授予全人类?""那些经常发出耸人听闻的话语的人,没有一个曾宣布过人类救主的光荣降临。"②又如,君士坦丁的妹妹君士坦提娅曾经给尤西比乌斯写信,要求他送给她一幅她所听说过的基督的画像;尤西比乌斯在复函中对她进行了严厉批评,并强烈地指责了这种画像的使用,理由是,这会导致偶像崇拜。③由此可见,尤西比乌斯虽则尊重帝王的权威,却同时把这种权威置

① The Oration of The Emperor Constantine, Which He Addressed "To The Assembly of the Saints". Ch. 18—20. in NPNF2-01. *Eusebius Pamphilus: Church History, Life of Constantine, Oration in Praise of Constantine*, by Eusebius Pamphilus, New York: Cosimo, Inc., 2007, pp. 88—89.

② The Oration of Eusebius Pamphilus, In Praise of The Emperor Constantine. Pronounced On the Thirtieth Anniversary of His Reign. Ch. 9. in NPNF2-01. *Eusebius Pamphilus: Church History, Life of Constantine, Oration in Praise of Constantine*, by Eusebius Pamphilus, New York: Cosimo, Inc., 2007.

③ Arthur Cushman Mcgiffert: "Prolegomena to Life of Constantine", p. 44. in NPNF2-01. *Eusebius Pamphilus: Church History, Life of Constantine, Oration in Praise of Constantine*, by Eusebius Pamphilus, New York: Cosimo, Inc., 2007.

于信仰的控制之下。换句话说，在信仰与王权出现矛盾时，信仰仍被看作高于王权。

尽管在尤西比乌斯与君士坦丁之间不存在诚挚的私人交谊，但可以肯定的是，他们有着大致相同的神学倾向。众所周知，尤西比乌斯本人是希腊传统的产儿，从小接受奥利金思想的熏陶，虽然在325年的尼西亚公会议上一度屈服于尼西亚正统派的压力，最终在尼西亚信纲上签了字，以此逃脱了被咒逐的命运，可是奥利金的逻各斯从属论思想，仍然铭刻在他的内心深处。[①] 尤西比乌斯的对手尼西亚正统派认为，圣父与作为逻各斯出现的圣子虽然存在着不同的位格，但他们是本体同一的（*homoousios*），圣子尽管由圣父所生，他在时间上和权能上却与圣父没有任何差异，即同为一个上帝。[②] 圣子与圣父的同等地位一经确认，便意味着世上的任何被造物均要服属于圣子基督，哪怕是贵为帝王，都与芸芸众生一样，不过是等待着被基督救赎的可怜对象而已。换一句话说，在尼西亚正统派那里，人间的世俗王权是从属于天上的基督主权的。而对于具有阿里乌神学倾向的尤西比乌斯来说，作为逻各斯出现的圣子虽然也是神，但他不能够与生他的圣父同等，他只能够从属于圣父。尤西比乌斯曾公开断言："子并非与父同存，父先存于

① 这可以从他对奥利金的精心描述和极力赞扬中看得出来，详见 Eusebius Pamphilus: *Church History*, VI, 1—36, in NPNF2-01. *Eusebius Pamphilus: Church History, Life of Constantine, Oration in Praise of Constantine*, by Eusebius Pamphilus, New York: Cosimo, Inc., 2007。

② Leo Donald Davis, *The First Seven Ecumenical Councils (325—787): Their History and Theology*, Collegeville, Minnesota: The Liturgical Press, 1983, pp. 60—61.

子。”“上帝之子是上帝的一个完善的创造物，而非其他的创造物之一种。”[1]贬低圣子基督，目的无非是为了相应抬高世俗君王的地位，其最后结果就是把二者同列于一个崇拜档次之内，让他们一起接受上帝的调配和节制。而君士坦丁的军事胜利和皈依，则恰逢其时地为尤西比乌斯神化世俗君王提供了一个天赐良机。尤西比乌斯坚持认为，基督和君士坦丁都是上帝的工具，其中一个是宣布上帝王国的到来，另一个是确立一神教。尤西比乌斯甚至提出，君士坦丁是第二位救主；作为全世界救主的基督，打开了天上王国的大门，而皇帝则洗刷掉其地上王国的错误，旨在拯救他所驾驶的船只上的所有船员；在确立秩序与和谐方面，皇帝在地上也做了逻各斯基督在宇宙中所做的事情。例如，在336年君士坦丁即位三十周年庆典上，尤西比乌斯在其《君士坦丁颂》演讲中就明确宣称：既然伟大的上帝隐藏在他的天上宫殿中，他便需要有媒介去揭示自己，这样的媒介有两个，一个是独生的逻各斯，“即整个宇宙的统治者”；另一个就是皇帝，即“上帝的朋友”，他支配人间的万事万物。[2] 总之，在尤西比乌斯的眼里，基督与皇帝在上帝之下是并列同等的，二者均引导人们认识和崇拜上帝，二者均给人类带来秩序与和平。

虽然正统派也尊重世俗王权，但他们通常会把王权置于基督

---

① The Oration of Eusebius Pamphilus, In Praise of The Emperor Constantine. Pronounced On the Thirtieth Anniversary of His Reign. 1.6; 3.6; 7.13. in NPNF2-01. *Eusebius Pamphilus: Church History, Life of Constantine, Oration in Praise of Constantine*, by Eusebius Pamphilus, New York: Cosimo, Inc., 2007.

② Ibid. pp. 143—144.

主权的控制之下。由此看来，所谓阿里乌争端，归根结底就是基督教内部的极端王权主义者与基督主权主义者之间的较量。

尤西比乌斯的神学在君士坦丁那里获得了共鸣。当然，君士坦丁毕竟不是一名神学家，他明智地把神学问题交由具有专业水平的神学家和主教们去处理。对于这位皇帝来说，至关重要的问题是教会的统一而不是纠缠于某个有争议的神学定义，因为就当时的形势而言，教会统一是帝国统一的前提。可是，这并不意味着君士坦丁没有自己的神学立场，对于这样一名从小就受过正式宫廷教育的君王来说，他不得不时时应用自己的哲学知识去对各式各样的神学争端做出初步的评判。在 325 年的尼西亚会议上，尤西比乌斯曾带来了一个事先准备好的信仰声明，该声明声称，耶稣基督虽然是所有被造物中首个被生出的独生子，但他毕竟仍是一个被造物。依据尤西比乌斯自己的报道，当他在皇帝面前朗读这个声明后，皇帝立即称它是“最正确的”，并建议它应成为公会议总信纲的基础。① 虽然后来“本体同一”(*homoousios*)这一词组被正统派硬塞进了会议信纲当中，尤西比乌斯对之也表示同意，但他实际上对该词组做了阿里乌派的解释。对于这种解释的本意，君士坦丁必定是心照不宣的。

最能体现君士坦丁神学态度的是他的《在圣徒集会上的演讲》(*Speech to the Assembly of the Saints*)。该演讲分为三个部分，

---

① The Oration of The Emperor Constantine, which He Addressed “To The Assembly of the Saints”. Ch. 18—20. in NPNF2-01. *Eusebius Pamphilus*: *Church History*, *Life of Constantine*, *Oration in Praise of Constantine*, by Eusebius Pamphilus, New York: Cosimo, Inc., 2007. p.142.

其中的第一部分主要是阐述基督教的哲学基础。在这一部分中,君士坦丁极力赞扬和推荐柏拉图的二神论。柏拉图把第一神和第二神明确区分开来,让前者居于真实世界之上,后者低于并附属于前者,两者虽是一个单一的完善体,但他们有着不同的本质,而且第二神从第一神那里获得其存在。君士坦丁断言,柏拉图的这种二神论对于基督徒理解神学原理具有重大的参考价值。① 由此看来,君士坦丁的哲学背景与尤西比乌斯是同源的,这就难怪前者会赏识后者那充满阿里乌色彩的信仰声明。

君士坦丁的神学主张得到了其政治实践的验证。首先,这位皇帝从来没有忘记要对公会议实施真正的控制。尽管君士坦丁对于具体的神学争端未必感兴趣,可是他却把试图解决这些争端的公会议,当作实现全面王权的重要工具来加以操纵。以尼西亚公会议为例,本来此次会议已经由主教们确定在安基拉②召开,可是君士坦丁临时决定改变地点,在主教们已经离开各自的驻地前往安基拉的路上,皇帝突然以快信的形式命令他们转去尼西亚,其理由有两个:一是去往尼西亚的道路更方便西方及意大利的主教们行走,二是尼西亚气候更宜人。这当然是借口。巴恩斯(Barnes)指出,君士坦丁曾许诺饶恕战败了的李锡尼一命,后来却把他及其

① The Oration of The Emperor Constantine, which He Addressed "To The Assembly of the Saints". 2. 1; 9. 3. in NPNF2-01. *Eusebius Pamphilus: Church History, Life of Constantine, Oration in Praise of Constantine*, by Eusebius Pamphilus, New York: Cosimo, Inc., 2007, pp. 88—89. Also see Timothy D. Barnes, *Constantine and Eusebius*, Cambridge, Massachusetts: Harvard University Press, 1981, p. 74.

② 安基拉(Ancyra),在小亚细亚中北部,即现在的安卡拉。

儿子杀害了，这种背信弃义的行为引起普遍不满，在这种情况下，他便采用改变开会地点的手段来转移人们的视线。[①] 这一解释显然过于牵强。实际上，当时的安基拉主教马尔切鲁斯(Marcellus)是反阿里乌的激进分子，[②]皇帝生怕在那里开会将导致一边倒的局面，因而不利于王权发挥作用，这恐怕才是真正的原因。根据尤西比乌斯的记载，随后皇帝亲自参加会议讨论，发表演讲，会后宴请与会主教，并向他们发放礼品。主教们往返交通费及会间膳宿费均由皇帝提供(第3卷第6—22章)。

除了尼西亚公会议以外，君士坦丁还亲自组织和出席过其他两次重要会议，即327年的尼科米底亚公会议及336年的君士坦丁堡公会议。与尼西亚公会议一样，这些会议的时间、地点和具体议题的确定，都直接操控在皇帝的手里。君士坦丁在世时，主教们虽然也召开过几次皇帝未曾莅临的公会议，但这些会议均处于皇帝的遥控之中。例如334年，主教们在皇帝的命令下，在恺撒利亚召开了一次公会议，会议的使命是审理阿塔纳修斯受控案；皇帝委派了一名叫达尔马提乌斯(Dalmatius)的监察官，代表其出席会

① Timothy D. Barnes, *Constantine and Eusebius*, Cambridge, Massachusetts: Harvard University Press, 1981, p. 214.

② 马尔切鲁斯曾写过一部反阿里乌分子阿斯特里乌斯的书，借以维护尼西亚信纲，但自己却被怀疑为撒伯里乌分子，尤西比乌斯在尼西亚公会议之后写了两篇反对他的作品，谴责他的撒伯里乌倾向，详情见 Arthur Cushman Mcgiffert, "Prolegomena to the Church History of Eusebius", in NPNF2-01. *Eusebius Pamphilus: Church History, Life of Constantine, Oration in Praise of Constantine*, by Eusebius Pamphilus, New York: Cosimo, Inc., 2007, pp.33—34。

议;会议最后向皇帝提供了一份详细的报告。[①] 又如335年,在皇帝的命令下,在泰尔召开另一次公会议,皇帝不仅派出了一名叫狄奥尼修斯(Flavius Dionysius)的亲信与会,而且给他提供一支军队来保证会议秩序;皇帝还给会议发去了信函,对会议提出了指导性意见。[②]

其次,君士坦丁在有效推进基督教版图的拓展和正统信仰的确立的同时,大大加强了自身的地位和权势。这位皇帝在定义自己的角色时,称主教们"是教会内的人们的主教",而他自己"则是一名被上帝任命为教会之外的人们的主教"(第4卷第24章)。有人认为君士坦丁的这一说法表明了他的谦逊和由衷的虔诚,因为他把自己的权力自觉地限定在促使异教徒和异端分子走向上帝的正道上。[③]其实不然。这里的"教会外的人们",其内涵要远远大于"异教徒"和"异端分子",它还应当包括作为臣民的形式存在的所有基督徒;也就是说,虽然基督徒的灵性生活只受教会调控,可是他们的世俗生活却不得不接受帝王的统治;就世俗的一面而言,即使贵为主教或教皇,也理所当然地属于皇帝必须照管的"教会外的人们"。由此可知,君士坦丁这一定义的意义就在于:第一,作为所谓"主教",皇帝不像一般主教那样是由信徒选出的,而是由上帝直接任命的;第二,与一般主教管理教区日常教务和信徒灵性生活的

① Timothy D. Barnes, *Constantine and Eusebius*, Cambridge, Massachusetts: Harvard University Press, 1981, p.234.

② Ibid. pp. 235—236.

③ Francis Dvornik, *Early Christian and Byzantine Political Philosophy*: *Origins and Background*, Volume Two, Washington: Trustees for Harvard University, 1966, p.753.

任务不同，皈依异教徒、保卫正统信仰、拓展基督教帝国的疆域和推进帝国的世俗福祉等，都是他所特有的天赋使命。这实际上就把自身角色与主教们区别了开来，就如基督与使徒们区别开来一样。因此，君士坦丁处处以基督教信仰的推进者和正统教义的保卫者自居。332 年，君士坦丁在与哥特人缔约时，坚持写入宗教条款，即以哥特人皈依正统教会为缔约的先决条件。两年以后，他与萨尔马提亚人缔约，也提出了同样的要求（第 4 卷第 5—6 章）。在其晚年时，君士坦丁与萨珊波斯帝国关系开始紧张，其主要原因也与宗教问题有关。很明显，基督教的拓展与他个人权势的增强成正比。上面已经谈及君士坦丁对于阿里乌争端的担忧，其实他更为担忧的是北非多纳图主义者的裂派运动，其中的道理很简单：裂派异端比神学异端更加容易导致帝国的分裂，从而造成他个人权势的直接损害。316 年 11 月 10 日，君士坦丁致函阿非利加行政长官，要求他没收多纳图分子的教堂及财产；317 年 3 月 12 日，罗马士兵在迦太基暴民的配合下，攻入多纳图派教堂，杀死了一些多纳图分子，其中包括两名主教。[1] 这种赤裸裸的暴力行为，与他对待阿里乌分子的温和态度形成了鲜明的对照。

最后，君士坦丁通过一系列事功，来体现自己足以与耶稣基督相匹配。根据尤西比乌斯的记载，君士坦丁在击败李锡尼以后，在自己宫殿的入口处上方，挂起了一幅他本人及其儿子们的肖像画，肖像的头上悬挂着十字架，肖像的脚踩着一条毒蛇（第 3 卷第 3

① Timothy D. Barnes, *Constantine and Eusebius*, Cambridge, Massachusetts: Harvard University Press, 1981, p.60.

章)。毒蛇被认为是指李锡尼,画的意境在于纪念324年对李锡尼的胜利,不过它同时也象征着皇帝是另一位救主,他靠十字架的帮助战败了邪恶。晚年的君士坦丁还在君士坦丁堡建造了一座圣祠,用作自己的陵墓兼教堂。根据尤西比乌斯的描述,该圣祠的中间是皇帝的墓龛,盛放皇帝尸身的金质棺材将安放在这里;有趣的是,皇帝墓龛的两边建有十二个衣冠冢,分别代表十二门徒(第4卷第58—60章)。借助这样的安排,君士坦丁无非是想告诉世人:基督的门徒固然忠于基督,但也忠于皇帝,因此皇帝与基督是同等重要的。正如波莱斯(Richard Price)所指出的:君士坦丁通过这一安排,"僭取了本该属于基督的位置"①。君士坦丁的这一野心,在其临终讲话中得到了证明。他告诉环绕在其身边的主教们,他之所以一直未接受洗礼,是期待有一天会像基督那样,在约旦河受洗(第4卷第62章)。

十分明显,君士坦丁虽然在阿里乌争端中常常态度暧昧,可是出于政治上的考量,他最终不得不在神学倾向上偏袒阿里乌派,这是他与尤西比乌斯有效合作的前提和基础。② 就尤西比乌斯而言,由于有了这位皇帝的密切配合,他的阿里乌派信仰与其对君士

① Richard Price, "In hoc signo vinces: the Original Context of the Vision of Constantine", in *Studies in Church History* (41): *Signs, Wonders, Miracles Representations of Divine Power in the Life of the Church*, Oford: the Boydell Press, 2005. 当然,对于君士坦丁的这一做法,也存在着不同的理解,如斯达尔克先生就认为,君士坦丁这样的安排,无非是想表明自己是第十三位使徒。详见 Rodney Stark, *The Triumph of Christianity: How the Jesus Movement Become the World's Largest Religion*, New York: HarperCollins Publishers, 2011, p.172.

② 从这里,我们也多少可以悟出更为崇尚个人自由的拉丁世界不太喜欢这位强势君主的缘由,即使他的确是第一位基督教君主。

坦丁的尊崇便获得了高度的统一;如今,他得以通过塑造一个人间基督教皇帝的形象,来与天上的耶稣基督相匹配,从而最终实现其阿里乌主义的愿景。总之,尤西比乌斯是出于信仰的原因撰写《君士坦丁传》的,他对君士坦丁的刻意吹捧和神化,不过是一种信仰本能而已,从这一角度看,他算不上是一名真正的谄媚者。既然如此,他的《君士坦丁传》就不能被视作一部献媚之作。

附:《君士坦丁传》英译本版本说明

1.版本的一般情况

该译稿的底本是:Nicene and Post-Nicene Fathers: Second Series, Volum I——

Eusebius: *Church History*, *Life of Constantine the Great*, *Oration in Praise of Constantine*.

出版公司、地址和日期:Cosimo, Inc., New York, 2007(影印本),其原本印制于1890年纽约。该作品已成为众人共享的网上资源,其具体网址为:http//www. ccel. org/ccel/schaff/npnf201.html。

该书由希腊文本译成英文(希腊文原本情况请参见英译者导论),全书共644页,其中*Church History*(《教会史》)由Dr. Arthur Cushman Mcgiffert(麦克吉弗特)翻译,*Life of Constantne the Great*(《君士坦丁大帝传》)和*Oration in Praise of Constantine*(《君士坦丁颂》)由Ernest Cushing Richardson(理查森)翻译。本译稿抽取后者(即理查森所译撰之《君士坦丁大帝传》和《君士坦丁颂》),转译成中文;其英译本(1890年版)原书页码从411

页起至644页止(含英译者导论、主体部分、附录和索引),中译稿以边码形式标注英译本原页码。

2.有关编者和英译者

《尼西亚和后尼西亚教父》(Nicene and Post-Nicene Fathers,即NPNF)的组织策划者和总编辑,是具有德国血统的美国著名教会史学者沙夫(Philip Schaff,1819—1893)。该作品集收集了4—8世纪期间著名教父的代表性作品,分成两大系列,每个系列均为十四卷,其中的尤西比乌斯作品,被收集于第二个系列的第一卷当中(NPNF 2-01)。

麦克吉弗特和理查森是沙夫特邀来翻译尤西比乌斯作品的两位美国教会史学者,他们涵养深厚,希腊文功底和教会史知识扎实,其作品和声誉均得到西方学界的广泛认可,其语言学和修辞学的功力在这个英译本中可见一斑。

林中泽

2012年9月30日

谨识于广州华南寓镜园

目　录

导　论 411

第 1 章　生平[1]

第 1 节　早年生活

皇帝弗拉维乌斯·瓦列里乌斯·君士坦提努斯，号称大帝，[2] 272 年或 274 年[3] 2 月 27 日出生于纳伊苏斯，[4]先皇[5]君士坦提乌

① 这个君士坦丁小传，意在给出事件线索，尤其通过叙述其统治早期的史实，弥补尤西比乌斯传记之不足，后者明显地把叙述局限于其宗教行为和生活方面。

② 他的头衔包括“Imperator Caesar Augustus Consul Proconsul Pontifex Maximus, Magnus, Maximus, Pius, Felix, Fidelix, Mansuetus, Benificus, Clementissimus, Victor, Invictus, Triumphator, Salus Reip. Beticus, Alemanicus, Gothicus, Sarmarticus, Germanicus, Britannicus, Hunnicus, Gallicanus,” 等等，这些头衔是从硬币、铭文及各式各样的文件中收集而来的。

③ Calendarium Rom. in Petavius Uranal. p.113. 依照其推算方法，年份相差一两年，不过 274 年是通常给出的年份（参看布克哈特、曼索、凯姆、德波洛格利及沃兹沃思等人作品）。尤特洛皮乌斯（Eutropius）和杰罗姆（Hieronymus）说，他死时为 66 岁；狄奥法尼斯（Theophanes）说，他活到 65 岁，苏克拉底（Socrates，教会史家）和苏佐门（Sozomen）实际上相信此说；而维克托（Victor）说他活到 63 岁，另一个维克托则说他活到 62 岁。尤西比乌斯说他的寿命是他统治年限的两倍，亦即 63 岁还不到。

曼索宁愿采用 274 年之说，因为它与两位维克托及“后来的教会历史学家们”相对的描述最为吻合。不过两位维克托的说法不一，一个说，他活了 62 岁，统治了 32 年，另一个说，他活了 63 岁，统治了 30 年；君士坦丁的秘书尤特洛皮乌斯给出了他统治时间

斯·克罗鲁斯与其妻子海伦娜[①]的儿子。他在特腊帕尼城他母亲

的准确年限，于是便证实了一个有利于他的另一个陈述的脆弱推测。而且，它受到了杰罗姆的支持，此人的证据肯定不是质量最高的，它相当可能来自于尤特洛皮乌斯；它还得到狄奥法尼斯的支持，他以另一种方式提出了同样的论据，他肯定由于某种原因而选择这个数字。尤西比乌斯的这一陈述，是一个非常有弹性的概括，也是维克托的唯一支撑。根据沃兹沃思(Wordsworth)的说法，当苏克拉底说他活到65岁时，他使用了"达到"(επιβεs)65岁这一习惯用语，这至少意味着他活到将近65周岁，除非存在着某个与之相反的确凿习惯用法，否则它就应当是指已经活够了65岁。在苏佐门的解释中(译文中也称作"他65岁时")，他"大约"活了65岁。因此如果他死于5月份，他接下来的出生年份便不可能是"大约"，他必然是活满65岁并且超过了一点。这与维克托的说法惊人一致，只有尤特洛皮乌斯根据维克托的说法，作出了一个准确的推测。从整体上看，可以说，就曼索、沃兹沃思、克林顿(Clinton)及后来的历史学家所援引的证据而言，没有任何关键性的正当理由选择较晚的年份和较短的寿命。

上页④ Anon. Vales. p.471. Const. Porphyr. (*De themat*. 2.9), Stephanus Byzant. art. Ναισσος (ed. 1502, H. iii.). "Firmicus 1.4." 根据某些人的说法，此地应当是塔尔苏斯("Julius Firmic. 1.2")，或是特腊帕尼(Niceph. Callist.)，或是在不列颠(英格兰编年史家弗拉金[Voragine]及其他人，该错误出自于一名颂文作家[c. 4]，此人谈到自己是始作俑者)，或是特雷维兹（弗拉金）。参照沃格特(Vogt)，他增添了罗马（"Petr. de Natalibus"），或洛巴（"Eutychius"），或高卢("Meursius")。也请参照杰诺斯(Janus)和瑛弗林(Schoepflin)的专论。

上页⑤ 有关君士坦提乌斯的性格特征，参照《君士坦丁传》第1卷第13章。

① 海伦娜是否为合法妻子的问题，曾经引起充分的讨论。有人(Zosimus 2.8; Niceph. Callist. 7.18)断言，海伦娜"不算是一名最坏的"* 女人，因此君士坦丁的出生是非法的。就如此一位有巨大声望的女人而言，该观点在心理学上是不可能的。她处于一种合法姘居的关系(Smith and Cheetham, *Dict*. 1.422)则不无可能，因为许多人(Hieron. Orosius, Zosimus 2.8; Chron. Pasch. p.516)均主张这种不甚重要的关系。这与现代的男女地位悬殊的婚姻没有什么不同。事实是：第一，人们经常把她当作一名姘妾来谈论(参看上面)。第二，某些最有资格的权威人物(Eutrop. 10.2; Anon. Vales. p.471; Euseb. *H. E*.8.13; Ephraem p.21)以及在各式各样的铭文中(参照克林顿收集到的铭文)均非同寻常地把她称作妻子。第三，她与丈夫离婚(Anon. Vales. p.47)。证据的重心显然有利于"妻子"这一词，尽管轻而易举的离婚似乎表明她只是名义上的妻子。她只是在生下君士坦丁之后才在完全法律意义上结婚的观点，是足够说得通的，而且还获得了比实际还要明显的支撑，事实上，它"首先证实，私生子应当借助随之而来的其父母的婚姻而变得合法"(Sanders *Inst*. *Just*. [1865]113; cf. Cod. Just. V. xxvii. 1and 5 ed. Krueger 2 [1877] 216)。

的家里，[①]待到其父亲成为恺撒（根据克林顿的说法，应当是在292年之前）并与海伦娜离婚时为止。然后他被送到戴克里先的宫廷， 412
名义上是去接受教育，实际上是做人质，[②]他与戴克里先或伽列里乌斯待在一起，直到306年为止。[③]在此期间，他参加了许多战役，其中包括296年戴克里先的著名的埃及远征。[④]在参加皇帝这次军事远征后不久，他（296或297年）与米涅维娜联姻，[⑤]生下了儿

当然，有关她先被君士坦提乌斯强奸随后与之结婚的说法（Inc. auct. ed. Heydenreich）纯粹是传说，由尼斯佛鲁斯·卡利斯图斯（Nicephorus Callistus）在第7章第18节中所作出的有关她的性关系的有点推测性的报道，也应作如是看。有关海伦娜的进一步报道，请参照《君士坦丁传》第3卷第42章及其注解。

* 此话源自莎士比亚的《哈姆雷特》，意为虽是姘妇，却尚未沦为娼妓。——中译者

① 海伦娜也许就出生在特腊帕尼城，为了纪念她，该城后来被君士坦丁称作“海伦诺波利斯”（Procopius *De aedif*. V. 2, p.311, Chron. Pasch. etc.）。

② 这从他父亲把他送还给他的一再要求被拒绝（Lact., Anon. Vales. p.471）以及他最终逃离的整个故事中可以看得出来。托名的瓦列修斯在第471页中，以及两位维克托（*Caes*. p.156, *Epit*. p.49）均讲到同样的故事。左纳拉斯（12.33, ed. Migne 1091）认为他被送入宫廷，既是接受教育，又是当人质，这也许是正确的。尼斯弗鲁斯·卡利斯图斯（7.18）认为，他被送到那里是为了教育，因为君士坦提乌斯由于狄奥多拉的缘故不可能把他带在身边。

③ 305年时他仍然与戴克里先待在一起（参看Lact.及下面的注解），306年年初，他与自己的父亲待在一起。

④ 在296年他去往埃及的路上，尤西比乌斯见到了他，尤氏描述了当时他留给自己的印象（l.c.）。依照某些人的说法，他还在波斯战争中陪伴过伽列里乌斯，这是有可能的（Clinton 1.338—40）。狄奥法尼斯说他“在战争中早已出名”（p.10），托名的瓦列修斯（Anon. Vales. p.471）说他表现得“很勇敢”。

⑤ 这可能是一场男女地位悬殊的婚姻或是姘居（Victor, *Epit*. 41, Zosimus 2.20; Zonaras 13.2, &c.）。拉姆西（Ramsay）作为唯一论据（Smith, *Dict*. 2.1090）提出的“君士坦丁不太可能指定一名私生子作为自己的继承人”的说法，由于君士坦丁以诏书的形式使私生子合法化的法律而变得难以采信（Cod. Just. V. xxvii. ed. Krueger 2〈1877〉, 216—17; cf. notes of Sandars in his *Inst*. *Just*.〈1865〉113）。如在前面所提及的事例中那样，突出这一点作为确信无疑的证据是无济于事的，不过，驳斥一种简单

子克里斯普斯。[①]当戴克里先的宫殿被雷电击中时，他正待在尼科米底亚，305年戴克里先和马克西米安退位时，他也在场。这后一个事件，对于君士坦丁来说是一个转折点。他已经长成一个具有优雅体格的男子汉，拥有勇气和军事才能（参看“性格”条目中有关其特征的叙述），是一个人见人爱的人。他在“很久以前”就被任命为第一阵列的军团司令官。在这个时候如果他取代其父亲成为恺撒，而后者则成为奥古斯都，这应当是实至名归的事情。每一个人都料想他会被选中，戴克里先也急于促成此事，可是这位年轻皇子太过于有能力和太过于出众，因而不讨伽列里乌斯的喜欢，君士坦丁被作为默默无闻的无能之辈抛在一边。他的处境远非安逸。他出众的角色自然招引了皇帝们的忌妒和猜疑。他们，或至少是伽列里乌斯，甚至试图谋害他，据说他们纵容他与一只狮子搏斗，或使他在战斗中暴露于特别的危险中。我们相信，当时形势非常艰难，而且愈发变得难以容忍。他受到了羞辱和阻挠，甚至有丢失性命之虞。实际上他成了一名囚徒。问题是如何逃脱。君士坦提乌斯好几次要求允许他的儿子参与他的军队，但都徒劳无功。然而，君士坦丁最终获得了让他离去的勉强允诺。这一允诺是夜间作出的，可是一到早晨皇帝就想把它收回。不过已经来不及了。君士坦

的“不可能性”，则至少具有某种启发性意义。对君士坦丁自制力的赞扬性颂词，几乎无法证明克林顿关于她是一名合法妻子的主张是合理的；因为拥有一名常规的姘妾，无论如何都不会被看作是不道德的，而即使在一次婚礼演讲中介绍一位前妻，都不会是一件特别合适的事情。有关米涅维娜的情况，人们知之甚少，请参考拉姆西，见Smith *Dict*. 2.1090, “Tillemont, *Hist*. *Emp*. IV. iv. p. 84,” and Clinton, *Fasti Rom*. 2. (1850)86, note k.

① 在317年被宣布为恺撒时，克里斯普斯“早已是一个年轻人”(Zos. 2.30)。

丁立即离去,与父亲相会。他不失时机地日夜兼程。为了摆脱追赶,他所撤下来的每一匹驿马都筋疲力尽,伤痕累累。在获悉他已经逃离后,皇帝勃然大怒,却也无计可施。君士坦丁早已逃出其管辖范围之外,很快就到达波诺尼亚(现在的波伦亚)与父亲会面,[①]正好赶上陪伴父亲前往不列颠作最后的远征。不久后,君士坦提乌斯病逝于约克,死前提名君士坦丁为他的继任者。

第 2 节　统治的前五年 413

父亲的遗嘱立即得到士兵们的认可,他们马上宣布君士坦丁为奥古斯都。[②]在他们的支持下,同时也在阿勒曼尼国王埃洛库斯的支持下,他把自己的画像寄送给伽列里乌斯,要求得到奥古斯都的头衔。皇帝拒绝授予这一头衔,不过却非常勉强地允许他拥有恺撒的头衔。君士坦丁并未坚持获取更大头衔的权利,而是等待时机,暂时满足于较小的头衔——如硬币所显示的那样。[③]他目前有足够多的事情要做。在父亲死后,他发动了针对法兰克人的战争,后来又发起了针对布鲁克帖里人及其他部落的战争,并把战俘

---

① 依照某些人的说法(Victor, *Caes*. p.156; Victor, *Epit*. p.51; Zos. 2.8),此时他父亲正在不列颠。

② 这样说的有尤西比乌斯(*H. E*. 8.13)、拉克坦提乌斯(Lact. c.25)及尤利安(*Orat*. 1. p.13)。尤梅纽斯(*Paneg*. 310, c.7)说他被选为"大元帅",可是在该书第8和第9章中却说他成了恺撒。尤特洛皮乌斯(10.2)也使用了"大元帅"一词。而佐西姆斯(2.9)和托名的瓦列修斯则说他被选为"奥古斯都",不过只被伽列里乌斯批准为"恺撒"(见下面)。该晋升事件发生在不列颠(Eutrop. 10.2; Eumen. Paneg. [310]c. 9; Soz. 1.5, &c.)。

③ 见埃克赫尔作品(Eckhel, 8, p.72)中有关该年份的硬币。尤梅纽斯(*Paneg*. [307] c.5)也清楚地陈述了此事。

投入斗兽场喂野兽,借此庆祝自己的胜利。

与此同时,罗马的事态也在发展。在君士坦丁被士兵们选为奥古斯都的同一年(306年),在罗马的马克森提乌斯,被禁卫军宣布为皇帝。他说服正合心意的马克西米安重新穿上皇袍,可是不久便与他闹翻了。[①] 307年,君士坦丁和马克西敏被命名为"皇帝之子",第二年,伽列里乌斯很不情愿地承认他们为皇帝。马克西米安在与儿子闹翻后便进入高卢,并把女儿法斯塔嫁给君士坦丁(307年)。结果证明,马克西米安是一个令人不舒适的亲戚。小说中以虐待见长的岳母,也无法与历史上这个精选的岳父相匹敌。起初,他企图通过收买他的士兵来撤换君士坦丁。在他的劝导下,君士坦丁丢失了大量军队,此时,君士坦丁正在边界发动一场战役。而一旦他如人们所设想的那样避开时,士兵们便被慷慨的赏赐所俘获,马克西米安于是再次穿上了紫袍。可是他的如意算盘打错了。君士坦丁以迅雷不及掩耳之势作出反应,他以急速行进的方式掉头反击,在马克西米安措手不及的情况下截击其部队,把他驱赶到马赛利亚,马克西米安在马赛利亚的城墙上破口大骂,不过他已经失去了有效抵抗的能力。城门被撞开,马克西米安落入君士坦丁的手里,这次他饶恕了这位"可爱"的岳父。[②]作为对这一

① 据许多人说,这场争吵是伪装出来的,其目的完全是为了帮助马克森提乌斯摆脱君士坦丁在高卢对他的牵制。他是带着这一目的去高卢的,至少有许多人提及他"根据一个精心策划的计谋"(参看 Lact. c.29; Oros. c.28; Eutrop. 10.2)。似乎有些奇怪的是,倘若他曾试图通过发起一场兵变来替换他(Eutrop. 10.3),如今他便应当正在为他工作并准备重新加入到他一边(Eutrop. 10.2),不过这在此人身上并非不一致,因为他为了自己的利益,始终一贯地不停努力,以便消灭异己的势力。

② 有关此事,请参照《论迫害者之死》(Lact. c.29);《颂词》(Eumen. *Paneg*. c.14)。

宽大行为的“报答”，马克西米安接着策划了一场刺杀君士坦丁的阴谋。计划是让法斯塔打开丈夫的房门，好让马克西米安进去亲手杀死君士坦丁。法斯塔假装同意，却把计划透露给了丈夫。君士坦丁遂安置一名奴隶在自己的房里（但显然不是“让自己待在奴隶的房里”）。计划刚被实施，马克西米安便被现场逮住，他最终被赐予了古时的最高仁慈——即选择如何死去的权利。[①]

尽管处在战争与阴谋之中，而且不得不随时从自己管辖区域的一端跑到另一端去镇压某些暴动，君士坦丁还是坚定地履行着内政的改良及组织、边境的设防、桥梁的建设、城市的复兴、教育机构的设置等工作。[②]在五年统治期结束时（311 年 7 月 24 日），他降伏了骚乱的部落，理顺了自己的政务，赢得了人民特别是基督徒的信赖，他从一开始就袒护基督徒，在那些迫害的日子里，这些基督徒几乎都享有一种如同在他就迫害基督徒一事致马克西敏·达扎 414
的信函中所表明的政策。

第 3 节　311 年的情况

正当帝国的西端享受着君士坦丁的温和统治之时，这个四边形或六边形世界的其余角落——在此期间，马克西敏、伽列里乌

① 苏克拉底（1.2）和其他许多人（Zos. 2.11）都说他死于塔尔苏斯，因此把他与马克西敏混淆在一起。

② 较引人注目的是奥顿。此城几乎被完全毁掉。尤梅纽斯代表奥顿人民所作的感恩演讲词至今尚存，他赞颂君士坦丁是该城的复兴者甚至建造者。这一工作的确是由君士坦提乌斯着手承办的，不过却是由他的儿子继续下去的。君士坦丁的内政改良工作，显然在许多方面均是君士坦提乌斯所开始的工作的一种延续。参照《颂词》（Eumen. *Paneg*. c. 13，22，&c.）以及《法令》（*Grat*. *act*）。

斯、李锡尼、马克西米安及马克森提乌斯都曾经试图对其进行统治——却远非如此舒适。每一个皇帝都想为自己占取一块地盘，当有了自己的地盘后，又觊觎别人的地盘，或当心别人会觊觎自己的地盘。为了更好地理解君士坦丁，很有必要概述一番这些帝国其余部分的情况，以及他不得不与之打交道的人们的各种想法。我们的概述可以分为三个方面：(1)统治者；(2)统治者的品格特征；(3)被统治者的状况。

(1)统治者

皇帝们的此消彼长的复杂过程，就像中国玩具那样神秘，简要来说可概述如下：305年，戴克里先和马克西米安退位，伽列里乌斯和君士坦提乌斯继任为奥古斯都，塞维鲁和马克西敏·达扎则继任为恺撒。306年，君士坦提乌斯去世，君士坦丁被军队拥立为奥古斯都，马克森提乌斯被禁卫军拥立为奥古斯都(见上述)，塞维鲁被伽列里乌斯任命为奥古斯都，而马克西米安则重披紫袍，东山再起(见上述)——如今有四位皇帝，即伽列里乌斯、塞维鲁、马克西米安和马克森提乌斯，以及两位恺撒，即君士坦丁和马克西敏，一个对帝位有非常明确的要求，另一个也肯定不会被摈弃。307年，李锡尼被伽列里乌斯任命为奥古斯都，伽列里乌斯还通过命名君士坦丁和马克西敏为“皇帝之子”来收买人心。君士坦丁被马克西米安授予奥古斯都的头衔(?)，大约就在此时，马克西敏如其所说，被自己的军队迫使去采用这一头衔。与此同时，不断壮大的皇帝队伍正在减缩为一位。被派去与马克森提乌斯作战的塞维鲁，被士兵抛弃，并于307年被俘获杀害，剩下还有六位皇帝或皇位的声称者：伽列里乌斯、李锡尼、马克森提乌斯、马克西米安、马克西敏和君士坦丁。308年，为了尽量利用一件危险器物，伽列里乌斯任命君士坦丁和马克西敏为奥古斯都(见上述)，其余的地位不变，于是，到了310年马克西米安死去(见上述)以及311年5月伽列里乌斯去世时，数目便减少到四位。

(2)统治者的品格特征

君士坦丁本人的性格已经得到暗示，并且将在后面进行研究。在其他所有人当中，塞维鲁是最缺乏重要性的一位，他的统治时间短，历史学家很少提及他。依照拉克坦提乌斯的记载，戴克里先对他的性格描述，主要体现在他对伽列里乌斯所说出的一句话上：“这个手舞足蹈、大吵大闹和日夜颠倒的酒鬼。”其他皇帝的一般性格，就是我们现代国家监狱里的终身囚徒的性格。伽列里乌斯“这个恶毒的野兽”，缺乏教养，整天酗酒；喜欢夸耀自己是某条龙的私生子，此人残暴嗜杀，凶恶无比。李锡尼的个性特征是“忘恩负义”和“冷酷残暴”，“不仅对人类生命和苦难完全无动于衷，罔顾任何 415
会妨害其激情的法律或正义准则，而且一贯奸诈不忠和严酷残忍，除了拥有体格上的勇气和军事上的技巧之外，没有任何可取的长处”，“其最坏的性格是贪婪无度”。马克西敏的性格中“最突出的地方在于兽性淫荡和残暴冷酷——‘色欲因怨恨而猛烈’”，根据拉克坦提乌斯《论迫害者之死》第38章的说法，“他性格的独到之处以及他超出先前所有皇帝的地方，就在于他诱奸妇女的欲望。”他残忍、迷信、贪吃、贪婪，并且“嗜酒如命，在狂欢聚会中常常像一名疯子那样精神错乱和失去理性”。马克西米安曾被认为在总体上

是最不残暴的人，他那种有关叛逆和凶杀的多少有点缺陷的道德感曾经很引人注目。可是他还是被说成“彻头彻尾的无耻……卑鄙和残酷”。维克托把他描述为“生性残酷，暴躁愚顽”，同时，他还嗜好离奇古怪和变态的肉欲。不过在这个恶棍的陈列室里，他的确是一个“最佳的”选择。至于马克森提乌斯，有人这样谈到他：“他的邪恶似乎无法言状，因而完全无可救药。”他的“下流和淫荡无不令人触目惊心”。他以“不信神”、“残暴”、“好色”和“专制”出名。在所有皇帝中，他最为声名狼藉——十足的声名狼藉。虽然从基督教历史学家那里得出的强烈措辞难免怀有某种偏见，可是由颂词作家维克托、尤特洛皮乌斯及其他非基督教作家所提及的许多细节，却足以证明这群“可爱”的统治者的凶残、酗酒、好色、贪婪和暴戾是确有其事的。

(3)被统治者的状况

在这样一些统治者的统治下，出现了一个恐怖时期，该时期与君士坦丁统治时期的状况，形成了鲜明的对照。伽列里乌斯“以税收激怒了帝国”，这方面也与在高卢的君士坦丁的政策形成明显的对比。马克森提乌斯在肆无忌惮地宣泄激情方面走在前头，在税收政策方面也与其他皇帝没有什么两样，只是程度不同而已，依照拉克坦提乌斯的说法，他被马克西敏所超越。总之，所有皇帝均随心所欲，一意孤行，人民则不得不尽最大努力来忍受。最糟糕的是，由于皇帝们以牺牲无依无靠的人们为代价，授权给自己的朋友和官员去满足其私欲，压迫便不仅无法结束，而且更形严重。军队对于他们而言是必不可少的。士兵必须被安抚，这就需要征收苛捐杂税去满足他们的要求。他们在暴行和压迫的一切方式上，模仿其宫廷主子的榜样。没有任何财产、生命或荣誉是安全可靠的。

在这时期里，对于基督徒的迫害达到了恐怖的顶点。第十次迫害的开始肯定是在该时期之前不久（303 年），可是其最可怕的事件却发生于该时期。据说在这一时期里，伽列里乌斯和马克西米安的迫害的确较少，马克森提乌斯则根本没有实施过迫害；不过伽列里乌斯却被认定为戴克里先的迫害的真正始作俑者和血腥煽动者，而马克西米安则是 304 年著名的“第四号敕令”的作者，该敕令用死刑来处罚基督徒，马克森提乌斯之所以是唯一较好的人，是因为他不偏不倚——他既迫害基督徒，也迫害异教徒。[①] 在马克西敏统治下，迫害特别残酷，以至于在东方这整个时期——除了 308 年有过略微喘息的空隙之外——对于基督徒来说都是一个可怕的时期，据说“这两年是整个罗马迫害史上最为血腥的时期”。直到这一时期即将结束的时候，[②]伽列里乌斯才由于害怕死去而 416
颁布了著名的第一个宽容敕令。[③] 这就是 311 年 7 月时的事态。塞维鲁、马克西米安及伽列里乌斯分别于 307 年、310 年和 311 年先后死去，如今，政治舞台上剩下了四个奥古斯都，即东方的李锡尼和马克西敏，以及西方的君士坦丁和马克森提乌斯。罗马世界中唯一秩序井然和令人满意的部分是君士坦丁所统治的区域。在

① “运用每一种毁灭性手段来向贵族们发飙。”见尤特洛皮乌斯的报道（Eutrop. 10.4）。

② 宽容敕令颁布于 4 月 30 日；君士坦丁即位周年纪念日是在 7 月 24 日。

③ 该敕令由君士坦丁、李锡尼和伽列里乌斯三人一道签署。拉丁文文本被发现于拉克坦提乌斯的《论迫害者之死》第 24 章中，希腊文译本收录于尤西比乌斯的《教会史》第 8 卷第 17 章中。

所有其他地区里，均存在着压迫、暴行和不满，而其中罗马的状况，从总体上看是最令人无法容忍的。

第4节　第二个五年期

这一时期是世界历史上最重要的时期。马克森提乌斯为了发动反对君士坦丁的战争一直在寻找借口，他终于从号称的为其父亲报仇当中找到了借口，于是着手准备。① 然而，像此前他的父亲那样，他并不了解自己的对手。君士坦丁在内心里已经做好了准备。他时刻警惕并随时准备行动。他召集一切军力，包括日耳曼人、高卢人和不列颠人等他所能够召集到的力量，除一部分留守莱茵河地区之外，其他人马均穿越阿尔卑斯山山道进入意大利，向前行进去迎击数量要多得多的马克森提乌斯的部队——包括罗马人、意大利人、托斯卡纳人、迦太基人和西西里人。② 马克森提乌

① 尤西比乌斯把君士坦丁进行军事行动的理由，说成是出于一种对于罗马人民的慈爱同情（*V. C.* 1.26；*H. E.* 9.9）。波拉克萨戈拉斯（ed. Müller, p.1）则有不同说法，他认为那是为了替在马克森提乌斯专制统治下受过苦难的人们报仇，那扎里乌斯（*Paneg*. c.19）认为，那是"为了解放意大利"。那扎里乌斯（*Paneg*. [321] c.27）、左纳拉斯（13.1）、西德里努斯及伊弗拉姆（p.22）等人均谈到有一个罗马人的使节团向君士坦丁请愿要求把他赶走。

他无疑怜悯他们，至于使节团，每一个设法来到特雷维兹的罗马人，都必定曾是前来请求救援的非正式特使。事实似乎是，他长期以来对马克森提乌斯有怀疑（Zos. 2.15），如今又获悉他在备战，于是明白自己的怀疑是有充分根据的。无论是否存在着个人野心方面的潜在动机，慈爱的动机有可能是他试图除去这个备受猜疑和危险邻居的良心上的理由和借口。佐西姆斯这样说，也许意味着马克森提乌斯是侵略者。

② 依照佐西姆斯的说法，君士坦丁有90,000名步兵，8,000匹马；马克森提乌斯有170,000名步兵，18,000匹马。依照313年颂词作者第3章的说法，他把自己军队的大部分用来留守莱茵河地区，而以不足40,000人的军队去迎击一支拥有100,000人的军队。

斯先是在希古辛(Sigusium)受到暴风雨的侵袭;接着他的骑兵又被击败于都灵。君士坦丁在米兰休整数日之后,便继续其胜利的进军,在布里西亚的一场骑兵战斗中,再一次击败了敌军,并且在经过一场艰苦的城墙之下的攻坚战之后,一举拿下了设防严密的维罗纳城。这多少有些超出他的行进计划;不过如今背后已经没有任何敌人,他可以畅通无阻地向罗马推进,就在这半路上——如果不是更早一些的话——他见到了著名的十字架异象。[①] 他于10月26日到达台伯河。在发自罗马的一条模棱两可的神谕[②]的怂恿下,马克森提乌斯渡过台伯河,投入了战斗。如果我们可以相信佐西姆斯、尤西比乌斯(《君士坦丁传》第1卷第38章)、波拉克萨戈拉斯及其他人的记载的话,马克森提乌斯在把如此之大的赌注押在一场互有准备的对阵战上的明显不明智行为,是自有其道理的。据说,他的目的是,借助一次佯退来诱使君士坦丁渡过他精心设计的船桥,这座船桥一旦承重就会断裂,这样就可以让敌人掉进河里。[③]倘若这是一个诡计,那么他至少是陷入了自己设置的陷阱里。被驱散的马克森提乌斯的士兵,在勇敢的君士坦丁追随者面前纷纷败退,而胜利者则受到君士坦丁自身活力和十字架景观的激发。战败者往后溃逃。这时桥断裂了。马克森提乌斯在拥塞之下倒栽葱似地掉进了河里;他试图爬上对面陡峭的河岸,但没能成

① 见《君士坦丁传》第1卷第28章的注释。

② 即"在同一天里,罗马人的敌人将要灭亡"(Lact. c.44)。

③ 沃兹沃思所讲述的这一近乎难以置信的故事,得到了尤西比乌斯(*V. C.* 1.38)、佐西姆斯(2.15)和波拉克萨戈拉斯(ed. Müller, p.1)的证实。船桥肯定如拉克坦提乌斯(c.44)所提及的和凯旋门上所描述的那样断裂了,可是,所谓的"阴谋"是否为一个事后的概念,则并不清楚。

功，最后被溪流卷走。第二天人们发现了他的尸体，他的头被砍了下来，并被插在一支长矛的尖端上，被带进了城里。君士坦丁在人民的欢呼声中耀武扬威地进了城，[①]他对少数与马克森提乌斯关
417 系最密切的人实施了处罚，[②]解散了禁卫军，为自己竖起了一座雕像，并做了许多被记载于史册的其他事情；倘若他做过而不见记载的事情与他未做过却有记载的事情一样多，那他待在那里的短时期内必定是非常繁忙。[③] 如今，君士坦丁成了西方唯一的皇帝，[整个帝国]皇帝的数目缩小为三位。历史正在快速前进。在罗马作了短暂的逗留之后，君士坦丁回到了米兰，李锡尼在那里拜会了他。显然，皇帝们结成联盟，对于各自均有益处。于是，一桩婚约被签署，李锡尼与君士坦丁的妹妹的婚礼，在庆贺声中举行。与此同时，著名的第二号敕令或米兰敕令由两位皇帝起草，并且很有可

---

① “元老院和人民均欢呼雀跃。”(Vict. *Caes*. p.159; cf. Euseb. *V*. *C*. 1.39; *Paneg*. [313] c.19; Naz. *Paneg*. c.30; *Chron*. *Pasch*. p.521, &c.)

② 据说他处死了马克森提乌斯的儿子罗姆鲁斯，不过此说缺乏证据，罗姆鲁斯与马克森提乌斯一道担任了两年(308—309年)执政官，然后便只有马克森提乌斯单独出现，这一事实似乎表明，他死于309年或310年(参看克林顿有关308年和309年的叙述)。

③ 据说他曾建造了若干教堂，参照《君士坦丁传》第1卷第42章的注释。奇异的拼凑作品凯旋门仍然以一种可尊敬的破败面目竖立在罗马体育场的附近，它是为了纪念此次胜利而建造的。人们应当指望，它是在君士坦丁去世后建造起来的，因此他的审美特征不应当被指责。它是对图拉真建筑临时翻新改造的一座拱门——其自身是用极其重要的零部件逐个地安装上去的。除了为赞美君士坦丁而做出的必要损毁之外，它是一部宏伟的作品。所作的改变是艺术上的毁形；不过艺术所失则是科学所得，对于历史学家而言，它最为有趣。“神赋以灵感”(*instinctu divinitatis*)这一箴言，在“借此标志”(*hoc signo*)的讨论中自有其价值(参看《君士坦丁传》的注释)；该雕塑最能引发联想。

能被颁布。[①] 然后君士坦丁回到了高卢，在那里，他被迫卷入了另一类吃力的战争——即涉及教会的战争，他有点不大情愿地参与解决对著名的多纳图裂派问题的战争。[②]

李锡尼有一个更为关键性的问题需要解决。当李锡尼正忙于在米兰过节之时，马克西敏以为找到了一个出击的好机会；可是前者快速地召集了自己的部队，以急行军向前推进，双方会战于赫腊克利亚附近，最终完全击败了后者。马克西敏拼命逃跑，他虽然躲过了刀剑，却于同年夏季以一种更可怕的方式死去。[③] 马克西敏

① 一直有人主张，至此为止曾经存在过三个君士坦丁的敕令：(1)伽列里乌斯、君士坦丁和李锡尼于311年颁布的敕令；(2)君士坦丁和李锡尼于312年颁布的敕令（已佚失）；(3)君士坦丁和李锡尼于313年颁布的敕令（cf. Keim, p. 16 and 81—84; Zahn, p.33）。噶斯（Herzog, p.201）、沃兹沃思（*Ch. Hist.*）及其他人都这样认为。可是，就如最确定的事情那样，此说似乎也曾受到反驳。“较为确实的敕令”，似乎曾是尤西比乌斯那相当草率的历史方法的一个产物，它指的是第一号，即伽列里乌斯的敕令。

② 君士坦丁在接到多纳图主义者的上诉之后，最初是任命一个“调查法庭”来解决此案，该法庭于313年10月2日举行于罗马。结果并不令人满意，于是君士坦丁命令在现场进行审查，于314年2月15日在迦太基举行（菲洛特）。由于多纳图主义者仍然提出强烈要求，于是便于314年8月1日召开了阿尔公会议，此次会议似乎有了一些进展，不过对这些进展感到更为满意的是正统派而不是裂派分子，后者再次敦促君士坦丁亲自审理问题，316年11月，他最终做到了（Wordsworth; cf. Augustine, *Ep.* 43, T20）。他批准了先前的审查结论，采取了富有活力却没有实效的措施去压制多纳图主义者，他后来才看出这些措施无法实施，也许还看出它们是不公正的。参照奥古斯丁的书信（Augusting, *Ep.* 43, ch.2）及其他部分，还有来自奥古斯丁、拉克坦提乌斯、尤西比乌斯、俄珀泰图斯（Optatus）及收录于米涅的《拉丁教父作品全集》(8[1844],673—784)中的相关作品。还请参照富勒等人的作品（Fuller, *Donatism*, Phillott, *Felix*——articles in Smith and W. *Dict.* &c.）；有关总的资料和文献，请参看哈特朗弗特等人的作品（*Donatist Schism*, Hartranft, in Schaff, *Nicene and Post-Nicene Fathers*, 4 [1887], 369—372; Vōlter, *Ursprung des Donatismus*, 1883; and Seeck in Brieger's *Zeitschrift f. Kirchengeschichte*, 10 [1889], 505—508）。

③ 依照拉克坦提乌斯的说法（c.49），他先是患上了一种不幸的疾病，然后试图服毒自杀，结果是苟延残喘了一段时间，并以最大的痛苦死去。

的死把战场开拓得更远。经过逐步的淘汰，皇帝数目缩减为两位——一位在东方，一位在西方。

很快，他们也发生了争吵。第二年，他们之间爆发了战争。其理由和借口有多种说法；其中一个借口——如果不算是理由的话——是，李锡尼被证明至少参与了一起反对君士坦丁的阴谋。[①]
418 无论直接理由是什么，这是一个不可避免的命运。随之而来的是另一场激烈的战役，君士坦丁如同过去那样表现得果断和勇敢，这足以弥补他的士兵短缺。[②] 最初在潘诺尼亚的西巴里斯(10月8日)，[③]接着在马尔狄亚的一次拼死一搏的战斗中，李锡尼战败被迫求和。世界在这对感情深厚的姻亲兄弟之间重新瓜分，君士坦丁除了原有的版图外，增添了伊利里亚。[④] 这次战役以及随后的重划地盘之后，两位皇帝间曾有过好几年的休战期，在休战期的上半段(316或315年)，君士坦丁迎来了即位十周年庆典。

---

① 曾经与君士坦丁的妹妹阿娜丝塔西娅(Anastasia)结过婚的巴西亚努斯(Bas-sia-nus)，在自己的兄弟——此人也是李锡尼的一名追随者——的煽动下试图发起反对君士坦丁的叛乱，但被消灭于萌芽状态之中。君士坦丁向李锡尼要求引渡阴谋的策划者。李锡尼的拒绝与君士坦丁塑像的被摧毁一道，成了战争的直接理由(Anon. Vales. p.473)。参照尤西比乌斯(*V. C.* 1.50—51)，和苏克拉底(1.3)，此二人在这里谈到李锡尼被控以一再谋反、作伪证和伪善。而佐西姆斯则有不同说法(2.18)，他认为李锡尼是无可指摘的，相反，君士坦丁对于他们之间的协定素无诚信可言，他试图离间李锡尼的某些行省。不过，这里需要注意的是，佐西姆斯并不想把任何有利于基督徒的行为都看作是一种合适的动机，对于他们的同情无疑是基本的理由之一。

② 在西巴里斯(Cibalis)时，君士坦丁有20,000人，而李锡尼则有35,000人(A-non. Vales. p.473)。

③ 参看佐西姆斯的报道(Zos. 2.18)；“借助一次突然袭击”(Eutrop. 10.4)；“到了夜晚”(Vict. *Epit*. p.50. Cf. Orosius, c.28)。

④ 在西巴里斯战役之后，希腊人、马其顿人、多瑙河沿岸居民、阿卡亚人以及伊利里亚整个民族都臣服于君士坦丁(Soz. 1.6; cf. Anon. Vales. p.474; Zos. 2.20; Oros. c.28, &c.)。

第 5 节　第三个五年期

大约在君士坦丁即位十周年庆典期间，[①]他的儿子克里斯普斯和君士坦丁二世，以及李锡尼的儿子李锡尼二世，被宣布为恺撒。这整个时期里，两位皇帝之间的和平在继续着。虽然或多或少发生过与边境地区的部落的战斗，例如克里斯普斯就曾于 320 年击败过法兰克人，不过这一时期的主要兴趣不在于战争。这是一个立法及内政改良的时期。在该时期初，君士坦丁待在米兰，多纳图主义问题——该问题自 311 年以来一直久拖未决——就在此得到了最终的解决(参看上述有关注释)。这一时期他也时不时地待在阿尔和罗马，但后期大部分时间是在达西亚和潘诺尼亚(参见上引有关法律)。在罗马，那扎里乌斯有些过早地用演讲来庆祝君士坦丁即位十五年的结束时，但他并不在场。

第 6 节　第四个五年期

如果说第三个五年相对平静的话，第四个五年则绝对吵闹。虽然在前一时期里沿多瑙河边界线上无疑发生过或多或少的战斗，可是在该时期初，则发生了一场针对萨尔马提亚人的最重要的战役，在此场战役中，他们被击败了，他们的国王被俘获。[②] 为了纪念这次胜利而铸造了硬币。不过这只是小冲突而已；接着而来

---

① 不是早些就是晚些。一般被确定在 317 年(cf. Clinton，p.370)。

② 参见佐西姆斯的报道(Zos. 2.21). 比谢尔(Bessell)对该事件进行过一场详尽的讨论，见贝塞尔的文章(Bessell，*Gothen*，in Ersch u. Gruber，*Encykl*. I. 75 [Leipz. 1862]，132—133)。同一篇文章(p.133—135)也讨论了哥特人、萨尔马提亚人与君士坦丁的各种关系。

的是激战。九年的和平证明是相互忍耐的最大限度，君士坦丁与李锡尼争吵了起来，并从动口变成动手。在很长的一段时期里，君士坦丁为李锡尼迫害基督徒的行为所烦恼，这种迫害的发起，也许具有挑衅他的明确目的。[①] 而在另一方面，李锡尼则自然对先前的版图损失感到懊恼，他也知道君士坦丁会因他的迫害行为而愤慨，也许怀疑后者还有进一步的图谋，因此当后者越过他的边界去追赶萨尔马提亚人时，他当然顿起疑心。相互的指责和挑衅接踵而来。李锡尼不让纪念战胜萨尔马提亚人的硬币流通，甚至把它们熔铸掉。他们很快就互相开战。时间虽然短暂，不过既激烈又具有决定性。君士坦丁从陆路击败李锡尼(323 年 7 月 3 日)，克里斯普斯则从海路打败他。在亚德里亚堡打了败仗之后，李锡尼退到了拜占庭，然后又到了卡尔西顿。距第一次胜利两个月后(9 月 18 日)，一场最终的决定性战役在克里索波利斯(Chrysopo-

419 lis)[②]打响了。李锡尼最后投降，条件是他的性命不受伤害，更确切地说，君士坦提娅从自己的哥哥那里获得有关他的性命不受伤害的允诺。他退隐到了尼科米底亚，居住在帖撒罗尼迦，不过第二年便被处死。[③] 如今君士坦丁成为唯一的皇帝。他的第一个行动就是发布一个支持基督徒的公告。接着他又采取了支持他们的许

① 依照苏佐门的说法，李锡尼撤回对基督徒的偏袒转而迫害他们，因为“他由于与君士坦丁意见不合才被深深地激怒去反对基督徒的，他以为他们的苦难足以伤害到君士坦丁；此外，他怀疑他们真诚地希望君士坦丁享有最高统治权”(1.7)。据此看来，事态如何进展以及为何如此进展，便不难理解了。尤西比乌斯(*H. E.* 10.9)把这看成像反对马克森提乌斯的战争那样，即是为了受迫害的基督徒而进行的一场真正的十字军运动。

② 依照佐西姆斯(2.27)的说法，最后的围攻和投降发生在尼科米底亚。

③ 参照《君士坦丁传》第 2 卷第 18 章的注释。

多其他行动——包括教堂的建造等（参看尤西比乌斯《君士坦丁传》及其注释）。从这时起，他大量地参与到基督徒的事务中去，其中的主要事件为尤西比乌斯所记载（见各种各样的注释）。325 年（6 月 19 日至 8 月 25 日）召开了尼西亚公会议（参看尤西比乌斯《君士坦丁传》第 3 卷第 6 章及注释），君士坦丁在会议期间扮演了积极的角色。同一年，在尼科米底亚举行活动庆祝他即位二十周年，第二年，在罗马举行同样的庆祝活动，两次活动君士坦丁均参加，[①]因此 7 月份时他在罗马，并且还在阿尔度过这一年，他显然还在米兰待过一些日子。

第 7 节　第五个五年期

该时期初，君士坦丁开始采取一系列最能影响自身声望的行动。在 326 年的某个时期里，也许是他在罗马时，他下令处死自己的儿子克里斯普斯。[②] 同一年，他妹妹的儿子恺撒李锡尼二世被处死，不久后，[③]他的妻子法斯塔死去或被处死。[④] 不过除了具有

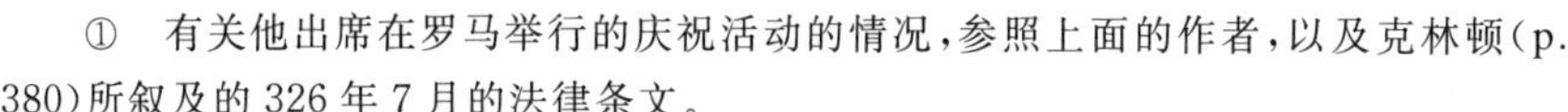

① 有关他出席在罗马举行的庆祝活动的情况，参照上面的作者，以及克林顿（p. 380）所叙及的 326 年 7 月的法律条文。

② 从相关的硬币中可以看出，326 年 3 月 1 日，克里斯普斯还活着，并且还掌握着权力（cf. Eckhel, 8, p. 101—102）。他是否于君士坦丁即位二十周年庆典之前就已被处死，并不清楚，不过似乎不大可能。有关克里斯普斯的死亡情况，请参照佐西姆斯等人的作品（Zos. 2.29; Vict. *Caes.*; Soz. 1.5; Vict. *Epit.* p.50; *Chron. Pasch.*; Eutrop. 10.6, &c.），以及"性格"条目下的讨论。

③ 依照格雷戈里（Greg. Tur. 1.34）的说法，是在同一年。参看尤特洛皮乌斯的作品，有人认为是在 327 年，甚至是在 328 年（cf. Clinton, v. 1, p. 382, and Wordsworth）。

④ 虽然有争议，但总体上达成了一致。有关这一系列的死亡，请参照戈雷斯（Gorres）和希克（Seeck）多少有些对立的观点，他们的文章将在该导论的"文献"条目中提到，这些文章表达了最新的看法。

这一阴影之外，该时期并不比前一时期更少辉煌。如某些人所说，这是一个巨大的和彻底的内部改良时期。各式各样的创举之一，就是327年君士坦丁母亲的城市特腊帕尼被重建为海伦诺波利斯；而其中最大的创举，则是微不足道的拜占庭被改造成为宏伟壮观的君士坦丁堡，[①]该城于330年落成。[②] 也许就在这一时期里，耶路撒冷的改良工程也在进行，并且海伦娜还对其进行著名的造访之旅。

第8节　第六个五年期

最后一个五年统治期的主要事件是哥特战争，该战争由君士坦丁二世发起，旨在保护萨尔马提亚人，最后结束于332年4月20日。第二年（333年）君士坦斯被任命为执政官，334年，
420 300,000名萨尔马提亚人被引人注目地吸纳到帝国中。同一年，卡洛奇鲁斯（Calocaerus）在克里特造反，后被击败。下一年（335

① 奇怪的是，工程开始的日期并不明确。苏克拉底（1.6）直接把此日期放置在尼西亚公会议之后，菲洛斯多尔吉乌斯（Philostorgius）把它置于334年，现代历史学家的说法更是五花八门。布克哈特认为是在326年11月4日；德波洛格利（De Broglie）认为是在328年或329年；沃兹沃思认为是在325年。他于326年访问罗马时所感受到的冷淡，以及他在那里所遇到的敌意（Zos. 2.29,30），很可能就是刺激他建造一座“新罗马”的一个理由，因此，它的建造工程应当开始于他访问罗马之后不久。他最初是在伊利昂（Ilium 即古代特洛伊城）遗址附近开始建造新首都（Soz. 2.3; Zos. 2.30），可是“在上帝之手的引导下”（Soz.），他改变了计划，把城市建造在他最为赏识的场地上（Soz.）。

② 有关建造君士坦丁堡的报道，见苏佐门等人的作品（Soz. 2.3; Philostorgius, 2.9; Malalas, 13.5; Glyeas, p.462—464; Cedrenus, p.495—498; Theoph. 41—42。cf. Zosimus, 2.30; Anon. Vales. p.475—476; Socrates, 1.16; Orosius, c.28; Praxagoras, Zononas, Codinus, Nicephoras Callistus）。

年),君士坦丁庆祝即位三十周年,达尔马提乌斯被任命为恺撒,如今便同时存在着四位恺撒和一位未获名分者——君士坦丁二世、君士坦提乌斯、君士坦斯、达尔马提乌斯和汉尼拔利亚努斯,世界就在这些人当中被瓜分。

第 9 节　最后的日子

335 年晚些时候,我们知道君士坦丁曾去过耶路撒冷,他在那里捐建了一座教堂(不过年代是错误的)。该年还召开过泰尔宗教会议。同一年,或第二年初,尤西比乌斯宣读其三十周年庆典演讲稿(见后面第 6 章第 2 节)。337 年,这位伟大的皇帝正要准备一次对波斯人的远征,却辞世于尼科米底亚附近的安基罗纳,他被安葬于君士坦丁堡的使徒教堂里(参看尤西比乌斯的《君士坦丁传》有关注释)。①

第 2 章　性格

第 1 节　引言

一个人的性格,是由借助自身一再出现的自发行为而获得放 421
大、更改或变形的某种遗传个性所构成的。对这种性格的详尽无遗的调查,可以围绕下面的规程来进行:1.遗传特性。2.体格特性。3.心理特性。4.道德特性。5.宗教特性。

---

① 这些较晚时期的事件和日期,主要与神学问题有关——尤西比乌斯特别关注君士坦丁的"宗教"活动,这些活动在《君士坦丁传》中得到充分的叙述。

对于君士坦丁的性格，人们一直以来在展开没完没了的探讨，从来没有过一致的意见，要达成任何明确的结果似乎是没有希望的。“当医生们有意见分歧时，谁来做决定呢？”“我应如何着手去发现君士坦丁事实上是怎么样的一种人呢？”有人只是在适用于各种人生观的多变的判断标准中，选择出其中的若干行为或特性来。凭借这一方法必定无法获得任何东西。任何特性的随意选取和串在一起，也不可能得出其综合性格的本质特征来。就如任何其他的科学研究，研究人物性格的方法上的首要条件，便是进行有系统的研究。因此，对一个人物性格的概括，其真正的价值就在于这些性格之所以产生的根据。从二手资料中，或从其他人的归纳中得到一个人的性格特征，犹如夜行人见鬼火，其真实性难免使人生疑。通常流行的人物性格描述的另一个毛病是，用部分来解释整体，而不是用整体来解释部分。个别行为因而被当作是人物的标准性格。因此，要想获得这个叫作君士坦丁的人物的性格特征，便要求对第一手资料做一次系统的调查，而且调查者必须以正常人的心态去评判异常现象，从而获取整体印象。在这样的调查中，主要事项就是被分解和分组归类的事实主干部分。编者的概括就像任何概括那样，其价值的高低只取决于其反映事实真相的程度。这种方法无论在实施时有多么不完善，却至少比漫无边际地谈论支离破碎的现象要好；因此，我们采纳该方法，从如下几个方面入手，尝试发现君士坦丁是怎么样的一个人。

第 2 节　遗传特性

性格——无论是美德还是恶德——遗传的事实，在各个民族和古代哲学家当中，甚至在十诫当中，均奇怪地获得了认同，并且已经得到了现代科学更为清晰的解释。根据这一解释，对性格的科学研究，便须考虑先前的几代人。传记便要适当地依靠家谱。君士坦丁的父亲君士坦提乌斯·克罗鲁斯是一个非常温厚的人：自制，具有哲学家的美德；正直，是一个最好类型的新柏拉图主义者，一位一神论者和慈善家。据说，君士坦丁继承了其父亲的体魄、勇气、外貌、虔诚和一般美德。佐西姆斯对君士坦丁的母亲的性格的诽谤，似乎没有理由。她与君士坦提乌斯的关系，绝不会与后来授予她的美德和荣誉不相容。君士坦丁早年所得到的毫无争议的优良教养，与她不无关系，这表明她是一位具有非凡性格的妇人。她晚年出于荣誉感和责任感而进行的冒险和其他活动，使她得以表现出自己具有不可忽视的精力和能力。

第3节　体格特性

西德里努斯生动形象地描绘了君士坦丁的外貌。“君士坦提努斯·马格努斯拥有中等的身材，宽阔的肩膀，粗壮的脖子，因而得到‘牛脖’的绰号。他的肤色红润，头发既不浓密，也不卷曲，下巴的胡子稀疏，别的地方大多不长毛发，鼻子略带钩状，双眼与狮眼无异。他有着令人愉悦的心灵和使人快活的容貌。”[1]这一描述在许多方面被其他的人所证实，而有些方面则明显相矛盾。就细

① 参看维克托的《墓志铭》第51页（Vict. *Epit*. p.51），“牛脖”据说与“嘲笑者”（scoffer）具有同样的意思，“依照观相术作家们的说法，这种长相是健壮之人的特征”（Liddell and Scott，*Lex*. p.1569）。不过，维克托据以建立起这一解释的箴言，似乎表明它是指精力和顽强的性格能力，这种能力完全适用于该词及观相术上的特性。

节而言，他的身高也许在中等以上。西德里努斯说他具有中等高度的身材，与之相对的是较早时期马拉拉斯的描述，说他肤色红润，高个子，这就清楚地证明了尤西比乌斯所说：在戴克里先的人当中，“在身高上没有一个可以与他相比”，在出席尼西亚公会议的人们当中也是一样。不过一个“粗壮脖子”的外貌，几乎无法属于严格意义上的“高个子”，而如果他是矮个子的话，一个粗壮脖子和宽阔肩膀则几乎无法属于一个“气度高雅而清秀”的外貌。因此也许可以推想，他可能被描述成处于中等个头以上。而且，如果他长得非同寻常，便自然在拉克坦提乌斯和颂词作家们的作品中对其身高有过更多的提及。就相貌方面，他无疑是英俊的。狄奥法尼斯所提到的“他的面部威风凛凛，一表人才”，得到了颂词作家们的证实，而且所有这些书面证明，并未与硬币中的形象相悖。他的肤色是红润的；西德里努斯使用的措辞是“淡红色的”，马拉拉斯使用的措辞是“火红的”。他的头发相当稀疏和直挺，下巴胡子稀少，鼻子“略带钩状”，这些描述都与硬币上的形象相吻合，在硬币上，其鼻子既不同于典型罗马人，也不同于难看的鹰喙，而是处于一种中间对称和略有弯曲的协调状态。他的双眼像狮眼，明亮而敏锐。他的表情明快而又令人愉悦，“在高贵的庄重中洋溢着欢乐”，“安详”而又“兴致勃勃”。总而言之，他属于具有乐观自信气质的那类人。

除了面部清秀之外，他的整个外貌无疑也是英俊的。他外形上的气度高雅，是他的热心朋友尤西比乌斯最喜爱谈论的话题，他说：“在容貌优雅和俊俏方面，任何人都无法与他相比”，他“风度翩
422 翩，生气勃勃”。宽阔的肩膀和粗壮的脖子证明他具有强壮的体

力。他在与萨尔马提亚战士及野兽搏斗时的高强武艺(参看上述),以及在战斗中的一身精力(例如在维罗纳城前面,见上述),从个别事例到一般印象上均表明,尤西比乌斯使用最夸张的语言来描述是很有根据的,对其用保守的想象力来加以解释,应当被认为是事实。依照他的说法,"他在体力方面,也远远超过了其同时代人,因之使后者心存畏惧"(《君士坦丁传》,第1卷第19章)。就体魄而言,在尼西亚公会议上,他的举止表明,他的"膂力无与伦比地"超出了所有的出席者;在六十岁之后,"他仍然拥有完美和强健的身体,没有任何瑕疵,比年轻时更加快活;他风采依旧,力气不减当年,甚至照样参加军事训练,骑马,忍受旅行的劳累,从事战斗"等。在举止方面,他"勇敢果断"(《君士坦丁传》,第1卷第20章),自制,沉静(《君士坦丁传》,第3卷第11章),"高贵而庄重",既"威风凛凛"(《君士坦丁传》,第3卷第10章),又安详平静(《君士坦丁传》,第3卷第10章)。在态度方面,他对所有人都既"和蔼"(《君士坦丁传》,第3卷第10章)又"殷勤"(《君士坦丁传》,第3卷第13章)。依照拉克坦提乌斯的说法,这种独特的殷勤使他深受士兵们的爱戴。然而,与这种说法相对立的是维克托的陈述,他说,"他与其说是和蔼之人[*blandus*],不如说是一名爱嘲笑之人[*irrisor*]"。可是这一说法似乎建立在一个虚假的注释基础上(见上),然而并不存在绝对的矛盾。而且,他与主教、代理人、士兵、市民及蛮人的所有交往,在整体上似乎产生了一种良好的印象,这样的成功即使无须态度的殷勤也应当是了不起的。在穿戴方面,至少在其生命的晚期,他的爱好变得有些华丽。假如他是在今天进行统治的话,报纸的连环图画版无疑会像对待某些其他善良而又伟大

的人物那样，描绘他戴着夸张的领带，穿着有花纹的背心。依照维克托的说法，他“总是戴着一顶皇冠”，而依照许多人的说法，“在他之前的皇帝根本就不”戴皇冠。尤西比乌斯对尼西亚公会议上他的外观的描述，证明一名华盛顿的报社记者也具有描绘婚礼装饰的才能；他“那明亮的斗篷像光束那样散发着光泽，他的紫袍闪耀着火红的光辉，全身服装装饰着光彩夺目的黄金和宝石”（《君士坦丁传》，第 3 卷第 10 章）。

第 4 节 心理特性

依照其传记家朋友的说法，君士坦丁在心理特性方面的名声，甚至超过其体格特性（《君士坦丁传》，第 1 卷第 19 章）。这些特性包括聪慧的天资（《君士坦丁传》，第 1 卷第 19 章），健全的判断力（《君士坦丁传》，第 1 卷第 19 章），训练有素的思维能力，尤其是如人们从其眼神和一般能力中得以看到的他的洞察力。在教育方面，据说他“收获到了一种文科教育的益处”（《君士坦丁传》，第 1 卷第 19 章），特别是他在推理艺术上获得了透彻的训练（《君士坦丁传》）；不过依照托名的瓦列修斯以及西德里努斯的说法，他的文学教养很缺乏。如果说在这方面存在着早年的先天不足，那么后来他便以自己旺盛的精力去加以弥补，因为他获得了对于一位皇帝来说是极其重要的学识，这一学识就显示于他的演讲词中。依照尤特洛皮乌斯的说法，他致力于人文学科的研究。依照吕都斯的说法，他既擅长于文学，也擅长于军事学；因为“倘若他不擅长于这两门学科，他就不会被拥戴为罗马人的皇帝”——这是一个有些主观的理由。依照尤西比乌斯的说法（《君士坦丁传》，第 4 卷第

29 章），他如此醉心于研究，以至于“有时他通宵达旦地在用神圣的知识装备自己的脑袋”。从以下事实也可见一斑：虽然他的希腊文知识似乎并不广博，可是“他对其并非完全不懂”（《君士坦丁传》，第 3 卷第 13 章）。如在其演讲词中所显示的，他所具备的不过是一位事务家的学识，因而具有许多不成熟甚至自命不凡的要素；不过他并不比许多作者差——要比多数帝王作家强很多。

他的学识至少具有优秀的品质，这种品质散发于其措辞的表 423
达上，就如一切健全的学识所必须具备的那样。依照尤西比乌斯的说法，他的大量时间都花费在撰写讲稿上，而且许多讲稿当众发表（《君士坦丁传》，第 4 卷第 29 章），直到生命的最后时刻，他仍未停止。

尤西比乌斯对君士坦丁演讲的特征的描述（《君士坦丁传》，第 4 卷第 24 章），使我们无法假设他是出于纯粹虚荣的动机。一位皇帝发表演讲，在演讲中谈及学术或宗教问题，并且使用古典哲学、神话和文学，这在世界上是再自然不过的事情，即使在哈里森总统、格拉德斯顿先生以及威廉皇帝的时代里也不足为奇。毫无疑问，他的确是精力充沛地撰述，向士兵们作有效的演讲，并常常谈及政治和司法问题（以他的法律为证），不过他那些博学的文学作品认真说来仍然处于非常业余的水平。在发表演讲时，他似乎颇能自制，而且态度谨慎，例如在尼西亚公会议上，“他带着爽快的神色，安详地环顾会众，集中思绪，并用一种平静和温厚的语调……进行演讲”（《君士坦丁传》，第 3 卷第 11 章）。他的文学风格有些夸张和啰嗦，有关这一问题，请参看“特别导言”。他对学术的奖掖，表明他也对学术感兴趣。他遵循其父亲的榜样，继续这一工作，并鼓励在高卢设立学校（见上）。何修斯（Hosius）与尤西比乌斯都是他的朋友和顾问。他聘用拉克坦提乌斯作为克里斯普斯的私人教师。他还命人制作多部《圣经》，并分发各处教堂（《君士坦丁传》，第3卷第1章）。总之，他特别“鼓励在各个方面进行学问研究”。

第5节　道德特性

1. 关于事件、举止和人格。首先，君士坦丁精力超群，这是所有个性发展的基础。他充满阳刚之气，是一个精力充沛的人。这方面在各处都能体现出来，例如在戴克里先统治时期他成功的军事活动，他离开这位皇帝的关键性举措，他反对马克西米安、马克森提乌斯和李锡尼的一系列战役的实施，他据以推进内政改革、君士坦丁堡建设、基督教崇拜场所大量建造等的全部方式，以及他在立法方面的研究，等等；总之，他所触及到的每一件事情均表明，他是一位精力从不枯竭的人。他的决心就是“一心想达成他内心里想要做出的任何成就”。他重返父亲营地时行动之敏捷，被拉克坦提乌斯描述为难以置信。他在快速回军对付马克西米安中，在首次进入意大利中，以及在反对李锡尼的战役中，表现出了同样的敏捷。这种精力和活跃上升为有益的急性病，导致他在维罗纳、在罗马前面以及在西巴里斯亲自投入到战斗当中，并把其自身那不可抗拒、不可屈服和机警的意志力感染给了他的士兵。与这些禀性密切相关的，是他继承了父亲的勇气和胆量，尤西比乌斯已有所提及（《君士坦丁传》，第1卷第11章），其他许多人也以或明或暗的方式提及。喜欢冷嘲热讽的尤利安也不得不夸之为“难以言状的”

了不起，并且甚至为旨在贬损君士坦丁的作品所提及。与所有这些优异的特性相关联的，是一种深远的抱负。一方面，这表现为一种对权力和荣誉的热切渴望。他“极度渴望获得军事荣誉”；“渴望获得整个世界的统治权”。根据佐西姆斯的说法，由于早已打定主意要取得皇位，因此当塞维鲁和马克西敏获得任命时，他便被激励去求取一种比授予塞维鲁和马克西敏还要大的荣誉，这种对权势的急切觊觎早就为许多人所熟知。另一方面，这种抱负还表现为一种匡正错误的强烈热情；他反对马克森提乌斯和李锡尼的战争是真正的十字军运动，他做所有事情的实际目的，就是能导致改
革。如果成果证明就是动机，那他的这一目的也是一样；因为他始 424
终一贯地利用或试图利用自己手中的权力来谋求他所认为的公共福祉。他在获胜后在高卢的所作所为，他的立法，以及内政改革等，都是如此。

鉴于这种强势个性，人们也许可以说，这位“强势人物”的成功，亦即尤特洛皮乌斯所说的他在战争中的成功，是了不起的，“可是也不过是与他的努力相称而已”。然而，他的这种颇有个性的活力，远非刚愎自用。相反，他表现出了明显的小心谨慎，在这方面他也很像自己的父亲。他在戴克里先的宫廷里如此长久地坚守一种敏感的地位，他随时准备保卫边疆，他在等待被批准为恺撒的过程中，在等待与马克森提乌斯会战的机会中，以及在与李锡尼作战前的等待与筹划过程中，均备受着长期的煎熬；他对被征服者所提出的要求明智而又有节制，他在向前推进之前总是能够先把每一件事情安排妥当，这一切表明，他具有一种高度的忍耐力。这后一种美德尤其有特色，然而不论是在处理事务、制订计划或与人民打

交道等任何场合上，他在聆听抱怨的过程中所表现出来的巨大耐心，不过是其总体性格的一部分。由于他的耐心，他便以不屈不挠和“坚定不移”而著称。活力十足，加上其他品格，几乎无须证明就能显示出他高度地忠于职守，正如拉克坦提乌斯所说的，作为其禀性之一，他在年轻时就“严密关注自己的军事义务”。总之，他的整个个性是权力与遥远目标之间相互平衡的一个显著榜样，用哲学术语来讲——他与其父亲一样是哲学的学生——这一平衡属于“自制”。在他的这种优异能力的运用过程中，他被认为非同凡响。这种自制特别体现在他的不同寻常的贞节上。从年轻时开始，他就明显拥有正确的道德习惯。尤西比乌斯对此的具体证明(《君士坦丁传》)相比之下并没有把太多的叙述重点放在这一点上，在某种程度上，颂词作家的证明也是如此，虽然他们均提到这一美德。不过颂词艺术不允许赞美明显缺乏的东西；此类东西宁可不被提及，然而，考虑到时代和环境，一般证据终将至少证明非凡自制力在当时的声誉。他与米涅尔维娜的关系几乎并未触及到这一声誉，而不管她是妻子或仅仅是合法的姘妇。恺撒尤利安的指控和讽刺，在任何具有公正和中肯评判力的人看来，也几乎不过是某些恶毒饶舌者的砝码而已，此人的背后骂人是发自内心的。像李锡尼那样，他似乎未能理解那颗纯洁的心，它允许妇女在社会或宗教生活中自由交往。尤利安有关奢侈和感官享受的总体指控，必须在大体上被看作是具有同样性质的观点；因为这种对于柔软服装、宝石、游戏、节日的喜爱——如果我们能够做出正确的判断——绝非是“令人困倦的愉悦和淫逸的放纵”：因为他在研究上以及所有各类事功上是不知疲倦的，尽管它也许被称作是虚荣和爱好夸耀，尤其是像在较晚时期他被指控的那样。

2.与人民的关系。总体上看，君士坦丁和蔼可亲——受士兵的爱戴，甚至也受他所打败的敌人的爱戴。戴克里先提醒伽列里乌斯，他“和蔼可亲”，他必然曾经是这样；因为他“为士兵们所爱戴”，以至于在任命恺撒时他成了“每一个人的选择”。他的确“借助每一种慷慨和殷勤的方式去寻求”这种名望，而且他如愿以偿。

其中一个重要要素，是他所展现出来的普遍的温厚、仁慈和克制。人们在这些要素当中发现了一种与其性格活力相并列的特性，尤其有特色和伟大。“他的一个为人所熟知的习性，就是珍惜人们的生命”(《君士坦丁传》，第4卷第6章)。拉克坦提乌斯说，他在年轻的时候，就曾允诺“要比自己的父亲更加温厚和仁慈”。甚至尤利安也曾评论道，他“在人道方面鹤立鸡群，在许多别的方 425
面均优于他人，倘若有机会，我会证明此点”；在与其他皇帝作比较时，尤利安又一次以赞美的措辞谈到他。如人们所预料的那样，尤西比乌斯的措辞更为强烈，他把君士坦丁“与双手沾满了无数生命的鲜血的暴君们作了对比”，并断言在君士坦丁统治时期，“正义之剑被束之高阁”，人们“所受到的是父亲式权威的约束，而不是严厉的法律权力的统治”(《君士坦丁传》，第3卷第1章)。

他在每一种场合中都会展现这一仁慈。“当希古辛着火时”，他把更大的精力放在灭火上，而不是放在攻占这座城市上。在攻下罗马之后，他只是惩罚了极少数与马克森提乌斯最亲近的人，连佐西姆斯都注意到君士坦丁取代马克森提乌斯之后人民那种愉快和获救的心情。引人注目的是，刻有“仁慈之君”的石碑，在他统治时期里被大量地竖立，而在其他皇帝统治时期则极为稀少。他的宽厚行为是如此伟大，以至于他“因仁慈而受到普遍指责”(《君士坦丁传》，第4卷第31章)，理由是，犯罪未能得到适当的惩罚。这一仁慈性格的证据很多而且很确凿，不过或多或少地存在着一些亟需斟酌或前后矛盾的证据。有一种很流行的说法，即他最初时是很温厚，可是后来对繁荣的自满导致他极大地背离了先前那种令人愉快的温厚性格。他处死了自己家庭中的一些成员(参看下面的讨论)，他把战俘抛入了斗兽场，他用严厉的手段惩处隐藏阿里乌作品抄本的人；他对犹太人的处置(或至少他的法律)，以及他的某些严酷的刑法，均成为他受指责的理由。不过，尤特洛皮乌斯的评述应当被这样理解：他本人曾经亲眼目睹过“先前那种令人愉快的温厚性格”，可是到了后一阶段，他与君士坦丁两人之间的观点已经发生了很大的分歧。把战俘投入斗兽场一事，本身并非残暴的证据；因为在当时所流行的习惯下，若不这样做的话，对于其臣民而言反倒是残暴行为。他对待蛮族敌人的态度，在很大程度上应当从尤特洛皮乌斯的证据中获得解释，即他“把一种强烈的厚道印象注入了蛮人(哥特人)的内心里”。他对待自己家庭成员的态度，将留在别的地方进行讨论，不过不管他的行为如何，都不存在任何正当的历史—心理学理由去使用那个常常被随意使用的措辞——残暴。他根本谈不上残暴。某位颂词作家的极端化说法，甚至更加接近事实，他曾对君士坦丁说，“你因遗传和天命注定而不可能残暴”。他所颁布的刑法在某种程度上成为日益严厉的指责目标；可是它是出于对他所认为的公共福祉的极大关注——虽然有时是错误的和过度热心的，因此是处在一个与我们表述为残暴的任何东西很不相同的水准上。尽管由于发现自己的仁慈动机被不断曲解、恩惠被不断滥用而变得日趋保守，但较之于其前人和后辈来，君士坦丁即使到了生命的尽头仍然是最为仁慈和温厚的。

看一看他在类似的美德中如何出类拔萃，便知道该事实有多么明显。早已提及的耐心，与众不同的克制，毫无疑问的慈善，或至少慷慨大方，是只与仁慈为伍、不与残暴相配的性格特征。这些性格特征，他都具备。他表现出了与众不同的克制，他常常“以巨大的克制运用说服的方式”阻止骚乱（《君士坦丁传》，第 3 卷第 59 章），例如在安条克的一次骚乱中便是如此。在阿里乌骚乱中，举止粗暴的人竟然“胆敢侮辱皇帝的雕像……但并不足以激发他的怒气，而是导致他内心深处的悲哀”（《君士坦丁传》，第 3 卷第 4 章），“他以巨大的耐性容忍试图激怒他的人。”这些话的确是尤西比乌斯所说；不过他对多纳图主义者、阿里乌分子、马克西敏及李锡尼等人的处理，无论是个别地还是从总体上，都表明，事实上他确实习惯于巨大的克制。对此还必须加上绝对的厚道。在即位之初他就“带着大量体贴的厚道访问所有行省”（《君士坦丁传》，第 1 卷第 41 章）。这种厚道体现在他的整个统治时期里，并从一开始 426
他在对待被迫害的基督徒当中得到清楚的证明——这些证据包括他的高卢法令、他著名的宽容敕令、他致马克西敏的信函，以及他自始至终的行为。在击败马克森提乌斯之后，他发出敕令：那些被错误地剥夺了财产的人们，应当被允许重新享有这些财产……被不公正地放逐的人们，应当被召回并从监禁中释放出来（《君士坦丁传》，第 1 卷第 41 章）。在击败李锡尼之后，他召回了被放逐的基督徒，下令归还其财产，并把孤岛中的流放者、矿井中及公共工

程中的服劳役者等被以各种方式加以虐待的人们，统统加以释放（《君士坦丁传》，第 2 卷第 21、34—36、41 章）。有极其一致的证据证明，他非常耐心地倾听别人的抱怨，“乐意给别人申诉的机会”，“在倾听当中表现出极大的耐性”，“并且能做出温厚的答复”。他最擅长的是倾听来自各行省的代表的抱怨——这是一个得到事实证明的证据。他的慷慨大方同样是毫无疑问的。他向军队大量赠送礼品和赏赐的行为，在尤利安的时代仍然被记起。他对于基督徒不断的慷慨赠送，是尤西比乌斯无穷的话题：不过这不仅仅是对教会；因为我们也读到关于他向异教部落慷慨送礼（《君士坦丁传》，第 2 卷第 22 章）、给穷人赠送钱物（《君士坦丁传》，第 1 卷第 43 章）、给孤儿和寡妇提供物资、为未嫁少女提供嫁妆、为官司的败诉方提供补偿等记载（《君士坦丁传》，第 4 卷第 4 章）。也就是说，“接近他而未获恩惠几乎是不可能的”（《君士坦丁传》，第 1 卷第 43 章；参看《君士坦丁传》，第 3 卷第 16 章、第 22 章；第 4 卷第 44 章）。

尽管出于疑虑而未能很快满足某些朋友的要求，不过他“对于其他人则极度地慷慨，不失时机地给他们增添财富和荣誉”。“他以皇帝的庄严，打开财库的大锁，并以极高贵的气魄和慷慨散发他的礼品”（《君士坦丁传》，第 3 卷第 1 章）。这甚至在尤西比乌斯看来，也做得有点太过分。“想要从皇帝那里获得恩赐的人，没有一个不如愿以偿的……他还设置了新的职位，以便用其恩惠的标记赏赐大量的人”（《君士坦丁传》，第 4 卷第 2 章）。尤西比乌斯对该行为的报道，在这里值得充分引述。他说（《君士坦丁传》，第 4 卷第 54 章）：这“是一种美德，这种美德使他受到许多人的指责，他们把邪恶之人的卑鄙行为归咎于皇帝的克制。事实上，我本人可以证明在那些时期里盛行着可悲的邪恶：我指的是那些喜欢暴力掠夺的无耻之人——他们同样劫掠社会的一切等级——以及潜入教会的可耻的伪君子……他内心的仁慈和善良，他自己信仰的真诚，以及其性格的率真，招致他相信那些自称为基督徒的人们的信仰表白，这些人为了获取他的好感而狡猾地保持着诚挚感情的外表。他寄托在这样一些人身上的信任，有时迫使他采取不值得采取的行为，猜忌便趁机利用这些行为去遮蔽他性格的光彩。”因此，似乎存在着指责其过分挥霍的理由，他“浪费公家的金钱在许多没用的建筑上，这些建筑中的一些，不久以后就被他拆毁了，因为它们被建得并不经久耐用”，“把大量的赏赐授予了不该给的人，错误地滥施挥霍”。佐西姆斯还说：他“向所有人征收重税，赋税是如此沉重，以至于父亲们为了筹款，被迫让自己的女儿去卖淫，折磨手段也被使用上了，其结果是，整个村子荒无人烟”。然而，这一证据是由一个有严重偏见的人所提供的，此人认为金钱花费在基督教崇拜场所上比被浪费掉更糟，不过他与尤西比乌斯一样表明，用于城市、学校、教堂建筑以及其他事情上的开销必然相当巨大。可是在其他皇帝统治下开销照样巨大，君士坦丁至少没有把钱花在放荡上，他为做某些事情而花钱似乎还物有所值。至于税收，佐西姆斯无疑与受到税务官员“压迫”的肯塔基非法私酿酒类者颇有同感，如果君士坦丁是总统的话，佐西姆斯也会在日报上大骂他的邪恶政党，因为该党借助其邪恶的税率，迫使人们把自己的女儿嫁给富裕的丈夫，以便他们的赋税有人缴纳，附带的奢侈品有人提供。不 427
过这并不是说，过高的税率，会因为为那些从许多人钱袋里掏出更

多“猎物”的人们提供“工作”岗位而必然成为好东西；可是，用现代的说法，这大概就是君士坦丁所做的事情。君士坦丁对朋友的信任和对不配之人的慷慨，连同其对纳税人的影响，非常突出地使我们想起我们的某些军人出身的总统，我们爱戴他们，欣赏他们，却未必赞同他们的所有行为。然而，从另一方面看，大量的开支被用于有力的改良上，对这些开销提出批评的，可能只是那些反对为海军、邮政服务、公共建筑及财政津贴等项目付费的人；虽则如此，他的全部行事方式还是再一次使人们想起某些现代政客在博取民望中的巨大慷慨行为，而他们的老年公寓、教育、河流及港口等建设项目，没有一样豪爽的开销不是取之于人民的钱袋。可是无论混合着多少不明智的因素，这一切豪爽行为表明，在他身上存在着一种慷慨的禀性，而且至少是亲切可爱的，其中多数是纯真的。他的慷慨大方还采取了殷勤好客的形式，他在尼西亚公会议时对主教们的款待(《君士坦丁传》，第4卷第49章)就是其中一个例证。与所有这些亲切可爱的宜人禀性相并存的，似乎还有一种相近的甚至更为重要的因素，那就是他还具有一种正义感，当有颂词作家说“因各种不同原因而向他寻求避难的人总会得到他公平和公正的对待”时，该作家的话几乎没有夸张之处——如果加上“与他的见解和能力不相上下”的话。与这一点密切相关的是狄奥法尼斯所说到的“不屈不挠的正直”。除了所有这些品质外，还应加上善于综合的品质——这是他在与人们交往中所表现出来的值得注意的机智，该品质最典型地体现在他在尼西亚公会议上的行为，在那里“皇帝毫无怨恨地倾听着所有人的发言，灵活而耐心地接受各种提案；他依次接纳各方所说的话，文雅地把态度互相冲突的人们的意见集中一起。……他用自己的话语说服一些人改变主意，并增强另一些人的信念，他称赞那些讲得好的人，敦促所有人达成一致意见，最后他引导他们在有争议的一切问题上形成一个思想和一个信念。"(《君士坦丁传》，第 3 卷第 13 章)

可是他与人们相处的成功和得民心却为他设置了成功陷阱——有人指责他虚荣，尽管有证据表明事实恰好相反。依照维克托的说法，他"极大地渴求别人的赞扬"。这一点与尤特洛皮乌斯的说法相吻合，但与此同时，后者的语气则有所不同，他说皇帝渴求荣耀和体面的声誉，皇帝对俄珀泰提安那无耻恭维的明显自鸣得意的接受(参看他的信函)，似乎至少表明了他在这一方面的某些弱点。他的确偏好堂皇奢华，这不仅表现在他所戴的皇冠和所穿的服装上(参看上面)，而且还表现在他认可的朋友所目睹过的奢侈的饮宴上(《君士坦丁传》，第 3 卷第 15 章)，他意欲在巨大的规模上做自己想做的事情，无论是在城市建筑及豪华崇拜场所方面，还是在饰有珠宝的精美书籍方面。在他为自己安排埋葬事宜的过程中，他的自负似乎发展到了顶点，因为他竟然在无意中把自己当作第十三位门徒，而且还是门徒当中的独占鳌头者，"他带着最高的信仰渴望，希望在自己死去之后，自己的遗骸能够分享使徒们的祈求……于是他建起了十二个墓室，就像是为了纪念和尊崇十二使徒的神圣纪念碑那样，把自己的棺材放在使徒墓室的中间，每边各六个墓室"(《君士坦丁传》，第 4 卷第 60 章)。在这里，人们似乎可以读到整个厚颜无耻的谄媚史，它提醒我们，尤纳皮乌斯曾经谈到他以"令人陶醉的谄媚"的刺激为乐。不过，我们还不能推想，这是一种特别软弱的虚荣或是一种引人入胜的虚荣。尤

西比乌斯所提出的有关他的谦虚谨慎的证据(《君士坦丁传》,第3卷第10章)是如此详尽,因此不可能完全失真。他对“过分赞扬的愤怒”所表现出来的谦恭的证据(《君士坦丁传》,第4卷第48章),和尤西比乌斯有关他“既不因这些赞美而傲慢也不因任何表扬而自满”的记载(《君士坦丁传》,第1卷第39章),以及复活节年代记中有关“他完全不因称赞而得意”的记载,显然描述了一种真实的情形。这种混合的性格也常常被发现是难以理解的。在认出其自
428 身的成功、欣喜于他人的承认——不是因为内心里的冷酷虚荣,而是来自对人类友谊的热情欣赏——之后,真正的力量便在实施他似乎要达到的目的中借助成功而产生,这种力量就是神的计划,它激发起这样一种思想,即他是上帝的特殊而又必需的仆人,他的思维和意志直接由神的意志所感动,因此他的所思或所求是不会有错的。他与某些现代统治者并没有什么差异。其精神深处虽然有某种虚荣的东西,或至少有些自高自大,但却拥有某种高尚的因素,这种虚荣的最大表现,便是要求博得友好的尊重。佐西姆斯有关“他获得了唯一权力之后”便傲慢自大的指责,以及他“专心致志于毫无约束的权力的行使”的说法,应当像对待其他非基督徒证据那样而获得解释,即必须根据如下的事实:他的行动的进行对于非基督徒来说相对艰难,对于基督徒的正义,在非基督徒看来恰恰是非正义,而且如果君士坦丁超越公正的话,他的慷慨就会以某些人的牺牲为代价。他履行职责时的活力和不断的成功,连同他占优势的一种神圣使命的思想,自然地造就了这种对其自身一贯正确的信念;为何是傲慢自大而不是这种虚荣心与权力相连接呢?他对宗教分裂分子——多纳图主义者、阿里乌分子或干扰了他的和

平的正统派人士——所采取的行动，的确体现出了某种程度的不道德。然而，他在使旧宗教信仰者受到适当安抚方面的成功，以及他在总体上算是成功的机智，表明这绝不是一种占优势的和无法解除的特性。与这些密切相连的其他两个弱点也被归之于君士坦丁：一个是妒忌，有一个陈述对此作出了证明："为了把其前任的功绩减少到最低程度，他煞费苦心地给他们起滑稽的绰号，借此败坏他们的美德"。另一个是多疑；就后者而言，一个历经无数阴谋而得以活下来的人具有这样的瑕疵，应当得到很好的谅解。他一而再、再而三地信任人们，人们却令他失望。他与马克西米安的相处表明，至少在开始时，即在他获得如此之多的无法信任的经历之前，他很明显是不存在这一缺陷的。佐西姆斯还提出了一个严重得多的指控：无信义。他说他"违背自己的誓约（因为这对于他来说已经习以为常）"，而且两次重复了这一指控。而尤西比乌斯的说法则相反，他谈到君士坦丁如何尽最大努力避免成为一名破坏与李锡尼之间的和平的人（《君士坦丁传》）。这的确是真伪未明，是非莫辨。该指控似乎主要或全部建立在他对李锡尼的态度上，即开始发起战争并最终把他处死。一个小男孩曾紧紧抓住一个更小的男孩，本来应当给他一巴掌，却同意不打他，因为他更小。更小的男孩突然用牙猛咬较大男孩的大腿，为此较小的男孩挨了一巴掌。对此，较小男孩的大兄弟充满着愤慨，他借助寻求和发现同样的命运来显示这一愤慨。为李锡尼而发的愤慨，似乎大部分就是那位大兄弟的愤慨——可惜愤慨的对象被弄错了。他似乎是一个相信协定只对对方具有约束力的人。显然，协定的内容不可能包括他应当迫害基督徒，也不可能包括他应当发起推翻自己恩主

的阴谋。《圣经》中国王收回免除一万个塔兰特的允诺的故事，并非是靠不住的。

3.与自己家庭成员的关系。君士坦丁是一名孝子，获得了父亲的信任，因而后者希望他成为自己的继承人，在他掌握权力之后，他又显示出对母亲的万分尊敬（硬币上显示了她作为皇太后的地位，请参看《君士坦丁传》）。“仅就他对其母亲的孝顺而言，他就应当受到祝福。”（《君士坦丁传》，第3卷第47章）

然而，对君士坦丁品格的最严厉的攻击，所针对的正是他的家庭关系。尤特洛皮乌斯说：“可是繁荣所带来的骄傲自满，使君士坦丁极大地背离了他先前那种和蔼温厚的脾气。最初受到攻击的是他自己的亲属，他处死了自己的儿子——这是一个很优秀的人；接着他处死了自己的外甥——这是一位和蔼可亲的青年；不久以后他又处死了自己的妻子；随之而来的是处死了自己的许多朋友。”在所有的世纪里，这曾经是指控方与辩解方论争的主题。证据虽然非常脆弱和不确定，不过下面两点则是较为明确的：第一，任何舆论裁决都认定这些死亡事实是有根据的。它被尤特洛皮乌斯、维克托及海尔洛尼麦特等人所证实。第二，他杀人的不正当
429 性，却并没有得到证明。至少关于法斯塔之死，也许存在着正当的理由；不管是爱情阴谋还是其他的阴谋，似乎存在过某些真正的诱因。克里斯普斯的死也不仅仅是出自于猜疑，而且是以明显确定的不信任为借口。说他没有充分的理由，那只是历史的假设，无论这将是什么样的理由——与法斯塔的不正当关系，或更有可能是政治阴谋。即使糟到极点，他也不过是基于虽为捏造而在当时却是真实的指控而被处死的：最后裁决是由最善良的法官和审判员

们做出的。[①]有关他妹妹的儿子李锡尼二世，则几乎无法说他有同样的理由，因为他的这一外甥只是一个男孩。不过如果记住李锡尼的遗传性格，如果注意到如下的奇怪事实——君士坦提娅与君士坦丁之间的诚挚关系始终是特别伟大的，那么似乎必然存在过某种缓和的境况。[②] 所有的历史证据导致我们得出一个公平的结论，即似乎曾经存在过某场针对君士坦丁的广泛阴谋，这场阴谋被以这样的方式挫败了；不过所提出的最为公正的裁决是“原因未明”。

在评估这些行为所特有的价值时，必须注意如下几点：第一，它绝对没有私下执行的特征。皇帝就是法官。即使他弄错了证据，把一个无辜之人处死，那也与一名法官所犯的错误差不多。第二，所处刑罚的相对的道德特征，是由刑罚的习惯所限定的。一个历史上的英格兰法官在绞死一名盗贼的时候，他并不比现代法官用缓和的方式处死盗贼来得残酷。第三，所有的证据法和一切章法均表明，任何人的任何行为，都应当根据其总体性格来解释。在证据缺乏或受怀疑的时候，这种总体性格方面的证据便具有了实际的重要性，甚至具有结论性意义。适用于这些行为的是：(1)君士坦丁对待马克西米安时所表现出来的特有的克制。(2)有充分证据证实并获普遍认可的他性格上的温厚和仁慈。鉴于这一点，

① 几乎没有必要说，有关君士坦丁对处死克里斯普斯一事感到自责的各种各样的传说是虚构的。苏帕特(Sopater)的故事已被提及。科迪努斯(Codinus)的故事(*De signo Cp*. p.62—63)也谈到，“由于后悔克里斯普斯的死，他竖起一座带有铭文的纯银雕像，铭文写道：‘我那遭到不公正处置的儿子，’并且做了忏悔。”该故事也属于同类的传说。

② 希克(*Ztschr*. *f*. *wiss*. *Theol*. 1890，p. 73)坚持认为，有证据证实(“*urkundlich fest*”)小李锡尼在336年时还活着，当时他已二十多岁。他还坚持认为，他不是君士坦提娅的儿子，而是李锡尼与一名女奴隶的私生子。

应当判定存在着某种真正的或十分明显的司法惩罚方面的重要立场。第四，君士坦丁经受了来自其亲属方面的一次又一次阴谋，他一再宽恕阴谋发起者，最终却没能阻止这些阴谋，其中典型的如马克西米安、巴西亚努斯、李锡尼等。第五，他们并没有“在勃然大怒之下”立即被处死，而是死于一系列行为当中。鉴于这些情形，作如下陈述是公平和正当的：君士坦丁是基于正当的理由、并且是为了社会的福祉而把他们处死的，他们的死绝不表明君士坦丁的残暴和不人道。即使（小）李锡尼的死，也必须用当时的政治伦理及其环境来进行解释。只要感情用事者继续给杀人凶手献鲜花，并为无政府主义者建造纪念碑，他们就会把执行死刑——甚至法律上的执行死刑——看作是表面上证据确凿的残暴行为，把为了自卫而杀死一名杀人凶手或绞死一名卖国贼看作是犯罪行为。君士坦丁的总体性格使人们确信，如果他认为他可以饶恕他们——或他们中的任何一个——而不致危害安全，他是会这样做的。[①]

总体而言，君士坦丁是一位遵守婚姻美德的忠诚丈夫，也是一位好父亲。他留心自己的孩子应当接受良好的教育。克里斯普斯受教于拉克坦提乌斯，其他孩子也许受教于阿波里乌斯；总之，他拥有世俗知识中最为渊博的教师，教导战争艺术及政治和法律科学（《君士坦丁传》，第 4 卷第 51 章），在他自身以及公认为虔诚之人的共同教导下，孩子们在宗教训练课程中特别用功。他很早就任命他们担任帝国公职，并在他们当中分配帝国。

---

① 有关该问题，请特别参照戈雷斯和希克的专著。见“文献”条，在这些文献中，诸如哈格（Hug）和魏格尼鲁斯（Wegnerus）等人的其他题目均可以被找到。总体而言，鲁德曼的陈述（Lipsius, *Theol. Jahrb.* 1886, p.108）是站得住脚的：“从君士坦丁的道德性格当中推论出来的反对其基督教的观点，曾经是最软弱无力的。”

4. 与朋友的关系。他对待朋友的总体品格是非常的豪爽大方（见上述）。尤特洛皮乌斯着重谈到这一点，虽然他的表达方式使所有人均感到迷惑，“对待自己的某些朋友，他表里不一”（或很阴险），约翰尼斯·安特解释这一措辞的意思为“在某些朋友看来，他不诚实（不守信用），而且无安全感（令人不快）”。有关他一直致力于取悦自己的朋友的情况，如上所述。 430

5. 与社会的关系。第一，总体上看他似乎为自己的士兵所喜爱（参看上面），常常用热情和活力来激励他们。对于敌方的士兵，他很仁慈（见上述），并不乘人之危谋取必须之外的好处，对于被打败的敌人，则格外宽容；例如在希古辛和在罗马与马克西米安[①]、李锡尼及哥特人的战斗中（见上述）。他的军事才能尤其体现在为士兵提供周到的后勤服务、行动迅速以及身先士卒等方面。第二，作为立法家，他“颁布了许多法律，一些是好的，但大多数是多余的，还有一些是苛严的”。他似乎有某种立法的嗜好，这种嗜好无论如何表现出了一种其早期同时代人所少有的对于法律的特有尊重。当然，尤特洛皮乌斯认为所有有利于基督徒的法律都是多余的。废止偶像崇拜习俗的法律、建造基督教崇拜场所的法律、遵守主日的法律（《君士坦丁传》，第 4 卷第 23 章）以及允许在主教面前审讯案件的法律，等等，必然都是如此。可是即使在其他的法律方面，君士坦丁似乎也时时表现出对立法的非常热情，例如在他的精力不被占用于战争或建造教堂的时候。这些法律总体上看是明智的，至少是具有仁慈和公正意义的。属于此类法律的有：钉死在十字架上的刑罚和角斗表演的废止，奴隶不允许被与其家人分离的

① 应为马克森提乌斯。——中译者

法律，禁止鞭打债务人的法律，以及制止诽谤的法律。而所谓的“苛严”的法律，则包括诸如用死刑来惩罚某些形式的通奸。第三，作为政治家，他的政策是宽泛而深远的。他在充分组织和小心安顿好他的那部分国土之后才进行扩张。他改变了帝国的整个结构，包括民政结构和军事结构。他开始了金融改革，特别最勤勉于内政改善的问题，从帝国的一端到另一端进行恢复和建设的工作。他统治时期具有巨大特色的成就，就是教会与国家的结合，通过这种结合，人们是按受极大赐福还是受极大诅咒来划分的。在其世界历史上所形成的动力方面，这种结合的威力必定是极大的(参照“文献”条目之下的许许多多的题目)。尤特洛皮乌斯有一个综合性的陈述，即“在其统治的初期，他可以被比作最佳的帝王，在其统治的后半段，他却只能被比作二流的帝王”，该陈述必须用下面的事实来解释：在其统治的后半段，他与基督教紧紧联系一起，这在旧宗教狂的眼里，其本身就是一种消沉懈怠的表现。在其统治时期里，他建立起秩序和正义，这是很少人能做得到的。这种秩序产生自混乱，在其统治时期里，人们才能够说：“贞节安全无恙，婚姻获得保护”，而且人们的生命和财产有了可靠的保证，这在罗马其他皇帝统治下是极少有的。他从一开始就遵循一种虽则处于发展中、却是始终一贯的政策，组织内政，牢牢地护卫着帝国的边界并使之有了扩展，最终在取得巨大的内部繁荣和发展的基础上统一了整个帝国。对于这样一个人，如果拒绝给予他“伟大”的称号，是没有根据的。

第 6 节　宗教特性

君士坦丁是一名基督徒吗？这种愚蠢的问题不得不引起注

意，却几乎无须讨论。不管怎样，这一没完没了的观点在极大程度
上是表面上明智、实际上毫无意义的概括。像任何概括性陈述那
样，它被作者的观点所限定。如果有十个人以十种不同的方式提
出“一名基督徒是什么”的问题，那么谁会说任何人是什么呢？这
就是困难所在。人们不能想象基督教没有洗礼再生。于是问题便 431
被缩窄到洗礼上来。君士坦丁直到弥留之际才成为一名基督徒。
同样的人却有不同的检验标准，因此同样的人未必就是一名基督
徒。在一名符合《圣经》宗旨的新教徒看来，他一旦相信基督，就是
一名基督徒，信仰的证据就在于信仰表白和行为。早在其南征意
大利的战役打响之前，君士坦丁似乎就与基督徒有密切的接触。
何修斯也许早就是他的顾问之一。这位年轻的皇帝继承其父亲的
虔诚，倾向于一神论。顾问们的话语至少必然引起他的思考，在著
名的“十字架异象”期间，他似乎作出了某种信仰上的检验，而不管
其结局如何。从人们走向信仰时所思考和所感受的方式来判断，
如下过程在心理学上似乎是有可能的：在感受自己接近信仰的方
式时，他尝试着去相信，结果获得了成功，从那时起他真正相信了。
从此后的某个非常早的时期起，证据开始变得日益清晰，以至于他
的信仰本身变得更加明确和坚定。尤西比乌斯对于他倾向于基督
教的思想过程的报道最能够讲得通。他说：“就神助的问题而论，
他想到，那些依赖于偶像的人们已经受到欺骗和摧残，而他的父
亲……则尊敬一位最高的上帝，并发现他就是救主……他推断，参
加对自身不是神的物质的无益崇拜是一件蠢行……因而感到尊崇
其父亲的上帝而非别的神是自己义不容辞的责任。”十字架异象的
性质，无论是一个神迹，一个自然现象，或只是一个梦幻，都不会影

响到尤西比乌斯对有关随之发生的事情(《君士坦丁传》,第1卷第32章)的报道的可能性。“就在上述事件发生的当时,由于惊愕于这一非同寻常的异象,决心只崇拜对他显现的上帝,他派人去请来那些熟知其教义奥秘的人们,向他们征询何为上帝……他们断言上帝就是他,即‘一’和唯一上帝的独生子”,据此他“任命他的顾问们为上帝的祭司,并以十足的热忱,把崇敬曾向他显现的上帝看作是自己义不容辞的义务。”依照苏佐门的说法,“人们普遍承认,在与马克森提乌斯打仗之前以及回到罗马和意大利之前,君士坦丁就已信奉基督徒的宗教;这得到了他所颁布的支持宗教的法律的材料的证实”。菲洛斯多尔吉乌斯“与所有其他作者相一致”,把君士坦丁的皈依归之于对马克森提乌斯的胜利。这也得到了某颂词作家的肯定,该作家说道:他因神的指示而发起战争,凯旋门上的著名碑铭就刻有“神的授意”(*instinctu divinitatis*)的字样。依照奥古斯丁的说法,在多纳图分子请愿期间,他就“留心自己对基督所保持的希望”。

有关君士坦丁在此时接受西尔维斯特(Sylvester)的洗礼的传说,纯属无稽之谈,不过从先前的可能性、其他证据及他很早就认为自己是基督徒这样一些事实看,他在此时的确已经深信这一宗教。他有关阿尔公会议的信函可以肯定有很少直接的证据,可是却足以表明,他认为基督徒的宗教是对一个至高上帝的崇拜,何修斯早已是他所信赖的顾问。不过在他致克列斯图斯的信函中(314年),他谈到了有些人“忘记了他们自己的得救和对最神圣的信仰应有的崇敬”,而如果他在阿尔公会议之后致主教们的信函——一封充满着像“救主基督”、“亲爱的同胞”、“我本人等待着基督的审判”、“我们的救主”[①]等诸如此类的措辞的信函——是真的，则君士坦丁在314年时的信仰便有很大的进展；但是无论它是真还是假，他有基督徒顾问这一事实、他为基督徒立的法、他对基督徒的各式各样的大量恩惠、他承认他们的上帝为自己唯一的神，使得对 432
于该问题的讨论成为多余。君士坦丁在314年时是一名基督徒吗？何为一名基督徒？他似乎已经是。他的发展类型与当今的许多商人转变为教会人员亦即基督徒是一样的，不过他既没有接受过大量教理方面的良好教导，也没有过分热心地接受信仰方面的训练。必须记住的是，在较早的岁月里，他的信仰表白及对自己基督徒身份的认定，是由其与旧宗教的关系所限定的。这样一个转变从根本上说是一件新奇的事情。他的地位还不牢靠。他不得不使用极度的机智去把所有的要素都掌控在手中。他就像一名现代的基督教皇帝或总统那样受到制约，这类皇帝或总统的大多数政治顾问和臣民或选举人都是非宗教的。他有很多有关政治组织方面的问题需要解决，因而陷入了这些问题当中。唯一令人惊讶的问题，是他成长得如此神速。没有任何理由设想他始终或甚至完全装聋作哑。倘若说他保留最高祭司长的头衔、或向旧崇拜让步、或允许向占卜者征询、或甚至推迟自己受洗的时间等，均表明了这

① 它似乎被俄珀泰图斯和塞里尔等频频收录到公会议文献集中。它首次出现在俄珀泰图斯的版本中，是他所收集到的有关多纳图分子的遗物之一。这些遗物来自于一个虽则过得去却是单一的古代抄本，对此并没有援引资料来源，尽管其他的资料来源已被提供出来。在君士坦丁生命的这一阶段中发现它，的确是一个意外。不过，它与他的后期作品并无不同，若考虑它被写作于一种成功结束的冒险热情之中，则并非不可能。似乎（除非存在着对该信函的某种确定的研究，而目前我手头则没有）一种谨慎的考证不可单独以该信函为根据。

一点，这种说法显然是不顾证据的极大的荒谬之举。[①] 有关他行为公开的证据——包括异教的和基督教的——是完善的，有关他作决议的证据——例如有关遵守星期日的法律——也是无争论余地的。至少在后来，他“最公开地破坏庙宇崇拜，并建造基督徒的崇拜场所”。从李锡尼被击败起，敕令、书信、演讲及各类行动，均证明他毫不含糊地采纳了基督徒的宗教。尤西比乌斯以下的话几乎没有夸张：“他极其果敢地在所有人面前显示自己的基督教证据，他绝不从公开表白基督之名当中退缩，相反，他乐于向众人申明此点：他把这种公开表白当作自己的最高荣耀”(《君士坦丁传》，第3卷第2章)。有关在尼西亚公会议期间及之后他是否认为自己是或被认为是一名基督徒的问题，太过于多余，以至于根本就不需要提及，当然，它也未曾得到过严肃的讨论。按主教们的意见，他在那里是“最虔诚的”和“敬爱上帝的”。他的信件充满着虔诚的措辞，开头或结尾通常均带有“亲爱的同胞”等表达。他向公会议提及自己时用“我们的共主和救主”的“仆人伙伴”。还有一种更加不可忽视的观点认为，他与基督教的所有不容置疑的外在联系，纯粹是政治上的权宜之计，他是一名精明的政客，能够抓住各种不同的政治风向，并具有利用这些风向的技巧。凯姆(Keim)认为，即使到了生命终结时，君士坦丁从严格意义上说也不是一名基督徒。布克哈特把他看作是一名纯粹的政客，没有任何基督徒生活的特质。布里格(1880年)说：我们没有理由确定他是“一位不信神的利己主义的宿命论者，还是或多或少具有强烈宗教或甚至基督教兴趣的人”，不过可以肯定的事实是，他之所以袒护基督徒，并不是

① 他在受洗之前的话语，在《君士坦丁传》第4卷第2章的注释中有过讨论。

因为他内心里信仰基督徒的宗教。为了从这些说法中寻找依据，尤西比乌斯及其他作者的证据尽管很明确，却被置之不理，即使是有关如下事实的证据：如他所举行的感恩仪式（《君士坦丁传》，第1卷第39章）、他祈求神助、他在自己的宫殿里建造祈祷室、他实行斋戒（《君士坦丁传》，第2卷第41章）、他有固定的祈祷时间（《君士坦丁传》，第4卷第22章），等等，尽管所有这些都很有趣。然而，这些文献如果不是被毫不鉴别地抛弃的话，是可以被当作原始材料的。对这些文献做一个简短的分析，哪怕是不完善的分析，都有可能给那些想要作各种测试的人们在应用它们时提供依据。从他对基督的信仰——这肯定是基督教的中心——出发，他相信基督是上帝之子，“上帝和上帝之子是每一种福分的创作者”，子是父的启示者，他已经“揭示了你的子身上一道纯净的光……因而提供了有关你自身的证明”，子出自于父，并道成肉身，也为先知们所预告。他相信这位上帝之子就是他的救主，“我们的共主和救主”， 433
“我们的救主，我们的希望，我们的生命”。他相信他神迹般的出生，并相信他为了我们的解放而死，“导致永恒生命之道”，和“一种宝贵而艰苦的”工作，相信他升上天堂。他相信“父上帝”、“全能”、万有之主，以及圣灵。他相信“神意”，相信所有人类的保护者上帝监视着万事万物，就在我们身边，是我们一切行为的目击者，“在他的全能的手的引导下”，万事万物皆受到他的意志力的控制。他相信一个人格化魔鬼的存在。他相信来世，那是“唯一真正的生命”，要为“不朽而努力奋斗”，只有追求不朽的人才了解上帝。他相信来世的奖赏和惩罚。他相信《圣经》的启示。他热爱上帝，并把赞美基督看作是他一生的主要工作。他热爱他的同胞，倾向于“带着一种永久的感情来爱你们”，并把这看作是一种美德。对于他来

说,上帝在总体上是一切赐福的源泉。他说:“我最确切地相信,我的生命,我的每一道气息,总之,我内心深处最私密的思想,都应当归功于至高上帝的恩典”。他承认悔过是赦罪的一个先决条件,除罪则是上帝的权力。在人生的表现方面,“我们救主的话语和告诫是我们一生都必须遵循的榜样”。

对君士坦丁的学说及伦理观点的解释,因依据许多不同的资料来源而有极大的差异,可是他自己表达时的一些例子,则最好地显示出他的宗教生活的精神。有一段有关基督侍奉于人世间的最富于联想的华美描述,由于篇幅太长,无法在这里引出,可以在他的演讲词中找到,不过下列的选段也表达了这一思想:

描述内在的基督徒生活。“人类当中能够被提升到与上帝相类似的唯一力量,就是对上帝真挚而无辜的侍奉和全心全意的献身,以某种沉思和学习的方式取悦于他,把我们对地上事物的爱慕以及我们的思绪引向高尚的天上目标”。

描述外在的基督教生活。“把我们的宗教与我们自身作对照。难道我们不存在真正的和谐以及对他人不倦的爱吗?如果我们谴责一种过错,我们的目标难道不是要规劝,而是要毁灭吗?我们的矫正难道不是为了安全,而是为了施加残暴吗?难道我们不是履行对上帝的真挚信仰,而且履行社会生活关系中的忠诚吗?难道我们不怜悯不幸者吗?我们的生活难道不是质朴到不屑于把邪恶隐藏于欺骗和伪善的假面具之下吗?”

祷告。“啊,神圣的上帝,我向您发出这一祷告并非没有理由,万事万物之主。在您的指导下,我已经设计完成了充满着祝福的措施:在您的神圣征兆的引导下,我已经带领您的军队走向胜利:

每当遇到重大危险的时候，我总是跟随您那完美的指引，向前迎击敌人。因此，我向您奉献上一颗被及时地用爱和恐惧来调适的灵魂。我真爱您的名字，崇敬您的力量，这种力量已经得到您的大量证明，并且确证和增长了我的信仰”。

对上帝和对基督的信仰表白。“我承认这位上帝，我在不断的荣耀和记忆中相信他；在其荣耀的顶峰，我衷心地以纯洁和坦诚的思绪来沉思他。”“他的愉悦就在节制和温顺的工作中。他喜欢温顺而不喜欢强横的灵魂，喜欢诚信。他惩罚不信”。“他是万事万物的最高审判者，不朽的王子，永恒生命的给予者”。

君士坦丁是一名基督徒吗？让每个人作出自己的判断吧。 434

第 7 节　总体性格

在试图把已经检验过的品格特性汇集一起之前，至少必须提及一些总体性格方面的情况。从本质上说，不友善的、敌对的和缺乏同情心的异教证据，从总的方面看，对其早期的评价至少是相对良好的。异教证据一般倾向于，认为他统治的前半段是值得钦佩的，而他统治的后半段则是可恶的，或是较少令人钦佩的；基督徒作家的证据则强调他的优点在不断增长，乃至最终把他提升到圣徒的高度。这是再自然不过的事情。对一名异教徒来说，袒护基督教本身就是一种道德堕落，而把金钱赠送给基督徒更是近于抢劫。君士坦丁性格的转折源自他对基督教态度的改变，这种改变在推翻李锡尼时达到了顶点。李锡尼的确是作为异教的斗士进行战斗的。被击败的阵营中的人们，总是在为其胜利者的特性作鉴定，就如前南部邦联主义者为林肯或格兰特的特性做鉴定一样。

观点有很大差异。南方的诚实人认为林肯是一个祸害，根据大众的意见，他的性格是“阴郁的”。维克托所援引的流行谚语“十年头颈粗短，十二年海盗，十年败家子”，便是南方民众对北方村夫林肯的评价意见的意义所在。这三句短语中的第一句也许有时是用来概述南方民众对格兰特的看法；第二句常常被用来表达对林肯解放奴隶的举措的态度；第三句则表达了他们对花在联邦士兵补助金上面的巨大开销的看法，即使那是在十五年前。可是就连报道过这一谚语的相当严肃的维克托，也发现君士坦丁“在许多方面是最为卓越的”——例如在某些立法方面，在庇护艺术方面，特别是反映在其作为学者和作者的信函时，以及在聆听各方代表的抱怨方面。而且，“波拉克萨戈拉斯虽然是一名异教徒，但他也说，在各式各样的美德、个人优点和好运气方面，君士坦丁使他先前的所有皇帝均相形见绌”。最后，异教徒尤特洛皮乌斯曾经如此令人赞叹地从自己的立场出发去描述人物性格，①虽然他很自然地发现“在

① “君士坦丁是一个具有巨大活力的人，他一心想做好自己打定主意要做的事情……可是繁荣的骄傲导致君士坦丁极大地背离了他先前那种宜人温顺的性格，他开始攻击自己的亲属，处死了自己的儿子——一个很优秀的人；以及自己的外甥——一名具有温和性格的青年；不久以后又杀死了自己的妻子；随之而来的是处死了自己的许多朋友。”

“他是这样一个人，即在其统治之初，他可以被比作最好的帝王；在其统治的后半段，他只能算是二流的帝王。他的内心和体格，存在着明显的大量优秀品格；他对军事荣誉有着极大的抱负，在战争中取得了巨大的成功；然而，这种成功不过是他努力的结果。他在结束了国内战争之后，还利用各种机会摧毁哥特人，最终给予他们和平，在蛮人的内心中留下了有关他仁慈温厚的强烈记忆。他专心致志于和平的艺术和人文学科的研究，素怀获取荣誉和声望的雄心壮志，他的确借助各种开明和殷勤的做法寻求这些荣誉和声望。尽管出于猜疑，他迟迟不肯满足某些朋友的要求，然而，对于其他人他则极端慷慨，不失时机地增加他们的财富和荣誉。他颁布了许多法令，一些是良好的和公平合理的，但大部分是多余的，有一些是严厉的。”

其统治之初，他可以被比作最好的帝王；在其统治的后半段，他只能算是二流的帝王”，可是他还是记载说，“他的内心和体格均显示出无数的良好品格”，他“理应被编入到众神的行列中”——这里使用了“应付金额”（*meruit*）一词，该词曾被使用在奥勒良（Aurelian）身上，但并未使用在包括君士坦提乌斯在内的其他皇帝身上。因此，根据纯粹异教徒的证据，君士坦丁大体上被认为相比之下是显著的和可钦佩的。狄奥法尼斯的鉴定则代表了一种稳健的基督徒态度：“具有突出的阳刚气特质，有心智上的洞察力，以及训练有素的思想威力；不屈不挠的正直，唾手可得的厚道，绝对威严的相貌之美，战争中的强大和成功，与蛮人作战时的优秀，国内战争中的战无不胜，信仰中如此坚定和毫不动摇，以至于在所有战斗中均
通过祷告来获得胜利。”因此，请记住，为了理解一个过去时代的人 435
物，我们必须首先设想自己处于他的那个时代；而且还得记住他的时代的环境及习俗，如果没有忘记人们据以对他做出评判的任何行为的话，我们就可以在无可争议的证据基础上发现他在性格上优于其他大多数皇帝，他对其自己时代环境的超越，比起具有特别高尚品德的今人来，幅度更大。鉴于这一点，把这样一位在死后被异教徒认为可以登入众神行列、基督徒则将其封为圣徒（在希腊历书中）的人，当作一个异类而把他排挤出不同寻常的杰出人物行列之外，则既缺乏鉴别力，也是对历史证据的歪曲。如同在任何合成物或任何组织中那样，从属的证据必须被放置于与其中心和整体的关系中来观察，就如借助刑事诉讼法，行为必须根据总体性质来判断，因此，对君士坦丁的任何理性的、合法的、科学的和历史的评价，均必须考虑到这一事实。

第8节　小结

随着这一中心观点的显现，我们便有了一幅带有明暗对比的君士坦丁的图景，的确，该图景在描画及配色方面大体上是真实的。他的身高在中等以上，体格强壮，肩膀宽阔，脖子粗大，膂力过人，外形优雅。他犀利的双眼，略似鹰喙的鼻子，稀疏的微红胡子，红润的气色，配上明亮的声调，使其相貌堂堂，十分英俊。在其强壮和充满活力的外表下，他具有果断、沉着、高贵和安详的气度，其端庄时时上升为自信或甚至是初始形态的傲慢，而在总体上却一直令人觉得和蔼可亲。他的服装像其气色，呈淡红色。他的心智活跃、机敏和热情，丝毫没有阴郁感；他聪慧而又健全，在书面与口头表达方面，教养优良，训练有素。他精力充沛，能干，在与人交谈时态度诚恳，在正式致词中自制，坚定，平和安详。他是一个特别充满活力的人，热情而不可抗拒，坚定不移地实现自己的既定目标，这种恒心来自于对不可避免的急躁情绪的控制，并由此诱发了一种勇气，使得他在行动中可以毫不畏惧。他的雄心无边无际，不过这种雄心并非完全是自私自利的。

他的活力及抱负与沉着及谨慎相匹配，结果造就了耐心、不屈不挠、在细节上的忠诚、坚定不移和至高无上的自制。他既和蔼可亲又机敏，深受士兵的喜爱，他也小心翼翼地取悦于他们。对于那些上台掌权者，他表现出了习惯上的温厚和克制——他所施加的温厚是如此之广，以至于他为此受到了普遍指责；对于所有人，他都表现出了极大的仁慈和公正，他对人的慷慨使自己濒临浪费的边缘。他被指责为过分慷慨——几乎是挥霍，这实际上是测量真正虚荣心的一条好标志，是把自己的意志和思想作为最后的正确标准的某种过分坚持，因此绝不会不受错误或人类弱点的影响。他是一位好儿子，好丈夫，好父亲，一位出类拔萃的成功将军，一位过得去的立法者，一位英明的和意志坚定的政治家。在其宗教生活中，他恪守教会信条，并进行信仰表白——相信三位一体，相信基督的神性，相信赎罪，相信复活，相信永生，坚持忏悔和信仰，爱上帝，爱人类。他在所有的场合中宣讲自己的信仰；他大量地履行感恩仪式和祷告。他把自己所拥有的每一件东西或他自己本身都看作是来自于上帝。总而言之，君士坦丁在他自己的时代里，以一种足以令人惊奇的稳健、明智和总体上仁慈的方式使用了专制权力，在道德上具有厚道的禀性，作为一名真正的基督教人士，他终于大大地超越了大多数十九世纪的政客——就像阿塔纳修斯可以媲美于现代神学家那样，他也可以媲美于现代的政治家。

第3章 作品 436

第1节 引言

这位皇帝所撰写的不少作品均是传世作品。[1]它们可以分为下列几类：演讲作品；信函和公告；法令及其他。

---

① 奇怪的是，这么重要的一位作者的作品集竟然没有一个评注版本。他的作品大部分被收进了米涅的《拉丁教父作品全集》第84卷(Paris，1844)中；不过这个《作品全集》不仅不完整，而且根本就没有评注，本导论似乎是唯一一个对其作品进行收集的企图。这里所列举的作品，几乎都是出自米涅的版本，但不完全是。

第2节 演讲作品

根据尤西比乌斯的说法(《君士坦丁传》,第4卷第29章;参看第4卷第55章),这类作品有许多,我们姑且信之。他似乎做过他所承诺要做的绝大部分事情——或战斗,或学习,或建造庙宇[1],或立法,若非不停工作,他将一事无成。他有在自己的宫廷里发表演讲的习惯,热心听众的数量无疑不少。尤西比乌斯说,他所做的,实际上任何皇帝都会做。这些演讲词在内容上既有哲学的也有宗教的(《君士坦丁传》,第4卷第9章)。虽然传世的并不太多,但我们还是掌握了其中的一些,仅列于下:

1.《对圣徒们的演讲》。有关此文,见下面的译文及特别序言。

2.《尼西亚公会议致词:赞美和平》,收录于尤西比乌斯《君士坦丁传》第3卷第12章的欢迎词。他亲自出席会议,力劝人们团结,认为若他们能这样做,他们便既取悦于上帝,也帮了他们皇帝的忙。

3.《在尼西亚公会议上的演讲》。开始时,把教会夸张地比作一座圣殿,结束时,责成人们要保持和平,并从《圣经》中寻找所有学说的权威观点。此文无疑是真实的。

4.《在尼西亚公会议解散前夕对主教们的致词》。尤西比乌斯在《君士坦丁传》第3卷第21章中做了摘要。力劝人们保持和平,小心忌妒的干扰,等等。

5.《葬礼演讲》。尤西比乌斯在《君士坦丁传》第4卷第55章

① 或为"建造教堂"之笔误。——中译者

中有过描述。强调灵魂的不死，为爱上帝之人祝福，预言不信神者的毁灭。

君士坦丁的撰述方式也为尤西比乌斯所谈及(《君士坦丁传》，第 4 卷第 29 章)，他的演讲方式也可以从尤西比乌斯对其在尼西亚公会议开幕式上的讲话(《君士坦丁传》，第 3 卷第 11 章)的记载中推断出来。有关他的演讲风格，参照特别序言中《对圣徒们的演讲》的评论。

第 3 节　信函和公告

要区分开信函、公告和法令是困难的。对于一位事实上的专制君主而言，其谈吐形式大多千篇一律地具有某种威力。君士坦丁传世的信函相当多，其中我们已经界定或在总体上提及的也不少。他似乎曾是一位最勤快的信函作者。现存的信函中，大多数无疑可能是真实的。然而，有一些需要做更多的批判性研究，而不能满足于已做过的工作。[①]下列作品粗略地按年代顺序来排列。日期的推定主要采用米涅版本中塞里尔和瓦列修斯稍带原创性的研究成果。叙述当然是来自于文献本身。437

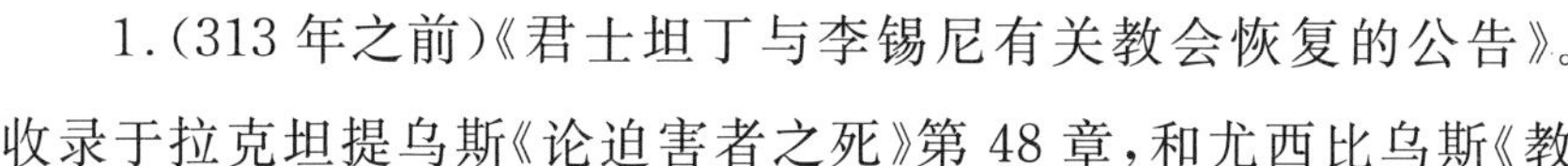

1.(313 年之前)《君士坦丁与李锡尼有关教会恢复的公告》。收录于拉克坦提乌斯《论迫害者之死》第 48 章，和尤西比乌斯《教

① 当然，在有关多纳图主义、阿里乌主义或其他特别专题的批判性作品中，或多或少有了针对各种信函所做出的批判性论述。自上述作品撰述以来，希克对早期多纳图历史的有关资料所做的极其有趣的解释(载 Briegers' *Ztschr. f. Kirchenges.*, 1889)已经得到过研究。他像他之前的维尔特(Vǒlter)和德茨(Deutsch)那样，对某些信函已经做出令人钦佩的批判性研究。不过，对君士坦丁信函的系统的批判性研究从总体上而言似乎还很缺乏。

会史》第10卷第5章。即第二个宽容公告。第一个公告几乎无法列入君士坦丁的“作品”中。这个著名的第二公告授予基督徒充分的宗教自由并归还他们的财产。参照沃兹沃思的《君士坦丁》中有关“宽容法令”部分。

2.(313年)《君士坦丁和李锡尼致阿纽里努斯的第一封信函》。收录于尤西比乌斯《教会史》第10卷第5章。要求把财物归还给大公教会的基督徒;依照塞里尔的说法,大概与此同时,它也被看作是宽容公告。

3.(313年)《君士坦丁致阿纽里努斯的第二封信函》。收录于尤西比乌斯《教会史》第10卷第7章。下令大公教会的教士免除公共服役,他们在崇拜上帝时不应受到打扰。

4.(313年)《君士坦丁致凯西里安的信函》。收录于尤西比乌斯《教会史》第10卷第6章。赠予金钱三千袋(folles),并要求按何修斯的吩咐分发。

5.(313年)《君士坦丁致梅尔齐阿德斯(或米尔提阿德斯)的信函》。收录于尤西比乌斯《教会史》第10卷第5章。已经收到来自阿纽里努斯的各类有关凯西里安和多纳图分子的信函,他在罗马召集一次公会议来处理该问题。

6.(314年)《君士坦丁致阿波拉维乌斯(或艾拉菲乌斯)的信函》。收录于俄珀泰图斯《论多纳图裂派分子》第283—286页。罗马公会议没能获得最终结果,他召集阿尔公会议。

7.(314年)《君士坦丁致锡腊库扎主教克列斯图斯(克列申提乌斯)的信函》。收录于尤西比乌斯《教会史》第10卷第5章。邀请参加阿尔公会议。

8.(314 年)《阿尔公会议之后君士坦丁致主教们的信函》。收录于俄珀泰图斯《论多纳图裂派分子》第 287—288 页。包括祝贺，斥责顽固不化的裂派分子，力劝对这样的固执要有耐心。该函充满着宗教意味，倘若它是真实的，它便是此时君士坦丁宗教身份的一个最有趣的展示，不过它看来令人怀疑，也许它并不是真的。

9.(314 年)《君士坦丁与李锡尼致阿非利加总督波洛比阿努斯的信函》。收录于奥古斯丁第 88 封书信以及《驳克列申提乌斯》。命令把多纳图分子因根提乌斯(Ingentius)带到他的宫廷。有一个文本用“Maximianus”取代“Maximus”作为君士坦丁的称号。

10.(314 或 315 年)《君士坦丁致多纳图派主教的信函》。收录于俄珀泰图斯《论多纳图裂派分子》第 290 页。由于多纳图分子仍不满意，他召集他们去见凯西里安，向他们允诺，只要他们使他承认在一个方面有罪，他们的要求将得到满足。

11.(315 年)《君士坦丁致凯尔苏斯的信函》。收录于俄珀泰图斯《论多纳图裂派分子》第 291 页。是一封有关多纳图分子骚乱的来函的复函，他暗示他期待很快就能去阿非利加，并立刻解决那里的问题。

12.(315 年)《君士坦丁致尤马琉斯·维卡里乌斯的信函残篇》。收录于奥古斯丁《驳克列申提乌斯》第 3 章第 71 节。一个六行字的摘录，在这个摘录中，他说凯西里安完全是清白的。

13.(316 或 317 年)《君士坦丁致阿非利加主教和人民的信函》。收录于俄珀泰图斯《论多纳图裂派分子》第 294 页。他试用了各种办法去解决多纳图派骚乱，均告无效，只好把他们留给上帝，并忠告人们要有耐心。

14.(323年)《君士坦丁致尤西比乌斯的第一封信函》。收录于尤西比乌斯《君士坦丁传》第2卷第46章、狄奥多雷《教会史》第1卷第14章、苏克拉底《教会史》第1卷第9章。授权修缮和扩建旧教堂，以及建造新教堂。

15.(323年之前)《君士坦丁有关对上帝和基督徒宗教虔诚的法令》。收录于尤西比乌斯《君士坦丁传》第2卷第24—42章；并
438 被苏佐门摘录于其《教会史》第1卷第8章。这一冗长的公告是向巴勒斯坦的居民发出的，包括解释正人君子必能繁盛发达、邪恶之徒必遭不幸，接着便是下令归还被没收的财产，召回被放逐者，以及纠正各式各样的不公正做法。这是寄送给帝国异教人口的副本或"信函"。

16.(324年)《君士坦丁就多神教错误问题致东部各省人民的公告》。收录于尤西比乌斯《君士坦丁传》第4卷第8章。此函件用拉丁文写成，尤西比乌斯把其翻译成希腊文，以"有关美德与邪恶的某些总体评论"开始，论及迫害和迫害者的命运，表示希望所有人都成为基督徒，赞美上帝，并力劝和谐。

17.(323或324年)《君士坦丁致主教亚历山大及长老阿里乌的信函》。收录于尤西比乌斯《君士坦丁传》第2卷第64—72章，及苏克拉底《教会史》第1卷第7章。表达了自己的和平愿望，他希望他们能帮助他解决多纳图争端，他说，当他发现他们俩也陷入了争吵时感到很苦恼，他自己认为他们所争论的问题一点也不重要。他力劝他们保持一致，再三强调所争论的问题没有什么意义，并提到自己为此而"潸然泪下"，最后则欲哭无泪。

18.(324—325 年)《致波菲里乌斯(俄珀泰提安)的信函》。收录于米涅《拉丁教父作品全集》第 19 卷(1846 年),第 393—394 个系列,以及各种俄珀泰提安版本。波菲里乌斯或俄珀泰提安进呈一诗以贺皇帝即位二十周年,后者即以此函答之。在该函中,他表达了自己非常乐意鼓励纯文学的培育。参照俄珀泰提安作品的注释。

19.(325 年)《君主君士坦丁有关召集主教们到尼西亚的信函》。收录于考珀尔《叙利亚文杂记》。该函翻译自一个叙利亚文手抄本,藏于大英博物馆,译文作于 501 年。提出了选择尼西亚的两点理由:方便欧洲的主教们,和“优越的大气温度”。因此,倘若是真的,这就是尤西比乌斯在《君士坦丁传》中所提及的信函,不过它看来是可疑的。

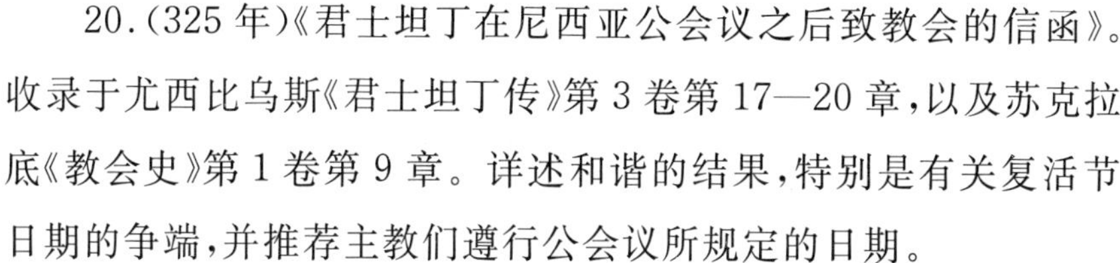

20.(325 年)《君士坦丁在尼西亚公会议之后致教会的信函》。收录于尤西比乌斯《君士坦丁传》第 3 卷第 17—20 章,以及苏克拉底《教会史》第 1 卷第 9 章。详述和谐的结果,特别是有关复活节日期的争端,并推荐主教们遵行公会议所规定的日期。

21.(325 年)《君士坦丁致亚历山大里亚教会的信函》。收录于苏克拉底《教会史》第 1 卷第 9 章。表达了对阿里乌渎神行为的极端害怕,赞叹谴责他的三百来个主教的智慧。

22.(325 年)《君士坦丁致阿里乌及阿里乌分子的信函》。这是一封责备阿里乌的冗长书信。

23.(325 年)《君士坦丁致教会的信函》。收录于苏克拉底《教会史》第 1 卷第 9 章。这是一个叙利亚文译本,作于 501 年,载于考珀尔《叙利亚文杂记》。该函针对阿里乌及波菲里乌斯分子,威胁说任何藏匿阿里乌作品的人，都要被处以死刑。

24.（325年）《君士坦丁为反对尤西比乌斯和狄奥格尼斯致尼科米底亚人的信函》。收录于格拉修斯等人的作品。部分涉及父与子关系的神学讨论，在讨论中攻击尼科米底亚的尤西比乌斯。

25.（325年）《致狄奥多图斯的信函》。收录于格拉修斯的作品。忠告他以发生在尤西比乌斯（尼科米底亚的）身上的事情亦即放逐为前车之鉴，要求他摆脱这样的邪恶影响——如果他们的这些影响已经在他身上起作用的话。

26.（325年）《君士坦丁致马卡里乌斯的信函》。收录于尤西比乌斯《君士坦丁传》第3卷第30—32章、狄奥多雷《教会史》第1卷第16章。指示在耶路撒冷的圣墓旁建造一座特别壮观的教堂。

27.（330年）《君士坦丁致努米底亚主教的信函》。收录于俄珀泰图斯《论多纳图裂派分子》第295页。涉及一座由裂派分子所拥有的教堂。

28.（332年）《君士坦丁致安条克人的信函》。收录于尤西比乌斯《君士坦丁传》第3卷第60章。力劝他们不要坚持把尤西比乌斯从恺撒利亚转到安条克去任职。

29.（332年以前）《致泰尔宗教会议的信函：不赞成尤西比乌
439 斯离开恺撒利亚》。收录于尤西比乌斯《君士坦丁传》第3卷第62
章、狄奥多雷《教会史》第1卷第27章。

30.（332年）《君士坦丁致尤西比乌斯的第二封信函》。收录于尤西比乌斯《君士坦丁传》第3卷第61章。赞扬尤西比乌斯拒绝了安条克人的任职邀请。

31.（332年）《君士坦丁致马卡里乌斯和巴勒斯坦其他主教的

第二封信函》(也致尤西比乌斯)。收录于尤西比乌斯《君士坦丁传》第3卷第52—53章。指示镇压马姆勒(Mamre)的偶像崇拜。

32.(332年?)《反异端分子的公告》。收录于尤西比乌斯《君士坦丁传》第3卷第64—65章。反对诺瓦提安分子、瓦伦提尼安分子、马西昂分子、保罗派分子、卡塔弗里吉亚分子,禁止他们集会,他们的崇拜场所收归大公教会信徒使用。

33.(333年)《君士坦丁致波斯国王沙普尔的信函》。收录于尤西比乌斯《君士坦丁传》第4卷第9—13章、狄奥多雷《教会史》第1卷第24章。主要是一个信仰表白,要求波斯国王特别照顾其统治下的基督徒。

34.(333年)《君士坦丁致修士安东尼的信函,以及安东尼的复函》。阿塔纳修斯提到过这些信函。君士坦丁及其儿子们给他写信,论及作为一个父亲的责任。安东尼勉强写了复函,主要是劝告他们要记住审判日,要把基督看作是唯一的皇帝,要关心公正和穷人。

35.(333年)《君士坦丁致尤西比乌斯的信函,赞扬他有关复活节的论文》。收录于尤西比乌斯《君士坦丁传》第4卷第35章。赞扬这篇论文,并索要更多的复件。

36.(333年)《君士坦丁致尤西比乌斯的信函,请他准备抄写〈圣经〉》。收录于尤西比乌斯《君士坦丁传》第4卷第36章、狄奥多雷《教会史》第1卷第15章、苏克拉底《教会史》第1卷第9章。下令组织抄写五十本《圣经》以备君士坦丁堡各教堂之用。

37.(335年)《君士坦丁致阿塔纳修斯第一封信函残篇》。收录于阿塔纳修斯《辩解》及苏克拉底《教会史》第1章第27节。该信函召令阿塔纳修斯赶赴泰尔公会议，不过只有六行残留下来。这六行文字命令他接纳所有希望进入教会的人。

38.（335年）《君士坦丁致亚历山大里亚教会民众的信函》。收录于阿塔纳修斯《辩解》。在总体上悲叹教会的分歧，并表达了对阿塔纳修斯的信任。

39.（335年）《君士坦丁致阿塔纳修斯的第二封信函》。收录于阿塔纳修斯《辩解》。梅列提乌分子对阿塔纳修斯作出不实指控，该信函对此指控进行斥责。

40.（335年）《君士坦丁致梅列提乌分子约翰的信函》。收录于阿塔纳修斯《辩解》。祝贺他与阿塔纳修斯的和解。

41.（335年）《君士坦丁致阿里乌的信函》。收录于苏克拉底《教会史》第1卷第25章。邀请阿里乌访问他——这是一次著名的访问，在此次访问中，阿里乌提供了一个据说是与尼西亚信纲相一致的信仰表白。

42.（335年）阿塔纳修斯的《辩解》第5章第13节提到君士坦丁有一封致达尔马提乌斯的信函，但未有保存。该函要求他就阿塔纳修斯受控谋杀阿尔瑟纽斯（Arsenius）一案作司法调查。

43.（335年）《君士坦丁有关泰尔宗教会议的著名信函》。收录于尤西比乌斯《君士坦丁传》第3卷第42章。力劝主教们热情地实现宗教会议的目标，使教会恢复和平。

44.（335年）《致在泰尔集会的主教们的信函》。收录于苏克拉底《教会史》第1卷第34章和苏佐门《教会史》第2卷第28章。召集他们到君士坦丁堡向他报告会议进程。

除了这些之外，还有明显伪造的信函：

(1)《海伦娜致君士坦丁的信函》。

(2)《君士坦丁给海伦娜的回函》。

(3)《君士坦丁、西尔维斯特及提里达提斯之间的和平协定》。有关提里达提斯[①],参照兰戈洛伊斯(Langlois)的作品,有关它们真实性方面的文献,参看第 103 页上的注释。

(4)《君士坦丁致教皇西尔维斯特的公告》。著名的赠予事件第一次出现于伪伊希多尔著作(Pseudo-Isidore)中,有关该事件请 440
看《传说中的君士坦丁》第 442—443 页。

还有许多具有某种叙述性质的书信,以及对之缺乏具体了解的"大量书信"(《君士坦丁传》,第 3 卷第 24 章)。前者如被提及过的《致赫利奥坡里居民书》,其中一封是写给瓦列里乌斯(或瓦列里阿努斯或维里努斯)的;还有《致泰尔公会议书》,要求他们迅速赶往耶路撒冷(《君士坦丁传》,第 4 卷第 43 章;苏佐门《教会史》,第 2 卷第 26 章);还有一封是答谢尤西比乌斯按其命令组织抄写《圣经》的(《君士坦丁传》,第 4 卷第 37 章)。

第 4 节　法令

大批法令被收集于米涅的版本中(《拉丁教父作品全集》第 8 卷第 93—400 页),主要是来自于狄奥多西法典。在尤特洛皮乌斯看来,它们"有很多","一些是良善的和公平合理的,但它们大多数是多余的,一些是严厉的"(参见"性格"条目)。其中许多表明了作者的雄辩倾向,不过它们全部都是讲究实际的,因此主要应当归功

① 提里达提斯(Tiridates),君士坦丁时期亚美尼亚的国王。——中译者

于作者的勇气，同时也应当归功于作者的心智，尽管后者较不明显。有关更为具体的报道，请参照米涅所收集的法令本身、沃兹沃思及塞里尔著作中的相关段落、权威的和加注释的法典版本，以及巴尔杜因等人的专门论文。

第5节　其他

除了上面所提及的较为正式的作品以外，还有各式各样的会谈、格言、警句、祷告词等等被保存下来，对它们也应当有所提及：

1.君士坦丁自己的回忆录，这些回忆录已遗失殆尽。君士坦丁的作品曾被吕都斯提及过，不过，所提及的作品是否应当得到布克哈特所给出的题目就难说了。

2.君士坦丁向其士兵提供的一种祷告词(《君士坦丁传》，第4卷第20章)。

3.在尼西亚公会议上，对手们把请愿书呈交给他时他的谈论(苏佐门《教会史》，第1卷第17章)。

4.与阿切修斯(Acesius)的交谈。苏克拉底断言，在该交谈结束时君士坦丁说："啊，阿切修斯，架上一把梯子，你独自爬上天堂吧。"

5.斥责朝臣的贪婪(《君士坦丁传》，第4卷第30章)。

6.当被告知他的石雕已被制成时，他回答道："奇怪，我一点也不感到在转动。"

7.他向主教们求助，要求他们为他施行洗礼(《君士坦丁传》，第4卷第62章)。

8.总体而言，他的作品用拉丁文撰写，并被那些指定来服务于该专门目的的人们翻译成希腊文(《君士坦丁传》,第 4 卷第 32 章)。他的总体风格是夸张的,慷慨激昂而又雄辩,充满着虔诚的暗示和规劝,也有不少哲学引语和沉思。他的作品研究起来很有趣,它们处处体现出带有真正文学趣味的笔触。例如他对友谊的评论,若不是他习惯于或多或少地直接借助他人思想的产物的话,应当是讨人喜欢和最有引用价值的。他说道:“下列情况时有发生:当某种和解是由敌意原因的排除所引致时,友谊就变得甚至比先前还要甜蜜。”(《君士坦丁致亚历山大及阿里乌的信函》,载《君士坦丁传》,第 2 卷第 71 章)

第 4 章　传说中的君士坦丁 441

许多被附会在君士坦丁名义下的传说之所以有价值,主要是因为它们能够激起好奇心,这里只能够在涉及实例时才会叙述到它们。一些较有趣和较重要的例子引述如下。

第 1 节　君士坦丁和母亲海伦娜

有一部大约三十页的匿名小作品,由黑敦里奇(Heydenreich)编辑自一个十四世纪的抄本,被冠以该题目于 1879 年出版。令人意想不到的是,这部如此微不足道的小册子却牵引出了大量的文学作品。除了作为中世纪传奇的一个例证之外,它没有多少价值,尽管科恩(Coen)似乎认为,它被大量引入文学作品本身就足以证明花费大量的努力去主张对它的著作权是有道理的。该故事是用一种尚过得去的技巧来撰写的,并非常畅销,也发行过

节略本,其中一些内容如下:

海伦娜是高贵的特雷维兹(Tréves)家庭的女儿,出于朝圣的目的来到罗马。皇帝君士坦提乌斯在走过台伯河上的一座桥时,看见海伦娜正夹杂在朝圣者当中走来。皇帝被她的美貌所打动,于是做出安排,即让她滞留在她所租住的旅馆里,而把她的同伴打发回高卢。皇帝对她进行暴力胁迫,可是当看到自己的行为已经引起巨大的悲伤时,他送给她一件宝石装饰品和一颗戒指,作为友善的表示,然后便离开了。她不敢返回自己的祖国,而是和自己所生的儿子留在罗马,这意味着她的高卢丈夫已经死去。这个儿子便是君士坦丁,他长得讨人喜爱,英俊过人,而且多才多艺。某些商人看到了他的优越品质,于是制订了一个赚钱计划:谎称他是罗马皇帝的一个儿子,要求希腊人的皇帝选他为女婿。

该计划得到了实施,一段时间以后,这些商人再次乘船去罗马,他们带上君士坦丁和公主以及大量金银财宝。在接近旅行目的地时,他们在一个小岛上过夜。早上醒来时,年轻的君士坦丁发现他们已经被商人们抛弃,他非常悲伤地承认了已经实施的骗局。对此,公主回答说,既然他已经成为她的丈夫,她便不在意他是谁或出生于什么样的家庭。在经历了几天粮食短缺之后,他们被过往的航海者带到了罗马,在那里与海伦娜相聚,并通过典当公主随身所带的贵重物品购得一处房产,由此他们经营起旅店业。君士坦丁天生喜爱军事生活,在马上比武中胜过所有其他人,于是便引起惊奇并遭调查。皇帝不相信他是一个无依无靠的穷小子,把他母亲召来询问。海伦娜百般规避,但真相还是显露出来,因为皇帝送给她的戒指提供了身份证明。君士坦提乌斯先是把设骗局的商人处死，把他们的财物归还给君士坦丁。接着与东方的皇帝签署了一个协定，君士坦丁被承认为帝国的继承者。

甚至连穆尔巴赫（Muhlbach）都几乎写不出比这更加荒唐的历史小说。有关进一步的报道，请参看“文献”条目，特别是黑敦里奇和科恩的文章。

第 2 节　作为不列颠公主之子的君士坦丁

旧编年史称，科尔斯特公爵柯尔（Coel）因一次叛乱而成为国王。元老院因一名敌手的下台而欣喜无比，遂派遣君士坦提乌斯去不列颠。柯尔出于恐惧，派出特使去迎接他，并送出人质，不久以后便去世了。君士坦提乌斯被加冕为王，并娶了柯尔的女儿海伦娜，她是一位既美丽又有教养的女性。他们生了一个儿子，即后来的君士坦丁大帝。这实质上是蒙茅斯的杰弗里和皮埃尔·德·兰格洛弗特的报道。该故事也曾被亨廷顿的亨利——他也许写作于杰弗里之前（在 1137 年?）——和西兰斯特的理查德所提及。沃 442
琳则把“柯尔”写成是莱斯特的伯爵，不过其余的在大体上与杰弗里所写一致。著名的雷亚蒙的“布鲁特”在翻译时从瓦上的“布鲁特”中获得了扩充材料，而它反过来又取之于杰弗里的作品。该版本把柯尔写成是格洛斯特的伯爵。颂词历史称海伦娜是一位不列颠国王的女儿，不过也称其为姘妇，尽管在别的地方她按传说的故事是一名妻子。它还被其他许多作品所提及，例如弗拉金的《黄金传奇》（*Golden Legend*）。有趣的是，海伦娜的这位传说中的父亲，被认为与“快活的老领袖即老国王柯乐（Cole）”是同一个人，于是就把君士坦丁当作是英雄鹅妈妈的外孙。

第3节 君士坦丁的麻风病；被西尔维斯特治愈和施洗

这是流传最广的故事之一。最早的记述据说来自于西尔维斯特的行传。有许多人复述过这一故事，其中包括埃弗拉姆(Ephraem)、西德里努斯和左纳拉斯。下面的记述主要来自于格里卡斯(Glycas)的作品第461—462页。

他与马克森提乌斯争战，在看到了十字架符号之后，他获得了胜利。此后，他脑子一片空白，心中涌动着莫名的悲哀，在昏然沉睡之后看到了一个异象：一支鞭子抽打在他的脸上，鲜血顿时从鼻孔流出，注到了他的亚麻外衣上，形成一个十字架形状。看到这，他充满着悔悟，于是他又一次获得胜利。由于他被自己的妻子法斯塔第二次引向偶像崇拜，他遭致神罚，患上了麻风病。祭司们开出的处方是要他用婴儿的鲜血来沐浴，他即下令置办这种药物；可是当他听到母亲们的痛哭声时，他说，与其让这么多婴儿去死，不如忍受这一病痛。于是就像有人所说的，使徒彼得和保罗出现在他面前，告诉他，西尔维斯特可以治愈他，最后，西尔维斯特果然把他的病治好了。有关受洗，存在着各种版本的故事细节，但是总体而言，有关他在罗马受洗的整个故事系列，均集中在这一故事上，对于这次治愈病痛的感激，被认为就是著名的君士坦丁的赠予的理由。在这当中，神迹的详情被充分地提供——两位使徒的话，西尔维斯特对两位使徒身份的识别，行浸泡礼及随后的教导等。

第 4 节　君士坦丁的赠予

这个对世界历史产生实际影响的最引人注目的伪造，曾经是没完没了的讨论的主题。简言之，据说为了酬答罗马教皇西尔维斯特所施行的神迹，他赠予了教皇某种包揽无遗的特权。该公告在一段冗长的信仰表白之后，接着报道了一个神迹，并提到皇帝建造教堂的事情。紧随其后的是向至高的罗马教皇西尔维斯特和他的所有继承人，永远赠送拉特兰宫殿、皇冠、弗里吉亚头巾、紫色披风、深红色长袍、皇杖、皇徽、旗帜、一名皇帝所需的整套行头，以及各式各样的教士特权及几乎整个世界的统治权。在这里，即使要概括地描述一下这个非同寻常的虚构的历史，也是不可能的。该故事杜撰的时间不早于 8 世纪后半期（马腾斯认为是在 9 世纪；格劳厄特认为是在 840—850 年之间；豪克与博诺认为是在 752—

71

757 年之间；兰根认为是在 778 年，等等；弗里德里希同意希伯格的看法，即把其划分为较早部分［653 年］和较晚部分［753 年］），它很早就形成广泛的权威，尽管其间不无疑问。在 1229—1230 年间，两个倒霉的人因胆敢怀疑它的真实性，被活活烧死在斯特拉斯堡（由里斯太荷博移交给博诺的文件，第 57—58 页）。不久以后，但丁似乎认为它的真实性是不成问题的；尽管存在着某种潜在的怀疑，但他不敢对之提出质疑。不过，但丁否定君士坦丁有权力或权利进行赠予——如果他的确赠予过的话。在现代，该文件的虚构性质已经获得新教徒和天主教徒同样的承认，先前集中在其真实性上的轰轰烈烈的讨论，已经缩小为对地点（法国还是罗马）、时间（653—753 年，还是第 9 世纪）和可能的作者的讨论。对这些问 443

题的讨论近来又重新开始，并正生气勃勃地进行下去。较晚近的专论，有马腾斯的作品（1889 年）和弗里德里希的作品（1889 年，我手头没有此书）。我手头拥有的最新的一篇论文，是希伯格的文章，载于 1889 年 1 月 17 日、24 日和 31 日的《神学文献》上。有关进一步的精选文献，参照马腾斯的《索引》；有关资料来源，见马腾斯撰写的章节，和博诺的序言；有关更古老的文献，见穆恩施的作品。总的情况，见关于君士坦丁的“文献”条目，载于本卷中，这里并不企图详论有关这个附属题目的文献。有关君士坦丁的赠予的论文，可以在下列名字之下找到：Albani，Altus，Arrhenius，Bachmann，Bayet，Bonneau，Brunner，Chaulnes，Colombier，Cusa，Friedrich，Genelin，Grauert，Hauck，Hildebrand，Jacobatius，Kaufman，Krüger，Martens，Muench，Rallaye，Scheffer-Boichorst，Seeberg，Steuchus，Tacut，Valla，Walther，Wieland，Zeumer.

第 5 节　君士坦丁堡建造之梦

“当君士坦丁沉睡在这个城市（拜占庭）中时，他梦见自己的面前站着一位脑门刻满岁月沧桑的老妇；可是顷刻间，她穿上了皇袍，变成一位美丽的姑娘，她优雅迷人，眼睛炯炯有神，身上散发着青春活力，君士坦丁情不自禁地亲吻了她；站在身边的母亲海伦娜说道：‘她将永远属于你，在时间终结之前，她将永存不死。’在醒来之后，君士坦丁企图借助斋戒和施舍来从上苍那里求得对这个梦境的解释。看哪，在八天之后，他再一次陷入了沉睡之中，他感觉见到了教皇西尔维斯特，此人不久前已经去世，他得意扬扬地凝视着自己的皈依者，并说道：'在等待上帝对那个人类所无法理解的谜语的解答中，你已经以自己惯常的小心谨慎来行事。你所见到的老妇就是这个城市，它因岁月的流逝而破旧不堪，它的年久失修的城墙有进一步坍塌的危险，需要有一位修复者。而你如果对其城墙进行重修，将以你的名字使它青史留名；皇帝的子孙将在这里永远统治下去。'"（马尔梅斯伯里的威廉《编年史》，英译本，1847年，第372—373页。最后部分，即教君士坦丁如何对城市进行设计部分，被删去）。该故事由这位编年史家摘抄自阿尔德赫姆（死于709年）的《少女赞》（*de laudibus virginitatis*），然而在后一作品中，他并没有亲吻她，而是"给她穿上自己的披风，并把自己那装饰着纯金和耀眼宝石的皇冠戴在她的头上"，这一做法要合理得多。拉尔夫·德·戴斯托以及可能还有其他许多人也叙述过此事。

第6节　海伦娜的旅行

哈克鲁伊特（Hakluyt）在《旅行》一书中以平凡的语调讲述了一则并不平凡的轶事，以下是该报道的英语译文：

"海伦娜·弗拉维娅·奥古斯塔是从前不列颠最优秀的国王凯鲁斯的独生女和女继承人，她以无与伦比的美貌、笃信宗教、善良、虔诚和端庄（根据尤西比乌斯的证据）而享誉整个世界。她那个时代的所有妇女，无论是在人文学科的学习上，还是在乐器的弹奏上，抑或是在多国语言的掌握上，均无法与她的博学、娴熟和聪慧相比。她反应敏捷，言辞雄辩，行为举止高贵优雅。她精通希伯来语、希腊语和拉丁语。她的父亲（根据维鲁姆纽斯的报道）没有其他孩子……她本人有一个儿子叫君士坦丁大帝，在她还逗留在不列颠时，由于她的仁慈，和平降临到了基督教会。在福音的光照和滋润下，她的神学知识达到十分熟练的程度，她撰写了几本书（根据庞提库斯的报道），其中某些章节还残存到今天……〔她〕去了耶路撒冷，……〔在那里〕活到八十岁，于耶稣纪元 337 年 8 月 15 日在罗马去世……直至今日，她的遗体还被小心翼翼地保存于威尼斯。”

444 第 7 节　十字架的发现

根据弗拉金的说法，据某一部“大体可靠的编年史”记载，君士坦丁曾派自己的母亲海伦娜去耶路撒冷，试图从那里找到耶稣基督被钉死的十字架。她到达之后，便吩咐整个国家的所有犹太拉比前来与她见面。他们感到巨大的恐惧。他们怀疑她要寻找十字架木头，但这是一个秘密，他们已经许诺即使在重刑拷打之下也不吐露这一秘密，因为一旦吐露便意味着犹太教至高地位的终结。他们见到她之后，她向他们索要耶稣被钉死的详细地点。他们拒绝告诉她，于是她命令把他们都烧死。在惊吓之余，他们供出了他们的领袖和唆使者犹大，说他可以说出地点。她让犹大在说出地点和饿死之间做出选择。起初他很顽固，不过六天的滴食未进使他无法坚持下去，第七天他屈服了。人们在他的带领下来到了他所指明的地点，在经过一番祷告之后，出现了一阵地震，地震过后，空中飘散着一股香气，这香气使犹大转变了立场。现场上有一座维纳斯庙宇，海伦娜下令把它夷平。接着犹大卖力地挖掘，在挖到二十英尺深的时候，发现了三副十字架，他把它们带到了海伦娜的面前。其中的真十字架的检验方式，是它能够使一个人从死中复活，或根据其他一些人的说法，它能够治愈一名妇女，或根据另一

些人的说法，人们能够找到彼拉多的碑铭。在魔鬼与犹大之间的一场极其激烈的对话之后，犹大受洗并成为主教希里阿库斯。接着，海伦娜让他寻找十字架的铁钉。他找到这些铁钉时，它们还闪耀着金色光芒，他把它们交给了皇太后。皇太后带着这些铁钉和一部分十字架木头，离开了耶路撒冷。她把铁钉交给了君士坦丁，他则把它们安置在坐骑的笼头上和自己的钢盔上，或者根据另一种说法，两颗是这样处置，另有一颗被扔进了亚德里亚海。

通过圣希里阿库斯·尼·犹大的可悲之死，去追溯君士坦丁这一冒险计划的令人伤感的结局，是非常有趣的事情。叛教者皇帝尤利安"邀请"他向偶像献祭。他拒绝了，融化的铅就被灌进他的嘴里；接着他被按倒在一副铁床架上，床架下面生了一把火，殉道者的身体被涂上盐和油。这位圣徒毫不动摇，尤利安命人挖了一个深深的井，里面放满了毒蛇。可是这些毒蛇一接触到圣徒，就纷纷死去。接着而来的是一大锅沸腾的油。对于这种油浴，圣徒也欣然接受，尤利安恼羞成怒，一剑砍去，结束了他的生命。他自称是第一位殉道者斯蒂芬的侄子，若非这一说法得不到承认，他便达到二百五十岁高龄，这也许会为他的夭亡留下些许安慰。

记述这一传说的文学作品非常多。十字架的发现一事，早在耶路撒冷的西里尔（约347—350年）的时代，即在尤西比乌斯所记载的海伦娜访问（《君士坦丁传》，第3卷第26章）的二十五年内就已经被提及，此后被提及的次数更多。然而，尤西比乌斯的未曾提及，似乎表明在海伦娜的著名访问期间任何所谓发现或自称发现都被结论性地否定了，尽管纽曼尖锐地提出了相反的看法。该发现与铁钉的处置常常被分开叙述，这些叙述在有关君士坦丁的许多原始资料中可以找得到。但是即使是相信十字架发现这一神迹的人，也几乎不能保证该故事是以上述的形式出现，而这一形式实际上是弗拉金所采用的。

参照辛克的文章《十字架的发现》；特别是弗拉金，他提供了原始资料。在史密斯的作品中，涉及海伦娜的还有一篇由阿尔格勒斯撰写的辅助文章，题目为《十字架的虚构》，该文按顺序给出了一个很好的原始资料摘要。

围绕君士坦丁的名义所收集的这些故事实例并未被详尽列
445 出。有关君士坦丁的宝剑的有趣故事被阿瑟尔斯坦所描述，有关他因悔悟而皈依，以及中世纪小说和诗歌中的整个系列的线索及故事，必然在这里得到传递。如果有人具有跟踪它们的好奇心，他会发现海登雷希的文章中的参考文献是一个很好的文献指南。对于一些故事，如君士坦丁与提里达提斯的故事，我们不知是否应当归入完全虚构的那一类(参照“原始资料”条目中阿伽坦格鲁斯、芝诺比乌斯、法斯图斯所提供的材料)。

第5章　原始资料和文献

第1节　引言

在这样一部似乎完全具有学术性质的作品中插入这一章，其目的有两个：其一，为我们借以了解君士坦丁的根据提供一个概览，并指出这些根据在何种程度上、从何种方向上借助文献产生效果；其二，为该系列的明确目标服务，即鼓励沿着其路线做进一步的研究。有关原始资料及其性质的知识，除了对它们的特别研究之外，都会给一般的学者提供一个宽泛的视角和确定的概念，它们几乎无法通过别的方式获得；而对于任何计划通过任何路径做进一步研究的人而言，发现他的材料是什么和在哪里，则是至关重要的。

第 2 节　原始资料

请记住该系列主要关注的是哪一层次的学者，本系列将尽力提及手头拥有的原始资料译本，并尽量提及最容易阅读的英文权威版本。不过该计划所指的是实际使用版本中的原始资料自身，有关它们的文献则选择最容易找到的版本。因此，有关资料的版本和作者都经审慎选定，通常是在许多版本中选择最能够直接使用的版本。该动机也被引向所有频繁提及的资料，而不论它们是否具有重大价值，因为一个无用的材料常常需要花费人们大量精力去证明其无用，就如一个有用的材料需要花费大量精力去证明其有用那样。几乎不可能期待所有经常提及的资料都被收集，下列清单包括了许多值得提及的资料，但其中一些则未必有价值。

1. 碑铭、硬币及徽章等

从某种意义上说，这些是最可靠的原始资料，尽管也有伪造品。克林顿的书中收集了大量的此类资料。有关进一步的批判性研究，参照这类或多或少的珍藏；其中的碑铭问题总论，见希克斯等人的作品，载《大英百科全书》；和巴宾顿的作品。有关君士坦丁的专论，可以从如下名字中找到：Cavedoni，Cigola，Eltz，Freherus，Garucci，Harduin，Penon，Revellot，Valois，Westphalen，Werveke，这些人的作品，均见该卷的“文献”条目。

2. 法律

这类文献以其日期的精确、以其官方的性质、以其完备性和多样性而被某些人认作是主要的甚至是唯一的原始资料。它们被收录在狄奥多西法典和查士丁尼法典中，并被编辑在米涅的《拉丁教父作品全集》第8卷中。见上面君士坦丁“作品”条目。

3. 君士坦丁所撰写的其他作品

见上面“作品”条目，第436页。这些作品也许还包含了一些别人写给君士坦丁的作品，就如奥古斯丁第88封书信中包含了阿纽里努斯的作品那样。

4. 一般性文献资料

若采用一般的年代顺序，而不企图确定确切的年代，则第一类同时代的原始资料应是颂词作家所提供的资料(有关收集的版本，见恩格尔曼的作品)。过去人们以为它们无价值而忽略，如今已被认为是一个严重的错误。像所有可靠的文件那样，它们拥有一种
446 确定无疑的原材料的最低程度的残余，这种残余的多少取决于调查者的批评敏锐度。就这些而言，无论它们如何被夸张或属于歌功颂德性的，它们据以被创作出来的具体环境毕竟提供了一种重要的价值。

(1)《作者无法确定的君士坦丁与马克西米安颂》(307年)。

收录于米涅《拉丁教父作品全集》第 8 卷(1844 年)第 609—620 个系列,在 307 年之前君士坦丁与法斯塔的婚礼上发表。除了具有同时代证据的巨大价值之外,还显示出作者在歌功颂德时的某种独出心裁:他夸大青年君士坦丁的美德,因为他没有多少功绩可以显示;他夸大马克西米安的功绩,因为他没有多少美德可以谈论。如此一来,他的颂词便包含了少量可以辨认出来的真相。

参照米涅的《预言》及拉姆西《论特腊帕尼城》的文章,收录于史密斯的《辞典》,以及尤梅纽斯的参考书。

(2)尤梅纽斯(310—311 年)。(a)《颂词》。收录于米涅《拉丁教父作品全集》第 8 卷(1884 年)第 619—640 个系列。(b)《感恩演讲》。收录于米涅《拉丁教父作品全集》第 8 卷(1844 年)第 641—654 个系列。尤梅纽斯活跃于君士坦提乌斯统治时期——他深受这位皇帝的宠爱——以及君士坦丁统治时期。他是奥顿的学校校长。《颂词》于 310 年在特雷维兹发表。尤梅纽斯的作者权曾经受到过不应有的质疑,理由是,作品的谄媚和夸张与他的品位及感受不相一致;不过无论是他的夸张还是他的品位自身似乎都被夸人了。就此点而言,他的赞词几乎不会比通常的颂词所习惯具有的更为“无耻”;因此,他的作品远非“毫无价值”,其间隐含着大量特别有趣的、毫无疑问的和重要的历史证据。他的品位和诚实,丝毫不亚于为活着或死去的皇帝和政客作颂词的现代人。《感恩演讲》是代表奥顿市民对君士坦丁赐与该市恩惠表达感谢而作的官方演讲。该演讲发表于 311 年的特雷维兹。

参照拉姆西的作品,收录于史密斯的《辞典》;波洛埃缪的作品,收录于米涅《拉丁教父作品全集》第 619—622 个系列;有关版

本，参看拉姆西的文章《论特腊帕尼城》，收录于《辞典》；有关文献，参看谢佛里尔的作品。有关颂词作家的总体报道，见《论特腊帕尼城》。

(3)《可疑的皇帝君士坦丁颂》(313年)。收录于米涅《拉丁教父作品全集》第8卷(1844年)第653个系列。根据其风格，这通常被认为是那扎里乌斯所撰。它发表于313年的特雷维兹，主要涉及与马克森提乌斯的战争。有关此点的各种细节均具有同样的性质和形式，因此再一次表明其作者与321年颂词的作者是同一个，即那扎里乌斯。

参照拉姆西的作品，收录于《辞典》；波洛埃缪的作品，收录于《拉丁教父作品全集》等，有关文献，与上面尤梅纽斯的参考书同。

(4)那扎里乌斯。(321年)《颂词》。收录于米涅《拉丁教父作品全集》第8卷(1844年)第581—608个系列。杰罗姆是把那扎里乌斯当作一名修辞学家来提及的。这篇演讲于321年发表于罗马。君士坦丁并不在场。这是一篇最夸张的颂词，可是它像相关的颂词那样，包含了许多有价值的历史事实。

参照拉姆西的作品，收录于《辞典》；《告诫》，收录于米涅的作品，以及尤梅纽斯的参考书。

在这些文献所覆盖的时期内，出现了两个最伟大的基督教原始资料的提供者之一，随之而来的是该世纪一大串基督教的大人物和小人物。

(5)拉克坦提乌斯(约313—314年)。《论迫害者之死》。收录于米涅《拉丁教父作品全集》第7卷(1844年)第157—276个系列；以及收录于《前尼西亚教父》，第300—326个系列。全集当中有许多版本，有大约十二个单行本，还有许多译本——总共有一百来个版本和译本。有关作者，曾经有过大量的争议，不过它无疑是由拉克坦提乌斯所作。艾伯特声称已经证明了该事实，大多数晚近的作家们也都同意。该作品撰述于君士坦丁和李锡尼的敕令之后，两人破裂之前，亦即 313—314 年间。由于它创作于一系列事件发生期间，因此它作为同时代的一个文件具有特别的历史价值，其公正性不会受到后来事件的损害。它是某种凯旋赞美诗，对于落在迫害者身上的神的复仇充满着激昂的喜悦色彩。“在使用该作品时，历史学者必须具备巨大的批判鉴别力”。不过就算他带着所有的偏见，他所目击的事实也是最有价值的。

参照佛尔科斯的作品，收录于《辞典》；条斐尔的《罗马文学史》；以及《艾伯特作品集》；有关进一步的文献，见《书目提要》。

(6)尤西比乌斯（约 260—340 年）。a.《教会史》。b.《君士坦丁传》。c.《编年史》。 *81*

有关 a 和 c，参照麦克吉弗特在本卷开始时的导论；有关 b，参照《特别导论》第 466 页。

(7)俄珀泰提安（活跃于大约 326 年）。《颂词》，收录于米涅《拉丁教父作品全集》第 19 卷（1846 年）第 395—432 个系列；《致君士坦丁的信函》，收录于上书第 391—392 个系列。俄珀泰提安又被称作波菲里乌斯（他有各种各样的称呼），有人怀疑他为基督徒，他是在君士坦丁即位二十周年时撰写这首颂诗的，当时他正遭到放逐。因此，该颂词写作于 325 或 326 年之间。它是藏头诗与类型诗的最为非同寻常的集合体，作者玩尽了各种无用的花样，使用了各种价值不大的机械形式，最终不过是某种廉价博物馆内的忍耐力和独出心裁的展示而已。它主要是想讨好君士坦丁，不过多少还是包含了历史的启示。与该颂词相伴的还有一封致君士坦丁的信函，也是他撰写，意在请求宽恕。

参照威尔逊的文章“波菲里乌斯”，收录于《辞典》；有关版本和文献，见恩格尔曼的作品。

(8)阿塔纳修斯(296—373 年)。《针对阿里乌分子的指控所作的辩解》，以及其他各式各样的作品，收录于贝涅德的作品；《希腊教父作品全集》；另见于纽曼《教父书库》中，和沙夫－瓦斯《尼西亚与后尼西亚教父》中，它被部分翻译出来。阿塔纳修斯的作品包含了各式各样的君士坦丁书信(看“作品”下的条目)，对于君士坦丁统治后半段而言具有重大的历史价值。就其本身而言，该材料几乎与官方原始文件具有同等的意义。

参照布莱特的作品，收录于《辞典》；沙夫《教会史》；有关范围更广的文献和版本，见谢佛里尔和格雷塞的作品。

(9)耶路撒冷的西里尔(约 315—386 年)。《教义问答讲座》。收录于米涅《希腊教父作品全集》第 33 卷 (1857 年)，特别是其中第 830 个系列。英译本刊载于纽曼《教父书库》。《致君士坦丁二世函：有关在耶路撒冷所发现之十字架符号》。收录于米涅《希腊教父作品全集》第 33 卷 (1857 年)，第 1165—1176 个系列，及第 1167—1168 个系列中的附注。只有两三处提及耶路撒冷的十字架挖掘和教堂建造等。它们只有在如下事实的基础上才获得了重要性：西里尔极其接近那个时期(该信函写于 351 年[?]，或晚不了几年)，他就在君士坦丁所建造的教堂里开设他的讲座。

参照沙夫《教会史》；维纳伯斯作品，收录于《辞典》；以及谢佛里尔及沙夫等人的文献;还有格雷塞和霍夫曼等人的版本。

(10)米兰的安布罗修斯(约340—397年)。《狄奥多西葬礼上的演讲》。收录于米涅《拉丁教父作品全集》,第16卷(1866年),特别有关君士坦丁的部分,见第1462—1465个系列。主要牵涉到十字架的发现。

参照达维斯的作品,收录于《辞典》;还有谢佛里尔、恩格尔曼及锁涅曼等人的作品。

(11)杰罗姆(331—420年)。《编年史》。收录于米涅《拉丁教父作品全集》第27卷(1866年),有关君士坦丁部分,见第493(497)—500个系列。是尤西比乌斯《编年史》的翻译和续集,前者只写到李锡尼死去为止。这是一部重要而又惹人生气的权威作品。

参照萨尔蒙的《尤西比乌斯及其编年史》,收录于《辞典》。

(12)奥古斯丁(354—430年)。《第43封书信》。收录于米涅《拉丁教父作品全集》第33卷(1865年)第159个系列第4、5、20节。他记述了各式各样的多纳图分子的审理会,谈到曾被大声宣读过的各种各样的原始文件,其中包括致君士坦丁的请愿书、总督法令、罗马的法庭记录以及君士坦丁的信函等。他还谈到在米兰召开的审理会,见《第88封书信》,收录于米涅《拉丁教父作品全集》,第33卷(1865年),第302—309个系列。这些材料还包含有阿纽里努斯致君士坦丁函及君士坦丁致波洛比阿努斯函的文本,见第76封书信第2节;第93封书信第13—14节和16节(该书信包含了君士坦丁有关顽固不化的多纳图分子的财产必须被没收的命令);第105封书信第9和10节(未被翻译);第141封书信

第8—10节(未被翻译),收录于米涅的书中,由沙夫用英语译出,包含了君士坦丁法令中涉及的各种各样的多纳图问题。《驳多纳图派的类比》,收录于米涅《拉丁教父作品全集》第43卷(1861年)第687个系列(因其提供了日期而显得非常重要)。《反贝拉基信札》,收录于米涅《拉丁教父作品全集》第45卷(1861年)第326个系列。翻译本见沙夫的《尼西亚与后尼西亚教父》第4卷(1887年)第580—581个系列。《反巴门尼德书函》,收录于米涅《拉丁教父作品全集》第43卷(1841年)第40—41个系列。奥古斯丁的作品作为一种资料来源,具有重要的价值,因为他使用和援引了许多未知的原始资料。

参照沙夫《教会史》,收录于《辞典》。有关文献,见沙夫、谢佛里尔及恩格尔曼的作品,有关特指多纳图分子部分的文献,见哈特兰夫作品,收录于沙夫《尼西亚与后尼西亚教父》(第4卷[1887],第369—372个系列);有关版本,见锁涅曼、格雷塞、布鲁涅、恩格尔曼、沙夫及哈特兰夫等人的作品。

数量同样庞大的非基督徒作家以君士坦丁的秘书为最突出——虽然不是在时间上,但至少在价值上。

(13)尤特洛皮乌斯(第4世纪)。《罗马史概略》,第10卷,有许多版本和译本。尤特洛皮乌斯是君士坦丁的秘书,后来成为尤利安的知己。他的证据尽管简短,但因其所知内幕以及他叙述的某种公正性而具有特殊的重要性。很早就有人(如尼斯佛鲁斯)评论道,他对君士坦丁的赞扬具有独特的说服力,因为他是一名异教徒和尤利安的朋友。在另一方面,他对君士坦丁的非难则受如下事实所限定:他对君士坦丁的贬抑,只是开始于后者特别偏袒基督徒之后。他似乎是一个冷静、稳健和饱经世故的人,对君士坦丁的宗教不抱好感,他从这一立场出发进行写作,因而对君士坦丁的记述比较公正、客观和可靠。

参照拉姆西作品,收录于《辞典》;瓦特森《短评》,见其译本;有关众多的版本和译本,以及相对较少却很重要的文献,见谢弗里尔、恩格尔曼和格雷塞的作品。

(14)《奥古斯塔的故事》(? 2—324 年)。约当与艾森哈特编 448
辑,1864 年贝洛尔版,两卷本。包含了一些献给君士坦丁的题辞,请参看索引。

参照条菲尔的《罗马文学史》。

(15)谢克斯图斯·奥列琉斯·维克托(活跃于 350—400 年间)。《诸帝传》;主要叙述君士坦丁部分:第 157—162 页。《摘要》;叙述君士坦丁部分:第 49—52 页。这些不同作者的作品自上述的版本传世以来一直与维克托的名字联系在一起。前者是他所作,后者大概是略为晚一点的另一个维克托所作。他们都使用了佐西姆斯的作品作为原始资料,不过有所增补。两者都很有趣,且很重要,根据曼索的判断,两者在结局方面是一致的。

参照拉姆西作品,收录于《辞典》;托马斯论奥勒留的文章,收录于《辞典》;曼索《君士坦丁生平》;以及较少被提及的谢佛里尔的作品。有关版本和进一步的文献,见恩格尔曼的作品。

(16)波拉克萨戈拉斯·阿狄尼安西斯的作品。该作者生活于君士坦丁统治时期。尽管是一名异教徒,但他对君士坦丁的评价高于其所有前辈。他用爱奥尼亚方言撰写各种各样的作品,其中一部叫"两卷本的君上坦丁大帝功绩史",他撰写该作品时才 22

岁。残篇或摘要被佛提乌斯所保存，尽管很简短（只有三栏），却是重要的证据。

参照《辞典》；有关文献，见谢佛里尔的作品；有关版本，见格雷塞、霍夫曼及恩格尔曼等人的各式各样的佛提乌斯版本。

(17)君士坦丁大帝时期的罗马历书。写作于337年之后，亦即355年或之前，也许就在355年。它是君士坦丁和君士坦提乌斯等人生日的凭据。

参照格雷斯韦尔《意大利历史之起源》。

(18)叛教者尤利安(331—363年)。《诸帝传》。《就君士坦提乌斯和君士坦丁所作的演讲》。该作品版本和译本非常多（参照沃兹沃思和格雷夫斯的文章；另见恩格尔曼和格雷塞等人的作品）。作为颂词的演讲发表于355至358年之间，而《诸帝传》则撰写于他就任（在361年）之后不久。后者是一篇已经找到文学支持的讽刺作品，其实际目的被认为是要表明他（尤利安）大大优越于所有伟大的皇帝；不过如果我们想要对其真正的动机做冒险猜度的话，它更像是一种用嘲笑的方式贬损名声显赫的君士坦丁的一系列努力。在其演讲中，尤利安本人的赞扬话语已经被他对皇帝们的刻薄讽刺所遮蔽。在对这种资料的价值进行评估时，我们必须记住尤利安对基督教的强烈敌意。对于尤西比乌斯是一种美德的东西，对于尤利安却是一种邪恶。鉴于他的偏见，他所勉强承认的每一件事情都具有极大的重要性，尽管他那怀有恶意的流言蜚语携带着一种放肆的诽谤。

参照沙夫《教会史》；沃兹沃思作品，收录于《辞典》；格雷夫斯作品，收录于《辞典》。有关数量浩瀚的文献，参照沃兹沃思、谢佛

里尔及恩格尔曼的作品。

(19)里巴纽斯(314 或 316—391 年)。《演讲词》。包含了一些或多或少既有趣又有历史价值的暗示,对此,请参看默勒鲁斯编辑的索引第 2 卷。

参照施米茨作品,收录于《辞典》;有关版本和文献,见谢佛里尔和恩格尔曼等人作品。

(20)阿米阿努斯・马尔切里努斯(死于约 395 年)。《历史》。有许多版本,参看恩格尔曼、格雷塞及沃兹沃思的作品。瓦列修斯(1636)编辑的版本,以及艾森哈特编辑的版本是其中的两个。该作品是塔西佗作品的一个续编,不过前十三卷(包括君士坦丁时期)写得最好。他说(第 15 卷,瓦列修斯版,1636 年,第 56—57 页),君士坦丁调查过摩尼教徒,并因莫索纽斯而喜欢上该教派,他还叙述了埃及方尖碑被带到罗马的情况——也许是被君士坦丁带入(第 17 卷,第 92—93 页);参见帕克《罗马的十二座埃及方尖碑》,还提及其他的事情,请见艾森哈特版的索引第 566 页。

参见沃兹沃思作品,收录于《辞典》。有关文献,见谢佛里尔作品(罕见)和恩格尔曼的作品 (许多)。

(21)尤纳皮乌斯(反基督教的)(约 347—414 年)。《哲学家与智者传:埃德修斯传》。尤纳皮乌斯约于 347 年出生于萨狄斯,死于 414 年以后。他是一位修辞学教师。该作品是迭西克普斯的历史书的一个续集,时间从 270 年延伸至 404 年。该残篇仍然存世,不过并未提及君士坦丁。佛提乌斯说,他诽谤基督徒,尤其是君士坦丁。缪勒的《残篇》除了包括这一残篇外,还包含(14—15)一个来自《埃德修斯传》的残篇,后者与苏帕特有关。苏帕特的死及亚伯拉维乌斯与此事的关系，在《埃德修斯传》中有更加充分的叙述。而且还带有各种富有意义的暗示。他的史书的大量内容据认为被合并到佐西姆斯的作品里，这使得他的名字具有了重要性，并加重了佐西姆斯的分量，厘清了佐西姆斯对君士坦丁的敌视态度。

449 参看佛提乌斯《准则》；缪勒《残篇》；默茨利作品，收录于《辞典》；施米茨作品，收录于《辞典》；有关进一步的文献和版本，见谢佛里尔和恩格尔曼的作品。

(22)比马尔丘(4世纪)，卡帕多西亚的恺撒利亚人，写过《君士坦丁行传》十卷。全部佚失。在君士坦提乌斯二世统治时期写成，据说他曾发表过一篇有关该皇帝的颂文。

参看缪勒《残篇》；《辞典》等。

有一批涉及(著者不明的)君士坦丁与提里达提斯的条约的叙利亚文和亚美尼亚文文书，虽然时间较早，但价值不高。

(23)克雷格的芝诺比乌斯(活跃于约324年)。《达隆历史》。译自亚美尼亚文的法文版，收录于兰格洛伊斯《军队史资料集》。像其他亚美尼亚历史学家的作品那样，该文本也或多或少存在着讹误。他两次提及(第344和351页)君士坦丁，后一次提到涉及与提里达提斯的条约。

参照兰格洛伊斯的导言，以及谢佛里尔中的文献。

(24)阿伽坦格鲁斯(约330年)。《提里达提斯统治时期及启明灯圣格雷戈里布道的历史》第125—127章，第163—169节；收录于《圣徒行传》；译自亚美尼亚文的法文版本，收录于兰格洛伊斯《军队史资料集》。该作品从226年叙至330年。作者是提里达提斯的秘书，不过我们手头掌握的这一作品，是不久后的一个改订本，似乎被霍雷尼的摩西使用过。后来(7世纪?)又被某位希腊圣徒传记作者润色过。这种希腊形式目前还存在于佛罗伦萨和巴黎的抄本中(参看上述版本)，有理由推断，现存的亚美尼亚文本便是来自于这个希腊形式的译本。由于其外加的著者不明问题，具体的情况很难讲清楚，于是所有有关君士坦丁与提里达提斯关系的重要内容，均被君士坦丁生平的记述所忽略。然而我们必然不愿把其置于虚构之下；因为提里达提斯必定与罗马人有过交往，这个传记的最初形式必定是由一名称职的高手来完成，涉及君士坦丁的材料便部分地具有了纯粹足够的历史性。

有关进一步的信息，参照戴维逊论启明灯圣格雷戈里，收录于《辞典》；兰格洛伊斯的导言，第99—103页。

(25)拜占庭的法斯图斯(320—392年)。《历史文库》，译自亚美尼亚文的法文译本，收录于兰格洛伊斯《军队史资料集》。在第3卷第10和21章中提及君士坦丁和提里达提斯。有些人怀疑该作品已遭篡改，不过兰格洛伊斯则倾向于赋予它一种好名声。如果的确如后者所言，其中提到与提里达提斯签署条约一事，则当基本确定为历史事实。

参照标瓦斯《新通才人物传记》，以及兰格洛伊斯的导言；有关文献，见谢弗里尔作品。

其后的作者大多是基督徒和信仰不明者，除了一位极其著名的强硬非基督徒之外。

(26)佐西姆斯(活跃于约400—450年间)。《历史》，贝克编辑。涉及君士坦丁的部分在第2卷第8章及之后，即第72—106页中。该作者的生活年代被置于4世纪早期或5世纪晚期。这种两极化的时间段划分比较保险。他是一名异教徒，从某种反基督教和反君士坦丁的原始资料中找到了论述君士坦丁时代的素材，他把基督教的引入看作是罗马帝国衰落的主要原因（参看米利淦所援引的各种段落）。他对基督教有着强烈的偏见，因而发现自己成为日益狭窄的少数派，偶尔也会轻信受骗。不过他的写作采取了一种清晰和有趣的风格，并无刻意的伪造，与称其为“地狱魔鬼”的基督徒作家埃瓦格里乌斯一样地稳健。因此，他的延伸的报道，在材料占有方面特别有价值，尤为不凡的是，他保存了大部分较早时期已经佚失了的尤纳皮乌斯的作品。

参照米利淦的作品，收录于《辞典》；马森作品，收录于《辞典》；有关文献，见谢佛里尔和恩格尔曼的作品，有关版本，见恩格尔曼作品。

托名的瓦列西阿努斯（5 世纪）。瓦列修斯编辑，第 471—476 页。该残篇由瓦列修斯以上述阿米亚努斯版本形式首次发表，就君士坦丁的生平而言，它具有最高的价值。它明显吸收了各种各样的原始资料，其中的许多目前已经佚失。该编撰者或作者显示出了某种审慎和严肃，使得他的陈述变得特别可靠。

参照欧涅梭奇详尽无遗的作品。

(27)拜占庭的斯蒂芬（约 400 年）。《希腊城市》。该作品是一部地理辞典，几行中的事实是最有价值的。

参照《辞典》。见谢佛里尔和霍夫曼等人作品。

(28)苏佐门（出生于约 400 年）。《教会史》；由哈特兰夫最近编辑的版本见沙夫《尼西亚与后尼西亚教父》第 2 卷（1890）［正在排印中］。该历史书所涵盖的时间为 323—423（不是 439）年。他大量地从尤西比乌斯作品中吸收材料。有人正确地批评他相对不准确、文风夸张而又轻信。不过他还是使用了原始资料，尽管是众所周知的资料。有关进一步的讨论，参看哈特兰夫系列作品的第2卷。 450

参照米利淦的作品，收录于《辞典》，有关文献见谢佛里尔作品。

(29)苏克拉底(出生于约408年)。《教会史》。胡塞编辑，布莱特加上导言以后再版。在伦敦和波恩有英文译本，最新版本由芝诺斯以两卷本出版(正在排印中)。该书所涵盖的时间为306—439年。从该书看，作者的总体判断力不错，不过当叙述到君士坦丁时，它并没有给尤西比乌斯作品添上多少新东西，尽管该书被认为是后者的一部续作。

有关进一步的描述和讨论，参照芝诺斯和米利淦的作品，收录于《辞典》，有关文献，见谢佛里尔作品。

(30)狄奥多雷(约393？—457？年)。《教会史》。收录于米涅《希腊教父作品全集》第82卷(1859年)第879—1280个系列。有英文译本。狄奥多雷的出生年代有各种各样的说法：386年、387年、393年，等等。他去世的确切年份(453—458年)同样无法确定。该作品涵盖时间为324—429年，总体上被认为是博学和公正的。它对君士坦丁与阿里乌的争端作了大量报道，并包含了许多文件，这些文件似乎主要来自于尤西比乌斯的《君士坦丁传》。该书的一个主要价值似乎是印证了尤西比乌斯的说法。不过正是他对于文件的使用表明了他的小心谨慎，并赋予其作品以意义。

参照维纳伯斯的作品，收录于《辞典》；纽曼《短剧史》；沙夫《教会史》;有关文献,见谢佛里尔;有关版本,见格雷塞和霍夫曼作品。

(31)鲍鲁斯·俄洛修斯(约417年)。《历史》第7卷第26—28章,收录于米涅《拉丁教父作品全集》第31卷(1846年)第635—1174个系列;有关君士坦丁的部分涵盖了第1128—1137个系列。有许多的版本和抄本。据说俄洛修斯并没有给现存的材料增添任何东西。此说只有部分的真实性。无论如何,他的作品尽管很简短,但其在确定证据方面的价值是巨大的。

参照菲洛特的作品,收录于《辞典》,有关文献,见谢佛里尔和恩格尔曼的作品。

(32)波洛斯珀尔·阿奎塔努斯(403—463年)。《编年史》,收录于米涅《拉丁教父作品全集》第51卷(1861年)第535—606(8)个系列。涉及君士坦丁的部分,见第574—576个系列。《编年史》延伸至444或455年。326年以前的,他主要依赖于尤西比乌斯的《编年史》,其余的时期则依赖于杰罗姆的续编。

参照菲洛特的作品,收录于《辞典》;有关文献和版本等,见谢佛里尔和恩格尔曼等人作品。

(33)伊达提乌斯(486年)。《执政官名录》。收录于米涅《拉丁教父作品全集》第51卷(1861年)第891—914个系列;涉及君士坦丁的部分,见第907—908个系列。伊达提乌斯活到469年以后。该作品写到468年为止,它并非完全为他所撰,尽管被援引时总是使用他的名字。它包含了对最重要的年份中所发生的某些事件的简短陈述。

参照拉姆西的作品,收录于《辞典》有关文献,见谢佛里尔作品。

(34)库济库斯的格拉修斯(约450—?)。《尼西亚公会议史》。在佛提乌斯的《圣经准则》中还有一个摘要,见米涅《希腊教父作品全集》第103卷(1860年)第293—296个系列。维纳伯斯所说也许是正确的:"他的作品不过是对尤西比乌斯、苏克拉底、苏佐门和狄奥多雷的教会史的一种汇集,对于这些作品,如果他本人有增添点什么的话,那也是非常令人怀疑的或明显失真的。"虽然的确也有少许涉及君士坦丁的内容并非来自这些原始资料,可是要确定其可靠性则是一件困难的事情。在增添到其他资料上时,他是否未使用原始资料而是仅凭自己的想象则不完全清楚。这也许可以被说成是"价值可疑"。当维纳伯斯说我们所看到的第3卷只是提供了君士坦丁的三封信函时,他想说明什么,这并不容易理解。这是真的;不过"我们所看到的"第2卷则又提供了一些东西。

参照维纳伯斯的作品,收录于《辞典》。

(35)萨鲁格的雅各布(452—521年)。《君士坦丁受洗仪式上的布道》,弗洛丁哈姆编辑。有关进一步的信息,请查阅弗洛丁哈姆的扩展研究。

(36)菲洛斯多尔吉乌斯(出生于约468年)。《教会史》,见瓦尔佛德的英文译本第425—528页。原作所涵盖的时间为300至425年之间。保存下来的残篇包含了一些涉及君士坦丁的有趣的事实或传说,其中一些在别的地方无法找到。佛提乌斯和所有的正统派人士总是说他靠不住或更糟糕,而一位非正统的批评家(吉本)则发现他感情用事、充满偏见和无知;不过大家似乎都同意,他使用了某些其他人所未使用过的资料。

参照米利涂的作品,收录于《辞典》;窦灵的《教会史研究》;有关文献，见谢佛里尔的作品。

(37)米利都的赫西丘(约500？—？)。《君士坦丁堡的起源》，收录于缪勒《残篇》。米利都的赫西丘，别名伊鲁斯特里斯，生活于第6世纪上半叶。该作品包含了某些对君士坦丁堡城建造的叙述。它似乎被科狄努斯部分地直译出来。

参照维纳伯斯的作品，收录于《辞典》；明斯的作品，收录于《辞典》；缪勒《残篇》；有关文献，见谢佛里尔的作品，有关版本和文献，见恩格尔曼的作品。

451 (38)卡西欧多鲁斯(约468—561年)。《帝国三部分之历史》，收录于《尤西比乌斯作品集》。涉及君士坦丁部分，特别见第207—243页(也收录于米涅《拉丁教父作品全集》，第69卷[1865年]，第879—1214个系列)。卡西欧多鲁斯出生于468年，活到93岁以上。该作品是苏克拉底、苏佐门和狄奥多雷作品的一个摘要，在资料上没有增添任何新东西。有一个叙述哥特人的作品，只是借助约达尼斯的一个摘要才流传给我们。见约达尼斯。

参照杨格的作品，收录于《辞典》，或(就该作品而言更佳)拉姆西的作品，收录于《辞典》；有关文献和版本，见谢佛里尔、恩格尔曼及格雷塞等人的作品等等。

(39)约翰·吕都斯(490—550年)。《论孟西布斯》；《论职责》；《论随意夸示》。贝克编辑，收录于《拜占庭全史》。这些作品的其他版本可以从格雷塞等人的集子中找到评介：吕都斯于490年出生于费拉德尔菲亚，活到大约550年之后。他是一名异教徒，却尊重基督教。他有十几次提到君士坦丁，例如，君士坦丁建造君士坦丁堡，君士坦丁的学识和军事技巧，他还援引了君士坦丁本人的作品。

参照佛提乌斯的作品；明斯的作品，收录于《辞典》；黑斯的作品，由贝克作序和编辑；优伯特的作品，收录于《新通才人物传记》；有关进一步的文献，见谢佛里尔和优伯特的文章，以及恩格尔曼的作品。

(40)约达尼斯(？—551 年？)。《哥特人史》。收录于《尤西比乌斯作品集》；也收录于米涅《拉丁教父作品全集》，第 69 卷(1865 年)，第 1251—1296 个系列。该叙述哥特人的作品，据作者说是卡西欧多鲁斯作品的一个摘要。它说，君士坦丁在与李锡尼打仗时，以及在建造君士坦丁堡时，均利用过哥特人。该作品写作于 551 或 552 年之间。

参照荷奇金的作品，收录于《大英百科全书》；亚克兰的作品，收录于《辞典》；大量的文献，见谢佛里尔、恩格尔曼及瓦登巴赫等人的作品；有关版本，见恩格尔曼的作品。

(41)托名者：《狄奥尼斯·卡修斯历史系列》(6 世纪？)。14.李锡尼(18 行)；15.君士坦丁(9 行)。收录于缪勒《残篇》；特别是其中的导言，见《残篇》第 191—192 页。这些被麦(Mai)首次发表于《新老经典抄手》，也被发现于各式各样的狄安·卡西乌版本中。麦(Mai)高度怀疑约翰·安条齐努斯是其作者，可是缪勒辩称(第 191 页)这是不可能的。有时候埃克舍塔·瓦提卡纳被认为是作者。彼特鲁·帕特里丘及其他许多人都曾被认为是作者，不过所有这些声称，都与作者应是一名基督徒的条件相符。这都是以戴克里先为根据。该残篇非常简短，不过却包含了少量在别的地方见不到的事实。

(42)埃瓦格里乌斯(536? —594年)。《教会史》。有英文译本(1709,472—474)。猛烈地责骂了佐西姆斯对君士坦丁的指责,可是没有给历史事实增添任何新东西。

参照米利淦的作品,收录于《辞典》。

(43)波洛科皮乌斯·恺撒里安西斯(活跃于547—565年间)。《历史》,丁多尔夫编辑。有两三处稍稍提及君士坦丁,其中最切题的是君士坦丁分割帝国,以及建造君士坦丁堡。他是基督徒还是异教徒,并不清楚。他以诚实而著称。

参照米利淦的作品,收录于《辞典》;波雷特的作品,收录于《辞典》;有关文献,见谢佛里尔和恩格尔曼的作品(1. 655);有关版本,见米利淦和波雷特的作品,以及各种书目。

(44)彼图鲁斯·帕特里齐乌斯(活跃于550—562年间)。《残篇》,收录于缪勒的《残篇》。报道了李锡尼的一名特使觐见君士坦丁。

参照明斯的作品,收录于《辞典》;也见谢佛里尔和霍夫曼的作品。

(45)图尔的格雷戈里(约573—594年)。《法兰克人史》。鲁伊纳特编辑。《七个懒人的历史》,同上,第1272—1273页,《非凡事物集》,同上,第725—729页。鲁伊纳特的版本再版于米涅《拉丁教父作品全集》第71卷(1867年)中。他征引得最多的是尤西比乌斯和尤尼乌斯;后者充满着传奇色彩。

参照布查南的作品,收录于《辞典》;有关版本和文献,见恩格尔曼、谢佛里尔及格雷塞的作品。

(46)《复活节年代记》(约630年之前)。丁多尔夫编辑。涉及君士坦丁的部分占据了第1卷第516—533页。见米涅《希腊教父作品全集》，第92卷。该作品是一部从创世至630年的世界编年史。据认为——不过理由并不充分（参看萨尔蒙的作品）——第一部分结束于354年之前，因此该部分重点突出该年份的事件。它的确是一部叙述均匀的同质作品，大概写作于630年之后不久（萨尔蒙的作品）。可惜的是，它常常被引作亚历山大里亚的编年史。主要价值体现在年代学方面，不过作者使用了大量的原始资料，其中一些资料目前可能已经佚失。它在汇集二手资料方面也有其特有的价值。

参照萨尔蒙的作品，收录于《辞典》；克林顿的作品；伊德尔勒的作品；有关文献和版本，见萨尔蒙的作品。 452

(47)《托名的梅特洛法尼斯和亚历山大行传》（7世纪？），“在该作品中也收录了一个君士坦丁大帝传”。见佛提乌斯的作品；以及米涅《希腊教父作品全集》第104卷（1860年）第105—120个系列。这个托名作品的一个更为完整的修订本由康比菲斯编辑，他认为它是一个同时代人的作品，因此有可能写作于第4世纪中叶，法布里丘同意这一说法。依照提勒曼特的意见，虽然真正的细节可以在其他历史学家的作品中进行逐字的追溯，可是该作品中的具体陈述表明它并非同时代人的作品。它似乎被划入如下一类作品的范围，即“真实的东西无新意，有新意的东西却不真实”，不过如果现在就断定其有无价值，则显然为时过早。

参照提勒曼特的作品。

(48)约翰·安条齐努斯（活跃于610—650年间）。《编年史》。残篇收录于缪勒的《残篇》。有关君士坦提乌斯和伽列里乌斯，见第170—171页，有关君士坦丁，见第602—603页。该作者应当与约翰·马拉拉斯区别开来，后者也被称作约翰·安条齐努斯。此人活跃于610—650年的某个地方。有关君士坦丁的部分，恰恰在大体上与尤特洛皮乌斯所述相一致。有人推测，尤特洛皮乌斯和约翰抄自同一个希腊文原始资料；不过在有关君士坦丁的部分中，“commodae”被换成一个人的名称，即变成了其子被君士坦丁处死之人的妹妹的名字，这一奇怪的错误表明它应当翻译自拉丁文。然而，约翰的作品隐含着某些有趣的暗示，并增添了一些新东西，例如在对君士坦丁对待其朋友的表现的性格描述中使用“暧昧”一词的释义。

参照缪勒《残篇》；明斯的作品，收录于《辞典》；还请参考斯道科斯的文章，以及马拉拉斯提供的其他文献。

(49)马拉拉斯(约700年)。《编年纪事》第13卷第1—11章。丁多尔夫编辑；收录于《拜占庭全史》(有关君士坦丁部分，第316—324页)；也收录于米涅《希腊教父作品全集》，第97卷，第1—70个系列。较早的版本有：1691年牛津版，1733年威尼斯版(1691年重印本“相当无用”)。作者生活于约700年，或约650年间。曾有人把他置于晚至9世纪，早至601年。对他的个人历史一无所知。应当把他与缪勒《残篇》中的安条克的约翰区别开来，后者比马拉拉斯早。此人非常轻信和不严谨，有关君士坦丁的部分与通常见到的无异。

参照霍狄和丁多尔夫的导论；斯道科斯的作品，收录于《辞典》；有关进一步的文献，见谢佛里尔的作品；侯佛的作品，以及斯道科斯的文章。

(50)伪伊西多尔(8世纪?)。《教令集》。收录于米涅《拉丁教父作品全集》第130卷(1853年)第245—252个系列。著名的“君士坦丁的赠予”,在这里首次出现。见“传说中的君士坦丁”条目。

参照沙夫的《教会史》;有关文献,见谢佛里尔论伊西多尔·麦卡托的文章,以及:“君士坦丁的赠予”条目下的文献。

(51)狄奥法尼斯(758—818年)。《编年纪事》,克拉森编辑。有关君士坦丁的部分涵盖了第1卷第10—51页;也收录于米涅《希腊教父作品全集》,第108卷(1860年)。该作品“被公正地认为是拜占庭历史学家全部作品中最重要的作品之一”。狄奥法尼斯是乔吉乌斯·辛切鲁斯的朋友;他应其要求,为后者写至戴克里先为止的作品写续编,一直延至811年。他是一名鉴定权威,对他那个时代的问题具有影响力,拥有不同于西德里努斯和左纳拉斯的历史学水准。尽管就君士坦丁问题而言其作品价值不大,不过在这里他还是显示出一种确定无疑的历史判断力和鉴赏力。他的书是一部来自于各种原始资料的充满才智的作品,尤西比乌斯便是这些原始资料的提供者之一。他说他已经勤奋地审查了许多作品,他不是借助自身的权威进行报道,而是借助古代史料编纂者和“语标学家”的权威进行报道。

参照窦灵的《导论》;史密斯的《辞典》;盖赛的作品;(大量的)文献,见谢佛里尔的作品。

(52)阿纳斯塔修斯·比波利俄西卡里乌斯(死于879年)。《罗马教皇传》。收录于米涅《拉丁教父作品全集》第127—128卷(1852年)第34个系列。较少使用。

参照沙夫的《教会史》;有关文献和版本,见谢佛里尔和格雷塞的作品。

(53)佛提乌斯(9世纪)。《文库》,收录于米涅《希腊教父作品全集》第103—104卷(1860年)。包含了对波拉克萨戈拉斯、尤纳皮乌斯、格拉修斯、托名的梅特洛弗及尤西比乌斯等人的作品的摘录及评注。

参照沙夫的《教会史》;明斯的作品,收录于《辞典》。

(54)君士坦提努斯·波菲洛吉尼图斯(即君士坦丁七世,活跃于911—959年间)。《论主题》(贝克编辑,收录于《拜占庭全史》;也收录于米涅《希腊教父作品全集》,第113卷(1864年)第63—140个系列。报道了君士坦丁在其儿子们当中划分帝国。他还在其《拜占庭朝仪》(累斯克编辑,1829年波恩版;见米涅《希腊教父作品全集》)第112卷中几次提到"君士坦丁的十字架",并报道了其考古学兴趣。君士坦丁七世是911—959年的皇帝。

参照波雷特的作品,收录于《辞典》;凯里尔的作品;有关进一步的文献,见谢佛里尔和恩格尔曼的作品;有关版本,见波雷特的
453 作品,他有过极好的调查。

(55)利奥·迪亚科努斯(10世纪)。《历史》第5卷第9章和第8卷第8章,黑斯编辑。提到一个城市的建造、十字架异象、斯基泰人战争、君士坦丁堡使徒教堂中的葬礼,称君士坦丁为"史上著名皇帝之一"。有关其他版本,参照布鲁涅、格雷塞、霍夫曼及恩格尔曼的作品。他生活的年代约从950年起至993年。他的作品被辛利特兹和左纳拉斯使用过。"文体恶劣"、"古代史知识薄弱"。

参照明斯的作品,收录于《辞典》;克林托克和斯特朗的《百科全书》;有关文献,见谢佛里尔的作品。

只是借助这一期限的某种延伸,时间定于1000年之前的许多内容,才被接受为原始资料。在别的出处中,有些内容几乎连一件事实都提供不出来。在接下来的时期里更是如此,不过在该时期里,历史小说的资料则特别丰富——这些必须被考虑到。因此,当拜占庭的历史学家虚构出某些东西出来时,一些西方作品则包含了真正切题的内容。

(56)约翰·左纳拉斯(1042—1130年?)。《编年史》,收录于米涅《希腊教父作品全集》第134—135卷。有关君士坦丁部分占据了第1部第1097—1118个系列第13卷第1—4章;还请参看第12卷末尾。品得编辑,1841—1844年波恩版,两卷本,由于该版本未完成,故只包含12卷。丁多尔夫所编辑的六卷本版本,把第13卷收录于第3部中(1870年)。该作品一共有18卷,从世界的创造开始,延伸到1118年。对于基督教时代的叙述,左纳拉斯主要是从尤西比乌斯和菲洛斯多尔吉乌斯等人的作品中获取材料,不过还是有自己的辨别力,因此在拜占庭历史学家当中应当占有合理的高位。他有选择地编入了各种传说,不过也提供了或多或少的事实。有关君士坦丁的资料,他实际上几乎没有添加任何新东西,尽管也揭示了某些事实,对于这些事实,人们只是在经过再三犹豫之后才敢将其归入到“倘若是真的,则非常有趣”的那一大类当中。

参照《辞典》;佐克勒的作品,收录于赫尔佐的《实用百科》;有关文献,见佐克勒、谢佛里尔及恩格尔曼的作品。

(57)乔吉乌斯·西德里努斯(约1057年)。《历史概论》,贝克编辑,1838—1839年波恩版,两卷本。有关君士坦丁部分占据了第I卷第472—520页。也收录于米涅《希腊教父作品全集》,第121—122卷。对于他个人的情况,我们一无所知。该作品是一部从创世至1057年的编年史。他把乔吉乌斯·辛切鲁斯当作自己的主要资料来源,“直到马克西米安和马克西敏的时代”,从这一点出发,狄奥法尼斯、西库鲁斯、谢鲁斯及其他人均宣称已经收集到了不是在这些资料当中的事实。他提到约翰·色雷斯修斯或库洛帕拉提斯的作品,此人可能就是辛利特兹,他的作品与西德里努斯的作品极其相似,以至于有人认为他们其中有一个人是抄手而不是编辑者。西里尔的意见是,西德里努斯有关811—1057年那一时段的内容抄袭了辛利特兹的作品。辛利特兹后来又续写自己的作品至1081年;也就是说,存在着辛利特兹作品的一个双重版本,西德里努斯写作于这两个版本的中间。但明斯则提出了相反的看法,他列出了大量的理由,认为西德里努斯的作品写在最后,即在1081年以后。“增添的事实”很少,编辑得也过于缺乏鉴别力,过于轻信;不过该作品仍旧被认为是一部值得征询的原始资料集,当然在使用时要格外小心。

参照波雷特的作品,收录于《辞典》;凯里尔的作品;明斯的作品,收录于《辞典》;有关文献,见谢佛里尔的作品。

(58)伪利奥。《编年纪事》,叙述君士坦提乌斯·克罗鲁斯和君士坦丁大帝的部分。贝克编辑,第83—90页。收录于《拜占庭全史》。它作为利奥·格列马提库斯的《编年纪事》的第一部分发表,因为巴黎抄本的目录册把它归之于他。然而,克列摩尔并不认为是他所作,而是认为它“编纂自许多不同作者的作品——包括西德里努斯和约翰·安条齐努斯的作品,以及《复活节年代记》,可能还有其他已经佚失的作品”。在这一部分,作者援引了苏克拉底和尤西比乌斯,不过也使用了其他一些非同寻常的资料。尽管我们不敢贸然地把太大的重要性放置在这样一位时代和性格均不明确的作者身上——况且其作品还包含了明显的错误,可是它也的确具有某种适度的影响力。许多段落甚至具体的字句均与西德里努斯的相同。在这些段落中的其中一段,作者把苏克拉底当作自己的权威出处,而在西德里努斯作品中则完全没有这样的提及。它们也许来自于同一个出处。总之,从外表判断,该作品似乎更像是严肃的历史书,它不像是西德里努斯和左纳拉斯所撰。其作为原始资料的纯粹价值是非常单薄的。

参照贝克的序言。

(59)麦克尔·阿塔利亚塔(约 1072 年)。《历史》,德波列苏尔和贝克编辑,1853 年波恩版。该作者提到六件涉及君士坦丁的事项,其中包括他被看作是使徒之一,以及十字架标志等等,不过除了把一群侨民从伊比利亚调换到亚西里亚一事外,其余的均没什么价值。

参照德波列苏尔的《行政长官》和格雷夫斯的作品,收录于《辞典》,然而,他并没有提到该作品;有关文献,见谢佛里尔和德波列苏尔的作品。

(60)安娜·康妮娜。《亚历克西亚斯》,绍彭—赖佛尔沙伊德
编辑,1839—1878 年波恩版。提到其他两三件事迹,这个“城市的 454
父亲和主人”为他翻修一尊雕像,以及他被看作是使徒之一。

参照波雷特的作品,收录于《辞典》;克里普尔的作品等。

(61)米赫·格里卡斯(1118年以后)。《编年史》,贝克编辑,1836年波恩版;涉及君士坦丁部分占据了第460—468页,见米涅《希腊教父作品全集》第158卷第1—958个系列。格里卡斯的这一作品从创世开始一直延伸到1118年以前。尽管“被合理地算作是较好的拜占庭历史学家之一”,不过就君士坦丁时期而言,他却是最糟糕的历史学家之一。他的批判性判断似乎倾向于选取最无历史根据的内容。在上述末尾他选取了对辛利特兹作品的一段描述,在有关十字架虚构问题上,他援引了一部亚历山大的作品。

参照波雷特的作品,收录于《辞典》;尤伯特的作品,收录于《新通才人物传记》;有关文献,见谢佛里尔的作品;有关版本,见霍夫曼的作品。

(62)尼斯塔斯·科尼亚塔斯(1150—1216年)。《历史》,贝克编辑,收录于《拜占庭全史》;米涅《希腊教父作品全集》第139卷(1865年)第282—1088个系列。《宝库》,收录于米涅《希腊教父作品全集》第139—140卷(1865年)第1087—1443个系列。约出生于1150年,至少活至1216年。在其《历史》中,提到了两三件涉及“第一位最强大的基督教皇帝”的事情,例如来自十字架的铁钉的故事,以及他的坟墓遭受劫掠等;在《宝库》中也提到了一些相关事情,例如他通过自己的姐妹、朋友和阿里乌派长老而与阿里乌派达成和解,涉及阿里乌派争端的各式各样的问题(主要在第5卷中),在这些事情上,他大多使用常见的资料——尤西比乌斯、苏克拉底、苏佐门、狄奥多雷、菲洛斯多尔吉乌斯等,不过也使用了一些较不常见的资料。

参照沃尔曼,收录于《百科全书》;波雷特的作品,收录于《辞典》；乌尔曼的作品；盖赛的作品。有关文献参照上述及谢佛里尔的作品；有关版本，见沃尔曼、波雷特、布鲁涅、格雷塞及霍夫曼等人的作品。

(63)尼斯弗拉斯·格列戈拉斯(1295—1359年)。《拜占庭史》，第1—37卷，绍彭编辑(第1—2部)，和贝克编辑(第3部)。收录于《拜占庭全史》；米涅《拉丁教父作品全集》第148—149卷(1856年)。顺带提到六件与君士坦丁堡的建造有关的事情，以及他消灭偶像崇拜、论述犹太人和帝国的扩张等。该作者出生于1295年，死于1359年以后。此人比起坎塔库兹努斯来更为博学，但较不审慎。

参照波雷特的作品，收录于《辞典》；尤伯特的作品，收录于《新通才人物传记》；有关文献，见谢佛里尔的作品，有关版本，见波雷特和尤伯特的作品。

(64)埃弗拉米乌斯(14世纪)。《皇帝列传·君士坦丁传》，贝克编辑；君士坦丁部分占据第21—25页；收录于米涅《希腊教父作品全集》第143卷第1—380个系列。它最初被麦(Mai)编辑于《新老经典抄手》。这个带有韵律的编年史，插入了一两个神话传说，从总体上看它至少是半历史的，不过它增添的事实并没有给人带来一种特殊原始资料的印象——总之，它与其说是历史资料，不如说是文学作品。

参照《辞典》；波涅奥的作品，收录于《新通才人物传记》；麦的作品，收录于贝克和米涅的作品中。有关文献，见谢佛里尔的作品。

(65)约翰·坎塔库兹努斯。又名安格鲁斯·康浑努斯·帕里俄洛格斯(死于1375年以后)。《历史》,绍彭编辑;也收录于米涅《希腊教父作品全集》第153—154卷。谈到君士坦丁是仁慈的榜样,认为足以与众使徒相媲美,他像大卫一样,受到上帝之灵的引导,提到了为纪念他而举行庆祝会(在5月份),不过对这些事情的提及还不到六处,提到有趣或有价值的地方更少。他在位期间为1342—1355年,然后逊位,一直活到1375年之后。

参照波雷特的作品,收录于《辞典》;有关进一步的文献及版本,见谢佛里尔和恩格尔曼的作品。

(66)尼斯弗鲁斯·卡利斯图斯(死于约1450年)。《教会史》,第7章第17—18节,第55节。收录于米涅《希腊教父作品全集》,第145—147卷。第7卷在第145系列中,第8卷在第146系列中。这部晚期历史在文风上并不像某些作品那么糟糕,不过还是充满着传说的材料,主要编辑自当时权威的历史学家的作品,也许还包括其他一些人的作品。涉及君士坦丁的部分几乎全部来自尤西比乌斯、苏克拉底、苏佐门及当时其他的历史学家。

参照沙夫的《教会史》;波雷特的作品,收录于《辞典》;窦灵的《导论》。

(67)《小君士坦丁悼诗》(约1450年)。见弗洛奇尔的作品。该作品未曾见过,不过依照希克和沃兹沃思的说法,这个版本包含了维塞灵的研究成果,该成果表明,此作品虽然提到一位匿名的皇帝,但完全未提及君士坦丁二世,所提到的只是属于15世纪的某位统治者。

有关版本,参照希克和沃兹沃思的作品。

(68)科迪努斯(死于约1453年)。《有关君士坦丁堡的起源摘

要》,贝克编辑。有关其他版本,参照波雷特的文章和《新通才人物传记》。包含了大量涉及君士坦丁的内容,特别是有关君士坦丁堡
的建造,以及该城中的建筑物和雕像。大体上是一种资料汇编,或 455
二手资料的再汇编,不过有一部分来自于已经佚失的原始资料,因此远非多余。作者死于约 1453 年(?)。

参照波雷特的作品,收录于《辞典》;《新通才人物传记》;有关文献,见谢佛里尔的作品。

(69)杜卡斯(活跃于 1450—1460 年之前)。该作者提供了“从道成肉身到君士坦丁大帝时期共 318 年”的历史梗概,谈到了他所重建的一座教堂。贝克编辑,收录于《拜占庭全史》。

(70)蒙茅斯的杰弗里(死于 1154 年)。《不列颠历史》,有英文译本。涉及君士坦丁的段落覆盖了几页,百分之九十五是虚构,百分之五是事实。

参照特德的作品。

各式各样的老年代记只是此书的翻译或释义,例如皮埃尔·德·兰托弗特的《编年史》,各种威尔士、盎格鲁—撒克逊及法兰西编年史,以及瓦林的《年代记汇编》,尽管哈迪坚持认为,无论是瓦林的版本还是任何其他版本,都不是真正的译本,可是他又说,存在着某些已经佚失的共用原始资料。

(71)汉廷顿的亨利(1135 年)。《英国人历史》,阿诺德编辑。有英文译本。该作品总体上使用了很不错的原始资料,例如尤特洛皮乌斯所提供的资料,故有明显的历史价值;可是它的虚构性细节——如海伦娜、一位不列颠公主、治愈麻风病的君士坦丁——使其变得毫无用处。

参照佛里斯特的译序;赖特的《英国文学传记》。

(72)马尔梅斯伯里的威廉(1137年)。《英格兰编年史》,有英文译本。由于在文献中经常被援引,它作为一种原始资料被提及。作者把向法兰西引入不列颠移民归在君士坦丁身上。

参照赖特的《英国文学传记》。

(73)拉尔夫·德·迪斯托(死于1202年?)。《节略本编年史》;涉及君士坦丁部分,在第73—76页。该作品编撰于1188年以前。它主要摘录了尤特洛皮乌斯、尤西比乌斯、杰罗姆及鲁菲努斯等人的著作,并且还从马尔梅斯伯里的威廉和其他资料中吸取了各种虚构性的情节。

参照浦勒的作品。此材料取之于斯塔博斯的导论。

(74)《颂文史》(约1366年)。黑顿编辑;涉及君士坦丁的部分:1. 第337—339页;2. 第267—268页,第332—333页;3. 第12和265页。该作品大概由一名马尔梅斯伯里的修士彼得于约1366年撰写。此书汇集了各种资料,叙述了一些常见的事实,除了传说之外,价值并不高。

参照黑顿的序。

(75)弗拉金(1230—1298年)。《黄金传奇:有关十字架发现的传说》,格雷塞编辑。有布鲁涅翻译的法文译本。早期的英文译本由卡克斯顿出版。这是一个事实与神话的奇异混合物,收集了许多传说,同时它又以一种奇怪的诚实或假装诚实来表达所有的事实,例如它常常援引可靠资料。不过在涉及君士坦丁时,它的可靠性并未能经得起其所援引的资料的验证。

参照以“Varaggio”为题的文章,收录于《百科全书》;布鲁涅的序，以及美国教会史学会1889年会刊。

除了上述的资料外，在各类中世纪文件集中，也有许多相关的内容，例如佩尔茨的《日耳曼历史遗迹》，就包含有涉及君士坦丁统治时期的各类有趣的记录。

第3节　文献

在勾勒有关君士坦丁研究的丰富文献的线索时，必须把计划几乎完全限制在专题著作上，因为如果涉及百科全书等相关的全部历史的话，谈论他的材料便会没完没了。仅仅列举出如此少量的参考文献当然是基于其特别的理由。即使是在这么狭窄的范围内，我们也没有理由希望这个清单应当是详尽无遗的。然而，我们还是尽了最大努力来使它尽可能完整，因为除了谢佛里尔之外，还没有过一个有关君士坦丁的真正扩展的现代作品目录。我们试图找到每一部被提及的作品，不过伦敦、牛津、柏林和巴黎的图书馆并不能提供它们，在其他图书馆进行了大量的搜索并且进行了或多或少的成功购买之后，仍然有许多无法见到。编者曾试图确定某些专论的作者的具体身份，但没能成功。该清单如下：

Albani, Jo. Hier. *Liber pro oppugnata R. pontif. dignitate & Constantini donatione*. Colon. Agrip. 1535, fol.; Romæ, 1547, 4°; Venetiis, 1584, fol. 456

Alexander, Natalis. *Hist. eccles*. IV. (1778), 345—351 (= Zaccaria, Thes. theolog. VII. 886—900), 431—451.

Alford, Mich. *Brittania illustrata, s. liber de Lucii, Helenæ, et Constantini patria et fide*. Antwerpiæ, 1641. 4°.

Altus, Henricus. *Donatio Constantini imperatoris facto (ut aiunt) Sylvestro papæ (proes. Joach. Hildebrando)*. Helmstadii, 1661. 4°(p. 56). *Not* Hildebrand?

Alzog, J. *Manual of Universal Church History*. Tr. Pabisch and Byrne. Cincinnati, O., 1874. 3 v. 8°, pp. 462—476. 君士坦丁大帝与大公教会的关系。罗马天主教。

Andlau, Fr. von. *Die byz. Kaiser. Hist.-stud*. Mainz, 1865, 8°.

Antoniades, Crysanthos. *Kaiser Licinius, eine historische Untersuchung nach dem bestern alten und neueren Quellen*. München, 1884. 8°. 可惜手头没有此书,不过戈雷斯和其他人经常以最尊敬的口吻提及它。

Arbellot. *Mémoire sur Ies statues équestres de Constantin placées dans Ies églises de l'ouest de la France*. Limoges, 1885. 8°, 34 pp. (Cf. Audiat, Louis, in Bull. soc. arch. Saintonge, 1885. II. v. 186—193, 280—292.)包含了对法国西部各种教堂正面骑马塑像这一话题的考古学讨论的一个冗长的叙述。有人说它代表的是教堂的建立者查理·马特或查理曼,在贺利奥多鲁斯看来,骑马者可能是《启示录》中的骑士、圣马丁、圣乔治或得胜的教会。该项讨论的许多文章篇名,在此不一一列出。讨论的结果是,“大部分人”认为它代表的是君士坦丁。

Arendt. *Ueber Constantin und sein Verhältniss zum Christenthum*. In Theolog. Quartalschr. Tübing. 1834. III. 387.

Arrhenius, Laur. *Dissertatio historica de Constantino Mag-*

no. Upsal. 1719. 4°.

——*Refutatio commenti de donatione Constantini Magni*. Upsal. 1729. 8°.

Aubé, B. *De Constantino imperatore, pontifice maximo dissertatio*. Lutetiæ, 1861. 8°, 108 pp. 检视君士坦丁对异教徒的态度;对基督徒的态度。得出结论说:事实上,他对二者均履行了最高宗教长官的职责。

Audiat, Louis. *Les statues au portail des églises*. In Bull. de la soc. des arch. de la Saintogne. 5 (1884—1885) (1885), 186, 193. 从阿尔贝洛特开始,给出了十种不同的理论。提到了不同的作品。这与阿尔贝洛特一起,是有关这一话题的一个详尽的索引。

Bachmann, P. *Wider die Natterzungen*, ... *Dabey ein Antwort auff Constantini Donation, welche der Luther spöttlich nennet den Hohen Artickel des allerheyligisten Bebstlichen glaubens* (Dresden), 1538, 4°, (45). p. 检视这一捐赠是否为"某种卑劣的欺骗和骇人听闻的渎神。"

Baier, Joh. Dav. *Disputatio de erroribus quibusdam politicis Constantino Magno imputatis*. Jenæ, 1705, 4°.

Balduinus, Franc. *Constantinus Magnus, sive de Constantini imperatoris legibus ecclesiasticis atque civilibus commentariorum libri* 2. Basileæ, 1556, 8°; Argent, 1612, 8°; præf. Nic. Hier. Gundling, Lipsiæ-Halæ, 1727, 8°, 235 (23) pp.

Bang, A. Chrs. *Kirchen og Romerstaten indtil Constantin den Stre*. Christiana, 1879, 8°.

Baring, Nicol. *Dissertatio epistolica de crucis signo a Constantino Magno conspecto*. Hannov. 1645, 8°.

Baronius. *Annales* (1590), 306, 16—18, 3—25; 307, 3—15; 312, 7—337, 37; 358, 27. Cf. Pagi, *Crit*. (1689), 306, 5—307, 14; 311, 9—337, 6; 547, 12.

Bartolini, Domenico. *Come Costantini Augusti imperatore innalzasse in Roma i primi sacri edifici del culto cristiano*. Dissertezione in Atti Accad. Rom. archeol. 12 (1852) 1. 281—308. 与有关这些不属于霍诺留之前的一个时期的观点相对立。被单独出版。"Dissertazione... letta nell' Adunanza tenuta. il di 16 di marzo, 1843." pp. 30 (1).

Baudot. *Dissertation critique sur la famille de Constantin, & en particulier sur Constantin le Jeune*. In Magas. encyclop. 6 (1812), 241—274. Under head of *Numismatique* opposes Valois in Acad. Inscr. 1740. 该徽章上的肖像指的正是君士坦丁。包含了有关君士坦丁家庭的一则讨论。

Baune, J. de la. *Vita Constantini Magni, herausgegeben von A. Jäger*. Norimb. 1779, 8°.

Bayet, C. *La fausse donation de Constantini, examen de quelques théories récentes*. In Ann. fac. lett. Lyon, 1884, 1. 3 (1884), 12—44. 该捐赠属于8世纪下半叶或9世纪上半叶。

Berthelé, Jos. In Bibl. éc. des Chartes, 46 (1885), 330—331. [Review of Arbellot.] 给出了简短的解释,提到了一尊阿尔贝洛特所忽略的塑像。

Beuste, Joach. V. *Oratio de Constantino Magno*. Witteb. 1569, 8°. “Extat Tom VI. Orationum Vitemburgensium.”

Βιος και πολιτεια των αγιων θεοσεπτων μεγελων βασιλεων και ισαποστολων Κωνσταντινου και Ελενης[Mnemeia hagiologica, p. 164]Βενετια, 1884, la. 8°.

Boehringer. *Athanasius u. Arius*. 1874, pp. 1—53.

Boissier. *Essais d'histoire religieuse, I. un dernier mot sur les persecutions; II. la conversion de Constantin*. In Rev. d. deux mondes (Feb. 1886), pp. 790—818, (July) pp. 51—72.

Bonneau, Alcide. *étude historique*. 见其《瓦拉的“君士坦丁 457
之赠予”》编辑翻译本，非常有趣，收集了大量人们想知道的有关此次赠予的第一手资料。

Bonnetty, A. *De la donation de Constantin et de la protection qu'il accorda au christianisme*. In Annal de Philos. chrèt. (1831), 125—136. 个人的皈依成为一个次要的问题。这足以证明，异教徒再也无法占据这个世界的宝座。

Borchmann, Jac. Frid. *Dissertatio historico-critica de labaro Constantini Magni*. Hafniæ, 1700. 4°.

Bott, Theod. *Constantin le Grand et sa position entre le paganisme et le christianisme, essai historico-critique*. Colmar, 1874. 8°, 51 pp.

Brieger, Theod. *Constantine der Grosse als Religions-politicker. Kirchengeschichtlicher Beitrag*. Gotha, 1880. 8°, 48 pp. Cf. Grisar, in Zeitschr. kath. Theol. 1882, vi. 554—562.

Bridges, Matth. *Roman Empire under Constantine the Great*. London, 1828. 8°, 467 pp.

Broglie, A. de. *L'Eglise et L'Empire Romaine au IV. siècle. I. Régne de Constantin*. Paris, 1856. 8°. 最好的和被引用最多的作品之一。

Brunner, H. In the Festgabe für R. v. Gneist, Berlin, 1888, pp. 5 (1)—35. Donation.

Buchholz, Sam. *Constantin der Grosse in seiner wahren Grösse wirderhergestellt*. Berlin, 1772. 4°.

Buddeus. *Observ. sel. liter*. I. (1700), 370—440.

Burckhardt, Jak. *Die Zeit Constantin's des Grossen*. Basel, 1853. 8°, 222 pp. Leipzig, 1880. 8°. 在很长时间里成为论述君士坦丁的典范作品，可是并不系统，而且在某种程度上并不公正。

De Burigney. *Hist. des Revolutions de l'empire le Constantinople depuis le fondation*... Paris, 1750; tr. German, Hamb. 1754.

Busæus, Joh. *Disputatio theolog. de baptismo Constantini Magni*. 4°. Moguntiæ, 1589.

Canonici, Matt. Alois. *Proposizioni storico-critiche intorno alla vita dell' imperatore Costantino*... 4°. Parma, 1760. Compare Cigola, Vincenzo.

Castelli, Ign. *Intorno al battesimo di Costantino imper. dissertazione*. In La scienza e la fede. 11 (Nap. 1870),

201—219.

Caussin, Nicolas. *Eques christianus*, *s. Constantius Magnus*. Trad. du franç. par Henri Lamormain. Vienn. 1637, 8°.

Cave. *Scr. Eccl.* I. (1741), 183—185.

Cavedoni, C. *Disamina della nuova edizione della Numismatica Costantiniana del P. Raffaele Garrucci d. C. d. G.* 19 pp. Extr. dalla Rivista della Numismatica (Olivieri), 2 (1864).

Cavedoni. "*Recherches critique sur les médailles de Constantin le Grand et de son fils ornées de types et de symboles chrétiens.*" Modena, 1858.

Ceillier. *Histoire des auteurs sac. et eccl.* 3 (1865), 118—148.

Chaulnes, Gabriel de. In Ann. philos. chrét. 5 ser. E. XVI. (1867), 261—271. 涉及君士坦丁的赠予。

Chauner. *Influence of Christianity upon the Legislation of Constantine*. 1874, 8°.

Chiffletus, Petr. Franc. *Dissert... De loco*, *tempore & cœteris adjunctis conversionis magni Constantini ad fidem christianam*... Paris, 1676, 8°.

Church Policy of Constantine the Great. In North British Rev. 1870, LII. 1.

Ciampini, Joan. *De sacris ædificiis a Constantino Magno constructis synopsis historica*. Romæ, 1693, la. 4° (or fol.), 8

f.—218 p.

Cigola, Vincenzo. *Proposizioni storico-critiche intorno alla vita dell' Imperatore Costantino (praes. Madama Isabella di Spagna) Vincenzo Cigola Bresciano Convittore nel Regio-Ducal ecclegio de' Nobili ei Parma*. Parma, 1760, 4°, 44 pp. 有三个君士坦丁的硬币和徽章,样式各不相同。在末尾有十六页的碑铭、三页的硬币和徽章图样(共六十页)。

Civilità Cattolica. Ser. 5, Vol. 10 (1864), 601—609. 1. La frase *instinctu Divinitatis* nell' arco trionfale di Costantino. 2. Le monete di Costantino, posteriori alla vittoria sopra Massenzio.

Clinton, H. F. *Fasti Romani*, 1 (Oxf. 1845), 348—397; 2 (1850), 86—94. 这是一种最方便的材料堆积,包含了一组组的法律和铭文。是被使用得最为透彻的作品之一。

Coen, Ach. *Di una leggenda relativa alla nascità e alla gioventù di Costantino Magno*. In Arch. soc. Romana stor. patria, 1880—1882, IV. 1—55, 293—316, 535—561; V. 33—66, 489—541. Roma, 1882. 8°, 191 pp.

Cf. Rev. d. Quest. hist. 33. 682; Vesselofsky, A. in Romania, 14 (1885), 137—143.

Colombier, H. M. *La donation de Constantin*. In études relig. hist litt. (1877), 31 year, 5 ser. Vol. II. 801—829. 值得查看,因为它收集了许多与日期有关的史事。请考虑他有“确切的日期”。“L'origine Romaine n'est guère douteuse” “vers l'an

687," by "clecs mécontents du pape."

Combes, Francois. *Les liberateurs des nations*. Paris, 1874. 8°, pp. 208—229. *Constantin Liberateur des Chrétiens*.

Considérations générales sur le christianisme (iv. s.). *L'empereur Constantin*. St. Etiénne, 1884. 16°, 136 pp.

Constantin Imp. Byzantini Numismatis argentei Expositio, 1600.

Die Constantinische Schenkungsurkunde. I. Brunner, H. 458
Das Constitutum Constantini. II. Zeumer, K. *Der älteste Text*. Berlin, Springer, 1888. 8°, 60 pp. "Aus Festgabe f. Rud. v. Gneist."

Constantinus Magnus Romanorum imperator Joanne Reuchline Phorcensi interprete. Tubingæ, 1513. 4°, 23 pp.

Contin. Monthly, 6 (1864), 161 (Schaff?).

Crackenthorpe, Richard. *The Defense of Constantine: with a treatise of the Popes temporall monarchie, Wherein, besides divers passages, touching other Counsels, both General and Proviciall, the second Roman Synod, under Sylvester, is declared to be a meere Fiction and Forgery*. London, 1621. 4°, pp. (16), 283 (1). Ch. 1—7. 提出了该宗教会议为捏造的七条理由,第 8 章。君士坦丁没有做出这样的捐赠,格雷泽给予了驳斥,第 9 章。提出了三个理由证明君士坦丁从未做过这样的捐赠,第 10—15 章。马塔所宣称的七个证人、四位教皇、另外十六位证人、三十个法律学家及八位皇帝作为君士坦丁赠予的证据,受到了检

验;另外还有马塔和阿尔巴努斯所提出的四条理由。请查询有关该赠予的更为古老的文献。

La crueldad, y Sinrazon | *La venuce auxilio y valor, Maxencio y Constantino* (coloph.). Barcelona per Carlo Gilbert y Tuto, Impressor y Librerio. 历史剧。介绍了君士坦丁的性格、青年时代的君士坦丁和法斯塔等。

Curton, A. de. In Nouv. biog. gén. 11 (1855), 581—595.

Cusa, Nicolaus de. *De Concordantia Catholica. Judicium de donatione Constantini*. Basil, 1568.

Cutts, Edw. L. *Constantine the Great, the union of the State and the Church*. London and New York, 1881. 12°, XIV. 422 pp. 通论性的叙述,没有特别的学术价值。

Dalhus. *Dissertatio de baptismo Constantini Magni*. Hafniæ, 1696 (1698, Vogt.).

Demetriades, Kalliop. *Die christliche Regierung und Orthodoxie Kaiser Constantin d. Grossen, eine histor. Studie*. München, 1878. 8°, IV. 47 pp.

Dieze, Joh. Andr. *Dissertatio de forma imperii Romani Constantino Magno recte atque sapienter mutata*. Lipsiæ, 1752, 4°, 34 pp.

Döllinger, J. v. *Die Papst-Fabeln des Mittelalters*. 1863. Cf. Civiltà cattol., ser. 5, v. 10 (1864), 303—330; tr. Ger. Mainz, 1867. gr. 8°, 34 pp.

Döllinger. In Münchener Hist. Jahrb. (1865), 337—.

Dudley, Dean. *History of the First Council of Nice: A world's Christian convention, A. D. 325; with a life of Constantine*. Boston, Dean Dudley & Co., 1879, 120 pp.

Duerr, Joan Frid. *Dissertatio historica de Constantino Magno*. Jenæ, 1684, 4°.

Du Pin. *Nov. Bibl. Aut. Eccl*. 2, p. 16.

Duruy, Vict. *Les premières années du règne de Constantin* (305—323). In Compte rendu acad. scien. mor. polit. (1881). F. XVI. 737—765. 谈及他的"冷酷无情"。他坚信"未来的胜利属于基督徒,并从他们那里获得政治智慧"。

——*La politique religieuse de Constantin* (312—337). In Compte rendu acad. scien. mor. polit. (1882), XVII. 185—227. Orleans, 1882, 8°, 47 pp. = Rev. archæolog., 1882, B. XLIII. 96—110, pl. 155—175. Cf. Allard, P., in Lettres chrét. (1882), V. 244—249. "Fragment de son Histoire des Romains." Treats: I. La vision miraculeuse. II. Le lavarum. III. Popularité croissante du culte du Soleil. IV. Constantin à Rome en 312: son arc de triomphe. V. L'édit de Milan (313). VI. Mesures pour l'éxecution de l'édit de Milan. VIII. Monnaies de Constantin; Constantinople. IX. Resumé.

——*Les conditions sociales au temps de Constantin*. In Compte rendu acad. scien. mor. polit. (1882), XVIII. 729—772. Treats: La cour, La noblesse, La bourgeoisie, La plèbe, Les corporations réglementées, L'armée.

Du Voisin, J. B. *Dissertation critique sur la vision de Constantin*. Paris, 1774. 12°, 331 pp. Cf. Journ. d. sçavans (1774), 452—459.

Eckhel. *Doctrina numorum veterum*. 8 (Vindob. 1828), 71—95.

Eltz, H. In Public. hist. Inst. Luxembourg (1874—1875), XXIX. 225—236. 在该论文的第 215—236 页及第 225—235 页中,附有君士坦丁及其儿子们的大量硬币图样。

Ewyck, Florentius ob. *Oratio in laudem Constantini Magni habitu a... Tempore Exanimis Huberni Gandæ a. d. XII. Cal. Januar. MDCXCIII*. Gandæ, 1692, pp. 11 (1). 从君士坦丁身上引出了短小精细的"优秀榜样式的"寓言。

Fabricius, Joan. Alb. *Dissertatio de cruce Constantini Magni qua probatur eam fuisse phænomenon in halone solari, quo Deus usus, sit ad Constantini Magni animum promovendum*. Hamburgi, 1706. 40 (or Woltereck, who is resp. ?). Cf. "Bibl. gr. VI. (1714—1749), 1—29; IX. 68(2a, IV. 882; VI. 693—718)."

Farlati. *Illyric. sac*. VIII. (1819), 25—27.

Fletcher, Jos. *Life of Constantine the Great*. London, 1852. 12mo.

Freherus. "Diss. Const. Imp. Numis." 1600. Evidently = *Const. Imp. Byz. Numism*. cf. above.

Finckius, Casp. *De disput. de Baptismo*. T. V. p. 313,

disp. XIII.

Frick, Joh. *Dissertatio de fide Constantini Magni haud dubie christiana*. Ulmæ, 1713. 4°. Not Frick (who is præses), but Miller (?).

Friedrich, J. *Die Konstantinische Schenkung*. Nördlingen, 459
1889. 8°. VII. 197 pp. Reviewed in Theol. Literaturblatt, 1890, Nos. 3—5; in Evang. Kirch-ztng, No. 18 (1889); by Schultze, in Theol. Litt. Ber. 1889; Liter. Centralblatt, 1889, No. 33; by Bloch, in Mttlgn. a. d. histor. Litt. (1890), No. 1; by Löwenfeld, in Deutsche Ltzng. (1890), No. 3.

Frimelius, Joannis. *De Constantini Magni Religione, Baptismo & rerum sacrarum apparatu*. Mentioned by Kunardus, in a "Disputationum Catalogus," p. (8).

Frommann, E. A. *De codicibus s. jussu Constantini ab Eusebio curatis*. Coburgi, 1761. 4°.

Frothingham, Arthur. Compare edition of Jacobus of Sarug.

Fuhrmann, Matthias. *Historia sacra de baptismo Constantino Max. Augusti*. I. Romæ, 1742; II. Viennæ in Austria, 1747, 4°, fig.

Garrucci, Raff. *Esame critico e cronologico della numismatica Constantiniana portante segni di cristianesimo*. Roma, 1858, 8°, 72 pp.

——In Vetri cimit. crist. Roma (1884), append. 1858.

Croce greca sulle monete di Constantino e sua famigla，89，90，91. Croce latina sulle...Constantino padre e figlio e di Constanzo，95. Vario modo di figuriale ai tempi di Constantino，103.

——*Verres ornés de figures en or*，*trouvés dans les Catacombes Romaines*. 2d ed. 1864. 末尾有对君士坦丁的信条的讨论。Cf. Anal. Jur. Pout. 1873。

Gasparin，Ag. de. *Innocent III.*，*le siècle apostolique*，*Constantin*. Paris，1873，12°，pp. 75—193.

——*Constantin*. In *Le christianisme au quatrième siècle*. Genéve，1858，8°，pp. 1—139. 教会与国家的问题。当前的教会问题就是复原君士坦丁的作品。为日内瓦的基督教青年会所作的讲座。

Genelin. *Das Schenkungsversprechen und die Schenkung Pippins*. Wien und Leipzig. 1880.

Gengel，Georg. *De Constantino Magno*，*primo Christianorum imperatore*，*dissertatio*...Calissii，1726，8°，14—89—6 pp.

Gibbon. *Decline and Fall of the Roman Empire*. 有许多版本。为后来研究君士坦丁的历史学家提供了适合于引用的几乎无穷无尽的材料。

Girault，Cl. Xav. *Dissertation histor. & critique sur le lieu où la croix miraculeuse apparut à Constantin & à son armée*. In Magas. encyclop. Paris，1810，8°.

Görres，Franz. *Die Verwandtenmorde Constantin's des*

Grossen. In Ztschr. f. wiss. Theol. 30(1887), 343—377. 希尔根费尔特曾相当严厉地断言:从总体上看,李锡尼所犯的杀人罪比君士坦丁要少。格雷斯还有其他许多各式各样的有趣评论或论文。

Graetz, H. *Die Herrschaft des Christenthums durch Constantin's Bekehrung*. In Monatsschrift f. gesch. u. wiss. Judenthum (1887), 416—421.

Grauert, Herm. *Die Konstantinische Schenkung*. In Görres-Ges. Histor. Jahrb. 1882—1884, III. pp. 3—30; IV. (1883), 45—95, 525—617, 674—680; V. 117—120. 得出的答案是:它不是出现于罗马,而是出现于法国的圣德尼修道院,时间是在伪伊西多尔作品产生之前不久或同时期,即 840 年之后不久。

Gretser. *De sancta cruce*. In Opera, v. 2. Ratisbonæ, 1734, fol.

Grisar, Hartm. *Die vorgeblichen Beweise gegen die Christlichkeit Constantins des Grossen*. In Zeitschr. f. kathol. Theolog. VI. (1882), 585—607. Cf. La Controverse, 1882, III. 693—702.

Grossius, Matth. *Dissertatio de donatione Constantini Magni*. Lipsiæ, 1620. 4°.

Gualtherius. See Walther.

Guidi, Ign. *Il battesimo di Costantino imperatore*. In Nuova Antologia, B. XLI. (1883), 41—52. 从弗罗辛厄姆的作品

开始。请查询复述了该故事的作者的清单。提及某些仍然相信该寓言的人们。

Gusta，Franc. *Vita di Constantino il grande*，1° *imperat. christiano*. Foligno，1786；2 v. 4°. ediz. 2，rev. ricorr. ed. accresc. 1790；ed. 3. 2 v. 320 and 282 pp. 8°. 1816. 2 v. 332 and 296 pp. 8°. In Zaccaria，*Raccolta di dissertazioni*，13.（1795），172—189.

Haenisius，Gottlieb. *Dissertatio de Constantino Magno non ex rationibus politicis christiano. Vulgo Ob Constantinus Magnus ohngeachtet seiner späten Tauffe，ein wahrer Christ zu nennen*.（Praes. Gott. Chr. Lentnerus.）1714，Lipsiæ. p. 76. 通常把该作品归之于伦特纳的名下，不过大英博物馆正确地把它归之于黑尼修斯（?）

Hakluyt. *Voyages*，2（1810），34—35. 1. The voyage of Helena. Latin and English. 拉丁文作者的名字未给出。他引以为据的是尤西比乌斯、维鲁姆尼乌斯和彭提库斯。2. The voyage of Constantine the Great，emperor and king of Britaine，to Greece，Ægypt，Persia，and Asia，Anno 339. Latin and English. 一个人的非凡活力在两年内就销声匿迹。

Hallern（Heller?），Godofredus（Vratisl.）. *Disputatio theologio quanta de religione Constantini Magni ... Jodoci Kedii ...*（Praes. And. Kunardo［19 Maji，A. O. K. MDLIIX.］，Wittenbergæ［1658］. 4°，pp. 123—172. Kunardus?）

Halloix，Petr. *Epistola de baptismo Constantini*. In Morin，

Antiq. eccl. orient. (1682).

Harduin, J. *Chronologia sæculi Constantiniani ex solis nu-* 460
mis antiquis. In his *Op. sel.* p. 442—.

Hartmann, J. A. *Dissertatio historica de Helena, Constantini Magni matre*. Marb. 1723. 4°.

Hauck, A. *Zur donatio Constantini*. In Ztschr. f. kirchl. Wissensch. u. kirchl. Leben (1888), 201—207.

Hebenstreit, G. E. (= Hofmann, C. F.). *Histoire de Constantin le Grand*. Limoges, 1866. 12°. 148 pp.

Heckenhoek, Adr. *Oratio in laudem Constantini Magni primi christianorum imperatoris*. (viii. Aprilis MDCCXVI.), Dordrechti. (4) 23 pp.

Helmke. *De Constantini Magni ita moribus et legibus penitus ex fontibus repetita disputatio*. Pars 1, Progr-Stargard, 1827. 4°.

Hesse, Joann. Christianus. *Dissertatio Historico-Pragmatica qua Constantinum Magnum ex rationibus politicis Christianum*. (Præs. B. G. Struvius) ["autor respondens," Hesse]. May, MDCCXIII. Jenæ, (4)76 pp. 并非斯特鲁夫所撰? 绪论必定是斯特鲁夫所撰,不过似乎是就他的这部作品写给海斯的贺信? 可是在第二年(1714),黑尼修斯(?)却把它归之于斯特鲁夫。

Heumann, Chph. A. *De cruce coelesti a Constantino Magno conspecta*. In his *Poecile*, 2. 50—.

Heydenreich, Eduard. *Ueber einen neu gefundenen Roman*

von der Jugendgeschichte Constantins des Grossen und von der Kaiserin Helena. In Verhandll. d. Philologenversammlung in Trier, p.177 ff.; Repr. in d. Berliner Zeitschr. f. d. Gymnasialwesen, 34 (1880), 271—.

——*Der libellus de Constantino Magno ejusque matre Helena und die übrigen Berichte über Constantins des Grossen Geburt und Jugend. Eine kritische Untersuchung von*... In Archiv für Litteraturgeschichte hrsg. Fr. Schnorr. Carolsfeld. X (1881), 319—363.

Hildebrand, Joach. *Dissertatio de donatione Constantini Magni*. Helmstad, 1661, 4°; 1703; 1739; 1761. Altus or Hildebrand?

Hofmann, Car.Frid. et Hebenstreit, Geo. Ern. *Disputatio Historico-Critica de Constantini Magni sepulchro*. Lipsiæ, 1759, 4°, 48 pp.

Hojer, J. C. *Quæ Constantino Magno favoris in Christian. fuerunt caussæ*. Jenæ, 1758, 16 pp.

Haute, Theodorus van der. *Oratio prior de Constantino Magno*, dicta a... Delfis. Apud Joannem. Speyers, Bibliopolam, 1702, 14 pp. 与此同时谈及鲁伊勒的演讲。有关评价，请参见鲁伊勒的作品。

[Hug]*Denkschrift zur Ehrenrettung Constantin's des Grossen*. In Zeitschrift Geistlichkeit Erzbisth. Freiburg, III. Heft. (Freib. 1829.) 1—104.论及各式各样的指控。法斯塔为了自己

孩子的缘故而发起的阴谋导致了克里斯普斯的死，她有意让君士坦丁意识到，克里斯普斯及其侄子正在发起反对帝国的阴谋。

Hunckler. *Constantin le Grand et son règne*. Limoges, 1843 and 1846. 12°. ("1843, 12°; do. 1846, 12°.")

Hynitzsch, Adolf. *Die Taufe Constantins des Grossen nach Geschichte und Sage*. 1870. Progr. des Gymnasium in Stendel.

Incerti auctoris de Constantino Magno ejusque matre Helena libellus. E codicibus primus edidit Eduardus-Heydenreich. Lips., Teubner, 1879. 12°. p. vii. [1], 30. See under *The Mythical Constantine*.

Jacobatius. *De concilio tractatus*. Romæ, 1538, lib. X. art. 8, p. 780—783. *De donatione Constantini*.

Jacobus of Sarug. *L'omilia di Giacomo di Sarúg sul Battesimo di Costantino imperatore*, trad. ed. annot. da Arthur L. Frothingham, Jr. Roma, 1882. Fol. (From Reale Accad. dei Lincei. CCLXXIX [1881—1882].) 请查询能找到故事的各种原始资料和作者。

Jacutius, Matth. *Syntagma quo ad parentis magno Constantino crucis historia complexa est universa*... Romæ, 1755. 4°.

Janus, Joh. W. *Schediasma historicum de patria Constantini Magni*. Witteb. 1716. 4°.

"Janus." *Der Pabst und das Concil*. Leipzig, 1869. 8°, xix, 451 pp.

Jeep, Ludw. *Zur Gesch. Constantins*. Festschrift f. E. Curtius. (Berlin, 1884. 8°.) p. 79.

Journal des Sçavants. (1774), pp. 451—459. 迪瓦赞的评论和解释。

Kaufmann, Georg. *Eine neue Theorie über die Entstehung u. Tendenz der angeblichen Schenkung Constantins*. In Allgem. Zeitung (1884), 194—196, 211—212. Valuable. Weiland, p. 146—147.

Kedd, Jod. *Constantinus Magnus Romano-catholicus, ecclesia catholicus, s. Stephanus & primi Hungariæ reges Romano catholici*... Viennæ Austriæ, 1655. 4°, 145 pp.

Keim. *Die röm Toleranz-Edickte*. In "Theol. Jahrb. 1852 II."

Keim, Theodor. *Der Uebertritt Constantins des Grossen zum Christenthum*, academ. Vortrag... Zürich, 1862, 8°. vi-ij.—106 pp. "从严格的意义上说,君士坦丁肯定不是一名基督徒,即使在其生命结束时也是如此",不过他的心灵深处却受到基督教的触动。

Keri, Francisc. Borg. *Imperatores orientes... a Constantio Magno ad Constantini*

ultimum... Tyrnaviæ..., 1774. Fol.

Kist, N. C. *De commutatione quam, Constantino auctore societas subiit christiana*. Trajecti ad Rh. 1818, 120 pp. 8°.

Kormart, Chrph. *Dissertatio politica de Constantino Mag-*

no. Lipsiæ, 1665. 4°.

Krug. *Byz. Chron.* St. Petersb. 1810. 8°.

Krüger, G. *Zur Frage nach der Entstehungszeit der Kon-* 461
stantinschen Schenkung. In Theol. Literaturzeitung, 14 (1889), 429—435, 455—460.

Kunadus, And. *Constantinus Magnus Evangelicus Constantino Romano-Catholico Jodoci Keddii Jesuitæ oppositus.* Ed. second, Witteb. 1666. 4°, p. (8) 224.

Landucci. *Una celebre costituzione dell' imperatore Costantino, saggio esegetico.* Padova, 1886. 8°, 30 pp.

Langen, Henricus. *Constantinus Magnus Intentu Utriusque Maximiani, et Herculii et Galerii in regimine confirmatus.* (Præs. J. J. Weidner.) 8 Sept. 1703. Rostochii (p. 48). (By Langen, not *Weidner*?)

Langen, J. *Entstehung und Tendenz der Konstantinischen Schenkungsurkunde.* In Sybel, Hist. Zeitschr. (1883), pp. 413—435. "Erweitete Ausfürhung e. Aufsatze in deutschen Merkur, 1881, Nr.34."

Langen. In*Geschichte d. römischen Kirche.* Bonn, 1885, p. 726—.

La Salle. In Biografia universale, XIII. (Venezia, 1823), 363—370.

Le Beau. *Hist. du Bas-Emp. en commenç. a Constantin.* T. 1—21, Par. 1757—1781, Cont. par (H. P.) Ameiltron. T.

22—26, Par. 1781—1807. T. 2711.2 do. 1811. 8°(28 vols.). Nouv. ed. ed. St. Martin. T. 1—13, Par. 1824—1832. Cont. Brosset, T. 14—21, Par. 1833—1836. 8°.

(Lefort de la Morinière, Adrien Claude.) *Histoire abrégée du règne de Constantin empereur d'Orient et d'Occident*. Par. 1756. 12°.

Lentner, Gottfr. Christ. *Dissertatio de Constantino Magno non ex rationibus politicis christiano*. 4°. Lipsiæ, 1714. 参见黑尼修斯名下的注释。然而该作者把上述一篇论文的保管人当作是作者,在这里保管人被用大写字母印出,因此,伦特纳也许是真正的作者?

Life of Constantine the Great. In Christ. Rev. 4 (1839), 201.

Literary and Theological Review(1839), 541.

Lupi, Ant. Mar. *Theses historicæ, chronolog., crictícæ, philolog., &c., ad vitam s. Constantini Magni imper. aug.* Panormi, 1736. 4°.

——*Dissertaz. lett. ed. alt. oper.* 1 (1785), 267—292, in Gori, Symbolæ litter. IX. (Florent. 1752), 133—176.

Mabrun. *Constantinus Magnus sive idolatria debellata*. Par. 1658. 4°. Latin poem.

Mamachi, Thom. Mar. *De cruce Constantino visa & de evangelica chronotaxi*. Florentiæ, 1738. 8°.

Manso, Joh. Casp. Frdr. *Leben Constantins des Grossen*,

nebst einigen Abhandlungen geschichtlichen Inhalts. Breslau, 1817, 8°; Wien, 1819. 8°.

Marçay, De. *Histoire de Constantin le Grand*. Limoges, 1873, 8°, 126 pp.

Martens. *Die falsche General-Konzession Konstantins*. München (Leipzig), 1889, 8°. 特别包含了很方便的单行本,并且还附有评注。

——. *Die römische Frage unter Pipin und Karl dem Grossen*, p. 327 sq. 谈到捐赠是发生于公元800年之后,即在查理曼晚年或路易早年。

——. *Die drei unechten Kapitel der Vita Hadrian*. In Tübingen Theol. Quartalschrift (1886), 601.

——. *Heinrich IV. und Gregor VII. nach der Schilderung von Ranke's Weltgeschichte*. Kritische Betrachtungen. Danzig, 1887.

Martini, E. D. A. *Ueber die Einführung der christlichen Religion als Staatsreligion im römischen Reiche durch den Kaiser Constantin*. München, 1813. 4°, 48 pp.

Mas, Auguste. *L'empereur d'Arles*. In Mém. de l'acad. de Vaucluse, IV. (1885), 197—213. Rev. of Alex. Mouzin's "drama in verse." 叙及早期事件。对于诗歌有大量的描述和解释。

Mercersburg Review, 12 (1850), 173.

Meyer, P. In Festschrift d. Gymn. Adolfinum zu Moers.

Bonn，1882. 4°. 相当知名；不过编者的这本纪念文集并没有包含迈耶所编撰的作品，该作品是单独被迈耶印制在《论尤西比乌斯的〈君士坦丁传〉》的第 23—28 页之中的，我手头就有，它并没有表明自身的起源，也许是来自于规划。

Millerus，Joann. Martinus. *De fide Constantini Magni haud dubie christiana*. Dissertatio（præs. Jo. Frickii）e fontibus genuinis... Ulmæ（1613），4°，p.（4）62.（*Not* Frick?）

Molinet，Cl. In Ephemer，erudit. Parisien.（1681），Eph. XI. Dissertatio de veritate Crucis a Constantino visæ ex numis antiquis confirmata.

Moller，Dan. Guil. *Disputatio de labaro Constantiniano*. Altorf，1696. 4°.

Monod，Paul. *La politique religieuse de Constantin*. Montaubon，1886. 8°.

Morin，Jean. *Histoire de la déliverance de l' église chrétienne par l' empereur Constantin et de la grandeur et souveraineté temporelle donnée à l' église Romaine par les roys de France*. Par. 1630. Fol. 是尤西比乌斯的《君士坦丁传》的一个译本。

Mouzin，Alex. Cf. Mas，Aug.，in Mém，acad. Vaucluse，1885，IV. 197—213.

Mühlbacher，E. In Mitth. Inst. öster. Geschforsch（1881），2. 115—116.

Münch，Ernst. Jos. Herm. *Uber die Schenkung Constantin's*，

beitrag zur Literatur u. Kritik der Quellen des kanonischen Rechts u. der Kirchengeschichte. Freiburg im Breisgau, 1824. 8°, 102 pp. Also in *Vermischte Schriften*, Ludwigsburg, 1828, p. 185—.

Musset, Georges. *Encore les statues équestres au portail des* 462
églises. In Rev. Poitev. et Saint.(1886), 71—76. 认为阿尔贝洛特未能解决好该问题。

Nestius, Jacob. *Apologia pro Constantino Magno*. In Miscell. Lipsien. nova (1716), II. 471—476.

Nève, Felix. *Constantin et Théodose devant les églises orientales, étude tirée des sources grecques et arméniennes*, in Rev. catholiq. E. III. (1857), 356—364, 401—414, 507—521. Louvain, 1857. 8°.

Nicolai, Joan. *De Constantini baptismo, ubi, quando et a quo fuerit celebratus, historica dissertatio*. Paris, 1680. 12°, 266 pp. (1690, Vogt.)

Ohnesorge, W. *Der Anonymus Valesii de Constantino*. 1885. 8°, 112 pp. Fr.戈雷斯作了充分的评论。实际上,它是对该文件的一种最有趣和最透彻的研究。

Ongaroni, Franc. *Dissertationes III. de moribus et religione Constantini Magni, de Juliani religione et gestis, deque templi Hierosolymitani instauratione ab eodem Juliano attentata et divinitus impedita*. Mediolani, 1778. 4°.

Oordt, J. W. G. Van. *Constantijn de Groote en zijne voor-*

gangers, eine studie over den Romeinschen keizertijde. I Deel. Haarlem, 1868. 8°, x, 383 pp. 这第一部分不过是从安东尼·庇护开始。

Origine della Donazione di Costantino secundo il Döllinger. In Civilità cattolica, Ser. 5, v. 10(1864), 303—330.

Papebrochius. *Comment histor*. In Acta s. s. Bolland. Maii V. (1685), 12—27 pl. Cf. Jun. p. 16—.

Penon. *Des monnaies de Constantin-le-Grand relatives à la Provence*. In Rep. Trav. soc. statist. Marseille. 28 (1866), 176—182. 例如叙述到阿尔的铸币。

Pfahler. Trad fr. *Histoire de Constantin le Grand et de son siècle*. 1862. 8°, 202 pp. (Pilati, C. Ant.) *Gesch. d. Veränderungen in d. Regierungu d. Gesetzen u. d. menschl. Geiste von Constantins Bekehrung an bis auf d. Untergang d. weström—Reichs*. A. d. Franz. Leipz. 1784.

Plate, W. *Constantinus I*. In Smith, Dict. of Gr. and Rom. Biog. 1 (1859), 831—837.

Polus, Regin. ...*De baptismo Constantini Magni imper*... Romæ, Paul Manut, 1562, 4°; Dilingæ, 1562, 8°; Venet. 1563, 4°; Lovanii, 1567, fol.

Prologue and epilogue to the last new play, Constan the Great[by N. Lee]. s. e. (1683), one leaf, fol.

Rallaye, Léonce de la. *De la donation de Constantin d'après le Dr. Doellinger* [i. e. *Papst leg*.]. In Le Monde

(1864), Juillet, 3, pp. 3—4; Juillet, 7, pp. 3—4. 是评论,其价值在于有一篇原创性文章。开始于法国。

La rappresentatione di Costantino imperatore et di San Silvestro Papa, et di Santa Elena Imperatrice. Stampata in Siena, con licenza de' superiori, et ristampata in Orvieto. [1550?? B. M. Catal.; Fierenze, 1562, 4°; do. 1588. 4°.]

Reign of Constantine the Great. In Dublin Rev. 1857. XLII. 490.

Reiskius, Joannes. (Program.) 1681. 4°.

Reumont, Alfred von. *Constantin der Grosse*. In his Gesch. d. Stadt Rom, 1 (Berlin, 1867), B. 3, Abschn. 2 = p. 595—646. 第 859—860 页有一份君士坦丁统治时期的大事年表。

Revellat, J. P. *Notice sur une remarquable particularité que présente toute une série de milliaires de Constantin le Grand*. In Rev. archéolog. 1883, c. 11. 39—48, 69—78, 148—155; Par. 188—. 8°. Cf. Thédenat, H. in Bull. critiq. 1885, vi. 69—73. 马克西米安的名字被删除。

Richardson, Samuel. *The necessity of toleration in matters of religion... Here also is the copy of the Edict of the Emperors Constantine and Licinius*. Lond. 1647, p. (2) 21 (1). Edict, pp. 1—3.

Richter, Heinrich. *Das weströmische Reich*. Berlin, 1865. 8°, pp. 31—101, "Die römischen Kaiser und die christliche Kirche von Diocletian bis zum Tode Constantins I."

Romane, Alfred. *Essai sur Constantin et ses rapports avec l'église chrétienne*. Thèse présentée à la Faculté de théologie protestante de Strasbourg. Strasbourg, 1867. 80, p. (2) 114. 4世纪政、教关系研究。没有发现有关君士坦丁全新生活的任何单独证据。他除了政策之外没有任何宗教。

Rossignol, Jean. Pierre. *Virgile et Constantin le Grand*. 1e p. Paris, 1845. 8°. Première partie, p. (2) xxxvi, 351 (1). 检视出现于君士坦丁演讲词中的维吉尔田园诗,并得出结论说:君士坦丁"毫无疑问地"未曾撰写过该演讲词,这只是尤西比乌斯的"该受指责的发明。"

Rouille, Joannes Ludovicus du. *Orat. posterior de Constantino Magno dicta*...III. Nonas. Februarii, No. c/o, iocii. Delfis...4°, 14 pp. 简短的修辞学颂文,价值不高。

Royon, Jas. C. *Hist. du Bas-Empire depuis Constantin*. v. 1—4. Paris, xii—1803. 8°.

Sagittarius, Joh. Christfried. *Dissertatio histor. de Constantino Magno*. Jenæ, 1650. 4°.

Sandinus, Ant. *Disput. histor*. (1742), 135—149.

St. Victor, Léonard de. *Fondation de Constantinople*. In Anal. Jur. Pontif. XII. (1873), col. 402—414.

——. *Apparition de la croix à l'emper. Constantin*. In Anal. juris pontif. XII. (1873), 389—401. Moyen d'accorder Lactance avec Eusèbe. 撰写于十八世纪中叶。

Schaff, P. *Constantine the Great and the Downfall of Pa-*

ganism in the Roman Empire. In Biblioth. Sac. 1863; XX. 778. 对布克哈特、凯姆及斯丹利有关东部教会问题的评论。

Scheffer-Boichorst, P. *Neuere Forsuchungen über die kon-* 463
stantinische Schenkung. In Mtthlgn. des Inst. f. oesterreich. Geschichtsforschg. 10 (1889), 302—325.

Schelstrate, Emanuel. *Antiq. illust. circa Concil Gen., etc., et præcipua tr. Hist. Eccles. Cog*. Antv. 1678, p. 11, diss III. c. VI. De baptismo Constantini num Romæ a S. Silvestro num Nicomediæ ab Eusebio collatus fuit, an potius et Romæ et Nicomediæ.

Die Schenkung Constantin's. Mainz, 1866. 8°. 翻译自齐维利塔·卡托利卡。

Schmidius, Jo. Andr. In hist. Ser. IV. fabulis Variorum, etc. Helmst. 1712. 4°. (Conradus resp.).

Schmidt, O. *Zur Beurtheilung Constantins des Grossen*. Duisberg, 1863. 4°. Progr.

Schoepflin. *Constantinus Magnus non fuit britannus*. In Commentationes historicæ. Basil, 1741. 4°.

Schroeckh, J. M. *Leben des Kaisers Constantin des Grossen*. In his Allgemeine Biographie. Cf. Num. 66.

Schultze, Viktor. *Untersuchungen zur Geschichte Konstantin's des Gr*. In Ztschr. f. Kirchengeschichte, 7 (1885), 343—371; 8 (1886), 517—542. 1. Die römische Bildsäule mit dem Kreuze. 2. Die Tempelbauten in Konstantinopel. 3. Die In-

schrift von Hispellum. 4. Konstantin und die Haruspicen. 5. Der Staat und das Osferwesen. 6. Der Untergang des Licinius.

Schurzfleisch, Conr. Sam. *Quæ sit vera origo imperii Rom. christiani*. In his Controversy, XXXV.

——. *Dissertatio de primo christianorum imperatore*. Wittebergæ, 1679. 4°, 52 pp. (præs. M. Difenbach).

Schwarz. *Colleg. histor*. 8 (1737), 436—715.

Scultetus, Abrah. *Confutatio Cæs. Baronii de baptismo Constantini Magni*. Neustadii, 1607. 4°.

Seeberg. *Zur konstantinischen Schenkung*. In Theol. Literaturblatt, 1890, cols. 25—27, 33—36, 41—45. Rev. of Friedrich.

Seeck, Otto. *Quellen und Urkunden über die Aufänge des Donatismus*. In Ztschr. f. Kirchenges 10 (1889), 505—568. 对原始资料的一种非常系统和有趣的检视。

——. *Die Verwandtenmorde Constantin's des Grossen*. In Zeitschr. f. Wiss. Theol. 33(1890), 63—77. 他在放弃任何粉饰君士坦丁的企图的同时，却发现自己的行为并非与作为一名好基督徒不相容。

Sevestre. *Dict. patrol*. I. (1861), 1137—1148.

Simonides, Constant. *Panegyric of that holy and apostolic heaven-crowned King Constantine the Great*. London, 1854. 8°.

Smith, W. Browning. *Constantine*. In Enc. Brit. 6 (1878), 298—301.

Solikov, I. I. Moscow, 1810. In Russian.

Stapfer, Edm. *Constantin I*. In Lichtenberger, Encycl. des. sciences rel. 3 (1878), 388—393. Steuchus, August. Contra Laurent Valla. *De falsa donatione Constantini*... Lugduni Bat. 1545, 8°; 1547, 4°.

Streso, J. A. *Konstantijn de Groote en Karel de Groote*. Arnhem, 1836. 8°.

Struve, Bern. Gotth. *Bibl. hist*. V. (1790), 1, 178—207.

——. *Dissertatio de Constantino Magno ex rationibus politicis christiano*. Jenæ, 1713. 4°. See Hesse.

Suchier. *Disputationis de Zosimi et Eusebii, historiarum scriptorum in Constantini Magni imperatoris rebus exponendis fide et auctoritate, part I*. Hersfeld, 1856. 4°. 25 pp. Gymn. Progr.

——. *Qualem Eusebius Constantinum Magnum imperatorem adumbraverat, paucis exponitur*. Hersfeld, 1857. 4°, 36 pp.

Suhr, Balthus, Joachim. *Constantini Magni signo crucis Christi in nubibus viso, ad Christianismum inauguratus* (præs. J. J. Weidner). Rostochii, 1703. (Suhr, *not* Weidner?)

Tacut, Gulielmus. *Oratio in Donationem Constantini Magni nomine falso jactatam*. Delphis, 1726. 4°. Do. Rom. 1755. No use.

Tentzel, Guil, Ern. *Examen fabulæ Romanæ de duplici*

baptismo Constantini Magni. Witteberge, 1683. 4°.

Thielmann. *Ueber Sprache und Kritik des libellus de Constantino Magno ejusque matre Helena*. In Blätter f. d. bayerische Gymnasialwesen, 16 (1880), 124— .

Theirry, Amadée. *Constantin en Gaule*. In Acad. d. sciences mor. et polit., 9 (1846), 349—364. 非常有趣地撰写了该时期的梗概,并以非常吸引人的笔调不太准确地刻画了君士坦丁的性格特征。

——. XI. (1847), 374—387. *Fragment d' histoire sur la politique chrètienne de Constantin*. 站在异教徒的角度。文辞极其华丽夸张。

Thomasius, Christ. *De fide scriptorum Constantini Magni*. In Observatt Hallens. XXII. I. Treats especially Zosimus. Cf. Vogt. pp. 15—16.

——. *In fabulas de parentibus Constantini Magni*. In Obs. Hall. T. 1, n. 23, pp. 377—388.

Tillemont. *Histoire des empereurs*, 4 (1697), 76—381, 613—664.

Tiraboschi. *Stor. lett. Ital*. II. (1806), 373—377, 457.

Tobler, Adolf. *Kaiser Constantinus als betrogner Ehemann*. In Jahrb. Roman. Engl. Lit. 13(= N. F. I.) (1874), 104—108. 提及各式各样的法国古老诗歌。

464 Toderini, Giambatt. *La Costantiniana apparizione della croce difesa contro . . . G. A. Fabrico*. Venezia, 1773. 4°.

Trescho, Leb. F. *Beitr. üb. einige Vorwürfe wider d. Ksr. Constantin d. Gr.* In his Brr. üb. d. neueste theol. Literat. II. 360—.

Unger, Friedrich Wilhelm. *Die Bauten Constantin's des Grossen am heiligen Grabe zu Jerusalem.* Göttingen, 1866. 8°. iv, 128 pp. Abdruck aus Benfey, Th., Orient. u. Occid. II. 177—232, 385—466. 他想要证明耶路撒冷中的哈拉姆的一部分存在着有关君士坦丁出身的无可辩驳的证据。他似乎把这一推测很危险地主要建立在弗古森的基础上。

Valentini. *Il codice di Eusebio della Biblioteca Queriniana di Brescia illustrato.* In Commentari dell' Ateneo di Brescia, 1885, pp. 20—32 (?).

Valla, Laurentius. *De falso credita et ementita donatione Constantini.* 有关各式各样的版本,请参见戈雷塞和本涅奥的埃图德的作品。1520年的版本通常被征引为最初版本,因为第一版是由乌尔里希·冯·胡腾于1517年秘密出版的。一个合宜的版本是博诺出版于1879年的巴黎的译本。它撰写于15世纪中叶,由于胆敢否定该赠予的真实性,作者被迫从罗马化装逃亡。

Varenne, Bernard de. *Histoire de Constantin le Grand, 1er empereur chrétien.* Par. 1728. 4°.

Valois, Charles de. *Discours dans lequel on prétend faire voir que les médailles qui portent pour légende: F. Cl. Constantinus Jun N. C. n'apartiennent point à Constantin le jeune fils de Constantin le Grand.* In Soc. Trav. Acad. inscr. et

belles let. 4°. V. 3. 坚持认为，所有这些徽章均属于君士坦丁的一位兄弟，而不是他的儿子。

Vedelius, Nicolaus. *De episcopatu Constantini Magni seu de potestate magistratuum Reformatorum circa res Ecclesiasticas dissertatio*. Repetita cum responsione ad interrogata quædam. Franekenæ, Apud Uldericum Balck, 1642. p. (48) 143. 性质如副标题所示。认为这就是君士坦丁断言自己也是一名主教的原文。

Vincentius Belvacensis. *Spec. hist*. XIV. 1, 43—44, 47—58, 102.

Visconti. *Sopra la cristianità di Costantino Magno, dimonstrata co monumenti e con le medaglie*... In Atti Accad. Rom. Archeol. VI. (1835), 207—228. "Sopra il nimbo usato ne' ritiatti di esso imperatore."

Vogt, Joh. *Historia litteraria Constantini Magni, plus centum et quinquaginta rerum Constantinianarum Scriptores sistens*. Hamburgi, Apud Viduam B. Schilleri & J. C. Kisnerum, 1720.

参照有关君士坦丁的较旧的文献。此类题目的文献报道极多。

Voigt, Gottfr. Vita Constantini Magni disputatione historica descripta. Rostochii, 1675. 4°.

Voigt, Moritz. *Drei epigraphische Constitutionen Constantin's des Grossen und ein epigraphisches Rescript des præf. Præt. Ab-*

lavius...Leipzig，1860. 8°. ix.（1）242. 该文件占据了整个第42页。该作品的残余部分以一篇论述罗马帝国征服的文章的形式出现。

Walch，Chr. Guil. Franc. *De et Constantini Magni Commentatio*. D. II. August，MCCDLXXXIII. lecta. In Comment. Soc. Reg. Sci. Gotting. vi. 2，1783—1784（Got. 1785），81—106. 把书名页单独划入第二部分，日期为1784年。这是有关君士坦丁著名格言的一种讨论。参与讨论该问题的作者处处可见。

Walther，Balthas. *Diatribe elenchetica de imperatoris Constantini Magni baptismo，donatione et legatione ad concilium Nicænum*. Jenæ，1816. 12°.

Wegnerus，Joh. Ernestus. *Constantinus Magnus Imperator，Maximorum postulatus criminum，sed potiori parte absolutus ex Judiciali Gen*.（Præs. Georgi Casp. Kirchmaieri.）Wittenbergæ，1698，16 pp. Note title.

Weidner，Johan. Joach.（resp. Johannes Goethe）. *Dissertatio historica de Constantino Magno qua illum honeste & ex legitimo matrimonio natum contra G. Arnoldum vindicatur ac defenditur*. Rostochii，1702. 4°，p.（2）34. Weidner is *præses*. 歌德题献给自己的父亲，因此歌德被大英博物馆目录册认定为作者。

——. *Constantinus Magnus superatis juventæ discriminibus legitimus tandem patris Constantii successor*. 1702；ib. 1703，p.

(4) 40. Accorded to Weidner by *Vogt*. “博克”是回应者,而从序言看则为作者,不过?

——. *Dissertatio de Constantino Magno Signo crucis Christi in nubibus viso ad Christianismum inaugurato*. ib. 1703. 4°.

Weiland, L. *Die constantinische Schenkung*. In Ztschr. f. Kirchenrecht, 221 (1887), 137—160; 222 (1888), 185—210. 出生于 813 年至 875 年之间,同时代人称其为哈迪安一世。

Wernsdorf, Jo. Chr. *D. de visu Constantini Magni locus Eumenii Rhetoris capite xxi. Panegyrici Constantini dictus explicatus*. In Stosch. Ferd., Museum Crit. II11. (Lemgoviae, 1778), 131—187. 表明“尤梅纽斯所叙述的显现(如发生于高卢的一样),与尤西比乌斯所提到的是同一回事”。

Wernsdorf, E. F. *De Constantini Magni religione Paschali ad Euseb. de vita Const. M. b. iv. c. 22*. Wittebergæ, 1758. 4°,p. 24. 君士坦丁的虔诚在其遵守复活节期当中起了垂范作用。

Werveke, N. van. *Trouvaille d'Ermsdorf. Médailles ro-*
465 *maines de l'époque de Constantin*. p. 440—498. 是 1880 年发现于埃姆斯多夫的硬币和徽章的描述性目录,并夹杂着讨论。数目较大,也非常有趣。Also something “In Public. hist. Instit. Luxembourg(1881—1882), XXXV. 450—476”?

Wesselofsky, Alex. *Le dit de l'empereur Constant*. In Romania, 6 (Paris, 1877), 161—198 (cf. G. Paris, 588—596, VII. 331. 来自于哥本哈根抄本中的诗。记载了三个校订本的来历。

Westphalen, Comte de. *La date de l'avènement au trône de Constantin le Grand, d'après Eusèbe et les médailles*. In Revue numismatique (1877), 26—42.

Weytingh, Joannes Henricus Arnoldus. *Disquisitio historica de Constantino Magno*. Daventriæ, 1826. 8°. (4) 74 (2). 论述道:1.至奥古斯都去世时的帝国状况;2.至君士坦提乌斯·克罗鲁斯去世时的帝国状况;3.君士坦丁及其表现;4.对君士坦丁的重要评价。

Withof, Frid. Theod. *Dissertatio histor. de ficta Constantini Magni lepra*. Lingen, 1767. 4°.

Wolff, Joh. Chrtph. *Disputatio de visione crucis Constantino Magno in coelo oblatæ*. Witteb. 1706. 4°. "1707" (*Danz*); "also in *Oelrichs* German liter. opusce, II. 303—" (*Danz*).

Woltereck, Chr. *Exercitatio critica qua disputatur crucem quam in coelis vidisse se juravit Constantinus Magnus Imperator, fuisse naturalem, in Halone Solari*. (Praes J. A. Fabricius.) Hamburgi, 1706, pp. 32 and plate. (*Not* Fabricus?)

Wordsworth. *Constantine the Great and his sons: Constantinus* I. In Smith & Wace. *Dict*. 1(1877), 624—649. 叙述了三个时期里的权力与生活,立法与政策,个性与作品,十字架异象以及硬币。

Zahn, Thdr. *Constantin der Grosse und die Kirche*. Hannover, 1876. Gr. 8°, 35 pp.

Zeumer, K. *Der älteste Text des Constitutum Constantini*. Berlin, 1888. In Festgabe für Gneist.

注释 1.作品的数量相当巨大,这表明的确需要为君士坦丁的研究者提供一个作品清单。像赫菲列所撰述的《大公会议历史》那样的一类作品是不可或缺的,其他的作品如哈纳克和赫佐格的文章,也具有非常重要的相关性意义,而一般的研究者不容易找到它,因此在这里有必要加以特别提及。某些有关尤西比乌斯的《君士坦丁传》的历史价值的作品,也的确应该被收进来。这最后一类有:

Crivellucci, A. *Della fede storica di Eusebio nella vita di Costantino*: appendice al volume I. della Storia delle relazioni tra lo stato e la chiesa. Livorno, tip. di Raffaelo Giusti edit. 1888. 8o, 145 pp. Reviewed in Nuova Antologia, Ser. 3, vol. 21, 1 Maggio, 1889; by F. Görres, in Ztschr. f. wiss. Theol. 33. 1 (1890); by V. Schultze, Theol. Litbl. (1889), Nos. 9, 10. 断言:《君士坦丁传》并不比一部历史小说好。

有关特别问题上的进一步文献,参照注解中提及的材料。

注释 2.要在上述清单中获得准确性的证明是一个很大的困难。并非所有参考文献都能够得到核实,在书目中作"推测性的校订"比在文本批评中甚至更为危险,因此除非十分明显,否则在总体上不对异文作矫正。避免在编制一个书目的过程中使自身受到公开批评的最佳办法,就是不要编制它。对此,编者只能够说,在改善准确性和收集书目及注解方面已经做出了大量的努力。困难主要表现在如下事实中：杰诺斯根据奥廷格和谢佛里尔的双重权威而援引的这部作品，在获得作品本身的过程中及在清单被确定下来之后，证明的确是由沃格特所撰写并被题献给杰诺斯的。

第6章 版本、日期及可靠性等问题 466

第1节 《君士坦丁传》

1. 版本

被发现的尤西比乌斯所编辑的《君士坦丁传》(参照麦克吉弗特博士的序论中的清单)，至少有1544年(从第117页开始)、1612年(从第301页开始)、1659年、1672年、1678年、1720年(从第583页开始)及1822年等版本。海尼琛的版本第一次出版于1830年(第1—332页、333—406页、407—500页)，再版于1869年，题名为：*Eusebius Pamphili Vita Constantini et Panegyricus atque Constantini ad sanctorum Coetum oratio*.

Recensuit cum annotatione critica atque indicibus denuo edidit... Lipsiæ, *Hermann Mendelssohn*，1869年8月的版本是最新和最好的一个版本。

2. 译本

拉丁文译本数量很多，主要有：Basil. 1549，Portesius (V.C. 650—698，O.C. 698—715，no L.C.)；Basil，1557，Musculus (V.C. 158—215，O.C. 217—231，no L.C.)；Basil，1559 (V.

C. 650—698，O. C. 698—715）；Par. 1562，Musculus（V. C. 160—218，O. C. 218—234）；Antv. 1568（?），Christophorson（V. C. 224—306a，O. C. 306b—326a，L. C. 326b—361）；Basil，1570，Portesius（V. C. 862—914，O. C. 915—932）and Christophorson（L. C. 932—971）；Paris，1571，Christophorson（258—341，341—362，362—397）；Basil，1579，Portesius（V. C. 862—914，O. C. 915—932），and Christophorson（L. C. 923—971）；Paris，1581（V. C. 214—297，O. C. 297—317，L. C. 317—355）；Colon. 1581，Christophorson（V. C. 195—268，O. C. 269—286，L. C. 287—317）；“1591（Grynæus）”；Basil，1611（Grynæus），Christophorson（V. C. 118—170，O. C. 171—184，no L. C.）；Paris，1677，Valesius（V. C. 164—232，O. C. 233—248；L. C. 249—275）；Frf. ad M. 1695，Valesius（328—465，466—497，498—549）；Cambr. 1720（Reading）Valesius；Cambr. 1746（Reading）Valesius；1822（Zimmermann），Valesius（772—1046，1047—1117，1118—1232）；Par. 1842（Cailleau）. 1612年、1659年及1672年的希腊文版本至少也有拉丁文译本。有一个由莫林翻译的法文译本：*Histoire de la délivrance de l'église*，&c.，*Par*. 1630，fol.，还有一个由库辛翻译的法文译本：*Par*. 1675，4°，and 1686，4°。德文译本也有两个，一个由斯特洛斯翻译（Quedlinb. 1799，v. 2，pp. 141—468），另一个由默尔兹伯格翻译（Kempten，1880）。至于英文译本，请见下面。

3. 英文译本

尤西比乌斯作品的第一个英文译本是梅里德斯·汉默翻译的(参照麦克吉弗特博士的序论)。汉默的最初一些版本并不包含《君士坦丁传》。要分辨出早期的版本有点难度,不过至少要到三个版本、甚至四个版本(1577〈76〉年,1585〈84〉年,1607 年,1619 年?)之后,《君士坦丁传》才被添加进 1637 年或 1636 年的版本中(如伍德在《牛津图书概览》中所指出的,"是第四个版本",而不是"1650 年的第五个版本"),该译本由怀·索顿斯托尔所译,题名如下:

Eusebius | *His life of Constantine*, | *in foure* | *bookes*. | *With Constantine's Oration to the Clergie* | ... | *London*. | *Printed by Thomas Cotes*, *for Michael Sparke*, *and are to be* | *sold at the blue Bible in greene Arbour* | 1637; fol. pp. (2) 1—106 (E), 107—132 (C), 133—163 (4) (L. C.)."译者"署名为怀·索顿斯托尔。它于 1649 年被寓居于布莱克弗来尔斯的米勒以对开本的形式再版于伦敦,可能与经常被征引的(例如霍夫曼)1650 年版本是同一回事。《君士坦丁传》占据了第 1—74 页。它于 467
1656 年再次以对开本出版于伦敦,据说经过了修订和扩充。先前的版本既然已经无潜力可挖,便有人建议重新编辑和出版汉默的版本,可是编者发现,"要使汉默博士的译本与瓦列修斯的希腊文原本取得一致所消耗的工夫,比编辑一个新版本所花费的工夫多得多",于是他便着手新的编辑工作,而且做得很好。它于 1682 年出版,题名如下:

The | Life | of | Constantine | in four books, | Written in Greek, by Eusebius Pamphilus, Bishop of Cæsarea in | Palestine; done into English from that edition set forth by | Valesius, and Printed at Paris in the Year 1659. | *Together with | Valesius' s Annotations on the said Life, which are made | English, and set at their proper places in the margin.* | *Hereto is also annext the Emperour Constantine's Oration to the | Convention of the Saints, and Eusebius Pamphilus' s Speech concerning the praises of Constantine,* | *spoken at his tricennalia.* | *Cambridge,* | *Printed by John Hayes, Printer to the University,* 1682, fol. 由于它是与1683年的《教会史》一起出版的,故其出版日期确切地说是1683年,而不是书名页上注明的年份。1692年,它带着一个总的书名页再次出版,该版本从副标题到页数都与1683年版本一模一样。1709年,一个新的版本出版,也附有《教会史》,实际上书名页上的内容与上个版本几乎完全相同,不同的是它标明是第二版(*The second edition. London. Printed for N. and J. Churchill, in the Year* 1709),页数也相同(527—633),只不过在《教会史》前面添加了序言。据克鲁斯说(还请参照麦克吉弗特博士的序论),该版本是由肖廷所译。无论何人所译,它的译文出色,内容有趣。然而,随着时间的推移,它在形式上变得过时了,于是,在1845年,便有一个匿名的译本增添到了教会历史学家巴格斯特的版本中来:

The | Life | of | the Blessed Emperor | Constantine, | in four books. | *From* 306—337 *a.d* | *By* | *Eusebius Pamphilus* | ...

| *London*：| *Samuel Bagster and Sons*；| . . . | *MDCCCXLV*. 8° p. xx, 380. 该译本在风格上有点夸张，这也许比起一个语言简朴的版本来，更能代表尤西比乌斯和君士坦丁，可是它有时夸张得有些过分，例如在第 279 页上君士坦丁的演讲中，用了十四个英文单词来表达七个希腊文单词，如英译本为“如今并不是处在人类生活中的堕落的和无法无天的时期”，而希腊文原本则为“这并非无法无天的时期”。在第 267 页上，对《马太福音》的一处引用（第 26 章第 52 节），原文用了八个单词，1881 年修订版用了十二个单词，君士坦丁的措辞中用了十六个单词，而在该译本中却用了二十二个单词。该译本译自瓦列修斯的版本，而不是最初的海尼琛版本，因此在第 1 卷第 10 章的划分上就具有了类似的特性。目前这个版本（1890 年）是以海尼琛版本为基础的 1845 年版本的一个修订本。

4. 作者和日期

几乎没有一件历史事实是不受质疑的；尤西比乌斯的毫无疑问的作者身份也曾经受到过质疑。有人认为作者是马卡里乌斯，理由是，作者提到君士坦丁写给他本人的一封信（第 3 卷第 52 章），事实上此信是写给马卡里乌斯和其他人的；不过即使如此，对尤西比乌斯的作者身份也未构成真正的怀疑。它被撰写于君士坦丁去世（337 年）之后，因此是在 337 年至 340 年之间，尤西比乌斯于后一年份去世。值得一提的是，迈耶曾提出过一个有趣的假设：它的主要部分也许是在君士坦丁在世时在这位君主的暗示和指导下写成的。该假设的目的是为加在或可能加在尤西比乌斯身上的指控进行开脱，不过该假设的独出心裁大于可能性。各章标题是由另一个人加上去的，此人可能活跃于尤西比乌斯死后不久，而且能力很强。

5. 尤西比乌斯的可靠性

一名作者的价值是由两个因素决定的：第一，其知识的来源；第二，其自身的智力及道德能力。对一部特定作品的批评所要寻求的，是检验它所提出的目标是否已经真正得到实现。一个试图

468 撰写一篇几何学论文的人，不会因为其未能提及硫酸、或其描述了瓦格纳[①]的音乐、或因为其未能在音响上展现赫姆霍尔兹[②]而受到指责。要把这些原则应用于尤西比乌斯的《君士坦丁传》上面，就必须对如下三个方面的情况作简要的检视：a.作品所提出的范围；b.原始资料的特性；c.前面提过的尤西比乌斯的智力及道德能力。

(1)作品的范围。这被相当明确地勾勒了出来(第1卷第11章)。与那些记载其他皇帝邪恶行为的人们——这些人“在因某种恩典而远离邪恶的人们看来并未成为善的教师，相反，他们对善保持沉默，并最终使其湮灭于遗忘和黑暗之中”——形成鲜明的对照，他提出要记载这位皇帝的高尚行为。然而，他也提出要省略掉许多事情——他的战争，个人的勇敢，胜利和成功，他的立法行动，以及许多其他事情，而把其限制在与其宗教特性有关的事项上。

① 理查德·瓦格纳(Richard Wagner，1813—1883年)，德国作曲家。——中译者

② 冯·赫姆霍尔兹(H. L. F. Von Helmholtz，1821—1894年)，德国生理学家及物理学家。——中译者

因此，他的目标被独特地限制在他的宗教行为上，亦即是说，该目标的意义无须被过分夸大，它被清楚地限制在他的美德行为上。

（2）原始资料的特性。有关这方面，存在着没完没了的争论。材料的充分是毫无疑问的，尤西比乌斯的理性能力也几乎同样是如此，有关的主要质疑在于作者是否对于材料进行了合适的利用。意见五花八门，但这并不意味着它们都是同样有根据和有价值的。某些最新的判断最为严厉。克里维鲁奇称它是一部历史小说，格雷斯在评论克里维鲁奇的作品时，认为它不会比尤梅尼乌斯和纳扎里乌斯的颂文来得更有价值，虽然这一说法比起曼索的“更为无耻的谎言”的断言要温和些。不管对还是错，这是一个被经常重复的观点。某些人以最强烈的语气谈论到他所“应得的”“藐视”，指责他是“虔诚的骗子”，或诸如此类的恶棍。要想了解进一步的批评指责，可查询麦克吉弗特博士在“文献”条目下面所征引的作品，以及上述君士坦丁研究文献中所援引的随处可见的论尤西比乌斯的特别作品。批评意见在总体上分为两类：一类是批评其隐瞒有关克里斯普斯之死等方面的事实，以及其他对君士坦丁的毁损；另一类是批评其作品的颂词腔调和色彩，特别是加在君士坦丁身上的某种虔诚圣徒的味道。

有关隐瞒事实真相，请注意：第一，他已经事先告知了整个写作计划。如果这部作品开宗明义地指出自身的目的就是要承认此类事实的话，那它在艺术上和道德上就是不合适的。它或多或少地减损了这部作品的价值，可是它并未考虑到所叙述内容的总体上的可靠性问题。第二，对于尤特洛皮乌斯、两个维克托、托名的瓦列西阿努斯及佐西姆斯等人未曾提及他的虔诚行为，却没有任何类似的指责。第三,相较于我们这个自诩为有鉴别力的时代里的在世和死去的总统、国王和皇帝们的大量传记作者,我们这位第四世纪的颂文作者的优点要大得多。

有关颂词性的和夸张的腔调,必须看到:第一,它或多或少被证明是正当的。有关君士坦丁实际上既不圣洁也不虔诚和并不信仰基督教的这一评判的前提,是虚妄和错误的。选择君士坦丁作为圣徒这一事实,就在总体上为他的圣洁和虔诚做了极端的证明。第二,可以把当时代的君士坦丁的颂文作者与现代的颂文作者们做一个很好的比较。第三,尤西比乌斯常常小心翼翼地通过援引原始资料来捍卫自己的陈述,就如在十字架异象的问题上,否则他便会归之于传闻。

总之,该作品坚持了与新近内战期间将军们和总统们的传记——由其令人羡慕的要员或阁员所撰写——同样水准的原则,两者均使用了真实可靠的文件,其目的都是为了披露传主的诚实
469 和成功,当然也难免充满着友谊和热情,因而不希望看到或有意掩饰甚至隐瞒缺陷和错误。然而,由于它们为那些密切接近传主的人们衷心相信传主的卓越提供了真实的证明,它们便显得具有积极的价值。实际上,尤西比乌斯是坦诚的。他写出这样一部作品,不仅没有得到敬重和死后名声,却被冠以伪善之名,这在他的心目中必然是不可思议的。所有无意识的措辞上的倾向性,至少表明了一种前后一致的心智和态度。简言之,该作品是由一位有能力的作者,根据充分的原始资料,在并非有意伪造和歪曲的情况下写成的。它所代表的当时人们所流行的有关基督教的观点,也许与林肯或威廉皇帝死后一两年内为其作传的人们的观点一样地准确

和诚实。就如我们今天想起这两个人时，也知道刨根问底的批评家会发现他们有缺陷那样，一般的基督徒和这位皇帝的朋友尤西比乌斯在回想起这位伟大的君主时，也无疑存在着类似的意识。读者可以参照麦吉弗特博士的序论中有关作为一名历史作者的尤西比乌斯的可靠性的讨论和文献。

6. 作品的价值

由于被认为是彻头彻尾的和站不住脚的赝品，该作品便被描述为"无价值"，或"只是一部传奇"，或"其价值还不如异教徒的颂文"，这种说法实际上不过是稀奇古怪的心理学把戏，因为它恰恰做了它轻蔑地归之于尤西比乌斯身上的事情——隐瞒和夸大。仅以最尖锐批评中的最低限度的残余部分为例，该作品仍然是理解作为一个人的君士坦丁的具有重要价值的原始资料。这一残余部分包括：第一，作品所包含的文件。这些文件据最低的估计总数也有全部内容的四分之一强，如果加上君士坦丁的演讲则就更多。第二，没有可能引发伪造的许多事实和细节。第三，经过批判性的小心谨慎从言过其实的颂词中引出的大量事实。

第 2 节　君士坦丁的演讲

该作品的版本和译本实际上与《君士坦丁传》相一致。请见上面"君士坦丁传"条目。该作品的真实性曾遭受过怀疑，它的创作曾被归之于尤西比乌斯或另一位基督徒作者，不过没有充分的理由。它被尤西比乌斯附在他的《君士坦丁传》的后面，以作为这位君主的风格的实例（参看《君士坦丁传》，第 4 卷第 32 章）。就此而论，它表现的是一个多少有些学识的人，尽管这些学识是第二手的，有人认为，它们来自于拉克坦提乌斯和其他人。它用拉丁文写成，再由被指定从事这一工作的特别官员翻译成希腊文（《君士坦丁传》，第4卷第32章）。它被发表于受难节那一天，不过在哪一年和哪个地方发表，则不清楚。曾有人认为它发表于324年之前，可是某些事件的提及和作品本身的特性表明时间要大大地往后推。

第3节　尤西比乌斯的演讲

该作品的版本和译本实际上与《君士坦丁传》相一致，请见上面，不过较早的一些版本并不包含这一作品。它发表于336年（或可能是335年）的君士坦丁堡，即在君士坦丁即位三十周年庆典上当着这位皇帝的面宣读的（参看《君士坦丁传》，第4卷第46章）。它使皇帝心满意足。从该作品中，人们可以安全地推断出某种混合着颂词和神哲学的特别品位，除非有关双重作品的假设是真的。依据这一假设，该作品由两个单独的演讲所构成，它们各自发表于不同的时间，一个包含了第1—10章，在特征上属于颂文，另一个包含了第11—18章，属于神哲学。它就像君士坦丁的演讲，依照其在《君士坦丁传》第4卷第46章中的诺言，被附在该传的后面，作为其中的一个组成部分。

有关这些作品的特别意义在注释中进行叙述。

第1卷 481

第1章　序：君士坦丁之死

只是在最近①，全人类才举行节日宴会，庆祝这位伟大皇帝即位的第二、第三个十周年期。只是在最近，我们自己才在上帝仆人的公会议上起立发言，在其即位二十周年之际，赞美这位征服者。②我们刚刚为他即位三十周年编织好了语言的花冠，并且就在昨天、就在这同一座王宫中，为他神圣的头加了冕。③

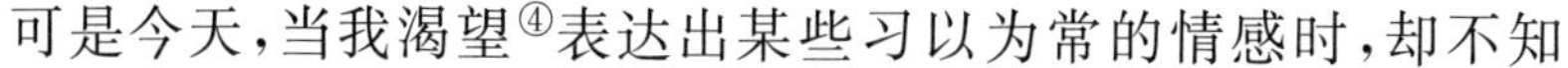

可是今天，当我渴望④表达出某些习以为常的情感时，却不知

---

① 斯特洛斯、默尔兹伯格、瓦列修斯和波提修斯等人的译本及1709年译本翻译成"新近"或"不久前"。克里斯托佛森和库辛用婉转的说法，甚至干脆用省略的方法避开了这一麻烦，而我们的翻译则借助一种难以操控的方式去抓住其非字面上的意义。

② 这里所指的是尼西亚公会议。依照杰罗姆及其他人的说法，君士坦丁即位二十周年的庆典，于尼西亚会议期间（7月25日）举行于尼科米底亚，不过第二年又举行于罗马。尤西比乌斯在该场合上的演讲词没有保存下来。瓦列修斯认为，《君士坦丁传》第3卷第11章中所谈及的在公会议上所作的演讲，即为这里所提及的发言。

③ 该演讲被尤西比乌斯增补到这个《君士坦丁传》当中，本译本将会译出（参看《君士坦丁传》，第4卷第46章）。

④ ［原文为 ολογος，意为"极欲说出"，这种情绪贯穿于整个开场白中。不过这种拟人化的表述似乎很难找到对应的英文字词。——巴格斯特译本］。这个"逻各斯"的用法最为有趣。无论是他还是他的这位皇帝朋友，均喜欢深究以逻各斯这一词语为中心的哲学思想（参看君士坦丁的演讲，尤其是二十周年庆典上尤西比乌斯的演讲）。"我的逻各斯意愿"，在古代哲学行话中所占的地位，相当于"人的存在"或"自我"在现

道该转向何方，被令人惊愕和十足奇妙的景观弄得目瞪口呆。不管我把目光盯住何处，无论是东方还是西方，无论是整个大地还是天堂，我总能看到这位神佑之人在掌控他的帝国。在人世间，我看见他的儿子们，就像用他的光辉充满整个世界的新明灯，[①]他依然充满活力，精力充沛，比之前更牢固地管理着人类事务，就如他因自己的儿子们的接续而力量倍增一样。如果此前他们的确共享恺撒的荣誉，[②]如今既然他们已经穿上了他那整件畏惧上帝之美德的披风，他们便因其虔诚而被宣布为皇帝奥古斯都，这是用他们父亲的荣耀挑选出来的。

第2章　续序

当我注视着最近其肉体凡身尚能被看见的、而且即使在其生命结束后还令人惊愕地与我们同在的那个人时，当大自然把过分的延长当作异己来加以拒绝时，当我注视着他曾经拥有皇宫、财富、荣耀和颂词时，我全然感到心烦意乱。[③]我的思绪到达了天之苍穹，在那里还当着上帝的面描绘了极福的灵魂，脱去了一切凡人

代所占的地位。在古代的习惯用法中，该词“既包括了思想，也包括了语言”（Liddell and Scott），既包括了情绪，也包括了对情绪的表达，既包括了推论，也包括了话语——即由菲洛和早期基督教神学所沿袭的“内在的”和“外露的”斯多噶主义。他似乎在综合的意义上使用它，因而使它成为一个“人之存在”及“我之个性意愿”等的相当不错的同义词。在整章中贯穿着这一习惯用法。

① 从整体上看，君士坦丁二世、君士坦提乌斯及君士坦斯原来不过是可怜的荣耀反光镜。

② 第一个在二十多年前成为恺撒；第二个在十年前；第三个则在不到五年前。

③ 这里指的是他死后被授予的特别荣誉，这一点在第4卷中提到。

的和俗界的服装，换上了光芒四射的亮丽之袍。然后当领悟到这 482
个灵魂再也不用长时间地被囚禁于凡间，它被授予了永远绽放的永生之花冠，以及无穷无尽的不朽，此时，我变得目瞪口呆，[①]无法言语，终致确证自己的软弱无力；我陷入沉默，让位给更加高级和普遍的正确思想，让其来发出有价值的赞颂。对于本身就是不朽的上帝思想而言，确证他自己的话语是可能的。[②]

第 3 章　上帝礼遇王子及剿灭暴君

通过这些话语，他预言道，那些赞美他和尊崇他的人，将获得慷慨的报偿，而那些以他为敌及与他作对的人，将给自己带来自身生命的毁灭。因此，他现在已经证明了他自己的诺言是会得到践履的，这表明了那些抨击上帝为可恶之物的邪恶暴君的生命的终结，[③]同时也使他的生连同他仆人的死一道变得令人羡慕和值得大力颂扬，以至于这也变得令人难以忘却，值得载入不朽的历史。

必死的自然界为一种必死的和脆弱的结局找到了慰藉，它似

① 这里再一次出现了对“逻各斯”这一词语的玩弄。我的逻各斯处于哑口无声的状态，实则即非逻各斯，亦即“无逻各斯”状态。如果作者指的是表达方式，那么首先关系到的是发音，其次关系到构建或制作的力量。在内心里编织连贯思想，与用字词编织连贯思想，这二者的可互换性恰恰就是“思想与语言的关系”问题，该问题正在被哲学家和语言学家们争论得不亦乐乎（Müller, *Science of Thought*, Shedd's Essays, &c.）。诸如把各式各样的思想“捆绑一起”，使之成为一种综合形式的老逻各斯运作方式具有确凿无疑的优越性。

② 这里又一次出现了对逻各斯这一词语的玩弄。有关尤西比乌斯的逻各斯哲学，以及作为逻各斯或道的基督，见他在三十周年庆典上的演讲的后半部分及其注释。

③ 参照拉克坦提乌斯《论迫害者之死》(Lactantius, *De mortibus persecutorum*)，尤氏无疑与该书作者有同感。

乎通过人造的雕像用不朽的荣耀来赞美我们祖先的坟墓;一些人使用在着了色的瓷画上精心设计的画像,[①]或刻自于无生命的物质的雕刻人物像,另一些人则使用在石版[②]和纪念柱上深深切割的手写字,以为这样他们就可以把他们所尊崇的人物的功勋付之于永久的纪念。然而一切必死的事物必定随着时间的推移而趋于毁灭,因为它们是由易腐败的肉体所构成的,它们不会描绘一个不朽灵魂的形状。不过,它们似乎使一些人感到满足,这些人除了把自己的希望寄托在必死的生命终结之后就没有任何别的东西了。可是,作为整个宇宙救主的上帝,为了真正虔诚的热爱者而储存了超出凡人想象力的恩惠,他即使在这里,也会提供一种预尝,以作为第一期的拨付,通过这一方法,来让凡人的眼睛看到不朽的希望。这就是《圣经》中所传达的古代的先知们预言到的东西;这就是古时那些被上帝所爱的人们的生平所表现出来的东西,当向新一代详述他们的故事时,他们的每一种杰出美德均得到了证明;这就是我们自己的时代也已经证明是真实的东西,在这个时代里,君士坦丁超出统治过罗马帝国的所有人之上,成为了握有至高主权的上帝的一位朋友,并被确立为一切拥有虔诚生命的人类的一个纯粹的榜样。

① [Κηροχυτου γραφηs,其实就是用熔铸的蜡制成的蜡画。——巴格斯特译本]。参照《世纪辞典》(ed. Whitney, N. Y. 1889, v.2)中对其过程的美妙描述。

② Κυβειs,最初是使用三角形的木版、铜版或石版,不过后来则使用任何刻有铭文的“柱子或书版”(Liddell and Scott, *Lexicons*)。

第4章　上帝赐予君士坦丁的光荣

正是君士坦丁所尊崇的上帝，在其统治的初期、中期和末期始终站在君士坦丁一边，[①]并以昭然的判断确证，推举此人出来是要把他当作人类虔诚范例中的一个教学典型。他是一切时代里拥有广泛声望的皇帝当中唯一一个被上帝树立为杰出人物及正确无误之敬神先驱的人，他也是唯一一个上帝通过每一个赐予他的恩惠来对他所践行的宗教提供令人信服的证明的人。

第5章　他统治了三十多年，活到六十多岁

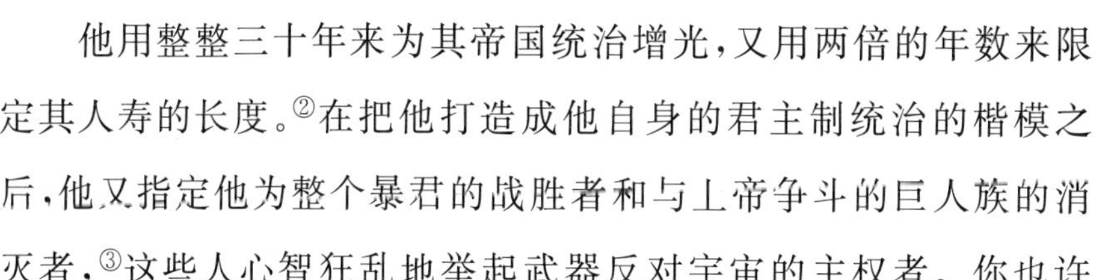

他用整整三十年来为其帝国统治增光，又用两倍的年数来限定其人寿的长度。[②]在把他打造成他自身的君主制统治的楷模之后，他又指定他为整个暴君的战胜者和与上帝争斗的巨人族的消灭者，[③]这些人心智狂乱地举起武器反对宇宙的主权者。你也许

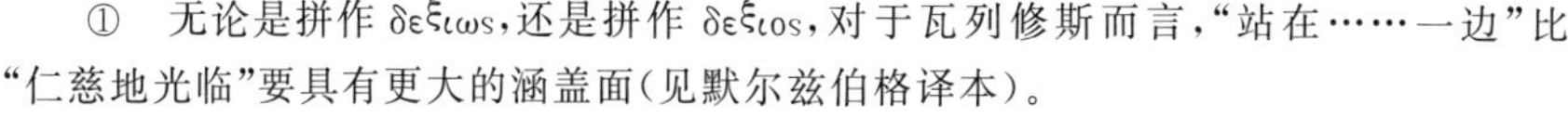

① 无论是拼作 δεξιως，还是拼作 δεξιος，对于瓦列修斯而言，“站在……一边”比“仁慈地光临”要具有更大的涵盖面（见默尔兹伯格译本）。

② 参照《君士坦丁传》的导论中有关其统治年限及寿命的讨论。

③ ［这里指的似乎是施行迫害的皇帝，此后会有更多的提及。——巴格斯特 译本］。当然是指神话中与诸神战斗的巨人族。巨人族一词在这里的使用，与下列故事具有同样的意义：据埃斯库罗斯的描述，卡帕纽斯蔑视宙斯，宣称后者的雷电也休想把他驱赶出底比斯（Theb. 424）。

483 会说，他们似乎很快就要被剿灭，而作为纯一和唯一的上帝，在一个反对许多的时候，会用神圣的甲胄来为他的仆人设防。通过他，他净化了不信神的民众之人性，并把他树立为一名真正献身于万民万邦的教师，用所有人都能听到的洪亮声音证明：他们应当知道上帝是谁，因而从那些根本不存在的众神的错误崇拜当中摆脱出来。

第 6 章　他是上帝的仆人和各族的征服者

作为一名忠实的好仆人，他将做到这一点并把它显示出来，公开称自己是一名奴隶，并承认自己是一切主权者的一名仆人，而作为回报，上帝就在眼前把他打造成为领主和专制君主、所有时期里的皇帝当中的唯一征服者，他本身是不可抗拒和不可征服的；在敌人面前他是永远战无不胜和从胜利走向更大胜利的。作为一名皇帝他是如此伟大，没有人记得在古时的报道中有过与之相匹敌者；作为一位极幸福者，他如此受神所爱戴，如此纯真的虔诚和完善，以至于他能完全轻而易举地比他的先人们统治了更多的民族，[①]并保持自己的统治区域分毫未损直到生命的最后一刻。

① 参照本书导论中所提及的与法兰克人、布鲁克提里亚人、哥特人、萨尔马提亚人及其他蛮族的战争。也请参照该卷的第 8 章。

第7章　与波斯国王居鲁士及马其顿国王亚历山大的比较

古老的故事的确叙述道：居鲁士比他以前的人要更为杰出。然而我们应当不仅仅注意到这一点，[①]还须注意到一个人长寿命的终结，他们说他所经历的死并不光彩，他在一个女人手中经受了卑劣的凌辱。[②]

希腊人叙述道：在马其顿人当中有亚历山大，他摧毁了无数的国家，可是在完全成年之前，他却早早离世而去，纵酒狂欢和无节制的放荡夺走了他的生命。[③]他活了三十二岁，其中统治的时间只占三分之一的年份；他嗜杀成性，就像万钧霹雳，无情地奴役所有民族和城市，无论老弱，概不能免。不过尽管他的幼年期刚刚发育成长，尽管他仍然在悲叹自己那已经失去的童真，命运便已重重地落到了他的身上，他没有留下孩子，没有任何根基，没有家园，孤独

① ［此句明显有传抄上的讹误，对于这一讹误，人们提出了五花八门的校正意见。——巴格斯特译本］。较好的释义也许是："幸福的检验方式并不存在于此生此世，而是存在于其人生结束时，这正是我们所留意并刻意去寻找的东西。"这一思想的关键点可以从第11章末尾处的叙述中找得到。还请参看注释。

② 这是狄奥多鲁斯(Diodorus)的报道，他说，居鲁士被"斯基泰人"的女王俘获，并被钉死在十字架上(3.11, ed. 1531, f. 80b)。希罗多德说，他被杀死于战场上，不过后来，他的头颅被女王托米里斯割了下来，并被浸泡在一个盛满血液的革囊里，该女王曾拒绝过他的求婚，因为他造成了她儿子的死，她发誓要"让他喝饱鲜血"(Herod. Bk. I, §§205—214)。色诺芬则说，他平静地死于病床上(*Cyrop*. 8. 7)。

③ 一场疟疾高烧，不过最后夺走其生命的却是一次饮宴(Plut. chaps. 75 and 76, Arrian, Bk. 7)。

一人留在充满敌意的异国他乡，除掉他，他也许就再也不会危害人类了。他的帝国即刻分裂了，因为他的每一个仆人都瓜分了其中一部分，把其占为己有。由于有诸如此类的功绩，他在合唱队中受到了歌颂。[①]

第8章 他征服了几乎整个世界

可是我们这位皇帝却从这个马其顿人结束的地方开始，寿命是他的两倍，所获得的帝国范围则是他的三倍。他先是宽厚地和严肃地命令他的军队谨守敬神之道，接着便征服布立吞人的国度以及处于太阳降落的大洋地区的居民。他合并了整个斯基泰的人口，这些人口在遥远的北部以无数的蛮族部落为邻；他一度把自己的帝国拓展到极南，远达波列米亚人和埃塞俄比亚人所居之地，他并不把在东方所获得的土地看作是处于自己的领土范围之外，相反，他用真正宗教的光芒照亮所有有人居住的大地的顶端，远达最遥远的印度居民，以及生活在整个大地标度盘的边缘地带的人民，他臣服了所有各式各样的蛮族的将军、总督[②]和国王们[③]。这些人自动地向他致敬和问候，并派出使节前来进贡方物，他们如此重视与他的交往和友谊，以至于在自己家里放置他的画像和雕像以

① 尤西比乌斯的修辞学目的使他无法公平地对待亚历山大，在与其同时代的其他征服者相比之下，亚历山大带给被征服者的福祉，肯定更多（Smith, *Dict*. I, p. 122）。

② Toparchs or Prefects.

③ Ethnarchs.

示崇敬，在众皇帝中，只有君士坦丁受到他们所有人的承认和拥戴。而他则利用皇帝自身的致词，来公开和大胆地向那些国度的人民宣示他自己的上帝。

第9章　他是一位虔诚皇帝的儿子，被授予皇子的权力 484

然而，他并不是一个只说不做的人。他走在每一条德行的道路上，并为每一项虔诚的成果而自豪。借助有益的高尚行为，他征服了了解他的人们；他借助仁慈的法律进行统治，使自己的政府变得惬意宜人，被统治者则为其频频祈祷。最后，在他为神圣的运动竞赛努力奋斗了相当长的一段时期之后，他所尊崇的上帝用不朽的奖赏为他加冕，免去了他在凡间的统治，使他达到他曾为神圣灵魂所保留的无限生命，并以三倍的报偿，推举他的三个儿子接替他的帝国。帝国的宝座也是这样从他父亲那里传给他的，根据自然法，帝国被交给了他的儿子们以及他们的后代，这样代代相传，永不中辍，就像一份父系的遗产。既然他仍然活在我们当中时便以神圣的荣耀来为上帝增光，死后又用来自于他自己的精致的完善去装饰上帝，那么，愿上帝自身也成为他的记录者，为其长久的来世，在天堂纪念碑的牌匾上铭刻他成功的奋斗。[①]

① “天堂的纪念柱”。——默尔兹伯格译本(?)

第 10 章　本书的必要性，在教诲方面的价值

至于我，即使要说点与此人的幸福相匹配的事情，也超出了我的能力之外，而沉默则既安全又可免致危险；然而，一个人必得仿效人体画家，为了纪念被上帝所爱戴者而专心致志地画出一个逼真的肖像来，但愿能够以此来逃避有关慵懒和无所事事的指责。如果我不把我所能够说的东西汇集一起，我将自觉羞耻，尽管这些东西为数不多，因为那位对上帝异常忠诚的人，为我们所有人增了光。我认为，这部叙述伟大皇帝业绩——亦即上帝所惠赠的业绩——的书，对我而言无论如何都是具有启发意义和非常必要的。如果对尼禄和比尼禄还要坏得多的邪恶及不信神之暴君的纪念可以找到现成的作家，这些作家用漂亮的措词来美化对于卑劣行径的报道，并把这些报道保存在多卷本的历史书中，而当上帝已经允许我们与一位皇帝——他是如此伟大，以至于所有的历史书均未曾报道过他这样一类人——聚集一起，观察他，理解他，并与他为伴时，我们却沉默了。这难道不是一件丢脸的事情吗？①

因此，把我们毫无保留地对良善事物的报道，提供给每一个欲求借助描述高尚行为而得以被激励成为神圣感情的人们，便成了我们应尽的第一义务。一些作家为毫无价值的人物撰写了传记，这些传记对于道德改善毫无助益，无论是出于党派偏见还是对于

① 巴格斯特译本沿用瓦列修斯的做法，第 10 章到此为止，余下部分作为第 11 章的开头。

某些人的仇恨，或可能是作为一种他们个人技能的证明，他们通过炫耀自己话语的流利，毫无必要地引申他们对可耻行为的叙述，[1]他们在因上帝的好运而逃避了那些邪恶的人们面前趾高气扬，就如乏善可陈的教师，其行为只配被遗忘和湮灭。就我而言，我所提供的报道尽管比之于我们所谈论的主人公来要轻微得多，但它仍然从仅有的良善行为的报道中得到了光泽；为上帝所珍视的行为记录，不仅是一种不无裨益的读物，而且对于脾气良好的人们，也有实际的好处。

第11章 当前的目的仅仅是要记载君士坦丁的虔诚行为

这位极幸福者的历史中的最伟大的帝国部分，他在战争中的遭遇和战役，他的英勇行为和胜利，以及敌人的溃败，他赢得了多少次胜利，他在和平时期为了国家的福祉和个人的利益而颁布的法令，他为了其臣民生活的改善而强行制定的法律，他作为皇帝而作出的大多数其他决议，以及人家都记得的那些人，我打算都予以省略。在目前这个作品中，我的目的就是要把那些与为上帝所珍视的生平有关的东西诉诸于笔，使之成文。

既然这些事件都是不可胜数的，我只好从达于我们手中的事件中择其最有意义和最值得为我们的后人记录下来的东西来写，

① 这里所暗指的似乎是拉克坦提乌斯，尤氏出于“敌意”，刻画了对手在特别优雅的言辞之下的内在卑鄙行为；不过拉克坦提乌斯的描述未必比尤西比乌斯的更加逼真。

485 而且，即使是这些东西，我的叙述也会尽可能简短，因为这种场合要求我用各种不同的话语对真正的上帝提供不受限制的赞美。在过去，做这一事情是不可能的，因为生活的变动和不确定性，我们被禁止在一个人死去之前称他为有福的。[①]吁请上帝来施行救助，如同我们的工作伙伴那样，让我们的灵感成为天国的圣言。我们从主人公的幼年开始我们的故事。

第12章　他像摩西那样被抚养于众王的宫廷里

有一个古代的报道说，可怕的几代暴君曾经压迫希伯来人民，上帝为了向被压迫者显示自己的仁慈，遂指定摩西为先知，他当时还是一个婴儿，被抚养于暴君们的王宫深处和家庭圈子当中，并慢慢学会了分享他们所拥有的智慧。随着时间的流逝，他长成了成年男子，帮助受伤害者的正义女神开始追击伤害他们的人，该是上帝的先知离开暴君的家庭并为上帝的意志效力的时候了，他必须在行动上和言语上逃离曾经养育过他的暴君们，重新认祖归宗。接着，上帝提举他充当整个民族的领袖，他把希伯来人从敌人的束缚中解放出来，同时，他还用神圣的追击抑制了暴君的族类。这个古老的报道，被大多数人看作是一种神话，以前只是流传于大家的

① ［这里所提到的也许涉及《便西拉智训》第11章第28节："不必论定任何人生前是否幸福，因为全部证据须在死时才得完满。"也有可能是指著名的所罗门见解。Vide Herod. i. 32; Aristot. Eth. Nicom. i. II.——巴格斯特译本］。另请参照上面第7章。

耳中，而如今，同一位上帝允许我们成为公共事件的目击者，由于这些事件最近才被看到，因此比任何神话更加确凿无疑，其中的奇迹比故事中的奇迹更伟大。我们这个时代的暴君们通过压迫教会，着手发起对上帝的战争，[①]而在他们当中，不久将成为暴君杀手的君士坦丁，还是一名娇弱的男孩，正值弱冠之年，就像那位上帝的仆人那样，坐在暴君家庭的火炉边，[②]尽管他仍然年轻，却并不拥有与不敬神者同样的道德观。靠着圣灵的帮助，一种善良的天性把他带离那种生活方式，转向一种虔诚和上帝所喜悦的生活方式，与此同时，对父亲的模仿成为促使这位儿子模仿良善事物的一个动因。因为他拥有一位我们时代的皇帝当中最为杰出的父亲[③]——在这一点上，后者的死后名声理应得到恢复。在论及其儿子的功绩时，对他做一个简要的报道也是必要的。

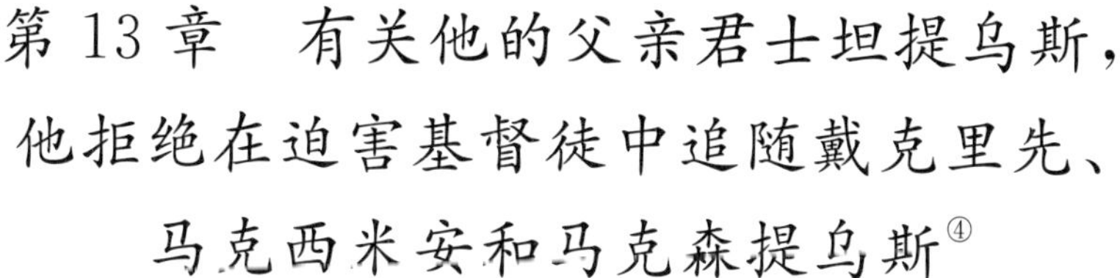

第13章　有关他的父亲君士坦提乌斯，他拒绝在迫害基督徒中追随戴克里先、马克西米安和马克森提乌斯[④]

当四个人[⑤]共同分享罗马帝国的权力时，这个人是唯一一个

① 指实施迫害的皇帝。参照本书的导论。

② 他由戴克里先和伽略里乌斯抚养。参照本书的导论。

③ 君士坦提乌斯·克罗鲁斯，一位新柏拉图主义者和博爱主义者。参照下面的描述。

④ 本章标题作者当然是意指伽略里乌斯。马克森提乌斯要到君士坦提乌斯死后才成为皇帝。

⑤ ［戴克里先、马克西米安、伽略里乌斯、君士坦提乌斯——巴格斯特译本］。

采取一种独立政策和对上帝全面友善的人。

他们包围和蹂躏了上帝的教会，彻底把它们毁坏，拆除了整座教堂；[1]而他却使自己的双手免除了渎神的邪恶玷污，丝毫也不像他们。他们在各行省大肆残杀敬畏上帝的民众；而他则能洁身自重，保持自己灵魂纯净。[2]他们通过不合人性的偶像崇拜的邪恶混乱，首先使自己、然后使他们的所有臣民均中了邪恶魔鬼的奸计；他则带领其辖下的人民走在完全平静的道路上，并为他的人民保证了忠于上帝者将毫发不损。当其他皇帝把极其沉重的赋税强加给所有人、并用一种终身不可缓解和生不如死的灾难来威胁他们时，只有君士坦提乌斯维持着完善的及和平的统治，并从自己的资源中向人民提供丝毫不亚于一位父亲所能提供的帮助。由于此人的无数其他美德获得了广泛的赞美（这些美德事例中的一两件已经被提及，以用作那些被省略掉的事例的典型代表），我将要叙述的是与我作品的主题直接相关的内容。

486 第14章　君士坦提乌斯因贫穷受到戴克里先的斥责，他用金钱填满国库，随后又归还提供者

有关这位皇帝的许多故事到处流传，例如他非常仁慈和善良，极其爱慕能够取悦于上帝的事物。因为他极端爱惜他的臣民，他

---

① 有关这些迫害的报道，参看《教会史》第8卷，以及麦克吉弗特的注释。

② 参照《教会史》第8卷第13章，以及拉克坦提乌斯《论迫害者之死》第15章。后者说，他允许拆毁教堂，但不允许伤害人命。

没有聚敛任何财政储备金，以至于当时行使最高权力的皇帝遣使指责他忽视公共利益，并埋怨他太吝啬，这进一步证明了有关他的国库空无一物的断言。于是，他要求那些来自皇帝身边的人们等候在他们下榻之处，与此同时，他把拥有大量财富的人们从各行省召集在一起，告诉他们，他需要金钱，现在该是他们每一个人证明自己对于皇帝的自发忠诚的时候了。

当他们听到这些话时，仿佛这便是证明他们良好意愿的一种由来已久的要求似的，他们迅速而又热切地用金子、银子及其他金融资源填满了国库，各自竞先以多掏腰包为荣，他们这样做时，脸上带着幸福的笑容。做完这一切之后，君士坦提乌斯便邀请来自上级皇帝[①]的特使们作为他的财富的见证人。然后，他吩咐他们把自己亲目所睹的证据转达给那些指控他一贫如洗的人。他补充说：这些金钱不是来自骗局或欺诈，而是他亲自收集到的，此前它们被托付给金钱所有人保管，因此这些人不过是他的财富的忠实保管者而已。看到所发生的一切，他们惊讶得目瞪口呆。据报道，在他们离去之后，这位最慷慨的皇帝派人找来了金钱的所有者，命他们拿回自己的份额，返回各自的家乡，并褒奖他们的服从及随时准备好的忠诚。

这是表明此人慷慨大方的一个例子。还有一个例子也许为他

① 或资深的奥古斯都。“在古代的颂词作家和碑铭中，戴克里先就是如此被称呼。”——海尼琛译本。只是“到了基督教时代的第二世纪末”，才开始出现了“奥古斯都”一词的复数形式，但是“从这个时候起，我们发现有两个甚至更多的奥古斯都；尽管在许多类似的情形下，被授予这一头衔的人均被看作是皇帝权力的分享者，不过，第一个获得这一头衔的人，仍然被视作是皇帝中的首领。”（Smith, *Dict. Gr. and Rom. Ant.*）

对神圣事物的关怀提供了明显的佐证。

第15章　同僚发起的迫害

各省总督依照当权者的命令，在全世界范围内迫害信神的人们。首先从皇宫自身开始，被上帝所爱的殉道者忍受着宗教的真正考验，他们以热切的坚忍不拔去面对火和铁、纵深的海洋及每一种死亡，于是，畏惧上帝的人们不久后便被从整个皇室的服务领域中清除出去，[①]这一政策的一个主要效果是使迫害者失去了上帝的保护；因为通过迫害上帝的畏惧者，他们也就驱除了自己的代祷者。

第16章　君士坦提乌斯假装进行偶像崇拜，却驱逐了赞同献祭者，留下认信基督者

一种出自虔诚之人的明智主意，只浮现在君士坦提乌斯一个人的脑际。他实施了一个行动，该行动听起来异乎寻常，做起来令人钦佩。

他手下的所有皇室仆人，从低级的佣人到有职权的官员，都被提供给一种选择：他提出，他们可以选择向魔鬼献祭，这样的话，他们就被允许和他待在一起，并享有通常的晋升机会，而如果他们不答应，他们就不能接近他，不得与他交往，因而不能同他亲近。他

① 参照《教会史》第8卷第6章中有关宫廷里的殉道者的报道。

们很快就分裂成两组，一些人属于后一组，另一些人属于前一组，每个人所做出决定的性质均得到了清楚的证明。发生此种情况之后，这个异乎寻常之人最终透露出自己的秘密计谋：他指责其中一组的怯懦和自私自利，并热情表彰了另一组对上帝的义务感。因此他宣称，那些背叛了上帝的人不配在皇室服务：如果他们被发现没有任何有关上帝的良心，他们如何能够保持对于皇帝的忠诚？他因此宣布，他们应当被驱逐到远离皇宫的地方；他还说，那些为了真理而被证明是配得上上帝垂爱的人们，则应同样受到皇帝的关爱；他任命他们为皇宫的卫兵和看守人，并且说，他应当把这样 487
的人当作主要的密友和仆人，把他们看得比财宝还贵重。

第17章　他的基督教生活方式

这个简短的报道表明了君士坦丁的父亲是如何被铭记的。至于跟随他而来的是什么样的结局，他何时表明自己如此喜欢上帝，他所尊崇的上帝使他与帝国中的搭档们的明显差距有多远，这些都可以被那些把自己的心智适用于实际发生的情况的人们轻而易举地发现。在他花了很长时间来证明自己作为一名皇帝的功绩之后，他只承认万有之上的上帝，并谴责邪恶者的多神教，在房子的四处利用圣人们的祷告使自己坚定起来，[①]他最终平静地和无痛苦地完成了自己的生命历程，正如格言所说的：既无烦恼又不施烦

① 有人猜测，曾有某位较早时期的编者在此处添加上了“据说曾经”的字样，不过海尼琛把其删掉了，免得被人误认为是尤西比乌斯本人所为。

恼于他人，便为人生一大幸事。

因此，在他在位的整个安逸和平静的时期里，他把整个家庭都献给了宇宙中的独一上帝，连同他的孩子和妻子，包括家里的仆人，以至于聚集在皇室家庭内的一干人无论从哪个方面看都成了上帝的一个教会；和它一起出现的还有上帝的侍从们，他们代表皇帝管理持续不变的仪式。这些事情只在他的统治之下才被完成；然而，在大多数皇帝[①]的统治下，连提及信神者的这一族类的名字，也是不被允许的。

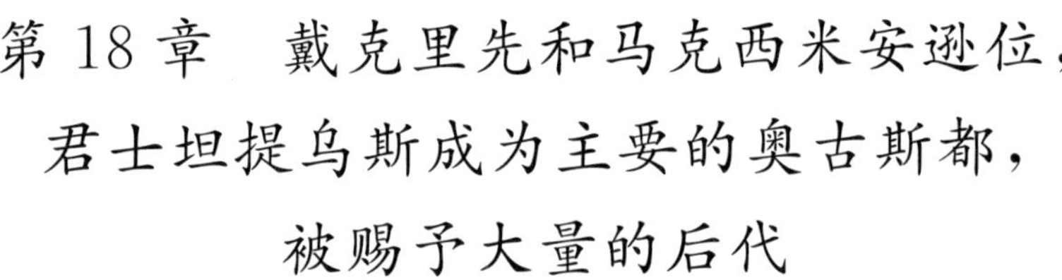

第18章　戴克里先和马克西米安逊位，君士坦提乌斯成为主要的奥古斯都，被赐予大量的后代

紧接着就是他从上帝那里得到了酬劳，如今他逐渐分享了最高的皇帝权力。较老资格的皇帝们，出于某种未明的原因，辞去了自己的皇位；这一突然变动发生在他们迫害教会的头一年。[②]

从此，只有君士坦提乌斯够资格成为第一位奥古斯都。起初，他曾以恺撒的桂冠而出名，[③]并曾被任命为恺撒中的长辈；在证明

---

① 有些版本用“别的”或“其他的”，但无论字面上有何差异，它指的都是其他的所有皇帝。

② 迫害发生于303或304年。参照克林顿《罗马城庆纪念日》（Clinton，*Fasti Rom*. ann.）303—305年中有关日期的讨论。逊位发生于305年。

③ 尤西比乌斯使用了诸如奥古斯都、国王、独裁者、恺撒等大量可以互换的术语。有时候很难说国王（βασιλευς）是否就是皇帝或恺撒。总体而言，奥古斯都一词在译本中曾经被移置，国王和独裁者都被翻译成皇帝，后者似乎就是他的真实用法。

在他们当中的用处之后，他便被提升到罗马人认为是最高的行列中，并被授予了第一奥古斯都的头衔，以统领其他三个被任命的君主。不过在其巨大家庭的独特性方面，他也超过了其他皇帝，该家庭聚集了一大帮儿女。可是，正当他要度过完美的老年并最终入土为安的时候，上帝再次成为奇妙工作的一位作者，即安排他的大儿子君士坦丁出场，使之轻而易举地从父亲手中接管帝国的权力。[1]

第19章　君士坦丁年轻时曾陪伴戴克里先进抵巴勒斯坦

这个儿子曾经与他的皇帝同僚们[2]待在一起；如曾经说过的那样，在他们当中，他以与上帝的古代先知同样的方式为人处世。他一旦度过了少年时代，就被授予了最高荣誉。我们已经知道，他曾经伴随那位资深皇帝[3]穿越巴勒斯坦的国土，侍候在这位皇帝的右边——对于那些举目眺望的人们来说，这是一个高贵的视域，这已经得以展现一位皇帝的心智[4]素养。在俊俏的体格和高大的身躯方面，别人无法与他相匹敌；在体力方面，他也远远超过了同时代人，因之使后者心存畏惧；他引以自豪的是道德品质，而不是

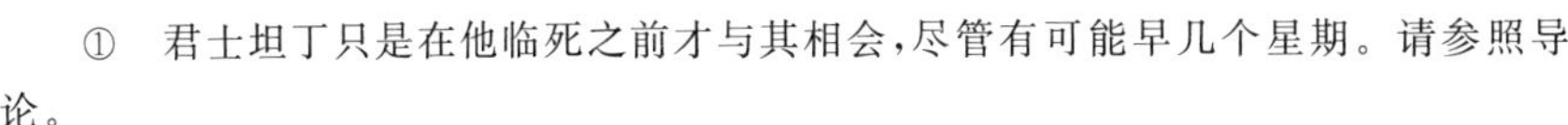

① 君士坦丁只是在他临死之前才与其相会，尽管有可能早几个星期。请参照导论。

② 戴克里先和伽略里乌斯。

③ 戴克里先。他是在296—297年反对阿喀琉斯(Achilleus)的著名战役中去往埃及的途中经过巴勒斯坦的。

④ 或“心理”，这意味着不仅仅是指“智力”。

体格上的优越,他首先用完善的判断力[①]使自己的灵魂变得高贵,然后,以优秀的修辞学教育、天性上的精明和上帝赋予他的智慧,来表明自己的与众不同。

488 第20章 因戴克里先的阴谋[②],君士坦丁投奔他的父亲

结果是,当时的当权人物以忌妒和恐惧的心态注意到,这位年轻人优雅、健壮和高大,充满着良好的判断力。他们认为,他与他们待在一起对于他们很不安全,因而密谋铲除他,出于对他父亲的尊重,他们不敢公开处死他。这位年轻人知道了此事,当又一次阴谋由于上帝赋予的直觉而被他识破之后,他以逃离来寻求避难,[③]在这一点上也保持了与伟大先知摩西的相似。在整个事件中,上帝始终在他身上工作,其目的就是要让他出场来继承他的父亲。

第21章 君士坦提乌斯之死,死前指定君士坦丁为皇帝[④]

他一避开阴谋者所设定的圈套,便立即日夜兼程地赶赴他的

① 或者用“自控能力”。

② 尤西比乌斯本人用的是复数形式,其他作者说阴谋是由戴克里先和伽略里乌斯共同发起的。参照导论。

③ 参照拉克坦提乌斯《论迫害者之死》第24章中的详尽报道。

④ βασιλευς。本章标题的作者在这里用的是这个词,而接下来一章的标题则用“奥古斯都”,它在字面上似乎并不是指“恺撒”,因此这里只能翻译成“皇帝”。

父亲处，路途是如此遥远，以至于在他到达时，他父亲已经处在生命的最后关头。[①]当君士坦提乌斯出乎意料地看到自己的儿子就站在自己的面前时，他从卧榻上坐了起来，紧紧抱住了儿子，并宣布，使他无法安然闭眼的唯一悲哀——他的儿子不在身边——已经消除；他向上帝祷告，感谢上帝的恩宠，并且说，他现在认为死去比无休无止地活着[②]更好，然后便及时地整理自己的衣冠。他的儿女们像一队唱诗班那样聚集在他的周围，他向他们发出指示，在皇宫内，就在皇上的卧榻上，他按自然的论资排辈方式[③]把帝国的职责移交给年龄最大的儿子，然后就断气了。

第22章　在为父亲举行葬礼之后，君士坦丁被军队拥立为奥古斯都

然而帝国并非被扔下不管。君士坦丁穿上他父亲的紫色皇袍，从父亲的厅堂中走了出来，向每一个人表明，他父亲仿佛复活

① 这似乎是指只是在他病倒之后，君士坦丁才匆匆到达，也就是说，相见的地点是在不列颠的约克。可是别的报道则说，君士坦丁是在父亲渡海远征不列颠之前的布伦战役中见到他的。参照导论。

② 字面上的意思是“比永生[于世界上]”。

③ 皇位的继承无论如何是不会按自然法则来进行的。相反，“[一切存在过的]继承方式，均是按国民的明确意愿或默许来确定的”，“所谓的独占权利……只不过是一种痴心妄想。”(Vattell, *Law of Nations*, Phila., 1867, p. 24, 25)。长子继承权作为一种自然法则常常受到强调，可是它似乎仅仅是最初被保存下来的一种权宜法则。英格兰的长子继承制习惯据说起源于下列的事实：在封建时代，当父亲死去之后，只有长子才有足够成熟的年龄去满足因封建占有制所引起的各种义务(Kent, *Commentaries*, Boston, 1867, v. 4, p. 420, 421)。这种情形恰好适用于君士坦丁，他的几个兄弟都因为太年轻而无法被考虑为继承人。

了，他通过其儿子来延续其统治。然后他走在仪仗行列的前头，他与父亲周围的朋友们一道，加入了父亲的送葬队列。大群的人民和卫兵，一些走在前头，一些跟在后面，庄严肃穆地陪伴着这位被上帝所喜爱之人。所有的人都用欢呼和赞美来尊崇这位极福者，用全体一致的同意来赞扬这位儿子继任为死者的一个新生命；第一句话一旦被说出来，人们立即欢声雷动，他们宣布新皇帝为大将军和可尊敬的奥古斯都。他们以对儿子的喝彩来赞美死者，他们祝福儿子被指定来继承这样一位父亲；①他所统治下的各个行省均充满着幸福和难以言喻的喜悦，因为哪怕是在最短暂的瞬间，他们也未曾废弃掉秩序井然的帝国法规。

这是一个虔敬而又忠实的生命的终结，上帝便是借助皇帝君士坦提乌斯的实例，向我们这一代人昭示了这种生命。

第23章 有关暴君们毁灭的短评

至于使用战争的方式迫害上帝教会的其他人，我认为在目前这个报道中叙述他们生命终结的方式是不合适的，②通过叙述其对立面来玷污有关良好行为的记录，尤其不合适。这些事件的经历，对于那些曾经耳闻目睹过每一个人身上所发生的故事的人们来说，已经是足够严肃的警告。

---

① 这一拥立并没有立刻获得批准。伽略里乌斯拒绝授予他皇帝头衔，他在一段短时间内只好满足于恺撒的称号。参照导论。

② 不过他在《教会史》中已经做出了这样的叙述。另请参照拉克坦提乌斯《论迫害者之死》。

第24章　由于上帝的意志，君士坦丁拥有了帝国

整个世界的总裁——上帝，当时便是以这样一种方式、根据自 489
己的意愿选择了生自于这样一位父亲的君士坦丁，作为全人类的统治者和管辖者，因此没有人能够自称只有他才拥有的先例，因为其他人之所以拥有自己的地位，全靠别人的选择。

第25章　君士坦丁对蛮族及布立吞人的胜利

他一旦掌握了帝国的权力，首先要做的就是照料他父亲那部分版图的需要，以满怀慈爱的小心翼翼去管理先前曾经分配给他父亲统治的各行省；居住在莱茵河及西部海洋边上的任何蛮族部落胆敢作乱，他把他们都制服了，并把他们的野蛮状态改造为温顺，而在看到他们中的一些人无可救药地拒绝朝文雅生活转变时，他就会像对待野兽那样把他们[①]驱逐出他的国土。当这些事情获得了令他满意的解决之后，他便把注意力转向了这个有人居住的世界的其余部分，他首先穿越坐落于为海洋边缘所环绕的不列颠各国；[②]

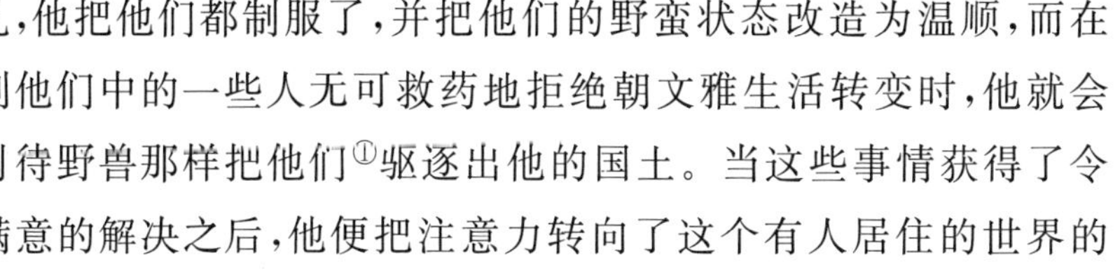

① 指弗兰吉人(Franci)和布鲁克提里人(Bructeri)等。

② [在这里尤西比乌斯谈到了君士坦丁对不列颠的第二次远征，这是其他古代作家所未曾提及的；否则，他便有可能忘记了或忽略了如下事实：君士坦丁正是在不列颠这一地方获得帝国权力的，君士坦提乌斯于306年死于他在约克的宫殿里。参看吉本《罗马帝国衰亡史》第14章。——巴格斯特译本]。这似乎是把他首次穿越不列颠的经历混淆一起了。

他使他们乖乖就范,然后又勘查世界的其他部分,以便他得以把医疗带到需要帮助的地方。

第26章　他决定把罗马从马克森提乌斯手中解放出来

这时,他察觉到整个大地的元素就像一个巨大的身躯,接着又意识到整个身躯的头部,即罗马帝国的帝都,受到了一个暴君的奴役和压迫,于是,他首先把拯救它的机会让给了统治其他部分的人,因为他们年纪比他大;可是,他们当中没有人有能力提供帮助,而那些试图提供帮助的人却遭遇到了可耻的结局,[①]于是,他宣布,如果他允许帝都处于这样一种悲惨状况的话,他就不配继续活在这个世界上。他开始准备推翻暴政。

第27章　在深思了偶像崇拜者的灭亡之后,他选择了基督教

他很清楚,由于暴君所施行的有害的巫术手段,[②]他需要比一支军队所能提供的更为强有力的帮助,于是,他寻求一位神帮助他。他把士兵的资源和军队的数量看作是次要的,因为他认为,如果没有一位神的帮助,这些资源和数量就将一无所获;他说,从一

① 这里所提到的是塞维鲁和伽略里乌斯的不成功的远征。

② 参照第36章和第37章;另请参看拉克坦提乌斯《论迫害者之死》第44章。

位神的帮助中得到的东西是不可抗拒的和所向无敌的。因此，他仔细考虑了他将要采用来辅佐他的是什么样的一种神，一种清晰的印象立刻出现在他的心头，他想到了过去那些急于想要得到统治权的许多人，使自己的个人希望依赖于许多神，用祭酒、供品和捐献来取悦于它们，这些人最初时受到了讨人喜欢的预言和神谕的欺骗，因为后者承诺要回报以很好的事物，可是接着他们却遇到了很坏的结果，没有一个神会站在他们一边来保护他们免受神自身所导演的灾难；只有他自己的父亲通过谴责他们的错误而采取了与他们截然相反的路线，而他自己则终其一生尊崇超越宇宙万物的上帝，并已经发现它是他的帝国的拯救者和庇护者，以及一切良善事物的提供者。他审慎地考虑着这些问题，反复地掂量着那些信任大量神祇的人如何陷入了多重的毁灭，以至于没有任何子孙后代残留下来，人类当中再也无法记住他们的名字，而他的父亲的上帝则授予他的父亲无数显而易见的权力标识。他还仔细思考了那些早已向暴君发起战争的人们。他们靠大量的神祇集合起自己的部队，却得到了凄惨的结果：他们中的一个[①]还未发出攻击，就耻辱地退兵了；而另一个[②]则在自己的军营中被刺杀而死。这仿佛就是一场死亡游戏。[③] 他在心头里权衡了这些论据之后，得出结论：继续不存在的诸神的虚荣、在如此之多的证据面前仍坚 490
持错误，均是愚蠢的，因而他决定他应当只尊崇他父亲的上帝。

① 指伽略里乌斯。

② 指塞维鲁。

③ 这一措辞体现了翻译者的独出心裁，该翻译非常到位，尽管人们可能会在无意间“被死亡所轻易征服”，或“很容易成为死亡的牺牲品”。

第28章　正当他祷告之时，上帝在正午时分为他在天空中显出一个光亮的十字架异象，其铭文告诫他“借此克敌”

他开始用祷告来吁请这位上帝，恳求向他显明他是谁，并伸出其右手来帮助他实现他的计划。他正在进行这些祷告和热切的祈求时，这位皇帝的面前出现了一个最奇异的神迹。如果是别的人报道了此事的话，人们也许不会轻易接受它；可是既然这位得胜的皇帝在事隔多年之后向目前这位作者亲口叙述该事件，[①]而我又很荣幸地成了他的熟人和朋友，并且他还发誓确证此事的确出现过，那么还有谁会不相信该报道呢，尤其是在随之而来的时间为他所说出的事情真相提供了证明之后。大约在正午时分，日头即将由东边转向西边，他说他亲眼看到，在搁置着太阳的天空上，有一个十字架形状的饰物从亮光中生成，饰物上附有一组文字：“借此克敌”(By this conquer)。他以及他所指挥的和正在赶赴某次战役的士兵，对于该景象都感到非常惊讶。他们一起见证了这个神迹。[②]

① 在这里要特别注意尤西比乌斯开始甩掉自己对这一奇迹的责任。这些话语表明尤氏从总体上是相信该神迹的，不过与此同时也表明他对自己所记载的这件事情的确切性质及可靠性是有所怀疑的。

② 这一极其偶然的报道从一开始就遭遇到了各种怀疑，这一怀疑是从尤氏自己开始的。存在着各种各样的解释，有的认为是一个真正的奇迹，有的则认为纯粹是后来的发明。某些事实，尤其是此时神的出现，至少从设想的角度看是几乎无法加以否定的。该事实曾被313年的《颂文》含糊地提及过，该颂文在不久后被镌刻在凯旋门上。有报道说，在同一个时期里，拉克坦提乌斯做了一个有关建造凯旋门的梦，梦中凯旋门上的颂文，正与321年那扎里乌斯所作的颂词相合，这一点似乎无法怀疑。而且，

第29章　基督在他熟睡时向他显现，命令他在战斗中使用一种十字架形状的军旗

他说，他质问自己：这一现象到底意味着什么；他一直在苦思

它也被制作十字架军旗这一事实所证实。至于这一显现的真实性质，有人认为它就如君士坦丁所叙述的那样，如果真是如此，那么它也许只是太阳的某种自然现象，或只是一个简单的梦，或是一个错觉。对其可能性进行讨论几乎没有什么益处。同时代详尽证据的缺乏以及被拉克坦提乌斯当作一场梦来描述，必定会造就所有人均能清楚看到一座带有铭文的奇迹般雕像这样一种思想。某些类似十字架的云团，或日晕形成的“光圈”，或十字架的某些联想和迹象，都有可能被大家见到，但显然并没有任何确定的、生动的和清晰的概念，否则它就会盛传于所有人的口中而必定为大家所记述，或至少不会被拉克坦提乌斯当作一种另类事物来记载。皇帝也许思虑过度，其过分活跃的心智承载着太多的问题和太重的负担，他不晓得基督教的上帝是否就是能够提供救助的上帝，当看到某种富有启发性的云块形状或太阳光线很像十字架时，其大脑中便迅即闪烁出了与特定话语和形状相关的异象，以至于他暂时地生活在这样一种幻觉最为强烈的现实当中。紧张的思想活动使他的心智完全有可能容得下这样一类虚幻的事情，这就像歌德那著名的自我遭遇一样。具有天才特质的人物才拥有理想事物的现实代表。这种特质并不绝对地等同于“幻觉”或“想象”。幻觉可以等到君士坦丁逐渐向自己和最终向尤西比乌斯描述那种理据不足的生动思想时才姗姗来迟，它可以作为一种客观现实或一种共有现象出现。当皇帝睡着的时候，他的大脑微粒朝着其新近紧张的思想形式摆动，他不可避免地要做梦，他的梦自然确证了他的思想。这并不是说，富含暗示的形式或思想自身，以及梦幻本身的方向，由于其特具个性并变得如此神异，而并非神意使然或并非圣灵的工作(否则思想为何而来?)；不过事实恐怕是：君士坦丁自己的心灵或别的东西也提供了某些后来的细节。有关异象发生于何时及何地，存在着一些不同的依据。颂文作者似乎认为它发生在离开高卢之前，而马拉拉斯则认为它发生于反对蛮族的战争时，后一说法与该作者通常的观点那样不准确。有关该话题的进一步讨论，见导论中“文献”条所列专论，尤其是下列人士的作品：Baring, Du Voisin, Fabricius, Girault, Heumann, Jacutius Mamachi, Molinet, St. Victor, Suhr, Toderini, Weidener, Wernsdorf, Woltereck. 如人们通常所认为的那样，尤西比乌斯报道的——亦即君士坦丁的——最简明扼要的、清楚的和令人钦佩的支持者是纽曼，见他的《神迹》(*Miracles*, Lond. 1875, pp. 271—286)。

冥想，直至深夜。在他睡着之后，上帝的基督带着中午时天空中所显现的饰物出现在他的面前，敦促他为自己制作一套天空中所显现的饰物的副本，利用它来作为防范敌人进攻的庇护物。

第 30 章　十字架军旗的制作

天亮之后，他起了床，把这次神秘的夜间交谈详细地告知了他的朋友们。接着，他召集了金饰工人和珠宝匠人，与他们坐在一起，向他们解释那个饰物的轮廓，要求他们用金子和宝石把它复制出来。这个东西既是皇帝本人曾经看见过的，我在这里描述它便是适宜的，何况上帝也允许。

第 31 章　十字架军旗的描述，罗马人目前把它称作拉伯兰旗[1]

它被制作成下列的形制。一条高高的长杆被用黄金的薄板包裹起来，杆上横架着一根短棒，因而构成了一个十字架形状。在顶

① ［来自布列塔尼地区的巴斯克语 *lab* 或 *labarva*，其意思为“军旗”——Riddle's *Lat. Dict.* voc. *Labarum*. 吉本声称，该词的出处和意义“完全不为人所知，尽管批评家们做过多方努力，他们徒劳无功地从拉丁文、希腊文、西班牙文、凯尔特文、条顿文、伊里利亚文和亚美尼亚文等去寻找它的词源。”——《罗马帝国衰亡史》第 22 章注释 33。——巴格斯特译本］。参照维纳伯斯的文章，收录于《辞书》(Smith and Cheetham, *Dict.* 1[1880], 908—911)，连同其参考文献及插图。

端，系着一个用宝石和黄金编织而成的花冠。花冠中[1]有两个字 491
母，这是“基督”这一名字开头的两个字母X(chi)与P(rho)，这两个字母的中间交叉在一起，它们构成为救主名称的组合文字。[2]后来，皇帝还把这些字母镌刻在自己的头盔上。与长杆相交的短棒上，悬挂着一幅织物，[3]这是铺满了宝石的皇室挂毯，该挂毯闪闪发光，因为它被织入了许多金片，因而看到它的人会不由自主地产生出一种难以言状的美感。这幅军旗被系在短棒上，其长度和宽度具有同样的尺寸。那根直立的长杆，从最低的一端向上延伸得很高，旗帜下面的一段较长；[4]在十字架饰物之下、在所描述的挂毯的顶端附近的长杆上，挂着这位被上帝所爱的皇帝的及肩头像，以及他的儿子们的头像。[5]

① 这里用的是“花冠中”而不是“花冠上”。参照维纳伯斯的文章中的插图。“它[基督一词开首字母的组合]常常被放置在冠冕当中或棕榈枝中。”(*Wolcott*, *Sacred Archaeology*, p. 390)。

② [Χιαζομενου του ρ κατα το μεσαιτατον. 似乎是为了回应文中的这一描述，吉本提供了镌刻于古代纪念碑上的两种样式。见《罗马帝国衰亡史》第20章注释35。——巴格斯特译本]。维纳伯斯所提供的各式各样的硬币都拥有通常形式的字首组合文字(cf. Tyrwhitt, art. *Monogram*, in Smith and Cheetham; the art. *Monogramme du Christ*, in Martigny, *Dict. d. ant.* [1877], 476—483)。

③ 这并非君士坦丁的新发明，只要比较一下下列对罗马普通军旗的描述就可以看出这一点来：“……每一支军队的军旗都有蛇或龙的形状，这些动物形状被绣在一块正方形的布料上，这样一块布料被悬挂在一根镀金的棒子上，挂上布料的棒子则被附着在一条长杆的上端，两者形成了互为交叉的十字形……在鹰徽或其他标志之下，常常绘有当朝皇帝的头像。”(Yates, art. *Signa militaria*, in Smith, *Dict. Gr. and Rom. Ant.* [1878], 1044—1045)。

④ “这一段不仅较长而且较粗壮。”——巴格斯特译本。此说的根据是瓦列修斯有关其可能意义的暗示，不过最好还是依照上面说法，所指为十字横棒下面的部分。参照瓦列修斯，克里斯托佛森，1709年版及默尔兹伯格版。

⑤ “圆形肖像”。——维纳伯斯

这个象征拯救的符号总是被皇帝使用来抵抗每一种敌对的势力，他命令他的所有军队在行进时都要由它的复制品来引领。

第32章　君士坦丁接受教导，并研读《圣经》

不过，这已经是稍后一些的事情了。在当时，由于受到令人惊愕的异象的震撼，而且已经决心崇奉那个曾经显现的神而不是别的神，于是他召集了熟悉他的语言的人们，向他们询问这个神是谁，已经显现那个符号的异象做何解释。他们说，这位神就是唯一上帝的独生子，已经显现出来的那个符号，就是不朽的标志，①是战胜死亡的胜利的一个持久不变的饰物，在他出现在人世间的时候，这个饰物便已经为他所赢得。他们开始告诉他，他为何来到人世间的理由，并详细地向他讲解他自愿适应人类条件的故事。他一边留心地倾听着这些叙述，一边赞叹曾经发生在他眼前的神的显现；在把天上异象与正在叙述的东西的意义做了比较之后，他打定主意，确信涌入其脑海的有关这些事物的知识，应当被看作是上帝亲自对他的教导。如今，他私自决定要专心致志于神启圣书的钻研。

① 苏克拉底(5.17)和苏佐门(7.15)均叙述道：发现于塞拉皮斯(Serapis)一座神庙——当时皇帝狄奥多西正在拆毁此庙——里的十字架符号，被当时的基督徒解释为不朽的象征(Suidas, ed. Gasiford, 2 [1834], 3398, s. v. Σταυροι; Valesius on Socrates and Sozomen; Jablonski, *Opuscula*, 1, p. 156)。对前基督教时代十字架的用途的研究最具启发意义，它至少表明，在某种意义上，我们主的受难是某些世界原则或“自然法则”的实现。

而且，他把上帝的教士当作自己的顾问，他还认为用一切适宜的仪式来尊崇曾经向他显现的上帝是正确的。此后，由于受到自己心中良好希望的激励，他最终开始扑灭暴政的险恶火焰。

第 33 章　马克森提乌斯在罗马的淫荡行为[①]

的确，先前占取了帝都的那个人，[②]忙于从事可耻和亵渎的活动，以至于在其肮脏和丑恶的行为中，达到了无恶不作的程度。

例如，他先是拆散了合法夫妻，在用非常可耻的手法来虐待这些妻子们之后，又把她们归还给了其原先的丈夫。他蛮横无理地做这一事情所针对的，并不是一些无名之辈，而是那些在罗马元老院中拥有最高地位的人们。他可耻地虐待了无数生来自由的妇女，却发现无法满足自己那难以遏制的和难以满足的欲望。不过当他把手伸向基督徒妇女时，他便再也不能够为其通奸行为发明方便可行的手法来了。她们[③]宁愿被他处死，也不愿让自己的身子受辱。

① 参照《教会史》第 8 卷第 14 章。

② 马克森提乌斯于 306 年借助一次禁卫军的暴动而成为皇帝。

③ 有些译本在此处添加了“合法的已婚”妇女……以及把她们再一次投入到“极端耻辱的境地”等字样，巴格斯特译本就是这样。但海尼琛译本则使用目前这个读法。参照海尼琛的注释。

第 34 章　一名行政长官的妻子为了保持贞节而自杀[①]

492 有一名妇女是一位担任行政长官的元老的妻子，当她——她是一名基督徒——获悉为暴君经办此类事情的人已经到来时，以及在得知自己的丈夫出于恐惧竟命令他们抓住她并把她带走时，她要求给点时间换衣服，然后走进自己的卧室，亲自用一把匕首插入自己的胸口。她立即死去，把自己的躯体留给了拉皮条者，不过借助她的这种比起任何言辞来更为雄辩和响亮的行为，她向目前和未来的整个人类表明，唯一一件战无不胜和牢不可破的东西，便是在基督徒当中获得了喝彩的贞节。这正是她所要证明的东西。

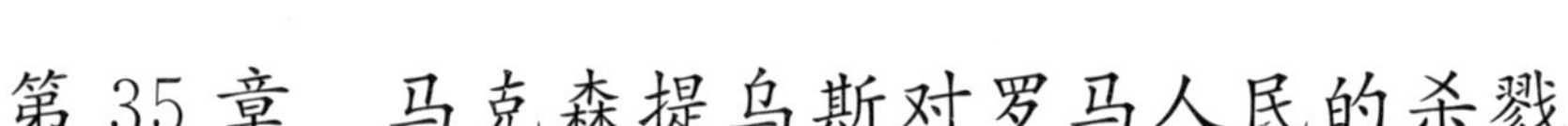

第 35 章　马克森提乌斯对罗马人民的杀戮

在如此倒行逆施的一个人面前，所有人都退缩了，从人民到皇亲国戚，无论地位高低，都受到了野蛮暴政的伤害。即使他们保持沉默并容忍严酷的奴役，也不可能从暴君的凶狠残暴中获得片刻的安宁。有一次，他通过一个无聊的借口，唆使自己的卫兵进行大屠杀，罗马城的无数人民被各式各样的兵器所杀，他们不是死于哥特人或蛮族之手，而是死于自己的同胞之手。杀害元老，是为了霸占他们的财产。死亡人数是无法统计的，因为人们随时都可能以

---

① 此章的内容与《教会史》第 8 卷第 14 章几乎分毫不差。

各种莫须有的罪名被处死。

第 36 章　马克森提乌斯为了对抗君士坦丁而行巫术；罗马的饥馑

暴君罪行的顶点便是施行巫术，为了达到目的，他剖开怀孕妇女的腹部，有时还要搜查新生婴儿的内脏；他还宰杀狮子，制作秘密的符咒，以便祈求魔鬼和抵挡敌意。他希望借助这些手段，能获得胜利。通过在罗马实施这样一类独裁统治，他给自己的臣民施加了难以言状的压迫，导致食品极端匮乏，我们这一代人根本记不得罗马任何其他时期里发生过类似情况。[①]

第 37 章　马克森提乌斯的军队在意大利的败亡

所有这些事情，激起了君士坦丁的同情，因而他开始做好反对暴政的每一种军事准备。他把万物之上的上帝当作自己的庇护者，把他的基督当作救主和援助者来祈求，并设定了胜利的饰物，即真正有益的符号；他走在卫兵的最前头，用尽全力来领导他们，为罗马人要求他们祖先的自由。

然而，马克森提乌斯把自己的自信放在巫术诡计上而不是臣

① 1709 年译本和默尔兹伯格等译本在此处添加了“别的任何地方都不”的字样，不过巴格斯特译本只是简单地译成“此前”，这无疑是正确的。该章实质上取材于《教会史》第 8 卷第 14 章，其中一部分的内容分毫不差。

民的忠诚上,他甚至不敢走出城外,[①]他用庞大数量的士兵和无数的作战部队[②]在他统治下的每一个地方和城市进行设防。可是,依赖于上帝支持的皇帝,向暴君的第一、第二和第三编队发起进攻,轻而易举地把他们全打败了,然后向前推进,[③]占领了大半个意大利。

第38章　马克森提乌斯在台伯河桥上[④]的夭亡

如今他已经非常靠近罗马城。为了使他不会因为暴君的缘故而被迫同罗马人民作战,上帝亲自把暴君召引出来了,就好像是用锁链把他牵着远离大门口;[⑤]那些反对邪恶的古老话语,尽
493 管是被信者记载于圣书当中的,却曾被广泛地怀疑为不过是传说,而他则借助自己的神圣行为,向每一个亲眼目睹过他的奇异事物的人——无论是信徒还是非信徒——证明这些话语是真实的。因

---

① “因为占卜师们曾预言道:如果走出城门,他就会死。”拉克坦提乌斯《论迫害者之死》。

② 巴格斯特译本在此处添加了“以及无数的伏兵”,即沿用了瓦列修斯译本和1709年译本的做法。该词组被字对字地翻译成“大队士兵”。上面这一句可以很笨拙地翻译为“为数众多的重装部队和数量庞大的士兵”,尽管该译本所提出的“数量更多的士兵和无数的军需品”也许更符合原意。他“既有人力,又有资源”。

③ 在希古辛、都灵、布里西亚和维罗纳。

④ 即米尔维桥,相当于现在的蓬提摩勒(Ponte Molle)。

⑤ 现在的蓬提摩勒在距波塔迭尔波波洛(Porta del Popolo,在蒙斯品丘)约2.5公里(约1.5英里)处。当时的城墙系奥勒良所建,大部分保留至今。这座蓬提·米尔维乌斯门始建于公元前100年,“这第一座桥的某些部分被认为仍残留下来”(Jenkin, p. 329, cf. Jenkin, art. *Bridges*, in *Enc. Brit*. 4 [1878], 329,包括插图和描述)。

此，就如同在摩西和虔诚的希伯来部落时代那样，“法老的战车和军队，被他抛进了大海，精选出来的骑兵队长，被他沉没于红海。”[①]马克森提乌斯和他身边的武装人员及卫兵，[②]以非常类似的方式“如同石头沉入了海底”。[③]他在上帝的军队和君士坦丁的面前节节败退，在溃逃中他想渡过横亘在前面的河流。当他本人用船只连接河流两岸，在河流中间搭起了一座漂亮的浮桥时，他便已经为自己建造了一架毁灭的工具，他的目的是想拦截上帝的朋友。可是后者有上帝莅临他的右手边，而不信神的[④]马克森提乌斯则在怯懦中建造了自我毁灭的秘密工具。可以这样来描述他：“他掘了一个坑，并把它挖深了，竟掉进了自己所挖的坑内。他必因自己的恶业而受罚，他的邪恶必落到自己的脑袋上。”[⑤]因此接着，由于上帝的意志，连环中的机械装置和隐藏在此装置中的器械在最关键的时刻里毁坏了，交叉处断裂了，船只连同船上的所有人员马上沉入了河底，[⑥]首先是懦夫本人、接着是他身边的步兵和卫兵，就像神圣的预言先前所显示的那样：“他们如铅沉在大水之中。”[⑦]于是即使不是用言辞、然而的确是用行为，以与陪伴着伟大仆人摩西的人们同样的方式，从上帝那里赢得此次胜利的人们，唱起了与反

① 《出埃及记》第 15 章第 4 节。此段同样取自于七十子希腊文译本，只有一个字的变动：尤氏在这里把“淹没在”换成了“投入和溺死在”，这一变换未必有太大效果。

② “重装士兵和轻装士兵。”

③ 《出埃及记》第 15 章第 5 节。

④ 按巴格斯特译本，“不信神者”或读作 ανευις，“必得不到神的护佑。”有关这一读法，存在着大量的猜测。海尼琛用的是 αθεει。

⑤ 《诗篇》第 7 章第 15—16 节，七十子希腊文译本。

⑥ 该问题已在导论中讨论过。

⑦ 《出埃及记》第 15 章第 10 节。

对古代邪恶暴君同样的赞美诗:“让我们向主歌唱,因为他荣耀辉煌;马匹和骑马者均被他投入海中;他成了我的援军,成了拯救我的避难所。”“主啊,众神之中谁能像你,谁能像你至圣至荣、可颂可畏、施行神迹?”①

第39章 君士坦丁进入罗马

君士坦丁以与伟大的仆人同样的方式,用各种类似的言辞表达了对全宇宙的首领、胜利的及时恩赐者的真正赞美,然后耀武扬威地骑马进入帝都。元老院的所有成员和其他拥有声望的著名人物,以及所有罗马人民,就像从笼子里刚被释放出来那样,立刻以自发的欢呼和无拘无束的喜悦来对他表示由衷的欢迎。携妻带子的人们,以及无数欢呼雀跃的奴隶,均断定他是他们的赎身者、拯救者和恩主。然而他因具有对上帝的内心恐惧,并不因为他们的喝彩而得意,也不会对他们的赞扬而兴高采烈,②而是清醒地意识到上帝的帮助;因此他立即对胜利的恩赐者提供感恩祷告。

第40章 君士坦丁高举十字架的雕像及其铭文

他用巨大的手写体和碑文向所有人民宣布救主的符号,把这

① 《出埃及记》第15章第1、2、11节,七十子希腊文译本。这整章以及上一章的最后一节均可以在《教会史》第9卷第9章中找到。

② 参照导论中有关性格方面的讨论,也参看本传记中有关普天同庆的其他报道。

一符号放置在帝都的中间，以作为对敌人的胜利的一个伟大饰物；用擦不掉的文字把它清晰地铭刻下来，以作为罗马官方的救世标志和整个帝国的防护物。他紧接着命令竖起一根高高的长杆，长杆呈十字架形状，被握在代表他自己的一尊雕像的一只手中，长杆上刻有拉丁字铭文：“我借助这个有益的符号——它是勇猛的真正证明——解放了你们的城市，把你们从暴君的轭中拯救出来；我还解放了罗马元老院和人民，恢复了他们古代的光彩和名声。”①

第 41 章　各行省的欢庆；君士坦丁的赐恩法令

这位为上帝所爱的皇帝，以这样的方式自豪地承认了带来胜 494
利的十字架，他完全开诚布公地使上帝之子为罗马人所认识。整个城市的人聚集一起，包括元老院和所有人民，他们从暴君压制的痛苦中恢复过来，仿佛是愉悦的明亮光束，仿佛正在参与一个清新的新生命的再生。处于日落之处的大洋以东的一切民族，从先前压迫他们的邪恶当中获得了自由，他们在幸福的聚会中欢快高歌，赞颂强有力的胜利者、上帝的敬畏者和大恩主，他们万人一声地感谢因上帝的恩典而显露于君士坦丁身上的人类共善。皇帝的一个法令也被到处传发，法令允许把被没收的财产归还原主，并允许遭受不正义放逐的人回归故里。他还释放了那些因暴君的残酷而被

① 参照《教会史》第 9 卷第 9 章。如果真如克鲁斯(Crusè)所言，在这个铭文当中，存在拉丁原文的痕迹，那就可以推测，尤西比乌斯所援引的是一个真实存在过的铭文。倘若果真如此，十字架异象的可能性便会迅即增大。

监禁的人，解除了人们的危险和恐惧。

第42章　赐予主教的荣誉，教堂的建造

皇帝亲自把上帝的仆人召集在一起，以最高的敬意善待他们，对他们体恤有加，因为这些人献身于他的上帝，因此他从行动上和言辞上都偏爱他们。他与他们同桌吃饭，尽管他们的外观和穿着打扮非常朴实和卑微；他对他们的尊重一点也不小气，因为他认为，他所看到的并不是俗人眼睛所能看到的人，他在这些人身上看到了上帝。他还带他们一起出征旅行，相信在这种旅行中，他们所崇拜的上帝将会出现于他的右手边。此外，他还从自己的私人资源中向上帝的教会提供丰富的帮助，拓宽和增高崇拜场所，[①]用许多的奉献去美化宏伟的教会神圣建筑物。[②]

第43章　君士坦丁对穷人的慷慨

他向穷人分发各种各样的钱物，他还对那些向他走来的异教徒和外乡人，[③]表现出怜悯和仁慈。对于某些公开乞求施舍的穷

---

① “祈祷场所”，或教堂。

② 翻译五花八门，这里要表达的似乎是：较小的建筑物得到了拓宽，较大的建筑物得到了装饰。君士坦丁光是在罗马城里修建的建筑物数量就很巨大。据说即使在现代城市中，人们也可以处处见到他所建造或翻修的教堂。有关该方面的有趣专论，可参看导论中“文献”条提到的奇昂皮尼(Ciampini)的作品。

③ 通常字面上的翻译为：“向朝他走来的外地人”，不过其意思应当是“外国人”。他的慷慨不仅惠及高尚的贫穷公民，而且惠及外国人和乞丐。

困绝望的不幸者，他不仅提供金钱或必需的食物，而且提供像样的衣物让他们遮体。对于那些最初是出生于高贵家庭、如今却陷入艰难时刻的人，他更为慷慨地为其施舍生活物资，以皇帝的雅量来为这种人提供丰厚的捐助：他授予其中一些人土地，晋升另一些人担任各种公职。他像父亲那样照顾不幸成为孤儿的人，用私下的关怀矫正寡居妇女的脆弱，从自己的熟人当中为其物色新丈夫，为失去双亲的孤女物色富裕人家。他通过增补新娘所需的嫁妆使她们顺利地与愿意接纳她们的富裕人家结亲。[①]就像太阳升起并把光芒照射到各个角落那样，君士坦丁便是升起于皇宫的太阳照亮着人类，仿佛随着天上的发光体而上升，向所有来到他面前的人们散发出慷慨良善的光束。走近他而又不接受某些恩泽是不可能的，期待他给予支持的人们，其良好希望是永远不会落空的。[②]

第 44 章　他出席主教会议

这些就是他对于所有人的总体性格。对于上帝的教会，他同样给予了特别的注意。当在不同地方，有些人相互之间意见不合时，他就像一位由上帝任命的全权主教那样，召集上帝仆人们的公会议。他总是屈尊亲自出席他们的活动，参与审查讨论的话题，通过调解，在所有人当中促成上帝的和平；他就坐在他们当中，俨然

① 原文使用的词为 κοινωνια，此词在圣徒“共享”或“交谊”学说中很流行。它具有互惠和相互分享的意思。

② 在民间广泛流传这样的说法：即使在临终之前，他仍然是一个乱花钱的人。正如维克托所说，这一点代表了他慷慨的另一面。参照导论中有关性格方面的讨论。

495 是许多人中的一个喉舌，他把禁卫军、士兵和各种各样的保镖都打发走了，仅仅由对于上帝的畏惧来保护，并由其忠心耿耿的伙伴们来环绕。那些他所看到的拥有一种完善判断力、展现出一种平静及调和气质的人，受到了他的高度称赞，因为他明显喜爱某种总体上的感情协调；而对于顽固不化者，他却给予拒绝。[①]

第45章　他对无理性之人的容忍

甚至有人在发言中严厉地攻击他，他也毫不憎恨地容忍他们，只是用轻柔的声音命令他们做事要符合理性，不要动不动就争吵。他们中的一些人尊重他的指责，并停止了对他的攻击，而对于那些证明是无法获得完善判断力的人，他只好完全留给上帝去处理，因为他不愿意采取什么措施来对任何人造成伤害。由于这一原因，在非洲的人们意见分歧达到了这样一种程度，以至于犯罪屡现，[②]某个邪恶魔鬼显然憎恨当今没有限度的兴旺发达，企图迫使那些人采取犯罪行为，以便煽起皇帝对他们的震怒。然而，他的忌妒并不太成功：皇帝把这些正在做的事情看作是滑稽可笑，他说，他理解邪恶魔鬼的挑衅；犯罪行为并不是由头脑清醒的人所做的，而是由那些精神错乱的人或那些被邪恶魔鬼唆使到进入狂乱状态的人所做的；他们应当被怜悯而不是被惩罚；他根本就不会受到他们疯

① 君士坦丁像尤西比乌斯本人那样，在现代神学争端中是一名明确的“异端思想的容忍者”。人们可以想象，尤氏在这方面是得到君士坦丁的支持的。这非常符合我们的感情需要；毕竟，顽强不屈的阿塔纳修斯是一个比尤西比乌斯还要伟大的人。

② 参照导论中有关生平与作品部分。

狂蠢行的伤害，只是有时出于极端的仁爱之心为他们感到痛心。[1]

第 46 章　对蛮族的胜利

皇帝用自己的每一个行为来服侍万事万物的管理者上帝，孜孜不倦地[2]照顾自己的教会。上帝对他的回报就是把所有蛮族放在他的脚下，以至于在每个时刻和每个地方，他都会从敌人那里收缴战利品，并宣布他为他们当中的胜利者，使他成了敌人的一个恐怖对象，尽管他本质上并不是这样，相反，他是所出现过的最文雅、最温和和最仁慈的人。

第 47 章　马克西敏之死，[3]他企图发起一场阴谋，被君士坦丁借助神的启示识破

正当他忙于这些事情时，从权力中退出的第二个人，因组织一场刺杀阴谋而被抓住，并被可耻地处死了。为了承认他的地位，人们在世界各地为他建造了纪念性的碑文、雕像和诸如此类

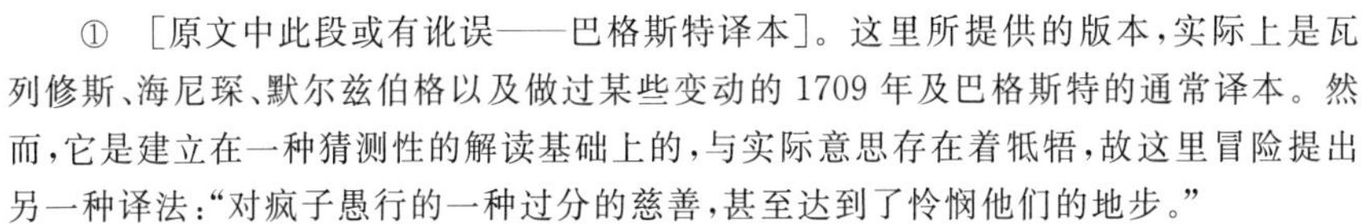

① ［原文中此段或有讹误——巴格斯特译本］。这里所提供的版本，实际上是瓦列修斯、海尼琛、默尔兹伯格以及做过某些变动的 1709 年及巴格斯特的通常译本。然而，它是建立在一种猜测性的解读基础上的，与实际意思存在着牴牾，故这里冒险提出另一种译法："对疯子愚行的一种过分的慈善，甚至达到了怜悯他们的地步。"

② 某些版本写作"从不沮丧地"或"毋庸置疑地"。

③ 这里所指到底是马克西米安还是马克西敏，长期以来存在着争论。对于那些比照过《教会史》第 9 卷第 9 章和第 11 章的叙述顺序的人们而言，这一争论是没有必要的，尽管人们对于一个最忌妒、最贪婪的强势人物竟然会被错认为是一名逊位者而感到大惑不解。在尤西比乌斯本人的内心里似乎曾经有过某种混乱。

的荣誉标志，然而他是第一个被拆掉荣誉标志的人，理由是他渎神和邪恶。在他之后，同一家族的其他成员也因组织反对皇帝的秘密阴谋而被抓住，上帝以超自然的征兆奇迹般地对其仆人揭发了所有这些阴谋。

当神的异象对他奇迹般的展现，并为他提供了所有种类的未来事件的预知时，上帝的确是经常向他显现的。要想用话语来描述那些来自上帝恩典的难以言状的神奇事物是不可能的，上帝自己明白，授予其仆人这些恩典是合适的。借助这些恩典，他安全地度过了余生，他因拥有臣民的忠诚而欣慰，也因能够看到他治下的所有人过着满足的生活而欣慰，但最欣慰的莫过于他看到了上帝教会的幸福。

第48章　君士坦丁即位十周年庆典

就在这种情形下，他迎来了即位第十周年纪念日。为此，他到处举行公众庆典，像无烟火的献祭[①]那样，向万王之王上帝提供感恩祷告。他从这些活动当中得到了大量的乐趣，这与从东方行省中传来的有关各种暴行的坏消息，形成了鲜明的对照。

第49章　李锡尼压迫东方

496 这时他接到报告，有一只凶猛野兽威胁到上帝的教会和其他

① 无须燃烧的祭物，即肉祭。

的地方居民。仿佛邪恶魔鬼正在做的事情刚好与被上帝所爱之人恰恰相反,以至于整个罗马的版图似乎被分成了两部分,这两部分类似于黑夜和白天,黑暗降临于居住在东部的人们头上,灿烂的日光则照射着其他部分的居民。由于来自上帝的无数恩惠提供给了后者,因此这里所能看到的美好景象便不见容于一贯憎恨良善的忌妒邪灵,也不见容于正在压迫世界另一部分的暴君。尽管他的统治一度很成功,并曾经被授予了借助婚姻[①]去结交君士坦丁这样一位伟大皇帝的特权,可是他停止了模仿被上帝所爱之人,开始追随不信神者的邪恶政策:虽然他曾亲眼目睹了后者一个个走向毁灭,但他还是试图追随他们的政策,而不是维持与上司的友谊。[②]

第50章　李锡尼试图发起一场针对君士坦丁的阴谋

于是他向自己的恩主发起了持续不断的战争,在他的心目中,根本就不考虑友谊、誓约、亲情或协定等法则。那位最宽厚的人曾经借助他与其妹妹的婚姻,授予他享有其父系门第的特权,并把他纳入到自己的祖先皇室血统当中来,还授予他统治东部臣民的权利,企图给他提供这些代表真正好意的恩惠,[③]而他却用一种对立

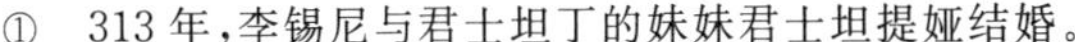

① 313年,李锡尼与君士坦丁的妹妹君士坦提娅结婚。

② 这里在整体上沿用《教会史》第10卷第8章的说法。

③ 巴格斯特译本对此处的译法,实际上是对《教会史》第10卷第8章的注解。参照麦克吉弗特的译法。默尔兹伯格翻译为“让他完全拥有曾经由他掌控的那部分领土”。

的态度来设计各种针对自己上司的诡计，他采取了一个又一个的阴谋，目的就是为了恩将仇报。起初，他在友谊的伪装下诡计多端地和奸诈地做着每一件事情，希望其罪恶不会被觉察到；可是上帝却向皇帝揭露了这种在阴暗中设计出来的阴谋。当他的第一种罪行被发觉之后，他继续策划第二种骗局；有时他会提供友谊之手，有时他又信誓旦旦地保证协定有效。接着他就会突然违背协定，再一次派出使节去寻求达成新条款，然而又一次可耻地撒谎，终至以公开的宣战告结；由于其缺乏智慧的蠢行，他最终开始了一场反对上帝的战役，而他明明知道，这位上帝正是皇帝所崇奉的。

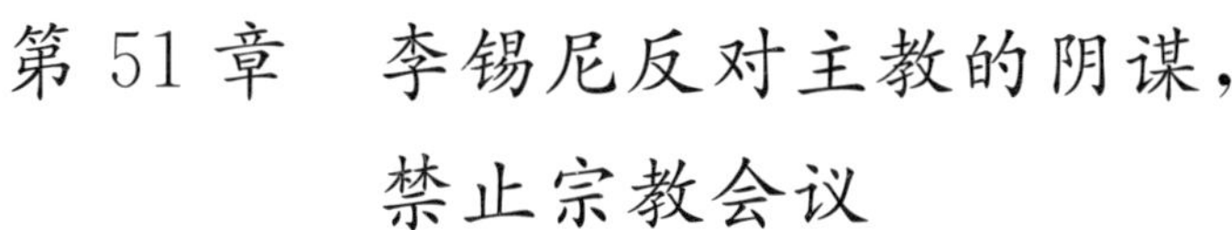

第51章　李锡尼反对主教的阴谋，禁止宗教会议

首先，他开始了一场针对他所统治下的上帝的仆人们的秘密调查，这些人根本就没有犯过任何反对国家的罪行，而这样的罪行正是他想要控告他们的口实。然而，他们无懈可击，找不到指控他们的任何借口，于是，他发布了一个法令，命令主教相互之间不得进行任何交流，也不被允许访问自己邻近的教会，不得举行任何宗教会议、公会议，或涉及公众利益的讨论会。[①]这不过是虐待人们的一个借口：一个人要么违反法令而遭惩罚，要么屈服于法令而违背教会法。除了使用宗教会议的方式，别无解决重大问题的其他方法；神圣的教会法规定，主教的任命也只能采取此种方式。上帝

① 可以译为“涉及公众利益问题的宗教会议、主教会议或其他正式会议”。

的憎恨者之所以发出这样的命令，是因为他知道，他正在采取与上帝所爱之人完全相对立的态度行事。虽然其中的一个想在服从神圣法律中通过集合上帝的教士来促成和平与和谐，可是另一个则图谋破坏良善事物，并试图粉碎和谐局面。

第52章　放逐基督徒，没收其财产

而且，上帝的朋友看到在皇宫内接纳上帝的仆人是合适的，而
上帝的憎恨者则作出相反的选择，把自己手下的所有敬神者从皇
宫内驱赶出去，把那些在他周围的最忠实和最忠诚的人一一放逐， 497
他还命令把那些在为他服役中曾因有过高尚行为而取得荣誉和高
职位的人变成别人的奴隶，让其去履行卑下的任务。他们所有的
货物，他都要攫夺，仿佛它们是他自己的意外之财，他甚至用死来
威胁承认救主名字的人。这同一个人，拥有一个被情欲支配的和
肆无忌惮的灵魂，施行过无数次的通奸和难以启齿的暴行，根本就
无法相信贞操是人性中的一个美德，把自己当作是卑劣的典范。

第53章　不允许妇女在教堂里遇见男人的法令

此后，他又颁布了第二条法令，要求男人和女人不可聚在一起向上帝祷告，妇女不可参加神圣的贞淑学校，主教不可在祈祷演说中教导妇女，应当在妇女当中任命妇女的教师。当大家把这些规定看作是荒谬可笑的东西之后，他又策划了另一个计谋来毁灭教

会。他说,俗人的正规集会应当举行于开阔乡间的户外,因为户外的空气要比都市崇拜场所新鲜得多。

第54章　拒绝献祭者,要被从军队中除名;坐牢的人,不能接受施舍

由于没有多少人服从这些规定,他最后撕下了假面具,公开命令,如果城市中的军队成员不向魔鬼献祭的话,他们所具有的军事指挥职务就要被降级。每个行省中的军官阶层因而失去了畏惧上帝的人,这些法令的创制者则再也得不到祈祷了,因为他使自己丧失了圣洁的人们。对于神圣的事物尚且如此严厉,对于世俗的事物还能宽容吗?例如他命令,遭受牢狱之灾的人,不允许得到仁慈分发的食物;因饥饿而正在死去的受奴役者,不应当得到怜悯;不应当出于自然感情而对自己的邻人表现出任何的善意,或做出任何的善行。在立法时,此人是骇人听闻的和相当邪恶的,在性格的苛刻上绝对是走到了极限,因为有一条处罚条例这样规定:进行施舍的人应得到与接受施舍的人同样的处罚,提供仁爱救助的人要遭受与陷入不幸境况的人同样的惩治。[①]

第55章　李锡尼的非法行为和贪婪

这些就是李锡尼的法令。还有什么必要列举出他的有关婚姻

① 参照《教会史》第10卷第9章。

的新发明、有关垂死之人的新变动呢？在这些新花样中，他蛮不讲理地废除了很久以前就确立起来的良好的和明智的罗马法律，代之以具有严酷效果的外国法律，并发明了无数的借口来伤害他的臣民。他设计出新的土地测量法，这样，最小的地块就可以算出更大的面积，出于贪婪的目的，以此获得额外的税款。他还把很早以前就已经入土为安的死人登记入户，把这当作是为自己进一步获利的来源。他的吝啬没有任何限度，他的贪婪永不知足。因此当他的财库中堆满了大量的黄金、白银和货币时，他却拼命地叫穷，他的灵魂里充塞着某种可看不可用的痛苦。他发明出来针对从未做过任何错事的人的野蛮惩罚、他对高贵和体面人物所施行的货物没收、这些人物的合法妻子被他交给肮脏的奴仆去粗鄙地虐待、他自己尽管年老力衰还是强暴了难以数清的已婚妇女和年轻处女，等等，肯定是没有必要去加以详述的，因为他的最终的极端化行为使得其早期的行为变得无足轻重。[①]

第56章　他最终发起了一场迫害

他最后的疯狂就是拿起武器来反对教会，攻击他认为首先与
他作对的任何一位主教，把上帝所爱之人和伟大皇帝的朋友们当 498
作敌人。因此他对我们的愤怒变得非常强烈，他不再进行理性的
思考，他的心智变得完全狂乱。他的大脑中已经关闭了对在他之

① 参照《教会史》第10卷第9章，同样的内容也可以用来注释下一章的一部分或全部。

前迫害过基督徒的那些人的记忆，他也不再记住那些因其政策的邪恶而被他亲自剿灭和惩治的人们，不再记住他亲眼目睹的恶行的第一个发端者——不管他的名字叫什么——如何被神罚的疾病所击倒。

第57章　瘘管溃疡日益恶化的马克西米安[①]，发出了一个有利于基督徒的诏书

当此人开始攻击教会，并变成第一个用正义和畏惧上帝之人的鲜血来玷污自己的灵魂的人时，上帝派出的惩罚已经追击着他，从其肉体开始并扩展到他的心智。他的阴部的中间发生了大面积的炎症，然后出现了深度的瘘管状溃疡；这些溃疡无可救药地扩散到肠部，从溃疡的肠部冒出了无数正在孵卵的蛆，以及一股死亡的恶臭；由于平时过分贪吃，他的整个躯体负载着大量的脂肪，因此当它们腐烂的时候，据在附近围观过的人说，其场面惨不忍睹。当他带着如此之多的邪恶作垂死挣扎时，他最终的确意识到了自己反教会的罪行。接着他向上帝忏悔，并停止迫害基督徒，他以法律和皇帝诏书的形式，鼓励建造教堂，命令他们像往常那样从事崇拜活动，并为他祈祷。[②]

① [伽略里乌斯·马克西米安。下一章中对他的病痛及死亡的描述，抄自于同一作者的《教会史》第8卷第16章。——巴格斯特译本]。参照麦克吉弗特在第338页中的译文及注释；也请参看拉克坦提乌斯《论迫害者之死》第33章。

② 参照《教会史》第8卷第17章中的诏书。

第58章　迫害过基督徒的马克西米安被迫逃跑，假扮成一名奴隶隐藏起来

这便是迫害的发起者所经受的惩罚。不过虽然他[1]是这些事情的目击者，并且借助经验得以深入了解它们，我们的故事正在描述的这个人，却全然忘记了它们，既不愿意记住对第一个迫害者的惩罚，也不愿意记住对第二个迫害者[2]的复仇。后者在进行恶行种类的竞争中，甚至力求超过自己的先辈，他以发明针对我们的新型惩罚手段而感到自豪。他并不满足于火、铁、十字架、野兽和深海，他还继续发明一种新型的折磨手段，即下令残害视觉器官。有这么多的人，不仅男人，还包括女人和小孩，右眼睛和踝关节被用铁具和烙铁弄残，然后被送到矿山去服劳役。由于做了这些事情，他也很快就受到上帝正义的追击。他由于相信有他崇奉为神灵的魔鬼的帮助，并且依赖无数的士兵，因而冒险发起了战争。可是在那时，他的神助的希望落空了，他脱掉了他本来就不配穿着的帝袍，胆怯和懦弱地溜进了人群当中，企图用逃跑来保住性命。[3]

随后，他又躲避在一个又一个庄园和村子里，以为打扮成一名奴仆就可以不被觉察。可是他还是无法躲避开监督万事万物的伟大眼睛。正当他最终希望他的生命是安全的时候，他被来自上帝

① 指李锡尼。

② [马克西敏，帝国东部的统治者。——巴格斯特译本]。

③ 他被李锡尼击败，后者所拥有的军力处于绝对劣势。参照导论中有关生平的叙述及参考文献。

的闪闪发光的长矛击倒了，他的整个身体被神圣复仇的大火所吞噬，他的外形本来就难以辨认，如今活像个干枯的骷髅和幽灵。

第59章　因病致盲的马克西米安，发出了一个有利于基督徒的诏书

随着上帝的惩罚变得越来越严厉，他的眼珠开始突出，并从眼窝里掉了下来，顿成瞎子。他得到了来自上帝的最正义的报应，因为这一惩罚最初正是他施加在上帝的殉道者身上的。尽管经受了
499 如此巨大的痛苦，他还是能够苟延残喘，不过他最终承认了基督徒的上帝，并放弃了针对上帝的战争；他还撰写了一份认罪书，就如他的先辈曾做过的那样。在已经公布的法律和法令中，他承认自己在有关神的认识问题上犯有错误，并证实，他根据自己的亲身经历，逐渐地只承认基督徒的上帝。尽管李锡尼从事实中、而不是通过别人的道听途说来学会所有这一切东西，但他还是陷入了同样的事情中，仿佛他的心智已经被错误的乌云所遮蔽。

第2卷 500

第1章　李锡尼的秘密迫害，在本都的阿马西亚，一些主教被处死

我们已经描述过此人如何开始轻率地陷入到上帝的敌人所陷入的陷阱里。这些人的政策以及他们因不虔敬所导致的毁灭，他曾经亲眼目睹过，如今他开始模仿他们，重新点燃熄灭已久的迫害基督徒的火焰，比起他之前的那些人来还要炽热。像某种野兽或卷曲缠绕的蟒蛇那样，散发着对上帝的怒火和战争的恐吓。

然而，出于对君士坦丁的恐惧，他还不敢公开进攻附属于他的上帝之教会。他隐藏起其邪恶的毒药，阴险地和逐渐地策划反对主教们的政策，借助行省统治者们的一场阴谋，开始铲除这些主教中的最著名人物。甚至这种用来屠杀他们的方式也是很怪诞的，是前所未闻的。在本都的亚马塞(阿马西亚)所采取的行动显得残酷至极。

第2章　毁坏教堂，残杀主教

一些教堂在先前受到踩躏之后，如今第二次遭受完全的破坏。

其他的教堂也被当地的官员关闭了，目的是为了防止它们的正式成员聚集一起为上帝提供公认的圣事。发出这一命令的人不相信这些圣事的被履行是为了他的利益，他的判断来自于自己的做贼心虚，他反倒确信，我们履行这些圣事和抚慰上帝是为了君士坦丁。

某些充当摇尾乞怜的走狗的人们，[1]因坚信他们所做的事情与他的亵渎神圣行为意气相投，于是把死亡判决强加在最受尊敬的教会领导人身上，后者被无缘无故地[2]抓走，并像血腥凶手那样受到惩罚，尽管他们没有做过任何错事。一些人如今遭遇到一种新的处死方式：他们的躯体被一把剑切成许多碎块，这种折磨形式之残酷所引起的震惊，超过了过去的悲剧故事，折磨过后，他们就被扔进大海去喂鱼。而且前不久，又一次出现了对上帝敬畏者的放逐，乡村和荒漠又一次迎来了上帝的崇拜者。当暴君的这些政策正在实施时，他最终开始考虑发起一场对基督徒的总迫害；[3]他已经拿定主意，本来是没有任何东西能够阻止他立刻施行这一主意的，可是就在此时，他自己人民的斗士却预先处置了这即将要发生的事件，他在最黑暗的夜晚里燃起了一盏巨大的灯，引导着其仆人君士坦丁进入到帝国的一片土地。

① 字面上为“他周围的拍马奉承者和趋炎附势者”。

② 或“公开地”。

③ [原文的写法为 τουτων，不过牵涉到所有基督徒时则应当用 πεντων，就如在《教会史》第 10 卷第 8 章中那样，本节文字几乎一字不漏地摘抄自此处。——巴格斯特译本]。

第3章 君士坦丁决心保护受到迫害的基督徒

君士坦丁认为所描述的有关事件的报道再也不能容忍。他得出了一个考虑周到的结论，他把坚定的决心和自己的内在仁慈合并一起，开始去保卫被压迫者。在他看来，除掉一个人来拯救人类的大多数，这应当是一种虔诚和神圣的行为：只要他继续行使伟大的宽厚，并对一个不值得同情的人表达仁慈，后者就将一无所获，因为他根本不会从邪恶的习惯中改变过来，而只会加剧他对臣民的愤怒；[①]而且，那些受其伤害的人们，因而将永远丧失了被解救的一切希望。

由于心中有了这些考虑，皇帝便毫不犹豫地决定伸出自己的 501
手去救助那些处于极端不幸中的人们。他开始军事装备方面的正 209
规准备，他的整个步兵部队和骑兵编队被集合起来，走在部队最前头的是那幅对上帝的胜利充满希望的旗帜。

第4章 君士坦丁用祷告来准备战斗，李锡尼用占卜来做准备

如果他有过祷告的需要的话，那么如今他肯定需要祷告。因此他为自己配备了上帝的教士，他认为这些人必须与他为伴，要确

① 这似乎是为了替君士坦丁的主动攻击开脱责任，以便解释为何异教徒称他对李锡尼“无信义”。

定他们作为其灵魂的卫士而在场。

显然，只是因为上帝和君士坦丁一起工作，后者才赢得对敌人的胜利；刚刚提到的教士总是与他为伴并总是在场；代表拯救的耶稣受难标志总是引领着他及其整个部队。如同被预言到的那样，在暴政庇护下的那个人在听说这一切之后，把它们斥之为荒谬不经，并用侮辱性的语言讥讽和辱骂皇帝。

与此同时，他在自己的身边养了一帮预言家、占卜师、埃及药师、术士、献祭动物内脏的解释者及他所认为的众神的先知。他先是用献祭来抚慰他所相信的众神，然后询问他们发起的战役最后结果会是什么。借助来自于所有神谕所的、用优美诗句写成的冗长的预言书，他们一致向他许诺：他很快就会战胜敌人，赢得战争。鸟卜师宣布，鸟的飞行预示着有利的结果；肠卜师[①]则宣称，动物内脏的气色显示出类似的征兆。由于受到诸如此类的欺骗性许诺的鼓励，他怀着巨大的自信，尽其所能地发起对于皇帝部队的抵抗。

第5章 李锡尼在一片丛林中献祭时，谈到偶像和基督

在他即将开始战争的时候，他把自己卫兵中的精选成员[②]及

① 占卜师和祭司们。这些人员的专门术语为“占卜官”和“肠卜官”。有关他们的功能，请参看文章《鸟占、星占和脏占》(*Augur*, *Divinatio*, *and Haruspices*, in Smith, *Dict. Gr. and Rom. Ant*)。

② 字面上为“携盾侍从”，不过这里指的是精选出来的贴身卫兵，就像在马其顿的军队中那样。参照利德尔和斯科特《希英词典》(Liddell and Scott, *Lex*. s. v.)中“υπασπιστηs”。

受尊重的朋友一起召集到一个他们认为是神圣的地方。这是一片园林，有清澈的泉水和稠密的树木，他们称之为神的各种各样的雕像竖立其间，这些雕像均用石头雕成。他为这些神像点燃了蜡烛，进行了日常的献祭，然后据说发表了如下的演讲：

"朋友们，战友们，这些是我们祖先的神，我们之所以崇奉他们，是因为我们从最久远的祖宗那里就已经接受他们作为崇拜对象。举兵反对我们的那个指挥官，已经破坏了我们对祖先制度的信念，采取了无神的信仰，错误地从别的一些地方引入了某个外国神，他甚至用该神的可耻标志使他自己的军队蒙羞。他信赖这个神，他拿起武器首先反对的不是我们，而是他所获罪的众神。今天该是证明他所信仰之神的错误的时候了：这场战斗将在我们所崇奉的众神与对方所尊崇之神当中作出抉择。要么，我们将被宣布为胜利者，这样就能够正义地证明我们的神是真正的救世主和救助者；要么，倘若君士坦丁的这个神——无论他是谁，也无论他来自何处——击败了我们这支数目也许占有优势的军队，往后就不该有人再怀疑他应当崇奉哪个神了，因为他必然转向胜利者并授予他胜利的奖赏。倘若我们目前所嘲笑的外国神被证明更为优越，就不要再阻止我们也承认和尊崇他，并对我们为之徒劳地点燃蜡烛的诸神说再见。不过倘若我们自己的神占了上风——这是毫无疑问的——那么一旦我们获得目前的胜利，我们就要发起反对不信神者的战争。"

这些就是他对集会者的演讲。目前这一作品的作者，是在不

久之后从那些亲耳听他演讲的人那里获得这一信息的。[①]他一结束演讲，就向他的部队下达开始行动的命令。

502 第6章 在臣属于李锡尼的城市中，人们看到了一个幽灵，仿佛是君士坦丁的部队在城中行进

事情正在发生的时候，据说属于暴君阵营的人们看到了一个难以形容的奇观。君士坦丁的各类军队忽然出现于明朗的日光底下，他们队列整齐地穿行于城市之中，仿佛已经赢得了战役。虽然实际上并没有一兵一卒经过，可是这一异象却被看到；该异象借助一种神圣的和高级的力量，预先揭示了即将发生的事件。军队一旦进入临战状态，首先挑起战端的就是那个破坏了友谊协定的人[②]。只是在此之后，君士坦丁——他呼喊着居于万有之上的救主上帝的名字，并把该名字当作他身边战士的暗号——才击退了首次发出进攻的部队。此后不久，在第二次战斗中他居于更为有利的地位，他靠走在其亲自率领的小分队前头的拯救饰物的帮助，

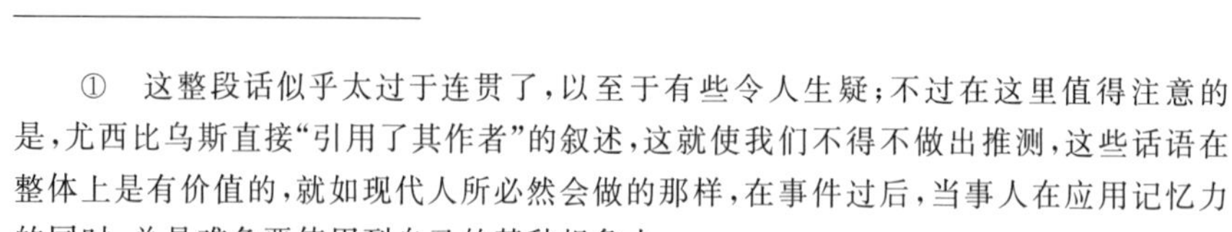

① 这整段话似乎太过于连贯了，以至于有些令人生疑；不过在这里值得注意的是，尤西比乌斯直接“引用了其作者”的叙述，这就使我们不得不做出推测，这些话语在整体上是有价值的，就如现代人所必然会做的那样，在事件过后，当事人在应用记忆力的同时，总是难免要使用到自己的某种想象力。

② [李锡尼被怀疑曾暗中支持巴西亚努斯（他娶了君士坦丁的妹妹阿娜斯塔西娅，并获得了恺撒的头衔）发起一场叛乱。参看吉本《罗马帝国衰亡史》第14章。——巴格斯特译本]。参照导论中有关生平部分。

而取得了更大的胜利。

第7章　在战斗中十字架军旗所到之处，胜利随之而来

敌人逃窜到哪里，饰物就出现在哪里，胜利者也便追击到哪里。皇帝非常了解饰物的功用，当他的部队中有些分队迷失方向时，他就会下达命令，要求拯救的饰物提供支持，于是，饰物就像抵御灾难的成功魔咒，[①]在军事胜利的过程中起到了矫正的作用。胜利将立刻随之而至，就如借助某些神的恩典、勇气和力量使战斗者振作起来。

第8章　挑选五十人高举十字架军旗

由于这一原因，他命令从自己的那些以体魄健壮、勇气十足和行为虔诚著称的私人卫兵中抽出一些人来专门照料军旗。这些人的数量最少有五十人；他们唯一的任务就是用自己的武器护卫军旗，轮流把它举在自己的肩膀上。很久之后，在一个闲暇的时间里，皇帝亲自向本书作者详述了这些事情，他还添加了一个值得注意的神迹。

① 或“约物”，亦即能够免除伤害。

第9章　一名旗手临阵脱逃，死于非命；另一名旗手忠于职守，则幸免于难

他说，在此次战争的一场战斗期间，当时部队正在经受巨大的骚动，肩上扛旗的士兵陷入了恐慌，他把军旗交给了另一个人，以便他能够从战斗中逃脱。一旦交出了军旗，他便失去了军旗的保佑，一支飞矛刺穿了他的下腹部，他立刻毙命。当他倒下死去的时候，他就为自己的懦弱和不忠诚而遭到惩罚，与此同时，对于那位举起这一拯救饰物的人来说，它就成了生命的拯救者；当飞矛向他掷来时，这位举旗者常常能够获救，因为军旗的杆挡住了投射物。这是一个相当不寻常的神迹，当敌人的飞矛到达那条杆的狭小四周时，它们竟能够牢牢地钉在杆上，而举旗者得以死里逃生，仿佛履行这一工作的人都具有刀枪不入的本领。

该故事并不是我发明出来的，而是皇帝亲口说出来的，[①]我们只是听者，这只是他所叙述的故事中的一个。当他借助上帝的威力赢得了第一场战斗之后，他开始向前推进，并整肃了军纪，使之秩序井然。

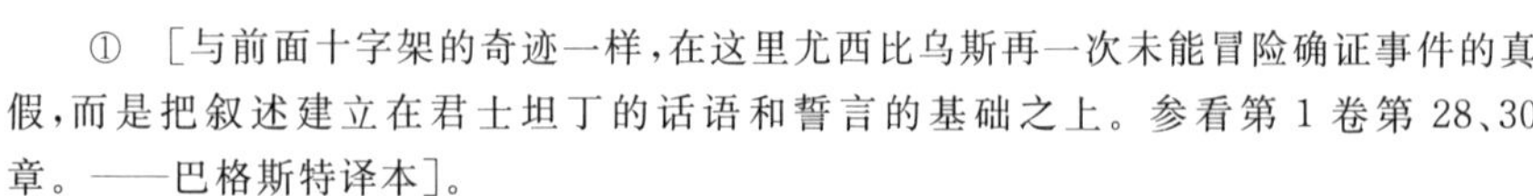

① ［与前面十字架的奇迹一样，在这里尤西比乌斯再一次未能冒险确证事件的真假，而是把叙述建立在君士坦丁的话语和誓言的基础之上。参看第1卷第28、30章。——巴格斯特译本］。

第10章　各种各样的战役，君士坦丁的胜利

敌人的先头部队无法抵御皇帝的首次进攻；他们纷纷扔下手中的武器，屈服于皇帝的脚下。皇帝接受了他们的投降，让他们毫发未损地活下来，他为这些人的生命得到挽救而感到高兴。其他人则负隅顽抗，继续战斗下去。当皇帝确信他们不会接受他所提出的友好条件之后，他便派出了自己的军队。他们立刻就溃不成 503
军。其中一些被逮住，并依照战争法处死了，而另一些则相互残杀，用自己的剑结束自己的生命。

第11章　李锡尼的溃逃和施行巫术

他们的指挥官被这些事件吓呆了。他发觉，自己已经完全失去了人民的支持，[①]他的大量精选部队和盟友均离他而去，他对众神的希望到头来证明是毫无价值的，于是，他只好忍受逃跑的耻辱。他带着一些人，穿越自己的版图腹地，到达了安全地带。上帝喜爱之人曾经命令自己的人，追击时不可过分猛烈，[②]以便让逃亡者可以到达安全地带。因为他希望，在李锡尼意识到自己已经造成了什么样的邪恶后，他会抛弃自己身上的狂躁毛病，并借助内心的改变达成一种较好的心智状态。他出于内心的极端仁慈而怀有

① 人民，即“奴隶们”，该词被尤西比乌斯频频地使用在字面意义上。

② 在这里，该成语的意思很接近英语的表达：跟踪某人时“紧随其后即可”。

这样的想法，准备忘记过去并原谅这个卑劣的家伙。可是后者并没有停止堕落过程，他不断积累恶行，以至于实施更大的犯罪；他甚至胆敢再一次搬弄恶毒的巫术。可以像描述古时的暴君那样，用如下的话描述他："上帝使他的心刚硬。"[①]

第12章 君士坦丁在自己的帐篷里祷告之后获得了胜利

就在李锡尼卷入这样一类事情，因而被推入了毁灭的深渊时，皇帝意识到有必要另外组织一场战役，他为自己的救主安排了休整的时间：他在远离军营的野外搭起了十字架形的帐篷，[②]在那里遵守一种贞节和纯洁的生活规则，向上帝提供祷告，就像古时的上帝先知那样，神圣的预言使我们确信，后者也曾在野营地外面搭起帐篷。[③]和他在一起的有几个人，他们的信念和宗教忠诚在与他朝夕相伴中得到了证明。在每一次打算进行一场战役时，他总是要重复这样一种习惯做法。他小心翼翼地缓慢移动，目的是按上帝的命令做每一件事情。在花时间向自己的上帝进行祈求之后，他早晚会从上帝那里获得一种启示，接着仿佛是受到某种神圣启示的感动，他突然从帐篷中冲出来，立刻唤醒自己的部队，敦促他们毫不延迟地马上抽出自己的宝剑。在一场密集袭击中他们奋力冲

① 《出埃及记》第9章第12节。

② [君士坦丁在军事远征时总是随身带有搭建这种帐篷的材料，苏佐门对此做过描述，第1卷第8章，见英译本。——巴格斯特译本]。

③ [指的是《出埃及记》第33章第7节等。——巴格斯特译本]。

杀,经过短时间的战斗,他们赢得了胜利,并竖立起他们击败敌人的纪念碑。

第13章 他对战俘的人道态度

这便是长期以来皇帝指挥军事行动时的习惯做法:他的内心里总是牢牢记住自己的上帝,并依照上帝的意志去努力做好每一件事情,他十分渴望避免大量的杀戮。因此他就像对待自己人那样小心翼翼地保存敌军战士的生命。因此他还敦促自己的人,在他们赢得一场战役之后应宽恕战俘,他要他们不要忘记他们和战俘拥有共同的人性。有时候他看到战士们的愤怒失控,就会用黄金来约束他们,他下达命令说,捕获一名敌兵的人,应当被付给一定数额的黄金。皇帝的独出心裁发明了这样一条挽救人命的鼓励措施,其结果是,无数的蛮人也获得了拯救,因为皇帝用黄金赎下了他们的生命。

第14章 进一步在帐篷里祷告

这样的行为和与此相类似的无数其他行为,在别的时候也受到皇帝的偏爱。在这时他也会在战斗之前以自己习惯的方式为自
己搭建起帐篷,并花时间向上帝祷告。他放弃了一切轻松和舒适 504
的生活,实施斋戒,用严酷的方式对待自己的躯体,试图以这种方式赢得上帝对其祷求的支持,他所祷求的是,希望上帝能够出现在他的右手边对他进行救助;同时,他还乐意做上帝要求他做的那些

事情。总之，他日夜不停地挂虑着所有人的福祉，不仅为自己人，而且为自己的敌人向上帝代求平安。

第15章 李锡尼的不可靠友谊及其偶像崇拜的伎俩

当那个最近成为亡命者的家伙，假惺惺地提出要重新缔结和解条约时，皇帝甚至准备答应他的要求，[①]只要缔结的条款能够增进所有人的利益。此人假装带着好意来达成条约，并用誓言来确认自己的良好信用。可是他重新开始秘密集结一支军事力量，再一次开启战端，他吁请蛮人的支持，[②]并着手寻找其他神祇，因为他已经受到先前那些神祇的欺骗。他并没有牢牢记住自己最近所说过的有关众神的那些话，他也不愿意承认站在君士坦丁一边的上帝，而是荒唐地寻找更多的和更加陌生的神祇。

① ［“他同意离开自己的竞争对手，或者，他再度承认李锡尼是自己的朋友和兄弟，仍让他保有色雷斯、小亚细亚、叙利亚和埃及；但要把潘诺尼亚、达尔马提亚、达西亚、马其顿和希腊等行省，割让给西部帝国，于是，君士坦丁的统治区域从卡里多尼亚边境延伸到伯罗奔尼撒半岛的顶端。”——吉本《罗马帝国衰亡史》第14章。——巴格斯特译本］。

② ［吉本（第14章）说，君士坦丁与李锡尼的和解使罗马世界维持了八年多的安宁。如果真是如此，便足以证明我们这位作者的作品与其应当被看作是处处精确的历史文件，不如应当被看作是君士坦丁生平及性格的一个总体纲要。——巴格斯特译本］。若不是在该报道中不可思议地缺乏某种洞察力，便是尤西比乌斯删去了有关与李锡尼发生第一次战争（314年）的全部报道，该次战争导致了上面注释中所说的版图的分割。在参照了《教会史》中的报道之后，这后一种观点似乎更有道理。根据这一观点，有关的妥协条件实际上涉及李锡尼如何按照君士坦丁的要求获得宽恕，而接下来的问题就是如何解释君士坦丁所谓违背承诺处死李锡尼。

第16章　李锡尼告诫士兵们不要攻击十字架军旗

因为从经验中已经获悉，那个拯救的饰物当中，存在着神圣和神秘的威力，君士坦丁的军队正是凭借它而不断取胜的，因此李锡尼敦促他的官兵，不要与它发生冲突，甚至不要轻率地用眼睛注视它：它的威力很可怕，它与他为敌，故他们应当避免与它交锋。在作出了这些指示之后，他便发起了针对对方的进攻，而对方却出于仁慈而克制着迟迟不愿对他发出死亡判决。于是，一方倚借着大群的神祇以及庞大的军事力量，满怀自信地向前推进，他们的庇护者是以无生命的塑像为形式的死者的幽灵。与此同时，另一方则用真正宗教的盔甲武装起来，针对大批的敌人，竖起拯救的和给予生命的符号作为邪恶的一个恐吓者和拒斥者。由于他所签署的条约的缘故，他最初暂时克制住自己，以确保自己不会成为第一个发起战争行动的人。

第17章　君士坦丁的胜利

可是一旦发觉对手顽固坚持敌对态度，皇帝便变得勃然大怒，他举起手中的宝剑，挥师猛击，[①]顿时把敌人的整个部队打得四处

① “呼喊着猛冲上去。”这与有关李锡尼为了与君士坦丁争夺权力而进行最后挣扎的报道并不一致，一般均按后者的发展脉络进行叙述，以便使如下进展顺理成章：他被捕获之后，再一次发起叛乱。

逃窜，同时赢得了对敌人和魔鬼的胜利。

第 18 章　李锡尼之死，对该事件的纪念

他接着依照战争的法律，审判了这名上帝的憎恨者，后来又审判了他的支持者，并对他们都施予适当的惩罚。暴君本人和与他一起密谋发动战争反对上帝的人们，都被公正地处死。而那些最近才被占卜者的虚假希望所迷惑的人们，则发现自己事实上是由衷地接受君士坦丁的上帝的，他们吐露真情说，他们承认他是真正的和唯一的上帝。

505

第 19 章　欢呼和庆祝

既然恶人已被除去，阳光开始普照，独裁者的暴政终于受到了净化。整个罗马的版图又连接在一起，东部地区的人民与另一半地区的人民结成一体，罗马整个躯体获得了作为其首领的单一普遍政府的有序处置，该政府的单一统治者的权威已经延伸到每一部分。真正宗教的明亮光束，给那些此前曾“坐在黑暗和死亡阴影中”[①]的人们带来了灿烂的白天。再也没有从前的邪恶记忆，因为世界各地的所有人民都称颂这位胜利者，并宣布只知道自己的救主上帝。以各种虔诚美德著称的“胜利者皇帝”（由于上帝赐予了他对一切仇敌的胜利，他亲自为自己起了这一名称作为最合适的

---

① 出自《路加福音》第 1 章第 79 节，及《以赛亚书》第 9 章第 1 节。——中译者

外号[①])接管了东部。他使罗马帝国重新团结在一个首领的领导之下,就像旧时代那样;他是第一个向所有人宣布上帝拥有唯一君主权的人,他本人作为罗马世界的唯一君主,也对罗马统治下的整个人类行使统治权。对邪恶的一切恐惧都被去除了,这些邪恶过去曾经压迫过所有人。每个行省和城市的人民,均举行欢乐的节庆,先前悲哀不已的人们,如今笑脸相向。他们的合唱曲和赞美诗首先说到万有之王上帝,然后用无拘无束的欢呼来赞颂征服者以及他那最有德行并受上帝所爱的儿子们,即恺撒们。旧时的灾难和各式各样的邪恶被忘却了,人们尽情享受目前的良善以及对未来的更多期望。

第20章　君士坦丁
有利于信仰表白者的法令

如今在我们当中,就如在以前居住于文明世界另一部分上的人们当中那样,颁布了充满着皇帝的慷慨的法令。带有某种对上帝虔诚气息的法律,作出了各种各样的良善许诺,把有用的和有益的东西赐予了每个行政区域的居民,并宣布了适合于上帝教会的措施。首先,召唤那些因拒绝崇拜偶像而被行省总督宣判驱逐和流放的人们回家。其次,法令宣布把那些因同样理由而被编入族区服杂役的人们从其义务中解放出来,并把其被剥夺的财产归还

① 就如尤西比乌斯谈及君士坦丁的许多其他事情那样,他把君士坦丁的外貌描述得与众不同,这完全是他的一种习惯,可是“胜利者”(victor)则是许多皇帝均喜欢使用的头衔。

给他们。审讯期间为了上帝而以刚毅著称、并被遣送至矿山从事艰苦劳役,或获判生活于孤岛,或被赶往公共工程从事奴役性劳作的人们,均获得了无条件的释放。由于皇帝的恩典,那些因其坚定的宗教忠诚而被耻辱地剥夺了军事职务的人们,也被恢复了名誉,他们可以在下面二者当中进行自由选择:要么恢复军事职务,重新享有先前的特权;要么过平民生活,倘若选择后者,便可以永久地豁免公共义务。那些获判进入服装厂从事屈辱的奴役性工作的人们,[①]也与其他人一起被释放。

第21章　有关殉道者及教会财产的法律

这些便是皇帝在信函当中为经受过此类事情的人们所作出的规定。有关属于这些人的财产问题,法律也有详尽的规定。

他命令,上帝的神圣殉道者因其信仰声明而最终献出了自己的生命,其亲属应当继承他们的财产,如果没有亲属,教会应当继承这些遗产。根据皇帝的宽大命令,那些先前通过出售或赠送的方式被从国库转让给第三方的财产,连同仍保存于国库中的财产,必须归还给其最初的所有者。这些就是皇帝提供给教会的恩典。

506 ## 第22章　他赢得了人民的喜爱

他的慷慨大方还进一步使异教人民和帝国内的其他民族获

---

① [在女性作坊里(γυναικεια),妇女和大量男女奴隶一道被使用来为皇帝纺织。*Vide infra*. ch. 34.——巴格斯特译本]。见第34章的注释。

益。我们东方地区的居民，曾经听说过帝国另一部分的居民所享有的特权，并曾为这些特权的幸运接受者祝福过，渴望享有与他们一样的那种运气；而由于上述恩典的赐予，如今他们便能够异口同声地赞颂他们自己的幸福，因为他们看到自己拥有了所有这些福分；他们承认，这样一位伟大皇帝在人类面前的出现的确是一件奇妙的事件，这是太阳所光照的整个世界历史从未记载过的。这就是他们的感情。

第 23 章　他宣称上帝是他兴旺发达的源头；有关他的诏书

在每一件事情均借助救主上帝的权能而归由皇帝支配之后，他让大家明白，他的一切福分，均应归功于上帝的恩典，他坚持说，他既往的所有胜利的根源，是上帝而不是他本人；他在一个送往各个地区的文件中，用拉丁文和希腊文声明了这一看法。他的陈述的卓越风格[①]可以通过阅读实际的原文看得出来。有两个文本，一个送给上帝的教会，另一个送给各个城市中的教外人士。在我看来，把后一个文本收录进来，是与我们目前这一主题相符的，因为这样就可以做到：一方面，该文件的一个副本可以被记载为历史材料，因而被保存给子孙后代；另一方面，它可以用来确证我目前叙述的真实性。它抄录自我们所拥有的皇帝法律的最初抄本，在这个原本中还存留着他的亲笔签名及图章印记，它们证明了这些

① 默尔兹伯格把其翻译成“我们的叙述的价值”，以及“他的语言效力的强大”。——1709 年译本

话的真实性。

第24章 君士坦丁有关对上帝虔敬的法律，以及基督徒的宗教[①]

“胜利者君士坦提努斯·马克西姆斯·奥古斯都致巴勒斯坦行省的人民：

对于那些怀有对上帝的公正和完善情怀的人们来说，在过去的很长时间里，如下事实是显而易见的和毫无疑问的：在那些坚持小心翼翼地遵守基督宗教神圣义务的人们与那些对它采取强烈敌意和轻蔑态度的人们之间所存在的差异，有多么巨大。不过如今，我们借助更加明显的证据以及更加具有决定性的事例，可以看到，质疑这一真理是多么的不合情理；至高上帝的威力是多么的强大：因为忠实地遵从他的神圣法律、拒绝违反他的戒条的人们，似乎得到了大量祝福的奖赏，并被赋予了理由充分的希望以及获取事业成功的充分能力。而对于那些采取敌视宗教政策的人们来说，其结果也是与他们的图谋相符合的。因为，如果他既不承认作为良善事物源泉的上帝，又不愿意适当地崇奉他，他怎么有可能遇到任何善呢？事实本身为我说过的话提供了确证。”

第25章 一个来自古代的例证

“任何用心回溯从开始到如今的一切历史事件并加以仔细思考

① 参照苏佐门第1卷第8章的节录。

的人都会发现，所有首先为自己的行为建立起一种正义和善良基础的人们，不仅为自己的事业带来了一种成功的结果，而且简直是从愉悦的根中，采摘到了一种香甜的果实；而那些从事犯罪暴行的人，他们不是向上帝发泄愚蠢的愤怒，就是对人类未能采取一种神圣的态度，他们只会蛮不讲理地带来放逐、耻辱、没收、屠杀以及许多诸如此类的事情，他们从未懊悔过，其心态从未向好的方面转变——他们也已经受到了应得的报应。这些结果也许既不会不适当，也不会不合情理。”①

第26章　有关被迫害者和迫害者 507

“那些致力于某些行为的正当目的、并继续记住对上帝的畏惧的人，他们坚持对他毫不动摇的信仰，不允许目前的恐怖和危险超过他们对未来的希望，即使他们暂时经受苦难；由于他们相信更大的荣耀正在为他们储存，他们便不会把降临于他们身上的事情当作是苦难，相反，他们所经受的待遇越严酷，他们所赢得的名声就越显赫。然而，那些不是轻蔑地忽视公义、就是不承认有更高一级的王国的人，那些明目张胆地对虔诚地追寻它的人们施加暴行和野蛮惩罚的人，那些无法意识到他们因以这样一种借口来惩罚人们而使自己陷入不幸的人，以及那些无法意识到已经竭尽全力维

① 奇妙的是，无论是古代的还是现代的神学爱好者，均一致地致力于证明，被西罗亚姆塔压死的人们（此典故出自《路加福音》第13章第4—5节），比起其他人来更有负罪感。这也是拉克坦提乌斯的态度，因此不必惊奇，君士坦丁应当采纳这样一种独特的自我满足学说。

持对上帝的宗教虔诚的人们，实际上是幸运的和有福的人，他们的许多军队已经瓦解，他们的人员已经溃逃，他们的整个军事组织已经在耻辱和失败中倾覆。”

第27章　迫害成为迫害者灾难的原因

“这样的政策导致了严酷的战争，导致了破坏性的劫掠，从而导致了生活必需品的短缺，导致了大量迫在眉睫的灾难。因此，如此巨大邪恶的制造者不是遭受到致命毁灭的灾难中的最终厄运，就是在延长其耻辱生命当中发觉它比死亡还难熬。他们已经获得了与其罪行相适应的惩罚。[①]他们愚蠢地认为他们甚至能够击败神的律法，其实他们所经受的灾难的程度便得以表明他们这一蠢念有多么的荒谬；因此，他们不仅在今生今世要经受苦难，而且还要在来世经受更为可怕的痛苦折磨。”[②]

第28章　上帝选择君士坦丁作为赐福的仆人

“当如此严重的一种邪恶压迫着人类时，当由于某种传染性疾病而使国家处于完全毁灭的危险当中、极其需要拯救生命的医疗救治时，上帝所设想的是怎样的救治方式呢？如何才能避开这种

① 参照拉克坦提乌斯《论迫害者之死》，以及尤西比乌斯《教会史》。

② 字面上为“在地下”，当然是指希腊罗马人的“哈得斯”概念。

可怕状况呢？上帝肯定应当被认为是真正存在的唯一真神，他掌握着不断超越一切时间的能力；人们使用庄重的话语以答谢得自于上帝的恩惠，这肯定不应该被看作是傲慢。他检验了我的服侍，认可了它，认为它适合于他自身的目的；我从布立吞人一侧的大海及太阳依照自然规则降落于地平线下的那个地方的部分开始，击退和驱散了迫使万物屈从的恐怖势力，于是人类在我忠顺服侍的教导下，便可以恢复拥有最可敬畏的律法之宗教，与此同时，最神圣的信仰，可以在上帝的指引下获得成长。”

第29章　君士坦丁对上帝的虔诚表达，对信仰表白者的赞扬

“我声明，[①]在他的引导下，我永远不会忘记我的感激之情，相信这就是最好的工作，这就是赐予我的一个礼物。如今，我已经推进到东部的土地上，此地受到了更为严重的不幸压迫，因而更加大声地疾呼从我们这里获得救治。我坚信，我的整个灵魂、我所吸到的任何气息、我内心深处所进行的一切活动，都应当完全归之于最伟大的上帝。我十分清楚地意识到，正当地寻求天上希望、并把这种希望当作是自己在天国中坚定的和终身的选择的人们，不需要任何人类的恩惠；他们享有荣耀的数量，是与他们免除世俗损失和忧虑后所获得的自由的程度相称的。不过我认为，我们有义务尽

① ［“我声明，在他的引导下”等，似乎有必要提供某些此类的表达，以便保持其意义，否则，这种意义就会被章节的划分（在这种情形下至少是明显不合适的）所打断。——巴格斯特译本］。

508 可能迅速和完全地去除掉时时强加在他们身上的束缚，以及那些根本就没有罪责和过失的人们不应受的痛苦折磨。如果在那些急于迫害崇拜上帝者的人之下，他们的灵魂的坚定不移应当被充分地辨别出来，而在上帝仆人之下，他们的荣耀却不应被提升到一个更高尚和更神圣的水平，这将是非常荒谬的。”

第30章　释放被放逐者、解放宫廷服劳役者及归还被罚没的财产等法律

“那些离开自己的故土而亡命异国他乡的人们，不放弃对上帝的尊崇和信仰，他们全心全意地献身于这一信仰，其结果是在各不同的时期里遭受到法官们的残酷审判；那些先前被免除了族区杂役义务的人们，如今却被编入公共法庭的注册簿中成为该项义务的履行者。应当让所有这些人恢复其祖先曾拥有过的地位，使他们像过去那样心满意足，这些人则应当向一切的解放者上帝表示感谢。那些被剥夺了生活用品、忍受着财产损失的人们，迄今仍生活在窘迫的环境当中，他们应当被归还过去的住所、继承权以及财产，并充分地享有上帝的慈善。”

第31章　释放被流放到孤岛的人们

“至于那些被强行扣留在荒岛中的人们，我们命令，他们应享有这条规定的恩泽，因此，鉴于他们为高山及周围海洋的严酷所限制，他们可以被从险恶和荒凉的旷野中释放出来，并被带回到喜爱

他们的亲友那里，以满足他们迫切的愿望；他们在持续不断的卑劣状态中过着一段很长时间的贫困生活，应当抓住机会恢复过来，并从对未来的焦虑中解脱出来。如果在我们这些自称和相信自己为上帝的仆人的人的统治下，仍有如此之多的报道称他们生活于恐惧当中，那将是非常荒唐的，更不必说要人们相信，改正别人所做的错事正是我们的职责。”

第32章 释放被屈辱地发配到矿山和公共厂房的人们

“还有人被判处在矿山严酷的条件下从事劳动，或在公共工程中从事奴役性的工作，让他们用愉悦的闲暇取代不停的劳作，让他们过上一种更为轻松的自由生活，他们已经去除了劳役中的无限艰辛，生活于温柔的松弛中。但是如果有人曾经被剥夺了公民自由并经受过公开的耻辱，[①]那么，考虑到他们已经被长期的放逐所分割，应当让他们愉快地重新占据先前的地位，并赶快送他们返回其故土。”

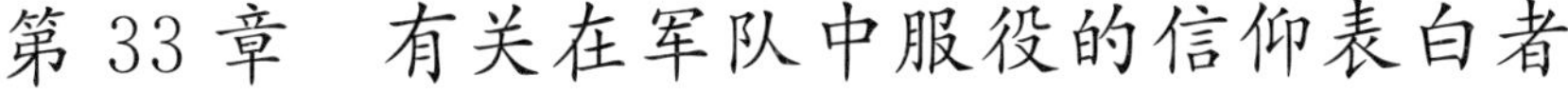

第33章 有关在军队中服役的信仰表白者

“还有那些曾经被委任以军事要职的人，他们公开认信上帝，把他看得比他们所拥有的职位还重要，由于苛刻和没有根据的理

① 默尔兹伯格注解为“政治上的耻辱”。

由,他们的职位被剥夺了;可以由他们在二中选其一:如果他们喜欢在军队中服役,就恢复他们以前所拥有的地位;否则就光荣地退役,去过平静的生活。因为那些在面临迫在眉睫的危险时仍表现出如此英勇和果断的人们,应当被允许选择安享和平的闲暇还是恢复其以前的职位。这样做是正确和合适的。"

第34章 被发配到妇女住处或被贬为奴隶的自由人之解放

"还有那些被强行剥夺了高贵门第特权、并经由某种司法判决而被遣送到妇女住处[①]或亚麻布工厂去从事罕有的羞辱性劳动、

509 或即使拥有优越的出身仍被贬为国库奴隶的人们,应当享有他们先前所享有的荣誉以及自由的恩泽;他们应当得到他们祖先的地位,并因此而生活在完全的幸福当中。还有的人,[②]借助某种肯定是邪恶而又非人道的疯狂方式,其自由被奴役状态所取代,他们常常悲叹自己那种异常奴役性的工作,他们突然间发现自己是一名奴隶而不是一名自由人;让这种人依照我们的法令获得其先前的自由,让他们回归到其祖先的生活状态,从事与一名自由人相适应的职业,并从其记忆当中清除掉他曾经从事过的奴役性工作。"

---

① 在希腊人的房子里,男人和妇女是分开居住的(cf. *Domus*. in Smith, *Dict. of Gr. and Rom. Antiq*)。

② [即低劣等级的自由臣民,他们为了生存而从事大强度的劳动,不过并不属于奴隶阶级。——巴格斯特译本]。

第35章 殉道者和信仰表白者的财产继承，遭受驱逐和被没收财产的人们

“财产不应当被忽略；许多人被以各种各样的借口剥夺了财产。那些带着毫无畏惧的勇气和决心去经受最高尚的神圣殉道冲突的人们被剥夺了财产；那些坚持信仰声明并为自己准备永恒希望的人们，以及那些因不蔑视信仰和不屈服于其迫害者而被迫逃往异国他乡的人们，都被剥夺了财产；甚至那些未曾被判处死刑的人们也被剥夺了财产。我们命令，他们的财产应当属于他们最近的亲属。既然法律明确提到这些亲属当中的最亲近者，那么要确定遗产属于谁就不难了；如果死者是自然死亡的话，这些情形下的继承权被归之于那些成为最近亲属的人们，这是明显符合情理的。”

第36章 教会被宣布为没有亲属而离去之人的财产的继承者，这些人的自由馈赠为合法

“但是，如果成为合法继承人的上述任何亲属均不存在——我指的是殉道者、信仰表白者以及因这样一种理由而被迫生活在国外者的任何亲属都不存在的情况下，每一个特定的地方教会便被命令去接受这些遗产。这对于那些已经离世的人们来说，肯定不会不正当，因为由他们为之吃尽苦头的教会来享用他们的遗产是

天经地义的。而且还有必要加上这一条:如果上述任何人把自己财产的任何部分馈赠给他们所选定的人,应当合理地认定,后者的所有权仍然有效。”

第37章　土地、花园和房子,除了产出的实际收益外,都应当被归还

“为了不使该法令出现意义含糊的现象,为了使所有人都可以轻易地知晓什么为合法,必须让所有人知道,如果有人占有属于前述情况的任何土地、房屋、果园或任何其他东西,体面的和最有利的做法是,供认这一事实,并尽快归还。即使在很多情形下某些人似乎已经从其非法占有的财产上获得了巨大的利益,我们也并不认为法官应当要求把这些利益归还给原主。然而,他们必须明确地申报他们由此而得来的利益有多大以及从什么来源得到,并为这一罪过请求我们的原谅;这样他们过去的贪婪就可以在某种程度上得到抵赎,最高的上帝就可以接受这一补偿作为悔罪的一个标记,并宽厚地饶恕这一罪过。”

第38章　以何种方式来对此提出要求

“不过,也有可能,变成这些财产的主人的人们(倘若允许他们拥有这样一个称呼是合适的和合理的)会借助为其行为辩护的方式来使我们确信:在多种多样的不幸场面随处可见的时刻里,在人们被残酷地从自己的家中驱赶出去、被残忍地屠杀和被无情地向

前推进的时刻里，在对无辜的人们的财产进行没收成为一件普通
的事情的时刻里，在迫害和财产掠夺不停发生的时刻里，要避免这
样的财产占用已经超出了他们的能力之外。可是，如果有人固守 510
这样的观点，并坚持其占用的图谋，他们将会发现，在这样的事情上他们将难免受到惩罚，尤其因为这种对邪恶的纠正恰恰是我们服侍最高上帝的特征。这样的事情在过去作为一种极其必需品曾经迫使人们接受，而如今要维持它就是危险的了；特别是因为，使用说服与警告性榜样去阻止贪婪的欲望，无论如何是我们义不容辞的职责。”

第 39 章　国库必须把土地、花园和房子归还给教会

“如果所有权属于上述所说的任何情况，即使国库也不被允许认定自己有资格加以占有；因此，为了不致落下冒昧顶撞神圣教会的骂名，它将公正地把曾经不公正地获取的东西归还给教会。正当地属于教会的每一样东西，无论是房产、地产、果园或其他任何东西，均应借助我们这一法令，完整无损地归还给握有全部财产权利的教会。”

第 40 章　殉道者的坟墓和墓地，应当移交教会所有

“至于为殉道者的躯体所荣耀并为他们的光荣死难而竖立起

墓碑的场所，谁会怀疑它们属于教会？谁又不发布这样的命令呢？既然比起在神的意志的鼓动下就这样的事情采取积极措施来，没有别的礼物更好、没有别的工作更为适宜和更加富有优点，那么被无法无天的恶人以邪恶的借口取走的东西，就应当被公正地归还给神圣的教会去保管。”

第 41 章　购买过属于教会财产的人，或作为礼物接受过此类财产的人，均应归还这些财产

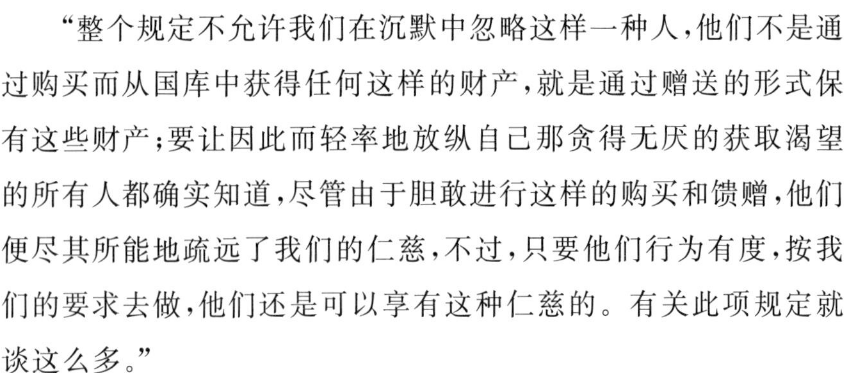

“整个规定不允许我们在沉默中忽略这样一种人，他们不是通过购买而从国库中获得任何这样的财产，就是通过赠送的形式保有这些财产；要让因此而轻率地放纵自己那贪得无厌的获取渴望的所有人都确实知道，尽管由于胆敢进行这样的购买和馈赠，他们便尽其所能地疏远了我们的仁慈，不过，只要他们行为有度，按我们的要求去做，他们还是可以享有这种仁慈的。有关此项规定就谈这么多。”

第 42 章　最诚挚地规劝崇敬上帝

“既然最明显和最有说服力的证据已经表明，由于万能上帝的仁慈，由于他频频施予我们的各种鼓励和援助行为，以前控制着整个人类的严酷制度已经被从太阳底下的每个地方驱除掉，那么你们当中的每一个人都应当专心致志地思考这种权能是多么伟大、

这种恩惠是多么有效：可以说，它清除和消灭了最为邪恶之人的根源，把刚刚恢复过来的善人之幸福毫无限制地传播给了一切国度；它再一次恢复了充分的权威，使人们得以带着最大的虔诚来尊崇必须受到尊崇的神律，并对那些终生为神律服务的人们给予充分的尊重。如果他们从最黑暗处往上看，并清楚地认识到正在发生的事件，那么从今以后他们就会向他表明宗教上的尊重和相应的崇拜。

这一法令应当被公布于我们的东部地区。”①

第 43 章　君士坦丁的法令被付诸实施

这就是包含于第一封书信当中皇帝下达给我们的命令。该法令所提到的事项立即得到了实施。此前不久暴君的残酷行为所导致的暴虐，则体现了一种完全相反的政策，而如今在这些新法令之下，人们享有了皇帝的恩惠。

第 44 章　他提拔基督徒担任政府职务，并禁止占据这类职位的异教徒献祭 511

从该法令开始，皇帝继续采取实际行动。他首先派遣总督们到他们各自行省的人民那里去，这些人大部分是尊崇拯救的信仰

① ［这似乎是由皇帝亲笔签名，这在第 23 章的末尾处已经提及。——巴格斯特译本］。

的；他禁止信仰异教的人献祭。同样的规定也适用于拥有行省总督以上职位的人，[①]甚至拥有最高官职的人，如担任禁卫军统领职务的人。[②]倘若他们是基督徒，他允许他们公开使用这一名称；倘若他们具有相反的倾向，他则会命令他们不要崇拜偶像。

第45章　禁止献祭和命令建造教堂的法令

此后不久，两条法令被同时发布。一条是禁止偶像崇拜的污染，此种污染在很长时间里散布于每个城市和农村地区，该禁令使得没有人敢于擅自设立崇拜对象、施行占卜或其他秘术以及献祭。[③]另一条则涉及作为崇拜场所的建筑物的建造，并扩展到上帝教堂的宽度和长度，该法令似乎设想，一旦多神教的疯狂障碍被除去，几乎每一个人在未来均属于上帝。皇帝本人的虔诚导致他为每一个地方当局制定和写下了这些有关上帝的神圣指令：指令进

① ［即地方总督、行省监督（副行政长官）、伯爵及行省最高司令官。——巴格斯特译本］。

② ［吉本描述过君士坦丁时代四大禁卫军统领的权力："1.东部统领的司法权，伸展到地球上三个原在罗马直接管辖之下的主要部分，即南从尼罗河大瀑布到北边的法希斯河岸，西从色雷斯山区到东部的波斯边界。2.潘诺尼亚、达西亚、马其顿和希腊所属的主要行省，接受伊利里亚统领的管辖。3.意大利统领的权力不仅限于头衔所表明的地区，实际上还统治着远至多瑙河畔的雷提亚、地中海的附属岛屿，以及阿非利加大陆从昔兰尼到廷吉塔尼亚之间的大片地区。4.高卢统领所管辖的地区，在复合名称下包括相关的不列颠和西班牙，事实上从安东尼边墙直到阿特拉斯山山脚，整个区域莫不接受他的统治，服从他的权威。"——《罗马帝国衰亡史》第17章。——巴格斯特译本］。

③ ［即私下的献祭：因为偶像崇拜的庙宇似乎是被允许对公共崇拜开放的。——巴格斯特译本］。

一步忠告他们不要节省金钱的支出，因为这些支出金额实际上可以由帝国的基金来提供。他还撰写了相似的指示给各地教会的负责人；皇帝很高兴地把类似的信函寄送给我本人，这是他亲笔写给我的第一封书信。

第46章　君士坦丁致尤西比乌斯及其他主教的信函，有关建造教堂，指示要修复旧的，并在更大的规模上建造新的，要求行省总督提供帮助

"胜利者君士坦提努斯·马克西姆斯·奥古斯都致尤西比乌斯：

我最受爱戴的兄弟，鉴于此前不信神的和一意孤行的暴政统治曾迫害救主上帝的仆人，我相信并且使自己充分确信，所有的教堂建筑不是由于疏忽而变成废墟，就是由于对所盛行的不公的恐惧而缺乏必要的尊严。

不过如今，随着自由的恢复，借助至高上帝的天意及我们的服侍，那条毒龙[①]已从公共事务的管理当中被驱逐出去。我认为，神

① ［指李锡尼，因而所要指明的是他性格的阴险。——巴格斯特译本］。更有可能是因为他的邪恶，也许是联想到《启示录》中的"龙"。该词是 δρεκων，而不是 οφις，被使用在七十子希腊文译本中的是后者，英译本谈及这条蟒蛇时用的是"最阴险的"。有关该词历史的和象征的用法，参照弗格森《树和蛇崇拜》(Fergusson, *Tree and Serpent Worship* [Lond. 1874]，和康韦《恶魔和魔鬼传说》(Conway, *Demonology and Devil Lore* [N. Y., 1879, 2v.])。

的权能对于所有人来说已经很清楚，那些出于对迫害的恐惧或出于信仰缺乏而陷入到罪恶当中的人们，如今开始承认真正的上帝，并且将逐渐采纳真正正确的生活秩序。因此，你要提醒你所认识的其他主教、长老或助祭们所负责的各地方教会，以及你本人所负责的教会，照管好各自教堂的建筑，可以修缮或扩大现有的教堂，如有必要，也可以建造新的教堂。

你本人和通过你而获得该指令的其他人，都可以从总督和行政长官公署那里要求得到必要的物资供应，因为这些官员和机构都已经得到指示，要全心全意地与阁下所申请的相关要求相配合。

上帝保佑你，亲爱的兄弟。”

该命令的一个副本被传达给了各行省的教会负责人。各省总督也被命令据此行动，该法令因而得到了快速的实施。

512 第47章　他写信谴责偶像崇拜

皇帝以其对上帝的进一步虔诚，向每一个民族地区中的居民寄送了一份驳斥其前任的偶像崇拜错误的指示性法令；他敦促道：他的臣民应当更加理性地承认万有之上的上帝，并明确承认他的基督为救主。该文件是他自己亲笔写成的，不过为了撰写目前这部作品，它被从拉丁文翻译过来，于是我们便得以感受到，当他发表这一公告好让全人类均能听到时，我们正在聆听皇帝本人的声音。

第48章　君士坦丁就多神教错误致行省人民的诏书，从有关美德与恶行的评论开始

“胜利者君士坦提努斯·马克西姆斯·奥古斯都致东方各地居民：

至上的[①]自然法则所包含的每一件事物，均为每个人提供了充分的天意证据和神圣秩序的考虑；其心智被引导至达到目的的真正知识之路的任何人，均不会怀疑，完善理性的正当感受，与具有自然景象本身的人们一道，借助真正美德的独一影响，能够导致对于上帝的认识。因此，聪明人在看到多数人受到相反的态度所影响时，他是不会受到困扰的。因为如果邪恶不相反地展现出乖僻和不合理性的过程来，美德的功劳便因不受到人们的注意而变得无用。[②]这就解释了为何王冠要被允诺提供给有德之士，审判要由至高的上帝来履行。

就我而言，我会尽我所能来试图向你们公开展示我所希望的所有东西。”[③]

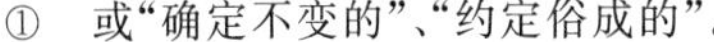

① 或“确定不变的”、“约定俗成的”。

② 斯特洛斯(Stroth)根据一种猜测的读法，把这翻译成“愚蠢”而不是“无用”，于是，整句话就变成“因为蠢人不可能认出美德的魅力”。

③ [瓦列修斯认为，要确切理解本章的意义甚为困难，这是有道理的。其难处部分源于君士坦丁本来就讲得不够明白，部分源于其翻译者把含糊不清的拉丁文翻译成更加含糊不清的希腊文。——巴格斯特译本]。

第49章　有关君士坦丁的虔诚父亲、迫害者戴克里先和马克西米安

“以前的皇帝们因其野蛮的方式而无法获得我的同情，[①]只有我的父亲表现得文雅温和，他在其一切行动中，总是以令人惊叹的虔敬来祈求救主上帝。别的皇帝则心智不健全，他们所接受的是残暴而不是文雅；他们不断地在培植这种残暴，并滥用真理来为自己谋私利。他们的可怕邪恶达到了这样一种强度，以至于当一切神的事务与人的事务均同样处于平静状态时，内战的火焰却被他们重新点燃了。”[②]

第50章　迫害因阿波罗神谕而起，据说该神谕由于“正人君子”而无法说出预言

“据说在当时，阿波罗——来自某个洞穴或黑暗的壁龛，而不是来自天上——宣称世上的正人君子阻碍了他讲真话，这正是他为何要从三脚祭坛上虚构出假神谕的理由。据此，他的祭司才低垂长发，神态狂乱，[③]对人类当中的不幸悲悼不已。可是，让我们

① 该词意指“无法与之共享”，有时也指“断绝继承关系”。整句意思也许是“我已习惯于认为先前的皇帝因……而丧失了所有权”。

② [对基督徒的迫害伴随着其特有的恐怖，并非是一种针对外敌的行动，而是一种针对自己同胞的行动。——巴格斯特译本]。

③ 这被默尔兹伯格翻译成“因此，祭司们披头散发”等。

想一想，这会导致怎么样的最终灾难。”

第51章　君士坦丁年轻时从撰写迫害诏书的人那里听到“正人君子”就是基督徒

“如今我祈求您，最高的上帝！当我还是一个小孩的时候，我就听说当时罗马皇帝中的最高等级的握有者是一名十足的懦夫，他的心智被错误所欺骗，他急切地问其卫兵：谁有可能是‘世上的正人君子’。他宫廷中一名管献祭的官员回答道：‘我想可能是基督徒。’他像吞下一滴蜜糖那样贪婪地接受了这一回答，他朝无懈 513
可击的神圣宗教举起了本该用来惩罚罪犯的宝剑。他刻不容缓地似乎用血迹斑斑的匕首尖刃，写下了大屠杀诏书，并敦促长官们提供各地特有的各种史无前例的惩罚方式。”

第52章　针对基督徒的五花八门的折磨和惩罚方式

“的确，人们所能看到的是一种威力，具有神圣虔诚的人正是借助这种威力，每天都在抵挡持续不断的残暴所施加的罕见虐待。任何敌人均无法伤害的贞操[①]，如今成了狂暴的公民同胞实施酒后暴力的一种玩具。有什么样的火刑、什么样的残酷考验、什么样的折磨方式不是毫无区别地适用于所有年龄层次的人们身上呢？

① σωφροσυνη。

真可谓大地为之流泪，维持宇宙之秩序因鲜血的玷污而抽泣，日光因哀悼眼前的惨状而变暗。”

第53章　蛮族宽容地接受基督徒

“更有甚者，那些事件如今竟成了蛮人据以自夸的东西，在那时，他们欢迎来自我们当中的逃亡者，以人道的方式收留了这些逃亡者，因为蛮人不仅为后者提供安全，而且为其在安全环境下实践自己的宗教提供了机会。如今，罗马民族身上便烙上了一个无法擦除的污点：当时的基督徒曾经被从罗马世界当中驱逐出去，却受到了蛮人的庇护。”

第54章　复仇之火烧到因神谕而发起迫害的人们身上

“可是，我为何要进一步详述那些悲哀及全世界性的不幸呢？如今，这些可恶事件的创作者已经垮台，他们在经历过可耻的死亡之后在地狱的深坑里承受着永久的惩罚；他们被卷入到自相残杀的战争中，既名声扫地，又断子绝孙。倘若阿波罗神谕所的邪恶预言未曾获得欺骗性传播，这些悲剧是不会发生在他们身上的。”[①]

① 在这方面，请参照《教会史》及其注释，还请参照该作品的导论。

第55章 君士坦丁赞美上帝，以感恩之心承认十字架标志，并为教会和人民祷告

“如今，我吁请您，最高的上帝，请仁慈和宽厚地对待您的东方人民，以及您那些被旷日持久的灾难所压垮的行省人民吧，请通过您的仆人我来医治他们的创伤吧。宇宙之主、神圣的上帝，这一祈求并非不合情理。因为借助您的引导，我已经着手从事救助行动，并有了成就；全凭您对我无所不在的保护，我已经指挥着一支战无不胜的军队。在国家处于危险的每一个紧急关头，我只要跟随着您那完善的标志，就能够勇敢地直面敌人。因此，我已经把自己的灵魂奉献给您，该灵魂纯然夹杂着爱与畏惧；因为我真诚地爱您的名，畏惧您的威力，您曾借助许多征兆来揭示这种威力，它证实了我信仰的力量。因此，我把如下任务置于自己的肩膀上：努力再次恢复您最神圣的圣殿，这圣殿已经被肮脏的恶人用邪恶的手段所毁坏。”

第56章 他祈求所有人都能成为基督徒，但并不强迫别人服从

“为了全世界和全人类的普遍之善，我要求做到，您的人民获得和平和免除争斗。让处于错误当中的人们与信仰者们一样，高兴地获得和平与安宁的恩惠。因为这种和平情谊的甜美将能够有效地纠正他们，并把他们带上正确的道路。愿没有人欺负别的人；

愿每个人均能保持其灵魂所欲求的东西，并能加以践行。不过，具有明智判断力的人应当坚信，只有那些人才会过上一种神圣和纯
514 洁的生活，您要求他们依靠您的神圣律法。那些有意避开我们的人，如果他们愿意，就让他们继续保持其虚假的圣堂[①]吧。我们则拥有您那真理的荣耀之殿，这殿是您赐予我们作为故土之家的。[②]这也是我们要为他们祈求的东西，这样，他们就可以依靠普遍的和谐，享有他们意欲得到的东西。”

第57章　他赞美上帝，因为后者借助其子把光赐予犯错的人

“我们的政策既不新奇，也不具有革命性，因为自从宇宙的结构——如我们所相信的——被牢固地建成以来，您为了自己应得的崇拜而一直要求实施这一政策；可是人类堕落了，被各种各样的

---

① 或“丛林地带”。

② ［Ουπερ κατα φυσιν δεδωκας. 瓦列修斯把该分句翻译成“Nos splendidissimam domum veritatis tuae，quam nascentibus nobis donasti，retinemus.”这几乎与原文一样难以理解。上面的译文则尝试着提出一种与本段落的总体内容不存在互相矛盾的意义。——巴格斯特译本］。1709年译本译成“根据天性”。默尔兹伯格译成“由于我们功德稀缺”。斯特洛斯译成“富有特色地”或“由于我们自身的天性”（即eigenthumlich），并得到了海尼琛的认可。而克里斯托佛森则译成“natura”，波提修斯译成“a natura”。这最后一个最好译成“根据天性”。就其原意而言，巴格斯特可能是错的，斯特洛斯实际上是对的。无论君士坦丁在内心里是否要向罗马人展示此信函，他都与保罗拥有同样的思想，即“按天性”人们均具备“上帝的真理”，只不过是用这来与一个谎言作交换（《罗马人书》第1章第25节；第2章第14节；亦参看第11章第21、24节）。然而这表明了另一种可能的意义，即真理可以“借助所造之物”而被认识（《罗马人书》第1章第20节）。有关φυσις一词在哲学上的用法，参照格兰特《亚里士多德伦理学》（Grant，*Ethics of Aristotle*，1［Lond. 1885］，483，484）中的有趣注释。

错误引入了歧途。不过您唯恐邪恶势力占据优势，特意通过自己的儿子，显现一束纯洁的光，用您自己向所有人提供证明。”

第58章　他赞美上帝对宇宙万物的把控

“您的事迹证实了这些事情。您的威力使我们既清白又忠诚。太阳和月亮具有自己的法定路径；恒星如果没有规则，就无法做有秩序地旋转运动。季节变化也是定期循环，大地的稳固根基更是被您的道所构成，暴风依据强加在其身上的天意来吹动，喷涌出来的山泉波涛滚滚，川流不息；[①]大海被包容在固定的限度之内，大地与海洋均被提供了奇异而又便利的资源。

倘若不是由于您的意志的命令使然，如此之多的多样性和如此之大的势力分割，必早已毁掉了一切生命及所有事物；因为那些热衷于互相争斗的人们[②]，将会非常严重地伤害到人类，他们的确正在作出这样的伤害，即使没有人能看到。”

第59章　他赞美上帝是万善的永恒教师

“不过最大的感谢还是应当归之于您，宇宙之主、至高的上帝！因为人们发觉人类在其目标上的分歧越大，就越能为进行正确思维的人们和参与真正美德的人们证实神圣之道的学说。然而，如

① 这里指的也许是雨水。

② [君士坦丁在这里似乎是指作为邪恶势力的异教神祇，这些神祇不受其上级神灵的约束，行使着广泛的破坏功能。——巴格斯特译本]。

果有人不愿意获得救治，请他不要因此而指责别人而应当怪罪自己；因为药物的治疗效力一经发出，就会对所有人公开扩散。不要让一些人伤害了事实已经证明是纯洁无污的宗教。让我们所有人类好好利用遗留给我们的有关善的共同遗产：和平的祝福；不过要保持我们良心的纯洁，杜绝一切相反的想法。”

第60章　诏书末尾的忠告：不可打扰自己的邻居

“而且，必须避免一些人利用经由内心的确信而获取的东西作为伤害邻人的一种手段。如果有可能，他应当利用每个人所看到和所理解的东西来帮助他人；不过如果不可能的话，问题就应当被丢开。自愿参与争夺不朽的竞赛是一回事，而强迫他人使之因害怕惩罚而参与则是另一回事。

我已经叙述了这些问题，而且比我的宽厚之目的所要求的还要详尽地解释了这些问题，因为我不愿意隐藏我的信念于真相之中；特别是因为（我听说）有些人说：神庙的仪式和幽暗的势力已经被完全清除。若不是有害错误的暴力痼疾如此顽固地驻扎在某些
515 人的心智里，以至于有损于公众的幸福，我本来是可以把这一做法推荐给整个人类的。”①

① 巴格斯特译本用“我们”代替“我”。整篇诏书均保存了下来，不过在原文中整篇都是使用第一人称单数。

第61章　因阿里乌问题，在亚历山大里亚发生了争端[①]

皇帝借助一封私人信函，像上帝的一名嗓音洪亮的传令官一样，向各行省的所有人民讲了这一番话，目的是要保护其臣民避免陷入迷信的[②]错误，同时鼓励对于真正虔敬的追求。正当他为这些事情而兴致勃勃的时候，有人告诉他，不小的骚乱正在折磨着教会。他听到此事后甚感震惊，试图想出一个治理这一不幸的办法。骚乱是这样发生的。上帝的人民处于辉煌的状态，并因皇帝的慈善而日益繁盛。没有任何外来恐怖的骚扰，一种清澈如镜的和最为深透的和平，借助着上帝的恩典，在每一个角度上均在保卫着教会。于是，忌妒设置了圈套来反对我们的繁荣，它悄悄地爬到圣徒们的集会里面，并在那里公开炫耀自己。它甚至使主教们互相争斗，并以神圣的教义为借口，引起分裂性的争吵。接着，争吵就像一颗小火花所酿成的大火那样爆发了。这场争吵在亚历山大里亚教会中[③]达到顶点，然后通过整个埃及，扩散到利比亚，甚至波及底比斯。这一争吵早已蔓延到其他的行省和城市，以至于人们既可以看到互相对骂的教会领导人，也可以看到分裂的群众，他们中

① 有关阿里乌的文献，参照沙夫文章末尾所列文献，收录于《辞典》(Smith and Wace, *Dict*. 1 (1877), 159)和《百科全书》(Schaff-Herzog *Encyclopedia*, 1, p. 137).

② "恶魔似的"，1709年译本译为"魔鬼式的"。

③ 与阿里乌的争端正是爆发于亚历山大里亚。阿里乌被亚历山大里亚的亚历山大所召集的一次公会议传唤到会作陈述，而在另一次公会议上，他及其追随者被革除教籍。

的一部分倾向于一边，另一部分则倾向于另一边。这些事件的场面达到了如此荒唐的地步，以至于神的教义的神圣论点如今竟然在无信仰者的剧院里遭受到公开的可耻嘲笑。

第62章　有关阿里乌以及梅列提乌分子[①]

正当亚历山大里亚的人们像小孩子那样就最高尚的问题争吵不休的时候，埃及和上底比斯附近的人们，则就某个以前的老问题而吵闹，这些争吵使教会到处都处于分裂状态。躯体一旦患了病，整个利比亚均受到了感染；其他更为遥远的省份，也传染上了同样的疾病。亚历山大里亚的人们派出代表团到各省的主教那里，而对立阵营的人们自然不甘落后，他们的好斗精神与前者不相上下。

第63章　君士坦丁为了和平，派出一名使节，并发出一封信函

听到这些事件之后，皇帝痛心疾首，他把问题看作是自己的一个灾难。他从自己的宫廷中派遣了一位虔诚的人[②]作为调解人，

① ［梅列提乌分子，或称梅里提乌分子，埃及的一个面目不清的教派，对于该教派，很少留下令人满意的记载。——巴格斯特译本］。参照布伦特《异教词典》(Blunt, *Dict. of Sects, Heresies, &c.* (1874), 305—308)

② ［何修斯，科尔多瓦的主教。——巴格斯特译本］。何修斯已经担任忠诚的顾问多时，曾在解决多纳图问题上为君士坦丁效力。有关何修斯，参照收入于《辞典》(Smith and Wace)中的莫尔斯(Morse)的整篇文章。

去调解[①]亚历山大里亚的争端各方，他深知此人生活节制，德行高尚，在较早时期里曾以信仰坚定而著称。他请此人向争论各方转交一封最为得当的信函，该信函充分证明皇帝对于上帝的人民的关切，它可以被很好地呈现于我们对他的报道中。信函全文如下：

第64章　君士坦丁致主教亚历山大、长老阿里乌的信函

“胜利者君士坦提努斯·马克西姆斯·奥古斯都致亚历山大与阿里乌：

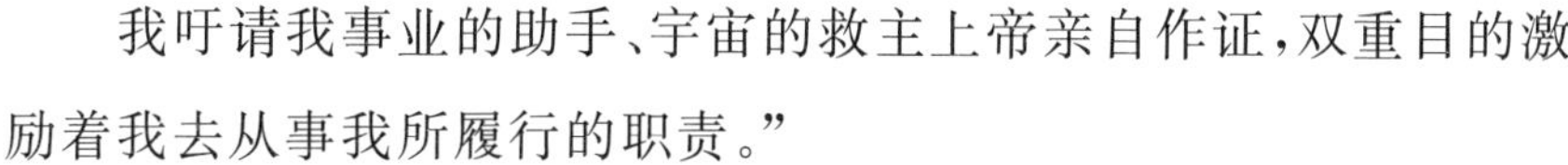

我吁请我事业的助手、宇宙的救主上帝亲自作证，双重目的激励着我去从事我所履行的职责。”

第65章　他对和平的持续焦虑 516

“我的第一个关切是，对于所有地方的神的看法必须统一在一个前后一致的观点中；我的第二个关切是，我必须恢复和治愈已经严重受伤的共和国的躯体。在为实现这些目标做准备时，我开始用隐匿的理性之眼来细心考虑前者，同时，我试图借助军队的力量来矫正后者。我知道，倘若我要依据我的祷求在上帝的仆人当中确立起一种普遍的和谐，公共事务的进程也要发生与所有人的虔

① 即“担任仲裁人”。

诚愿望相一致的变化。"

第66章 他还调停发生于非洲的争端

"的确,由于有人以其不明智的轻佻胆敢把所有人民的崇拜分裂成为各种宗派,整个非洲陷入到一种难以容忍的疯狂之中,而我个人却希望纠正这一痼疾,对此痼疾,我能够想到的唯一有效的治疗方法是,在我已经歼灭了整个世界的公敌①——他们以其自己的非法意志来反对你们神圣的宗教会议——之后,我可以派出你们中的一些人去帮助那些相互有分歧的人们达成和解。"

第67章 宗教开始于东方

"人们也许会说,由于光明的力量和神圣宗教的律法借助上帝的仁慈而在东方的苗圃里得到了培育,并用一盏神圣的明灯立即照亮了整个世界,因此便有理由相信,你们将是某种拯救各族人民的先驱,而我则会通过实际的观察,全神贯注地试图寻求你们的帮助。因此,与巨大的成功及对我的敌人的真正胜利一起,我愿意把我认为是至关重要的大问题当作是我首先要调查的话题。"

---

① [李锡尼,这里指的是第1卷第51章中有关他对宗教会议的禁止。此处提到的争端是大公教基督徒与多纳图派之间的争端,后者是戴克里先迫害过后出现于非洲的一个非常激进的教派。——巴格斯特译本]。

第 68 章　由于对分歧感到痛心，他力促和平

“可是（啊，最神圣的上帝！），我的耳朵所遭受到的创伤是多么严重，不过，当我听说分裂就发生在你们当中时，我心中的悲哀比听说正在继续的另一次分裂[①]时还要大，我本来希望从你们那里能够获得救治别人的药物的，而如今你们这个地方却比别人需要更加大量的治疗。我考虑过这些事情的起源和诱因，发现这么多争论的原因是极端琐屑的和非常没有价值的。因此我感到有必要写这封信给你们，我特别要讲到你们共同拥有的[②]明智，我首先要吁请上帝支持我的行动，而我作为解决你们之间的争端的和平仲裁者，将为上帝提供适当的服务。凭借着上帝的帮助，即使争端的诱因再大，我还是能够毫无困难地把这一讨论托付给我的听众的神圣意图，从而促使他们中的每一个人朝着一个更为有助的态度转变。而当构成一种总体障碍的问题极其琐屑和细小时，同样的方法肯定会确保事态的解决更为顺利和容易。”

第 69 章　亚历山大与阿里乌之间争端的起源，该问题本来就不应当被讨论

“因此我理解目前这一争端的起源如下。你，亚历山大，向教

① [指的是非洲的多纳图裂派。——巴格斯特译本]。

② 或“相互的”。

会长老们询问就神圣律法[①]中的某一段落,他们各自采取什么样的观点——更为确切地说,你向他们提出了一个毫无意义的问题——而你,阿里乌,则轻率地坚持[②]回答他的问题,该问题本来根本就用不着思考,即使要思考,口头上也应保持沉默。于是,争端便出现于你们两人之间,情谊断绝了,[③]大多数信徒分成了两派,共有一个躯体的和谐被抛弃了。因此,你们俩应当各自向对方
517 展现出相同程度的宽恕,[④]并接受你们的同道信徒公正地向你们提出的忠告:首先提出这样一些问题就是不对的,而被问到时加以回答也是不对的。这类争端并非法律的必要性所急需,它们不过是被徒劳无功的论点所促成,即使它们作为某种体育训练而产生,我们还是有责任把它们关闭在思想的范围之内,防止在公开的宗教会议上不经意地把它们展现出来,更不宜轻率地把它们透露给一般的俗人。因为,能够正确地看出和充分地解释如此巨大和难度如此之高的问题的意义之人,是多么的伟大啊!即使设想真的有人能够轻易地做到这一点,那么他有可能说服多少人相信他呢?或者,谁能够在这样的争端中证实精确的陈述而不会冒错误的风险呢?因此我们必须避免在这样的问题上多嘴多舌;否则,不是由

① [νομοs 一词,似乎被尤西比乌斯一般用作代表神的启示的一个总术语,就如我们使用“scripture”一词那样。——巴格斯特译本]。

② 简朴的英语“坚持”(stuck to)代表了海尼琛的思想(animo infixisses infixumque teneres),该思想为默尔兹伯格所沿习(mit unkluger Hartnackigkeit festhieltest)。巴格斯特则用“说出”,瓦列修斯译本、1709年译本及斯特洛斯译本也用同样的译法。

③ 巴格斯特译本:“宗教会议被禁止了。”

④ 或“容忍”。

于我们因自身的自然限制而无法适当地解释所提出的问题，就是由于听众因其自身理解力的迟钝而无法对所说的问题达成一种正确的理解，人们将不可避免地被带上亵渎或裂派的道路上去。”

第 70 章　力劝达成一致

“因此，不谨慎地提问题与粗率地回答双方，都应当以同等的诚意原谅[①]对方。因为你们争论的冲动并不起源于律法戒条中的要害之处，你们所面临的并不是有关上帝崇拜的某种新学说的侵入，你们具有一个相同的思想，[②]因此，你们应当有可能在同志情谊的协议中走到一起。”

第 71 章　在无足轻重的问题上，不应当有任何争论

“这么多的信徒接受你们思想上的指导，由于你们就某些微小的和无关宏旨的问题相互争吵，他们之间也产生了意见分歧，这是很不适当的，而且无论如何都是不正常的。我想作出一个小小的

---

① 或“容忍”。

② [此时皇帝似乎拥有有关阿里乌异端错误的一种很不完善的知识。尼西亚公会议期间，他听取了他们的充分解释，会议之后，他在一封致亚历山大里亚教会的信函中，是用决定性的谴责口吻来谈论它们的。参看苏克拉底《教会史》第 1 卷第 9 章。——巴格斯特译本]。无论是在这个时候还是在别的时候，君士坦丁似乎都没能真正充分理解该学说的微妙之处。后来他极度容忍了半阿里乌主义。他似乎大量地依赖于他人的“解释”，因而被导入了试图信奉一切这样一条多少有些偏离的道路上去了。

对比来引起你们这些聪明人士的注意。你们知道,哲学家们尽管都坚持一套原理,他们却常常就某一观点争论不休,他们也许在知识的程度方面有差异,然而,通过合并他们共同学说的力量,他们重新获得了感情的和谐。倘若情形的确如此,那么,你们这些被指定为至高上帝的仆人的人们,在有关同一个宗教的信仰表白问题上具有同一个思想,这难道不是合理得多吗?让我们更细心和更通情达理地来重新考虑我所说过的话;以存在于我们之间的某种琐屑和愚蠢的字面上的分歧为借口,由于你们为了如此微不足道和完全非本质的问题而争吵,同道们就应当采取互相敌对的态度,神圣的宗教会议就应当被粗俗的不和所分裂,这样做是否正确呢?这些事情太庸俗,更适合于小孩式的恶作剧,而不适合于教士和明智之士的聪明才智。让我们自觉地避开魔鬼的诱惑吧。万有的救主、我们伟大的上帝为万物散发了同等的光亮;在他的天意之下,我这个至高上帝的崇拜者才得以结束这一努力,以便我可以借助自身的灵巧、服务和诚挚的忠告来使他的会众重新回到宗教会议的成员情谊当中。我认为,既然在我们当中只有一个信仰,以及对于我们所掌握的信仰的一种理解,既然律法戒条的每个部分均责成我们去承担维持一种和谐精神的所有义务,那么就不应当让导致你们之间出现某种细微差异的情形,在你们当中引起任何分裂或裂派,因为它并不会从整体上影响律法的意义。

我说到这些事情,并不是要迫使你们就这一无聊问题的每个方面达成一致意见,无论它实际上是什么。宗教会议的荣誉有可能被你们完整无缺地保存下来,完全相同的情谊也有可能被从总体上保持下来,即使在某些微不足道的问题上你们之间出现了多

么严重的意见分歧，因为我们所有人不可能在每个问题上均具有相同的想法，同样也不存在大家共有的一种性情和判断。因此，在
神圣天意的问题上，我们应当具有有关上帝的同一种信仰、同一种 518
理解和同一种共识；至于你们当中所发生的这些微不足道的争端的确切细节，即使你们无法达成一致，也应当只保留于内心里，紧紧地隐藏于思想的幽深处。

应当将卓越的普遍之爱、对于真理的信仰、对于上帝的尊崇以及将律法的宗教不受妨碍地存留在你们当中。应当回归到相互的爱与仁慈当中，为所有人民重建适当的爱之纽带，你们在净化了自己的灵魂之后，应当再一次相互承认对方。在敌意被抛弃和和解再次恢复时，爱常常变得更加芬芳。”

第72章　他的过分挂念常使他潸然泪下，他预定前往东方的旅行因这些事情而拖延

“因此，把和平的白天和不受烦扰的夜晚归还给我吧，以便我也能够享有清澈亮光的愉悦和宁静生活的幸福。否则，我会悲痛欲绝，甚至无法平静地面对自己的余生。如果上帝的人民——我指的是我那些上帝的仆人弟兄们——因他们当中邪恶和损害性的争吵而分裂成如此状况，我的思绪如何能够平静下来呢？你们要知道，这给我带来了多大的苦恼啊！我最近曾进入尼科米底亚城，我的目的是想立刻向东推进；我早就想要访问你们，而且我已经走了很长一段路程，而有关这件事情的消息却使我的计划半途而废，这样我就不用被迫去亲眼目睹这件听起来是极其难以令人置信的

事件了。现在，借助你们当中的和谐，向我敞开通往东方的道路吧，这条道路已经被你们之间的争论所关闭，赶快让我得以愉悦地看到你们和其他集会中的所有会众吧，并用愉快的话语向上帝表达我对普遍和谐及全人类解放的感激之情。”

第73章　该信函送达之后，争端仍在继续

这位被上帝所爱之人在这一问题上，通过上述信函极力促成教会的和平，而优秀和高尚的工作则由上述的宫廷调解人[①]去做，此人不仅要传递信件，而且要表达写信人的目的；此人无论从哪方面看都是一个虔敬之人，就如上面所说。可是由于问题太过严重，此信解决不了，于是，争吵更为凶猛，这种不幸蔓延到了东方的每个行省。这是忌妒和一个憎恨教会繁荣的邪恶魔鬼所酿出来的结果。

① ［科尔多瓦的何修斯，上面第63章中已经提及。——巴格斯特译本］。

第3卷 519

第1章 君士坦丁的虔诚与迫害者的邪恶之对比

出于对教会繁荣的痛恨，善的憎恨者忌妒便是以这样一种方式，在一个和平和幸福的时代里，为她制造了狂风暴雨和内部的纠纷。然而，这位上帝所爱戴的皇帝，肯定没有忽视自己的责任；他尽了最大努力来反对不久前由暴君们的凶残所犯下的那些罪行，[①]因此他胜过仇敌。

首先，他们强制推行诸种假神崇拜，却丢弃了真神；而君士坦丁则不仅用行动、而且用语言[②]使人们相信这些神根本就不存在，并敦促他们承认唯一的真神。其次，他们用亵渎的语言嘲笑上帝的基督；而他则恰恰以不信神者所要毁谤的那件事情作为自己胜利的保证，[③]并以基督受难的标志而自豪。他们把上帝的仆人们赶走，剥夺了他们的家庭和炉灶；而他则把他们全部召回来，并把

---

① 参照导论“生平”条中与其他皇帝的对比。

② 尤西比乌斯明确说道，君士坦丁的话语很少导致皈依。这里它是指，一个依靠上帝本身的人的成功，证明是偶像的虚荣。

③ 这也许是指“下令把它铭刻”或“把它写进受其保护之列”。巴格斯特译本的这一形式是一个令人满意的译法。

他们的家庭炉灶归还给他们。暴君们使他们蒙受耻辱;他则使他们获得荣耀,并受所有人的羡慕。他们查封敬畏上帝者的生活资料,并以不公正的手段加以没收;而他则把它们归还给他们,并对他们进行慷慨的赠予。他们用书面法令的形式对教会领袖们进行污蔑;而他则亲自做主,用荣誉来抬举和提拔这些人,用通告和法律的形式赐予他们更为高贵的头衔。他们完全毁灭了崇拜场所,使它们片瓦不留;而他则下令,现存的崇拜场所必须扩大,新的崇拜场所必须动用帝国国库的资金,建成宏伟的规模。他们命令,受神启示的《圣经》必须被付之一炬;而他则下令,必须动用帝国国库的资金来复制足够数量的《圣经》。[①]他们命令,任何地方都不允许举行主教们的宗教会议;而他则把他们从各个行省集合到自己的跟前,允许他们进入宫殿,甚至进入它的内室,与皇帝家庭同席就餐。他们用献祭来尊崇魔鬼;他则揭露这一错误,并不断地把浪费在献祭上的物资分发给那些有可能使用到它们的人。他们命令,庙宇必须得到豪华的装饰;而他则完全毁掉了这类迷信者最为珍视的建筑物。他们使上帝的殉道者遭到最凶恶的惩罚;而他则追究做过此事的人们,用来自上帝的适当惩治手段惩办他们,同时,他从未停止过纪念上帝的神圣殉道者。他们把敬畏上帝之人驱赶出帝国的宫廷;而他则特别信任这些人,知道他们对自己的好意和忠诚要超过其他所有人。他们是财富的奴隶,他们的灵魂受到欲求而不得的激情所奴役;而他则以其充盈的帝国财宝,用慷慨大方

① 依照西德里努斯的说法,它们的封面装饰着宝石。参照导论中有关其豪爽性格的叙述。

的手向人们分发物品。他们制造了无数的凶杀案，以便查封和没收那些被杀害了的人们的财产；而在君士坦丁统治的整个时期里，法官们却收刀挂剑，统治每个行省的人民和城市居民的，[①]是他们祖先的法律，而不是强制和胁迫。[②] 人们只要注意到这些事实，就会说，一种全新的生活方式已经开始出现，就像经历过沉重的黑夜之后，一道奇异的光亮照射在人类身上；人们应当承认，整 520
个成就均属于上帝，是他引导这位为神所爱戴的皇帝去反击成群结队的不敬神者。

第2章　对君士坦丁虔诚的进一步评论，他对十字架符号的公开证明

既然这些此前从未被看见过的人们犯下了有史以来从未被听说过的冒犯教会的罪行，上帝便恰如其分地为自己造就了一件新事物，并用它来获得没有人听说过也没有人看见过的功绩。还有什么比这位皇帝的奇妙美德更为新奇的呢？这是上帝的智慧赐予

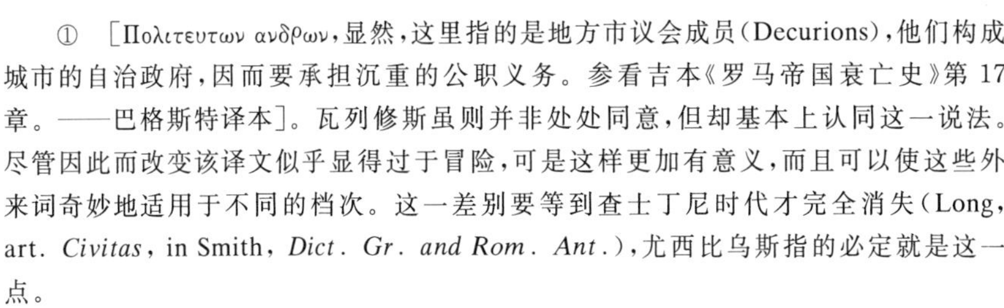

① ［Πολιτευτων ανδρων，显然，这里指的是地方市议会成员（Decurions），他们构成城市的自治政府，因而要承担沉重的公职义务。参看吉本《罗马帝国衰亡史》第17章。——巴格斯特译本］。瓦列修斯虽则并非处处同意，但却基本上认同这一说法。尽管因此而改变该译文似乎显得过于冒险，可是这样更加有意义，而且可以使这些外来词奇妙地适用于不同的档次。这一差别要等到查士丁尼时代才完全消失（Long, art. *Civitas*, in Smith, *Dict. Gr. and Rom. Ant.*），尤西比乌斯指的必定就是这一点。

② 上述这些是君士坦丁生平的某种概述。有关对所提及的各种事实的说明，参照《教会史》后一部分，以及该传中的各种法令及文件。还请参照导论中“生平”条，尤其是有关性格的叙述。有时候它似乎就像一场有关赞美完全不同情况的小布道，即对他人做了他人为自己所做的事情的赞美。

人类的，因为他以对所有人的完全公开不断地预告上帝的基督，根本就不隐匿救主的名，却以这一做法为自豪。为了让自己在世人面前清楚无误，他曾经用救主的符号标示在自己的脸上，他还曾经自豪地以那个胜利的标志为乐。[①]

第3章　他头顶十字架、脚踩毒龙的画像

他把该标志展示在一块挂在宫殿入口处前面的高高的画板上，好让所有人都能看见，画中描述的是搁置在他自己头上的救主的符号，而那只充满敌意和有害的野兽——他曾借助无神者的暴政来围攻上帝的教会——则被画成一条毒龙的形状，被压倒在海洋的深处。因为上帝先知的圣书上称他是一条“毒龙”和一条“奸诈的蟒蛇”[②]；因此皇帝还借助这幅画像[③]，向所有人展示，毒龙处在他自己以及他的儿子们的脚下，其躯体的中间被一根标枪刺穿，并被推下了大海的深处。

他通过这一方式指出了看不见的人类敌人，并借助竖立在其头上的救主符号的权能，展示这一敌人已经消失于毁灭的深渊。这便是颜料的颜色借助图画的方式所要表达的含义；不过，我对皇帝的高尚品格充满着惊奇，他仿佛借助神的启示就这一怪兽表达了先知们所预言过的话：“上帝必用可怕的大刀惩治这条曲行的龙

① 请注意这里尤西比乌斯直言不讳的证明，并请参照导论中“宗教特性”条。

② 特别是《启示录》以及下面所引的《以赛亚书》。

③ [字面上翻译为：“借助这幅瓷画”。见第1卷第3章的注释。——巴格斯特译本]。

蛇，惩治这条逃匿的龙蛇，必将消灭这条海中的毒龙。”[1]皇帝必定描绘了这些东西的形象，在绘画中设置了真正的肖像。

第4章 阿里乌在埃及发起的争端的进一步介绍

当时他如其所愿地做了这些事情。可是，可怕地搅动着亚历山大里亚教会的忌妒和憎恨的结果，以及发生于底比斯和埃及的不幸分裂，极大地困扰着他。一个城市的主教攻击另一个城市的主教，一个地方的人民反对另一个地方的人民，他们就像寓言中的辛普勒伽德斯，[2]几乎拳脚相向，以至于无可救药的人们发狂般地采取亵渎的行动，甚至胆敢侮辱皇帝的塑像。不过这与其说是激起他的愤怒，不如说是引起了他内心的极度痛苦，因为他为这些精神错乱的人们的无知行为忧伤不已。

第5章 复活节节期的分歧

早在这些混乱发生之前，就存在着另一个可怕的麻烦，困扰了

① 《以赛亚书》第27章第1节。这并非出自七十子希腊文译本，它对应于希伯来古本而与七十子译本不符。它在用于表示“可怕的”一词上有差异，霍姆斯（Holmes）和帕森斯（Parsons）所援引的任何版本（或至少梵蒂冈、霍姆斯和帕森斯、范埃斯、替申多夫版和任何抄本，都没有像希伯来古本那样带有“在海中”这一词组。格拉布（Grabe）在后面加上了该词组作为一种不同的读法（ed. Bagster，16，p.74），可是它几乎不可能是正确的读法。

② 黑海上的两块著名岩石，它们定期分开和相撞，撞毁了所有来往船只，据说（《奥德赛》第12章第69节），阿耳戈英雄的船是唯一一艘未被撞毁的古代船只。

521 教会很长一段时间:救主复活日节期上的分歧。[1]一些人声称,人们应当遵循犹太人的习俗,另一些人则声称,遵守确切的节期才是对的,而遵循福音恩典之外的人的习俗是错误的。

于是在这一问题上各地的会众长期以来存在着分裂,[2]神圣的仪式处于混乱状态,因为对于一个完全相同的节日,不同的日期引起了过这一节日的人们当中最大的差异:正当一些人用斋戒和禁欲约束自己时,另一些人却悠闲自得,我行我素地放纵自己。没有人能够找到克服这一弊病的方法,因为双方都以同样的热情去捍卫自己的观点;只有对于全能的上帝而言,解决这一分歧才是一件轻而易举的工作,而君士坦丁则似乎是他解决该问题的世上唯一的代理人。他一旦收到有关上述争论的消息,并发觉他写给亚历山大里亚的人们的信函不起作用,便把全部心思用来应对该问题,他说,这是又一场他必须努力赢得的反对困扰教会的无形敌人的战争。

第6章　他下令在尼西亚举行一次公会议

于是,仿佛是为了向敌人推进,他以谦恭的信函召集从各地赶来的主教们,组成一个属于上帝的军团,即召开一次全世界范围内的公会议。这不只是一个单纯的命令,皇帝还用实际行动使命令

---

① 有关复活节节期争论的文献,参照所有宗教百科全书上的相关词条,特别是施泰茨(Steitz),收录于《百科全书》(Schaff-Herzog);有关该问题本身的历史及其讨论,见汉斯莱(Hensley)的文章《东方人》(*Easter*, in Smith and Cheetham, *Dict*)。

② 有些人把此句直接加到上一段的后面。因此巴格斯特翻译成:"对此就如在其他方面那样。"不过,随后的分段是海尼琛所为。

付诸实施:他授予一些人使用公共邮车的权利,并给另一些人提供运输用的马匹[①]。他还指定了适合于开会的城市,这个城市就是比提尼亚省的尼西亚,该名字含有"胜利"之意。[②]随着通知向四面八方发出,他们就如起跑线上的短跑运动员那样满怀热情地向前奔跑。驱使他们这样做的是良善事物的希望、享有和平的机会以及亲眼目睹这位伟大皇帝新奇芳容的愿望。当所有人都聚集一起时,正在发生的事件便早已被看作是上帝的杰作。那些不仅在精神上,而且在肉体上被国土、地区和行省的差异所相互分割开来的人们,如今走到了一起,一个城市容纳了他们所有人:人们所看到的是一颗巨大的教士戒指,一顶编织着可爱的五彩花朵的冠冕。

第7章　全体大会,来自各国的主教都出席[③]

从欧洲、利比亚[④]和亚洲的所有教会当中精选出来的最优秀的上帝仆人走到了一起;一个仿佛是由上帝提供的崇拜场所,把他们所有人集中在一起:与西里西亚人在一起的叙利亚人;腓尼基人、阿拉伯人和巴勒斯坦人;除了这些人以外,还有埃及人、底比斯人、利比亚人,以及来自两河之间的人们。甚至有一名波斯主教也

① "役畜"。

② 也许是考珀(Cowper)所提供的取之于叙利亚文的那个不足为凭的召集会议信函文本,给出了有关选择尼西亚的理由:那里"空气新鲜,温度宜人"。

③ 有关公会议的标志性作品是赫菲勒(Hefele)的《大公会仪史》(*Conciliengeschichte*),其中克拉克(Clark)及奥克森海姆(Oxenham)等人的译本(Edinb. 1872 sq.)很适合于英语读者使用,该作品完全是基础性的,因此需要补充参考资料来进一步注释有关君士坦丁统治时期召开的公会议诸多问题。

④ 等于"非洲"。

出席了公会议，莅会的还有一个斯基泰人。[1]本都、加拉提亚、卡帕多西亚、亚细亚、弗里吉亚、潘费利亚等均派出了自己的人选。生活于遥远内地的色雷斯人、马其顿人、亚该亚人及埃皮鲁斯人，也出席了会议；莅会者中还有一名非常著名的西班牙人。[2]帝都[3]的主教因年纪老迈而无法出席，不过他的长老们代表他参加了会议。在历史上，只有君士坦丁这一位皇帝用和平的纽带为基督编织了这样一顶花冠，并通过模仿使徒聚会的方式，因上帝帮助他战胜敌人而向救主提供感恩祭。

522

第8章　大会的构成，如同《使徒行传》中那样，与会者来自各种各样的国家

据说[4]在使徒的时代里，曾经聚集了“来自天下各族的虔诚人士”，他们中有“帕提亚人、米底亚人、伊拉姆人，住在美索不达米亚、犹地亚、卡帕多西亚、本都、亚细亚、弗里吉亚、潘费利亚、埃及、昔兰尼附近的利比亚等地的人民，以及来自罗马的人、犹太人和改信犹太教者、克里特岛人和阿拉伯人”[5]——可是，那次聚会是较低档次的，因为并非所有的出席者都是上帝的仆人。而在今天的

---

① 值得注意的是，外国主教——可以称作“传教的主教”——出席的这一证据，被格拉修斯(Gelasius)以及成员名单所证实。

② [科尔多瓦的何修斯。——巴格斯特译本]。

③ [曾有人怀疑这里所指的到底是罗马还是君士坦丁堡。苏佐门及其他人的证据则有利于前者。参看作为该丛书中的一卷出版的英译本。——巴格斯特译本]。还请参看该丛书中的相关内容。

④ 《使徒行传》第2章第5节以下。

⑤ 《使徒行传》第2章第9—11节。——中译者

这次聚会中，主教的数量就超过了二百五十名，[①]而长老、助祭及其他出席者的数量则多得难以计数。

第9章　二百五十名主教的美德和年龄

在上帝的仆人们当中，有一些以说智慧的话语而著称，一些以生活的严谨和忍耐力而出名，还有一些则以节制而出名。[②]他们中的一些人因年高寿长而受到尊敬，另一些人则充满着青春的活力，还有的人则刚刚走上教士的生涯。皇帝下令，每天都要为所有这些人准备好丰盛的餐饮。

第10章　皇宫中的公会议，君士坦丁的入场及落座

旨在最终解决争端问题的公会议召开的日子届临时，出席会议的每一个人都来到了皇宫中最内里的一间大厅，[③]该大厅在规

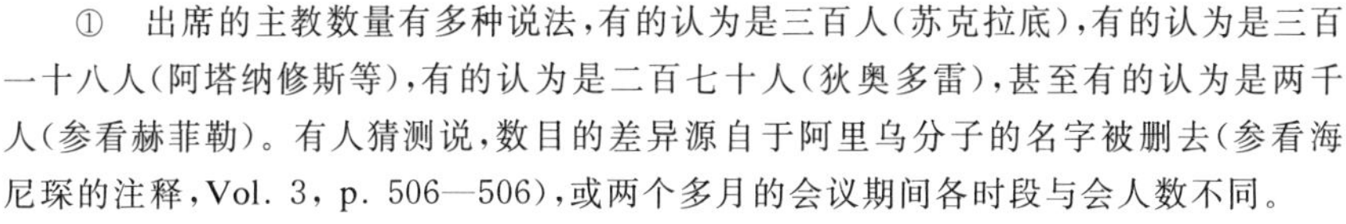
① 出席的主教数量有多种说法，有的认为是三百人（苏克拉底），有的认为是三百一十八人（阿塔纳修斯等），有的认为是二百七十人（狄奥多雷），甚至有的认为是两千人（参看赫菲勒）。有人猜测说，数目的差异源自于阿里乌分子的名字被删去（参看海尼珉的注释，Vol. 3, p. 506—506），或两个多月的会议期间各时段与会人数不同。

② 这是苏佐门（1,17）所解释的方式。其措辞按字面上理解是较为“中性的”，这些措辞被默尔兹伯格及其他人翻译成似乎意味着“宽厚”或“谨慎”，在某种意义上似乎是指中庸学说。

③ ［因此似乎有可能这是公会议的最后一天；整个会议花了两个多月，会议最初是在一座教堂里举行。——巴格斯特译本］。公会议的确切日期有争议，不过它似乎结束于8月25日，也许开始于6月14日。

模上似乎比别的厅都要大。沿着大厅的每一边,设置了许多排座椅。受邀者进入大厅之后,找到了指定的座位坐了下来。大家坐好以后,会场上一片寂静,人们在等待着皇帝的到来。先是进来一位皇帝的随员,接着又分别进来两名随员。给皇帝带路的,不像通常那样是士兵和卫兵,而是他的忠实朋友。在宣布皇帝进入的信号发出之后,大家站了起来;他终于与他们一道走了进来,就像上帝的某位天使那样,他那明亮的斗篷像光束那样散发着光泽,他的紫袍闪耀着火红的光辉,整个身上服装装饰着光彩夺目的黄金和宝石。这就是他的躯体外表。至于他的灵魂,他显然充满着对上帝的畏惧和崇敬:这从他那低垂的眼神和谨慎的步态中看得出来,他的脸上泛红,至于他的外观的其他部分、他的高度,则以其高贵的成熟,以其身体条件的壮观及其无与伦比的魄力而超过了周围的所有人。所有这些,再加上他举止的优雅和作为皇上所特有的屈尊的温和,证明了他那种无法描述的优越心智。①他走到了排椅的上端,站在中间,有一张用黄金做成的小椅子已经被设置在那里,在主教们的点头示意下,他才坐了下来。主教们也跟着皇帝坐了下来。

第11章　在主教尤西比乌斯讲话之后,整个会场鸦雀无声

坐在他同一排右手边第一个座位上的主教②站了起来,以一

---

① 参照导论中有关身体和精神特性的叙述。

② [苏佐门及其他作者的证据似乎表明,这就是尤西比乌斯本人。——巴格斯特译本]。

种向全能上帝感恩的语气，向皇帝发表了一个格调优美的讲话。他讲完后重新坐了下来，随之而来的是一阵沉默，所有人都用热切的眼光看着皇帝。他以一种令人愉快的眼神扫视了整个会场，然后便集中思绪，用一种柔和轻快的声音发表了如下的讲话：

第12章　君士坦丁就和平问题向大会致词[①] 523

“朋友们，与你们分享共处之乐，是我祈祷的目的所在，如今这一目的实现了，我知道我必须表达我对万有之王的感激之情，因为除了每一件别的事情以外，他还允许我看到今天这种情况，它比任何其他好事情都要好；我指的是，把你们所有人召集在一起，遵循一种大家都同意的一致意见。不要让忌妒这一敌人破坏我们的繁荣；如今，暴君反对上帝的战争已经被救主上帝的威力一扫而光，不要让邪恶的魔鬼借助别的手段用亵渎来攻击神的律法。因为对我而言，上帝教会的内部分裂比任何战争或凶猛的战斗更加严重，比起世俗的事物来，这些事情似乎引起更多的痛苦。因此，当我通过上帝的恩惠和支持而赢得对敌人的胜利时，我认为唯一要做的事情就是感谢上帝，并与那些上帝通过我们的作用而加以解放的人们一道欢欣鼓舞。然而，与所有的期待相反，我得悉你们正在闹分裂，因此我丝毫不敢怠慢地关注起这一报告来，祈求这也可以借

① 君士坦丁促成教会和平的最诚挚的愿望，使得人们常常用宽厚的态度去评判他为达成目的所使用的相当专横和非常机械的方法。与形式的统一及和解的统一相对立的，只存在着一个真正的统一——一种真理内的统一，即在真理当中为一。和平的秘密就是理性的到位。

助我的服务来得到治愈，于是我立即派人把你们所有人召集过来。我很高兴看到你们的聚会，我认为我会最完全地实现我的祈求，因为我能够看到你们所有人的灵魂是相通的，一种共同的和和平的和谐在你们所有人当中占据了支配地位，对于这种由人们奉献给上帝的和谐，你们理当亲自向他人宣布。因此，我的朋友们，上帝的祭司们，我们大家的共主和救主的善良仆人们，请不要耽搁，现在就开始把分裂的缘由开诚布公地摆在你们当中，用和平的律法打开争端的一切镣铐吧。这样你们双方都会获得令上帝愉悦的东西，你们就会使我这个同样是上帝仆人的人得到极端的满足。”

第13章　他把争执不休的主教们引向感情上的和谐

当他用拉丁文讲这些话时，有人做了翻译。他讲完后，便请公会议的领袖们接着讲。这时有人开始指责自己的邻居，而另一些人则为自己辩解并进行反告。每一方都提出了许多的提案，起初有大量的辩论。皇帝毫无怨恨地倾听着所有人的发言，灵活而耐心地接受各种提案；他依次接纳各方所说的话，文雅地把态度互相冲突的人们的意见集中一起。他对每个人讲话都是温文尔雅的，他用讲希腊语——因为他并非不懂这种语言——来增强自己的吸引力和亲和力，他用自己的话语说服一些人改变主意，并增强另一些人的信念，他称赞那些讲得好的人，敦促所有人达成一致意见，最后他引导他们在有争议的一切问题上形成一个思想和一个信念。

第14章　公会议有关信仰的一致声明，复活节的庆祝

于是，信仰被统一在一种大家一致的形式中，救主节期的日子也在各方当中达成了一致。总决议借助大家签字的形式，获得了书面的批准。[①]这些事情完成之后，皇帝说，这是他所赢得的对于教会敌人的第二场胜利，随后举行了向上帝表示敬意的庆功宴会。

第15章　君士坦丁在即位二十周年庆典时款待主教们

与此同时，他统治二十周年的日子届临，[②]为此，在其他行省中举行了广泛的庆祝会。可是对于上帝的祭司们来说，开设庆祝会的正是皇帝本人，皇帝邀请和宴请了他所调解的所有上帝的仆 524
人，于是便似乎是借助他们而向上帝提供了一种合适的祭品；没有一名主教缺席皇帝的宴会。[③]该事件非笔墨所能形容。卫兵和士兵们围住了宫殿的大门口，用出鞘的刀剑护卫着皇宫，上帝的仆人们毫无惧色地穿行于这些人当中，并进入到皇宫的最内里。在餐厅内，一些人与皇帝同坐在一张餐桌旁，另一些人则轻松地躺在安

① 现存的签名，其真实性令人怀疑（Hefele, p. 269）。

② 参照导论中有关生平的叙述。

③ 冒着在严肃和公然压缩的注解中似乎过于琐屑的风险，人们不禁要注意到，古代和现代公会议中的人性是相似的——尽管争论或多或少地潜伏着，不过所有的人均出席了宴会。

排于每一边上的躺椅上。[1]可以设想，这是一幅想象中基督王国的画像，正在发生的事情是“梦，而不是现实”。[2]

第16章 给主教们的礼品，致所有人民的信函

在举行了壮观的庆典之后，皇帝殷勤地接见了所有的宾客，非常慷慨地按照每个人的级别给他们颁发了礼物。他还亲自写了一封信函，把会议内容告诉未能出席会议的人们。我把该信函附在目前这个有关他的报道上，以作为永久的记载。

第17章 君士坦丁就尼西亚公会议致教会的信函

“君士坦提努斯·奥古斯都致教会：

我从公共事务兴旺发达的经验中获悉，神威的恩典是多么的伟大，据此我认为，我的当务之急就是，在最神圣的全世界教会的会众当中，必须确立一种大家共同遵循的有关全能上帝的思想，那就是一个单一的信念、一个纯粹的爱和一种宗教。然而，这是不可能获得牢固和永久性解决的，除非是在把所有或大多数主教召集在同一个地方来就有关最神圣的宗教的每一个关键问题作出一个

① 有关这些躺椅的介绍，见《辞典》(Smith, *Dict. Gr. and Rom. Ant.* article *Letica*)。

② 荷马《奥德赛》第19章第547节。

决定之后。由于这一理由，在大多数人集中一起、我本人作为你们中的一员也出席了会议时(因为我不想否认，我最喜欢这样的集会，我是你们这些仆人中的一员)，一切话题都被进行适当的讨论，直到明察秋毫的上帝能够赞同并能导致协调和一致的统一意见达成为止，这样，在有关信仰的问题上，就不会留下进一步讨论或争议的任何空间。”

第18章　他谈到他们在复活节日期问题上的全体一致，以及反对犹太人的习惯

“在这次会议上，有关最神圣的复活节日期问题获得了讨论，该问题由全体出席者的统一裁决来解决，这一节庆应当在各不同地区里在同一天中为大家所庆祝。因为对于我们来说，还有什么比在同一个制度和公开宣布的原则下、每一个群体均毫无区别地持守这一节日——我们从该节日中已经获得了不朽的希望——更为合适和体面的呢？首先，在持守这一最神圣的节日问题上，遵循犹太人的习惯是不足取的，因为犹太人用大量的罪行玷污了自己的双手，因此，他们罪有应得地患上了灵魂的盲目症。既然他们这个民族已经受到了拒绝，借助一种我们从耶稣受难的第一天开始直到今天为止所保持的更为真实的制度，就有可能把这种持守的惯例也延续到未来的时代里。应当力使你们与可憎的犹太暴民之间没有任何共同之处！我们已经从救主那里获得了另一条道路；一条路线已经向我们最神圣的宗教展开，该路线既合法又合适。正直的兄弟们，让我们全体一致地接受这条路线吧，这样我们便可

以与令人厌恶的共犯彻底脱离关系。[①]如果他们得以夸耀，若没有他们的教导我们就无法持守这些习惯，那必定是相当怪诞可笑的。在谋杀了我们的主之后，在弑杀了长上之后，他们已经发了狂，他们不是被任何理性的原则所驱动，而是被未受控制的冲动所驱使，无论他们内心的狂乱把他们引向何处，这些人能够正确地计算出什么东西来呢？因此，在这样的问题上，他们无法看到真理，于是他们几乎总是计算错误，他们在同一年内过两次复活节，这并非出
525 于正确的计算。为何我们要跟随这种大家均认为患有可怕错误的人呢？我们永远也不允许同一年内过两次复活节。但是即使这一论据不提出来，你们的明智判断[②]也应当义不容辞地努力争取和不断祈求，务使你们纯洁的灵魂不致因参与完全邪恶之人的习俗而受到玷污。而且很容易看到，在这样一个重要问题上，就这样一个宗教节日而言，存在着一种差异是不对的。我们的救主宣告我们解放的日子是在某一天，即他神圣受难的那一天，他的目的，就是要使他的全世界的教会成为一。无论在许多不同的地方中它分开成多少个部分，它都是由一个圣灵、即由神的意志所抚育的。请阁下以明智的判断来想一想如下的情景有多么的可怕和不适当：在同样的日子里，有些人参与斋戒，而另一些人却在举行酒宴，或

① ［此句似乎含有这样的思想（如瓦列修斯所解释的）：如果他们与犹太人同一天庆祝这一节日，他们似乎就是赞同后者把我们的主钉死在十字架上的犯罪行为。——巴格斯特译本］。他至少是在其区别对待的法律行为中、或也许是在实际的迫害中，实施了对犹太人的斥责。

② ［Αγχινοια。该词是尤西比乌斯频频使用的一个表达等级之一，它就像“阁下”一词那样，是指一种荣誉称号，因此它在这里被作如此翻译。在目前这个例子中，它适用于集体意义上的教会首领。——巴格斯特译本］。在本例子中，它更有可能不是头衔，而是指“你们的明智判断”。

者相反，在复活节过后，有些人忙于酒宴和娱乐，而另一些人则在遵循所规定的斋戒。因此，这就是神意希望这一问题必须获得适当解决并为之确立一个规定的理由，这一点我相信大家都知道。”

第19章　力劝遵循世界较大部分的人们的榜样

“因此，既然该问题有必要予以改正，以便使我们不至于与弑害长上和杀主的民族相雷同，既然这一约定与世界上西方、南方和北方的所有教会及东方的某些教会所遵循的规矩相一致，目前到会的所有人便都一致地认为它是值得采纳的。我本人应承，该决定必须获得你们明智判断①的赞同，我希望，你们的智慧②将很高兴地接受这一习俗，该习俗同时在罗马城和非洲被遵循；在整个意大利、埃及、西班牙、高卢、不列颠、利比亚和整个希腊，以及在亚细亚和本都的主教管区、在西里西亚，均获得了判断上的完全一致。你们不仅会想到，我所列举的地区中的教会的数量远远大于其他的任何地区，而且还会想到，大家与正确计算所要求的东西保持一致和与犹太人的伪誓罪完全脱离关系③是一件最神圣的事情；总而言之，我以尽可能简短的话说，大家一致决定，最神圣的复活节应当在同一天中被庆祝，因为在有关如此圣洁的问题上存在分歧

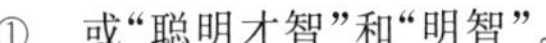

① 或“聪明才智”和“明智”。

② 同上。

③ [瓦列修斯把这解释为是指犹太人一方面公开承认上帝是他们的王，另一方面却以说“我们没有王，只有恺撒”来否认他。——巴格斯特译本]。

是不合适的，最好是遵循这样的选择，在该选择中没有渗进任何外来的错误和罪恶。”

第20章 力劝服从公会议的法令

“那么，在这种情形下，愉快地接受这种天上的恩典，并把它看作是真正的神之命令吧；因为神圣的主教集会中所处理的所有事务均与神的意志有关。因此一旦你们向我们可爱的弟兄们解释了上面所写下的东西，你们就应当接受和实行所规定的计算方法，并严格地遵循最神圣的节期，以便在我前来——我早就想来——看看你们的状况时，我能够与你们一起在同一天中庆祝神圣的节日，能够与你们一起分享我对每一种考虑的满意，因为我看到，魔鬼式的残暴已经被神的威力借助我们的行动所毁灭，而我们的信仰、和平及和谐却到处蒸蒸日上。上帝保佑你们，亲爱的弟兄们。”

皇帝把这封信函的抄本[①]寄送给了每一个行省，据此，读到该信函的人们就像是通过一个镜子那样得以看出他思想的诚挚、纯洁以及他对上帝的虔敬。

第21章 在主教们离会时，劝告他们要保持和谐

当公会议即将结束时，他向主教们致词告别。在某一天里，他

① 海尼琛认为这是正确的意思，尽管“同样正确的”或“可靠的”曾被认为也有可能。

把他们所有人召集一起，他演讲的主题是，他们应当热切地谋求相互之间的和平。他们应当避免争吵。如果主教当中有人因其智慧 526
的话语而享有声望的话，他们不应当忌妒，而应当把某个人本领上的优点看作是大家所共有的东西。具有更多特长的人，不应当轻视天赋较为一般的人，因为判断谁优谁劣，是上帝的特权。应当向较为软弱的人作出适当的让步，因为十全十美总是罕见的。因此，当在微不足道的问题上有所冒犯时，他们应当互相容忍，应当慷慨地饶恕别人的弱点，所有人都应当珍视和谐和协调，这样就不至于因他们的意见分歧而给那些容易亵渎上帝之道的人们留下嘲笑的机会，这些人的确是我们应尽最大努力去拯救的对象，而要做到这一点，我们的行为就必须要对他们有吸引力。他们无疑必须牢牢记住的一件事情是，并非每一个人都能从理智能力中获益。有些人只满足于被提供给一种生计，而另一些人则习惯于讨好有权势者；有些人很高兴向那些和蔼地伸出手来的人们致意，而另一些人在被授予礼物时则以爱自己的恩人作为报答；但是很少人带有一种真正思想的激情，很少人是真正的真理热爱者。因此，必须使自己去努力适应所有的情况，就像一名医生那样去为救助每一个人提供必要的帮助，以便借助每一种方式，使拯救的学说为所有人所尊重。这就是他对他们的主要劝导。[1]最后他敦促他们为他向上帝提出热切的祈求。他在送别他们所有人时，祝他们一路平安地返回到各自的故里。他们愉快地踏上归程，一种全体一致终于在他们当中占据了优势，这种一致性已经在皇帝面前达成，曾经各自分离的各部分又连接成为一个单一的躯体。

---

① 或“这就是皇帝特别根据他们的良心而作出的命令”。

第22章　他遣散了一些与会者，给其他人写信，还分发礼品

皇帝对自己的成功感到高兴，他用信函的方式向未能参加公会议的人们散发丰富的果实；他还下令给乡村和城里的所有人民赠送大量的金钱作为礼物，以此来庆祝他即位二十周年的节日。

第23章　他给埃及人写信，力劝他们和平

然而，大家虽能和平共处，但埃及人当中的相互抱怨并没有减缓，[①]这就使皇帝再次受到困扰，尽管他尚未被激怒。于是，他以十足的尊敬称他们为“前辈”或“上帝的先知”，第二次召集他们在一起，又一次宽容地斡旋于同一些人之中，又一次赠送他们礼物。他还通过一封信函来宣布自己的调解意见，为了认可公会议的法令，他在这些法令上盖上自己的印章。他敦促他们坚持和平的协调，不要分裂教会，而要把上帝的判决牢记在心上。皇帝还在其亲笔所写的一封信函中下达了这些命令。

第24章　他频频给主教和人民撰写有关宗教问题的信函

他还就类似的话题谈到了大量其他方面的东西，因而写下了

① 阿里乌争论的继续。

许多的信函。在一些信函中，他就影响上帝教会诸因素向主教们作出训示；不过在有机会时，他也会亲自向会众作演讲，这时，这位极幸福者就会称教会中的俗人为他自己的“兄弟”和“仆人伙伴”。不过，也许我们有机会把这些集中编纂在一个特别的集子中，以便不至于打断我们目前这个报道的顺序。

第25章　他命令在耶路撒冷救主复活的圣地上建造教堂

在这种局势下，这位上帝所爱之人开始在巴勒斯坦省完成另一项具有巨大重要性的工作。情况是这样的。他下决心要把耶路撒冷中救主复活的最神圣的场地，打造成为世界著名的和受尊崇

的地方。于是，他立即下令，必须建造一个崇拜场所。如若没有上 527
277
帝，是不可能想出这一主意来的，他的心灵必受到救主本人的感动。

第26章　圣墓曾被不信神者用垃圾和偶像覆盖

从前，恶人们——更精确地说是整个魔鬼部落借助他们——试图使神的不朽墓碑为人们所遗忘和无法看到，这时，有闪闪发光的天使自天上而来，降落在墓碑上，为了这些心肠冷酷的人们，天使卷走了碑石，这些人们便推想，那个活着的人仍然躺在死者当中；于是，天使向妇女们宣告了这个好消息，并以他们所寻找的那

个人还活着这一信息，来去除不信者心中的石头。某些不信和邪恶的人们策划想让人类无法看到的，正是这个救主的墓穴，他们愚蠢地认为，他们能够用这种方式来隐瞒真相。他们的确以巨大的努力从外面的某个地方运来了许多泥土来盖住整个现场，然后把它夷平，在其上面用石子铺上路，使神圣的墓穴隐藏于大量的泥土之下。这时，他们要做的每一件事情仿佛都完成了，他们便在那场地上为众灵魂、为死的偶像建起了一座真正可怕的坟墓，并为混杂的魔鬼阿弗洛狄特建造了一座阴郁的圣所；然后，他们在受玷污和污染的祭坛上供献了令人作呕的牺牲。因为他们推想，除非把救主的墓穴掩埋于这些肮脏的污染物底下，否则他们的目的就无法充分实现。这些卑劣的家伙并不理解，他们的企图不可能不被那位已经战胜死亡的人所识破。太阳不再照临不到有人居住的整个世界，因为它在升上大地上之后就会发光，并且沿着自身的路线进行穿越太空的旅行；救主的威力比太阳还要辉煌，他照亮的虽则是人类的灵魂而不是躯体，他用自身的光束充满着整个世界。然而，这些不信和邪恶之人隐瞒真相的诡计延续了很长的时间，没有任何人——没有总督，没有司令官，甚至没有皇帝——被发现有能力清除掉所施行的恶行，只有一个人是例外，那就是万有之王上帝的这位朋友。于是，他在神圣灵魂的引导下开始行动，他不能允许看到我们上述所讲到的神圣场地因敌人的诡计而被埋藏在各种不洁的东西之下，并被遗弃给遗忘和忽视，他不能屈服于有罪者的恶意；他吁请上帝作为他的合作者，他命令彻底清除此地，因为他认为，正是这块被敌人玷污了的场地，尤其应该从神的恩典借助他而进行的伟大工作中获得利益。他的命令一经发出，骗人的建筑便被彻底拆毁,荒谬的神庙连同其偶像和魔鬼一起被夷平。

第27章　君士坦丁命令把偶像神庙的拆卸物和泥土运往遥远的地方

然而,他的努力并没有就此而停止。皇帝进一步下令,拆卸下来的石头和木材,必须被倾卸到尽可能远离该场地的地方,该命令也被迅速地执行。可是在皇帝看来,即使这样的进展本身也是不够的,在神的启示之下,皇帝又一次下令,遗址必须被挖掘得很深,铺路石连同其他石块一起,必须被运走到外面很远的地方,因为它们沾染了魔鬼所流的血。

第28章　圣墓的发现①

此命令也被马上执行。随着地下遗址的一步步显露,最后出乎所有人的意料之外,最受崇敬和神圣的救主复活证据(殉难祠)出现了,至圣之处的墓穴,呈现出了救主死而复活的外观。于是它在遭受埋没之后,再一次重见天日,它使那些作为参观者而前来的人们,得以清楚地看到发生在这里的神迹故事,它以比任何话语更加有说服力的事实,证明了救主的复活。 528

① 有关墓地遗址,参照贝塞特《坟墓,圣地》(Besant, *Sepulchre*, *the Holy*, in Smith and Cheetham, 2 (1880), 1881—1888)。他讨论了:(a)目前这个遗址是由君士坦丁的官员们确定的吗?(b)该遗址肯定是我们的主埋葬的地点吗?也请参照巴勒斯坦探险基金(Palestine Exploration Fund)的报告《耶路撒冷》(*Jerusalem*, 1884, p. 429—435 [Conder])。

第29章 就一座教堂的建造问题，他致函行省总督及主教马卡琉斯

随着这些事情的完成，皇帝又发出了充满虔诚精神的命令，拨发了充足的经费，下令在圣墓的附近，以宏伟和豪华的规模建造一座崇拜上帝的教堂，仿佛他对此事心仪已久，并且以超人一等的先见之明预见到了未来。他指示那些统治东方各行省的人们，应当用慷慨的补助金建造不同寻常的、巨大的和豪华的教堂，他还给主持耶路撒冷教会的主教发送了如下的文件。通过这一文件，他以明白无误的措辞展现了自己灵魂深处对于上帝的爱，以及对于救主之道的纯洁信仰，文件内容如下：

第30章 君士坦丁就救主教堂建造问题致马卡琉斯函

“胜利者君士坦提努斯·马克西姆斯·奥古斯都致马卡琉斯：

我们救主的恩典是如此巨大，以至于似乎没有任何言辞配得上去描述我谈及的神迹。由于他最神圣的受难的证据被埋藏于地下很长时间，这些证据长期以来不为人所知，直到整个国家的敌人被除掉，[①]它才肯向他的仆人们显现，而一旦仆人们获得了自由，它就远远胜过了一切的赞美。如果全世界被认为是聪明的人们都

① ［显然是指李锡尼，他死于326年，同一年，据说救主圣墓被发现。——巴格斯特译本］。

集中到一个地方来试图说出某些与这一事件相匹配的话，他们便连最低程度上的目的也难以实现。该神迹的证据超越了每一种人类思想的自然能力，就如天上的事物通常被认为比人间的事物要强大那样。因此之故，正如真理的权威每天都在以更新的奇观显示自己那样，我们的灵魂也要以完全的清醒和诚挚的高度一致去弘扬神圣的律法，这就是我首要的和唯一的目的。因此，我特别想要你确信的事情是显而易见的，即我最大的关切就是：我已遵上帝之命，把神圣场所从骇人听闻的偶像负担之中解救出来，该偶像曾像一座重物那样搁在那里；神圣场所从一开始就因上帝的命令而变得神圣，如今由于它把救主受难的证据公之于世而变得更形神圣，因此，神圣场所必须被我们装饰上漂亮的建筑。”

第31章　该建筑的墙体、圆柱和大理石之美，超过世界上的所有教堂

“因此，你的明智做法就是为这项工程作出安排并提供所有必要的物资供应，以便不仅使教堂的美观本身从总体上超过所有其他的教堂，而且还要使建筑物的每一个细节均要超过帝国任何城市中最美的建筑。至于墙体的建筑和装饰，我建议由地方行政长官的代表即我们的朋友德拉奇里阿努斯以及该省总督来负责。我对宗教的牵挂，使我下达如下命令：手工匠人、劳动力以及由你的通情达理所获得的建筑工程所需之一切东西，均应当由它们的储备当中来提供。至于圆柱或大理石，你应当在亲自勘查之后立刻给我写信，告知我你所认为的最有价值和最有用处的是哪些，以便

我从你的信函中所获知的所需各类材料，能够从各种来源中获得有效的提供。的确，这个世界上最奇妙的场所应当获得与之相称的装饰。”

第 32 章　他就美化屋顶、工匠及材料等问题向总督们下指示

“至于教堂的拱顶，[1]你决定用镶板装饰[2]还是用别的建筑风
格，也请一并告知我。如果要嵌入镶板的话，也必须饰以金子。总
529 之，阁下要尽快告诉前述行政官员，需要多少劳动力、手工匠人和
经费。你还要刻不容缓地留意给我送交一份报告，报告中不仅要
提到大理石和柱梁问题，还要涉及花格平顶镶板问题，以确保在你
看来是最好的一种款式。

上帝保佑你，亲爱的兄弟。”

第 33 章　圣经所预言的新耶路撒冷的救主教堂之建造

这就是皇帝所写的文件。该文件送出不久，命令就得到了

---

① 该词字面上为“暗房”(camera)，相当于某种风格的拱顶天花板，不过倘若下面这一特定词语是指方格天花板，那么在这里它也许就是普通的天花板。

② 亦即花格平顶或方格天花板，是一种类型的天花板：“厚板以同等的间隔与横梁相交，因而留下大小一样的空格，”“这些空格常常铺上金子、象牙和涂料。”参照文章《住所》(*Domus*, in Smith, *Dict. Gr. and Rom. Ant*)。此段有可能是指“就天花板而论……是否……装护壁板”，也有可能是指“就暗房而论……是否装天花板”。

执行。新的耶路撒冷被建造在为救主作证的场地上，面对着著名的旧耶路撒冷，后者在主被杀之后便被彻底摧毁了，它的邪恶居民遭到了报应。如今皇帝在这个旧城的对面开始为救主对死亡的胜利建造了一座华丽的丰碑，这也许就是先知们在预言中所说的第二和新的耶路撒冷，[①]有关它，在神启的记载中留下了如此丰富的证据。

他所做的工作中的第一项，就是装饰神圣的墓穴。这是一座充满着长年累月的记忆的坟墓，包含着伟大救主战胜死亡的战利品，是一座神临在的坟墓，在这座墓中，曾有一位闪烁着光芒的天使向所有人宣布为救主所证明的有关复活的好消息。

第34章　对圣墓构造的描述

因此它就像万物的首领一样，是一件首要工作，皇帝用壮丽的圆柱和丰富的装饰品装饰了它，用各色各样的艺术品使庄严肃穆的墓穴变得闪闪发亮。

第35章　对中庭和门廊的描述

接着，他使墓穴地面的巨大空间获得了外面的新鲜空气。他

① ［显然是指(瓦列修斯说)《启示录》第21章第2节："我约翰看到了圣城新耶路撒冷从天上上帝那里降临"等；这是圣经的一种离奇的，不，一种荒唐可笑的应用，尽管也许是作者的时代所特有。——巴格斯特译本］。也许可以说是尤西比乌斯本人所特有，因为它并不是他在这方面的唯一罪状。

在这一地面上铺了一条五光十色的石头路，在三个侧端建起了长长的环状门廊。

第36章　对教堂墙壁、屋顶及主体部分的装饰和镀金的描述

圣祠就建造在面对墓穴的一端，即最先沐浴着升起的太阳的东端，这是一座长度、宽度和高度均巨大无比的高贵圣堂。它的内部覆盖着各色各样的大理石片，而用磨光石一块块巧妙拼接而成的墙体外表，闪烁着光亮，其华丽程度丝毫不亚于用大理石拼接的内墙。房顶的外面包裹着一层铅，这是对抗暴风雨的可靠保护层；房顶的内部则装饰着雕刻而成的方格制件，像一个巨大的海洋那样，借助一系列互相连接的绷带，延伸到整个庄严肃穆的圣祠。① 由于被裹上了一层纯金，因而整个圣祠显得金碧辉煌。

第37章　对双边门廊每一边及三个东门的描述

此外，每一边上均伸出了包括楼上和楼下在内的两层双排柱廊，②其顶上也装饰有黄金。圣祠正面上的柱廊用巨大的台柱来

① 从这一描述来看，该教堂顶部的嵌板细工似乎与罗马圣玛利亚·玛吉勒教堂的相类似，它是一个水平的表面而不是嵌板的尖顶。

② 这是否指有两套，一套在地下，另一套在上面（默尔兹伯格及许多人都这样认为），海尼琛在一个单独的注释中有充分的讨论（*Eusebius*，vol. 3，pp.520—521）。

支撑，而门内的柱廊则用装饰有华丽表面的石墩来支撑。[①]开在正东面的三个门，吸纳着络绎不绝的大量来客。530

第 38 章　对半球体、十二圆柱及碗状物的描述

在这些门的对面，作为整个高贵建筑物最重要的看点的是附在最高部分上面的半球体，[②]该半球体被十二根圆柱所环绕，以比附救主的十二门徒，圆柱的顶部装饰有用银子做成的巨大碗状物，这是皇帝作为一种华美供品亲自呈献给上帝的。

第 39 章　对内庭、拱廊及门廊的描述

对于那些走到坐落于圣祠前面的入口处的人们来说，还有一个开阔的空间等待着他们。左右两边都有拱廊，最初见到的是一个天井，再过去是柱廊，最后是进出天井的若干个门。再过去，就在敞开的广场的中间，[③]有一个门廊构成整个圣祠的入口处，该门

① ［这些内部的门廊似乎搁置在巨大的桩上面，因为它们连接教堂的侧部，因而必须承载教堂的顶部，这个顶部比任何别的部分都要巍峨。——巴格斯特译本］。默尔兹伯格把其翻译成“四边形的支柱”。“在结构上是一个庞大的正六面体建筑物，用来作为支座。”(Liddell and Scott)。

② ［显然是圣坛，它是半球形的，更确切地说是半圆柱形的。——巴格斯特译本］。也存在大量待讨论的问题，参照海尼琛译本第 3 卷第 521—522 页。

③ ［在较大教堂的前面，一般都会有一条街道，或一片开阔的空地，到了题献该教堂的殉道者的纪念节日届临时，人们总要到这里来举行集市。该教堂的门口当然也要考虑到这种建筑效果，务使相关的建筑物不会妨碍教堂前面的视线。参看瓦列修斯部分——巴格斯特译本］。

廊建造得很别致，从外面走过这里的人们，总是可以惊讶地看到里面的奇观。

第40章 他捐助的数目

这就是皇帝作为救主复活的一种明显证据来建造的圣祠，它的装潢极其华丽。他用镶嵌在各色各样的材料之上的无数黄金、白银和宝石，使其美不胜收。鉴于其规模、数量和种类，要详尽地描述使用于该圣祠建造中的娴熟技艺，则已经超出了本书的范围。[①]

第41章 在伯利恒建造教堂，在橄榄山上建造纪念性建筑

在这里，他还找到了别的遗址，即备受崇敬的两个神秘岩洞，他也对它们进行了豪华的修建。对救主最初神圣显现的岩洞——在这里，救主以凡身肉体出生为人——皇帝授予了适当的荣誉；而对另一个遗址，他则在救主借以升入天堂的山巅上建造了纪念性建筑物。他在高贵地证明自己对这些遗址的崇敬的同时，也使其

① 有关该建筑各种特色的某些思想，也许来自于下列作品中的插图和对其他教堂的描述：Fergusson, *History of Architecture*, 1 (1874), 400 sq.; Lübke, *Geschichte der Architektur*, 1 (Lpg. 1875), 229 sq.; Langl.'s series of *Bilder zur Geschichte*, &c。

对于自己母亲的纪念永久化,[①]后者对于人类生活曾经施予过如此之多的善。

第42章 君士坦丁的母亲海伦娜[②]曾经出于虔诚的目的访问过该场所,并建造了这些教堂

这位女士决心践行对万王之王的上帝的虔敬义务,她认为,为了自己的儿子即如此伟大的一位皇帝及他的儿子即她的孙子和最受上帝所爱戴的恺撒们而用祈祷来表示感恩,是自己义不容辞的责任。尽管年事已高,她仍然以非同寻常的智慧,像年轻人那样敏捷地赶来勘查这块神奇的土地,同时以一种真正皇太后的关切访问东方的行省、城市和人民。由于她对救主的足迹给予了适宜的崇拜,并遵循着先知的话[③]"让我们在他落脚的地方下拜",她立刻便把自己个人虔诚的成果遗留给了后继者们。

第43章 对伯利恒的教堂做进一步介绍

她马上为上帝建造了两座自己进行崇拜的教堂,一座在基督出生的遗址旁,另一座在他升天的山上。与我们同在的上帝,为了

---

① 参照导论。

② 参照沃兹沃思《海伦娜》(*Helena*, in Smith and Wace, *Dict*. 2 [1880], 881 sq)。她被封为王后一事,也可以从硬币获得证明,参照埃克赫尔(Eckhel)的硬币。

③ [七十子希腊文译本《诗篇》第131章第7节。——巴格斯特译本]。英译本《诗篇》第132章第7节:"我们要在他的脚凳前下拜。"

531 我们的缘故，让自己忍受在一个岩洞中[1]出生的痛苦，他肉体出生的地方被希伯来人叫作伯利恒。因此这位最虔诚的皇太后以各种各样的方式来装饰那里的神圣遗址，用精美的纪念碑美化了这位上帝敬畏者的怀孕事件。此后不久，皇帝本人也以皇家的奉献为此地增光，用金银财宝和刺绣的帘幕补充了母亲的捐赠。此外，皇帝的母亲还在橄榄山上竖起了庄严的纪念性建筑，目的是为了纪念全宇宙的救主升上天堂；在整座山峰的脊梁高处，她建起了神圣的教堂，并就在那里为那些宁愿把自己的时间花在该场所上的人们便于向救主祈祷而建造了一座圣祠，因为正是在那里，流传着一个真实的报道，即在该遗址中全宇宙的救主把秘密启示授予了自己的门徒。[2]在那里，皇帝也为伟大之王提供了各种各样的供品和装饰品。这些就是她在两个神秘遗址上为自己的救主所作出的两个永世不忘的、高贵的和极为美好的奉献。为上帝所爱戴的皇帝的母亲，即为上帝所爱戴的海伦娜·奥古斯塔，把这两座教堂建造成自己虔诚意图的标志，而她的儿子则为她提供皇帝权力的帮助。不过这位女士在不久之后便收获了自己应得的劳动报酬。在经历了自己整个一生的过程之后，直到进入老年的门槛时还记挂着行善；她借助言行展现出了在遵行救主戒律中的辉煌成就；她不仅在

① ［字面上指“地底下”。使与主的世俗生活相联系的更为显著的细节，带上某种程度上与《圣经》不一致的浪漫和神秘色彩，这似乎是尤西比乌斯的时代所特有的。《圣经》显然并没有为出生或升天的岩洞提供任何根据。见上面第 41 章。——巴格斯特译本］。参照安德鲁(Andrews)，(*Cave of the Nativity in His Life of Our Lord* ［N. Y.］, 77—83)。

② ［这里指的可能是《马太福音》第 24 章中耶稣在橄榄山上对门徒们的讲道。——巴格斯特译本］。

肉体上而且在灵魂上都如此有序和宁静地完成着自己的整个生命过程，结果是，她即使在现世中也达到了与其宗教相匹配的目的，并从上帝那里获得了一种善报。

第44章　海伦娜的慷慨及慈善行为

当她在皇室的庄严威仪之下访问整个东方的时候，她赐给每个城市的公民团体无数的礼物，并在私下里把礼物赐予每一个走近她的人；她还用慷慨的手向军人阶层提供无数的捐赠。她为衣不蔽体和生活无依的穷人提供了难以计数的捐赠，她给一些人捐赠的是金钱，给另一些人捐赠的是大量的御寒衣物。她还使另一些人从监狱中、从恶劣条件下服苦役的矿井中解放出来；她使受骗者免遭骗子的欺骗，使被流放者回归故里。

第45章　海伦娜在教会中的虔诚行为

尽管她在这样一些事情上的成就十分辉煌，但她并不轻视在别的方面保持对上帝的虔诚。[①]她喜欢人们看到她频频地上教堂。她用光彩夺目的金银财宝装饰崇拜场所，同时并不忽略即使是最小村镇中的圣祠。人们也许会看到这位令人惊叹的妇人，穿着高贵而又端庄的服饰，与众人一道，用每一种上帝所悦纳的方式，表

① 根据某些伪经的报道，君士坦丁是因其母亲才皈依基督教的(参照导论的“作品”条目所提及的伪经书信)，不过尤西比乌斯却(下面第47章)颠覆了这一说法。

明对于上帝的尊崇。

第46章　她订立遗嘱，在八十岁时辞世

当她最后完成了足够长久的生命历程、并被召唤到更高的领域时，她已经活了大约八十岁。在她接近功德完满时，她对后事作出了安排和处理，她起草了有利于自己的唯一儿子即世界的统治者和君主君士坦丁皇帝以及他的儿子们即她的孙子们的最后遗嘱，宣布把自己的地产以及她在整个世界上所拥有的每一样东西，都遗留给他们。在以这种方式处理好了自己的事务之后，她走到了生命的尽头。有一位如此伟大的儿子站在她的身边，握着她的手，以至于在具有正确思维的人们看来，这位极其幸福的妇人似乎并没有死，而实际上是经历了从人间生活到天堂生活的转变。当她被救主所接纳的时候，[1]她的灵魂因而便被重新塑造成为一种不会腐坏的天使的本质。[2]

532

第47章　君士坦丁为母亲送葬，他在她生前就孝敬她

即使这位有福之人的暂时居所，也应当得到不同寻常的照料，

① 海伦娜去世的时间通常被确定在327年或328年。参照沃兹沃思（Wordsworth，l. c.）既然她死时为八十岁，她应当是在二十五岁左右生下了君士坦丁。

② [这些话似乎带有奥利金学说的味道，尤西比乌斯非常偏爱这一学说。根据杰罗姆的证明，奥利金相信，在复活时，躯体会变成灵魂，灵魂则变成天使（瓦列修斯部分）。——巴格斯特译本]。

因此，她的尸体被一大帮卫士护送到帝都，并被安置在皇室墓地里。皇帝的母亲就这样去世了，她之所以配得上永不忘却的怀念，既是因为她自己热爱上帝的行为，也是因为她生下了非凡和令人惊叹的后代。即使不谈其他理由，仅就他对其母亲的孝顺而言，他就应当受到祝福。他使她成为一名敬畏上帝者，尽管她从前并不是，可是在他看来她似乎从一开始就是公众救主的一名学生；他所授予她的帝国尊严是如此之多，以至于她在各族当中被军事阶层宣布为奥古斯塔和皇太后，她的肖像被铭刻在金币中。①他甚至授予她管理皇室金库的权力，她可以随意使用它们，无论她想做什么以及她在每件事情上做出何种良好的决定，她的儿子均会给她荣耀和地位。因此，在记载他的死后名声之时，我们还应当记载这样一些事情，即通过因其至高的虔诚而尊重自己的母亲，他便履行了孝敬父母这一神圣道义和义务。于是皇帝以上述的方式在巴勒斯坦地区建造了精美的教堂。不过他还在各行省装备新修建的教堂，在公众眼里，它们被装饰得比此前所建的教堂还要高贵得多。

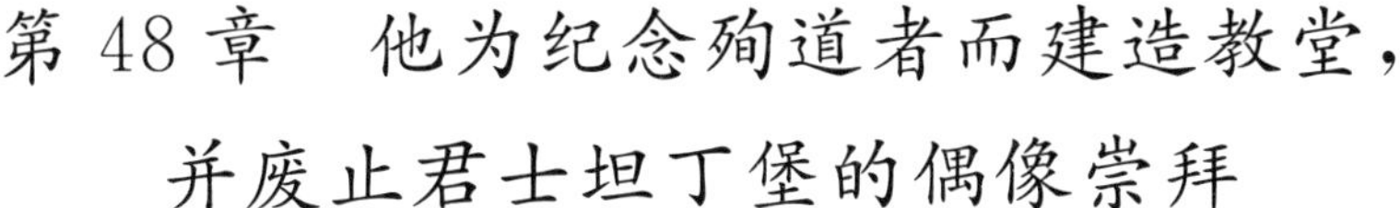

第 48 章　他为纪念殉道者而建造教堂，并废止君士坦丁堡的偶像崇拜

在授予以自己名字命名的城市格外的荣耀时，他用许多地方

① 参照上面的注释。据沃兹沃思说，虽然发现了带有她的名字的银币和铜币，可是没有发现过此类金币。

的崇拜、巨大的殉道者圣祠以及宏伟的教堂——一些竖立在城市的前面，还有一些在城内——来美化它。他同时借助这些建筑去尊崇殉道者墓，把城市奉献给殉道者的上帝。他被上帝智慧的灵气所充满，他认为一座以他自己的名字命名的城市理当展现出这种灵气，于是他决定清除掉该城市中的一切偶像崇拜，以便使城市中不再出现在庙宇中被崇拜的诸假设神的偶像，不再出现堆满血腥祭物的肮脏祭坛，不再出现作为火中燔祭提供的供品，不再有魔鬼的节宴，不再有其他任何形式的迷信习惯。

第49章　有关宫殿中的十字架及公共喷泉上的但以理塑像的描述

你们将会在设置于广场中间的喷泉中看到好牧人的标志，那些学习过《圣经》、了解与青铜塑成的狮子在一起并闪烁着黄金花瓣的但以理的人们，显然熟悉这个标志。已经占有了皇帝灵魂的神圣受难是如此伟大，以至于在皇宫的寓所内、在所有最著名的建筑上、在连接屋顶的镀金镶板的正中间、在一幅十分宽大的嵌板[①]的中央，均安装上了用各种宝石制作而成并系上大量黄金的耶稣受难标志。这似乎曾被这位受上帝所爱戴之人制作来作为他的帝国的一种庇护物。

① 也许指最大的一块“嵌板”。处于罗马城墙之外的业经修复的圣保罗教堂，就有一幅带有巨大中央嵌板的镶嵌天花板。

第50章 他在尼科米底亚及其他城市建造教堂

他就是用这些东西来美化自己的城市。不过他还以一座巨大的宏伟教堂为比提尼亚的首府[①]增光,他用自己的资金在那里为他的救主竖起了一座战胜自己敌人及上帝仇敌的纪念碑。他把其他行省中最著名的城市,均打造成了以有艺术气质的祈祷场所见长的地方,就像他在东方的大都会、以安条克命名的城市中所做的那样。在这个似乎君立于各行省之上的城市中,他奉献了一座在规模和外表方面均很独特的教堂,整座教堂的外部,围起了一堵巨大的围墙,崇拜大厅的空间高入云端。它被建成一个八边形,围绕
着第一层和第二层,建有一整圈的凸窗,他还用大量黄金、青铜及 533
各种贵重材料做成的装饰品来装饰它的四周。

第51章 他下令在马姆勒建造一座教堂

这些是皇帝最重要的奉献。他获悉,最近向人类显现的同一位救主,在古时候也曾经在巴勒斯坦中靠近被称作马姆勒的橡树林[②]

① [尼科弥底亚,君士坦丁曾经在此处围困李锡尼,并逼使他投降;为了纪念该事件,他建造了这一教堂。——巴格斯特译本]。

② [在英译本的此段话中(《创世记》第18章第1节)用的是"旷野",而七十子希腊文译本及古代译者通常把其翻译成"橡树",也有一些人翻译成"笃耨香树"(松脂树),拉丁文通俗版则翻译成"河谷"。——巴格斯特译本]。修订版(1881—1885年)翻译成"橡树林"。

向热爱上帝的人们显现自己，[①]为了纪念这一事件，他下令在那里建起一座教堂。皇帝的一道命令以书信的形式下达给各行省总督，要求他们完全执行他的指令。不过，他还向目前这部历史书的作者发出了一份劝说性的训诫，我把它的一个副本附在该书当中，以便使这位受上帝所爱戴之人的关切得以被准确地理解。他因这里所发生的事情而责备我们，他用这些严厉的措辞写道：

第52章 君士坦丁就马姆勒问题致尤西比乌斯的信函

“胜利者君士坦提努斯·马克西姆斯·奥古斯都致马卡琉斯及巴勒斯坦的其他主教[②]：

我最圣洁的岳母[③]通过写给我们的书信，向我们报告了恶人的疯狂罪行，这一报告给了我们极其重大的恩泽，因为借助它，被忽视的过失可以得到适当的补救和纠正，虽然这些补救和纠正来

① 这种学说在尤西比乌斯和君士坦丁的话语中反复出现，它在当今美国及英国就此问题而引发的神学争论中具有一种奇异而又有趣的意义。它可以被称作“不朽的基督”的学说，以与“实质上的基督”的学说相对，后者似乎认为基督只是随着他的道成肉身才开始存在——亦即“历史上的基督”。他从一开始就具有历史性的存在，既是内在主观的，又是外在客观的，人们可以大胆地设想，这两种观点的倡导者能够在这一措辞中找到一个汇合点或至少是一种解决方式，该措辞把他描述为一开始就与上帝同在，并永远如此，他创造了曾被创造出来的万事万物，他存在于宇宙和世界的各个部分当中，也存在于犹太人和外邦人当中。

② 本历史书的作者说，该信函是写给他的，而事实上却是写给马卡琉斯的。由于这一原因，尤西比乌斯对本书的作者权曾受到过挑战，不过，尤氏当然也是“其他主教”当中的一员。

③ [尤特洛皮娅(Eutropia)，他的皇后法斯塔的母亲。——巴格斯特译本]。

得有点迟，但却是必要的。神圣的场所受到亵渎性的可恶事物的玷污，这肯定是一种可怕的邪恶。那么，受人尊敬的兄弟们，这件虽然逃避过你们的聪明才智、却为我所提及的这位女士出于对上帝的崇敬而揭发出来的事情到底如何呢？”

第53章　救主在同一个地方向亚伯拉罕显现

她说，橡树林附近的这个地方被称作马姆勒。我们知道，亚伯拉罕就曾居住于此，这个地方已经被迷信的人们彻底糟蹋了。她解释说，本该完全毁灭的偶像[①]却被竖立在它的附近，旁边还建起了一个祭坛，肮脏的祭品不断得到提供。既然这看来既与我们的时代格格不入，又与该场所的神圣甚不相称，我就要让你们诸位[②]知道，我们已经写了一封书信给我们最高贵的护卫和朋友阿卡丘，大意是说，他在上述场所所看到的这些偶像，应当被毫不迟疑地付之一炬，祭坛必须被彻底拆毁，最后，在那里的所有此类东西被除去之后，他应该尽其最大的努力来清理整个地方。在做完这些事情之后，他应当按照你们自己也会发出的指令，在原址上建造一座与使徒的大公教会相称的教堂。一旦你们获悉那里的所有玷污都被完全去除，你们这些有识之士，就应当马上与来自腓尼基的主教们会面，你们可以凭借这封信函把他们召集一起，设计一座与我的

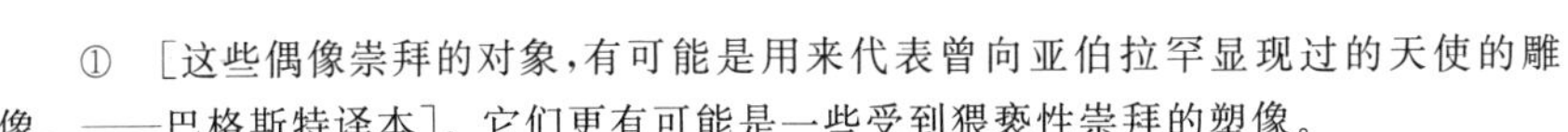

① ［这些偶像崇拜的对象，有可能是用来代表曾向亚伯拉罕显现过的天使的雕像。——巴格斯特译本］。它们更有可能是一些受到猥亵性崇拜的塑像。

② 另一译法为“阁下”。

慷慨相称的教堂，以便根据我的命令，在我们上述伙伴的监督下，以一种与该场所的古老和神圣相适应的方式尽全速完成这座华丽建筑的建设。首先，我希望你们特别留意，今后那些肮脏和可恶之人不再敢于来到该场所的近旁。在我们已经指令该场所必须建造一座适合于神圣的人们集会的纯洁教堂之后，倘若在这样一个地方仍然出现任何亵渎现象的话，那对于我们而言就是不能容忍的，所有亵渎行为均属必须受到惩罚的犯罪。如果有违抗这一命令的事情发生，你们就应当以书信的方式，毫不犹豫地向我们做出报告，以便我们可以把这些被缉拿归案的人以违反法律处以最严厉的处罚。你们必定知道，在那里宇宙之主上帝首先向亚伯拉罕显现，并与他交谈。因此神圣律法的宗教正是在那里最先开其端倪的，救主本人和两位天使正是在那里首先向亚伯拉罕允诺显示自身的，上帝正是从那里开始向人类显示自己的，他正是在那里对亚伯拉罕谈到有关他未来的子孙并立刻履行自己的诺言的，他正是在那里预言他将成为许多民族的祖先的。在这种情况下，在我看来，根据我们的规定，该场所理应清除掉一切污染，恢复到其古时
534 的神圣状态，以便除了进行万能的上帝、我们的救主及全宇宙之主
所特有的崇拜之外，没有别的活动得以在那里进行。如果我的要求——该要求特别与神圣的宗教相一致，对此我坚定地相信——的实现的确就是你们诸位的希望的话，你们便有义务以必要的看护来保卫它。上帝保佑你们，亲爱的兄弟们。”

第54章　到处拆毁偶像神庙和塑像

在所有这些企图中，皇帝都是为了救主权威的荣耀而工作的。在他以这种方式继续为其救主上帝增光的同时，他还以各种各样的方式驳斥异教徒的迷信错误。为此，他叫人打开每个城市的异教庙宇的大门，为的是好让这些门在他的命令之下被拆除。还有一些庙宇的屋顶包层被撬掉，因而变得破败不堪。长期以来那些迷信的古人引以自豪的和备受敬重的青铜神像，被摆在皇城的广场上示众。于是，这边摆着皮提安塑像，那边摆着斯明提安塑像，它们激起了观看者的蔑视，而德尔斐的青铜三脚祭坛则被搁在竞技场上，赫利孔山的缪斯像被放在皇宫里。这个以皇帝名字命名的城市，充斥着各个行省所供奉的精雕细刻的青铜艺术品。长期以来，那些陷入错误之中的人们，在诸神的名义下，向这些塑像奉献了无数的大祭和整只烧烤的牺牲，而如今，随着皇帝把它们当作观众取笑和取乐的玩具，人们终于获得了辨别力。还有一种命运在等待着黄金制作的雕像。当他发觉如无知小孩那样的群众，竟然受到用黄金和白银塑成的妖魔的恐吓时，他决定除去这些妖魔，就像搬掉行走于黑暗当中的人脚下的绊脚石，为所有人打通、清理和铺平一条宽敞而又便捷的路。他把此事放在心上，他认为，驳斥这些妖魔不需要武装人员和军事力量：他所交往的圈子中的一两个人便足以应对这场战役，于是他派遣他们到每一个行省去执行单一的命令。出于对皇帝虔诚的确信和他们自己对上帝的尊崇，他们走访了人口稠密的村镇和民族，他们逐城逐村地揭发长期以

来的错误，并以嘲笑和轻蔑的态度，命令献祭的官员自己先把他们的神祇从其黑暗的壁龛里请出来，并暴露于日光之下，然后掀掉它们那些精美的外包装，向大家显示出其暗藏于美丽外表之下的丑陋。接着他们取走了看来似乎有用的物质，把它投进火里熔炼，以此方式对它进行净化；他们把被认为属于他们的有用物质收集起来，并存放在一个安全的地方，同时，他们也允许迷信者仍持有多余的和无用的物质，以作为他们一种耻辱的纪念。这位令人惊叹的皇帝，“也亲自这样做”。[①]他一边从死人偶像身上剥下贵重物质，一边收集剩余的青铜雕像。这些雕像如同战利品那样被拖出来，它们曾被过去的传说尊为神。

第55章　腓尼基阿法卡地方神祠的拆毁及淫荡习俗的废止

皇帝在以这些方式点燃了一盏光芒四射的明灯之后，唯恐有暗中的错误残余未被察觉，便向四周投射出皇帝特有的慧眼。就如高空翱翔、目光犀利的雄鹰从高处看到广袤大地上的事物一样，正当他驻跸于自己美丽城市的皇宫里时，他从远方觉察到一个可怕的灵魂陷阱正在潜伏于腓尼基省中。这是一片郊区小丛林，不是在城市的中心，也不是在那些经常用来装点城市的广场和街道当中，它远离主干道和交通汇合点，与其相通的只有踩出来的小山路，就在黎巴嫩山区的阿法卡，竖立着一座奉献给可憎魔鬼阿弗洛

① 荷马《奥德赛》第4章第242节。

狄特的神祠。这是一个为一切荒淫放荡的人们以及用大肆的放纵
败坏自己躯体的人们而开设的学堂。那些虽则是男性却拒绝了自
己的性别尊严的女性化的男人,通过在该神祠里以及在某些法律
和政府均无法控制的地方从事与妇女的非法交媾和其他偷偷摸摸
的堕落性关系,以及难以言状的和不名誉的习惯,借助自己那种病
态的女人气来讨好魔鬼。没有任何人会发现这些正在发生的事
情,因为没有任何品行端正的人敢于踏足那里。可是那里所发生 535
的事情,也不能够逃脱开这位伟大皇帝的注意。在以皇帝的深谋
远虑亲自看到了这些事情之后,他断定这样一座神祠是不适合见
到太阳的,于是便命令整座神祠连同它的祭坛及其他建筑必须被
彻底拆毁。在皇帝的命令下,这一淫荡错误的设施被立刻夷平,一
支士兵负责清理场地。那些原先放纵自己的人们,如今从皇帝的
胁迫中领会了贞节。在以科学自诩的希腊人当中也存在着类似的
迷信之人,他们也应当通过实际的经历来获悉自己的愚蠢。

第56章 埃吉亚[①]的艾斯库拉皮乌斯[②]神庙的拆毁

大量的错误来自于与西里西亚精灵有关联的所谓的科学,无数的人们因他被拥为一名救主和治疗者而变得兴奋不已,因为他有时向睡着于他旁边的人显示自己,有时治愈那些身体有病的人——尽管一触及到灵魂时他却是一个毁灭者,把那些轻信者从

① [在西里西亚海岸上,靠近伊苏斯。——巴格斯特译本]。

② 艾斯库拉皮乌斯(Aesculapius)是古希腊神话中的医神。——中译者

真正的救主那里拉走，吸引他们陷入不信神的错误当中——皇帝对此作出了适当的反应，在忌妒的上帝即他的真正救主的保护下，他命令该神祠必须被拆毁。命令一经发出，这个高贵哲学家们所自夸的奇观便被一支军队推翻并夷为平地，躲藏在该奇观里面的，不是精灵，当然也不是神，而是一个长期以来施行骗术的灵魂骗子。那个曾承诺要向别人指出一条避凶化难之路的人，如今却找不到保护自己的任何神力，后来，据神话说，他被雷电所击倒。[①]不过，有关上帝赐予我们皇帝一边的成功，是不存在任何虚构成分的，借助他的救主的明显威力，那里的神祠也被完全毁灭了，以至于没有留下任何先前疯狂的痕迹。

第57章　异教徒放弃偶像崇拜，转而认信上帝

当所有以前的迷信之人亲眼看到了欺骗他们的东西被曝光、并看到了各地的神祠和机构在实际上处于荒芜状态之后，有一些人开始在拯救之道中寻求安慰，而另一些人虽然没有这样做，但他们还是谴责自己祖先的愚蠢，并嘲笑和讽刺那些古时被他们奉为神祇的东西。当他们看到暗藏在塑像外表形状当中有大量的肮脏物质时，这便是他们不可避免的反应。在里面，有取之于死人躯体中的骨头和干燥的头盖骨，这些东西被用之于不正当的巫术上，[②]

① ［在狄安娜的恳求下，朱庇特使希波吕图斯复活。——巴格斯特译本］。

② 瓦列修斯译本、1709年译本及巴格斯特译本翻译成另一种表达方式："被骗子所笼络。"斯特洛斯则翻译成"被巫术邪恶地利用"。

还有充满令人作呕的污物的肮脏破布，或者一堆干草和稻草。当他们看到这些东西被填塞在无生命力的物体里面的时候，他们对于自己及其先辈们智力上的巨大愚蠢便感到了非常的自责，尤其是在他们意识到下列这一事实时：他们那黑暗的圣所里并没有居住着任何的生命，没有精灵，没有预言者，没有神，没有先知，不像他们先前所设想的那样，甚至也没有暧昧模糊的幽灵。这就解释了为何每一个幽暗的洞穴和每一个秘密的壁龛均能够轻易地让皇帝的使节进入、禁止闲人进入的最内里的庙宇至圣所能够让士兵的脚去踩踏，结果是，该事实向大家做出了明确的证明：长期以来，人们一直处在智力瘫痪之中。

第58章　他毁掉了赫利奥坡里的维纳斯神庙，并在该城中建起了第一座教堂

这些事情也许可以看作是皇帝的伟大成就之一，是他在特定省份里所做出的地方性战略部署。其中一个例子发生于腓尼基的赫利奥坡里，那里的人民在阿弗洛狄特的名义下崇尚肆无忌惮的肉体享受，他们在过去曾允许自己的妻子和女儿像娼妓那样毫无节制地淫乱。然而如今，皇帝发布了一个新的惩戒性法律，禁止任何犯罪的老习惯；他还借助教导全人类的书面训令，为这些人提供
有关贞节的法律条文，这表明了他是如何受到上帝的委托去专门 536
服务于这一目的的；他并没有看轻借助一封私人信函去与他们进行交流，他敦促他们诚挚地转向上帝的知识。他还以配套的行动去支持自己的话，即在他们当中建造了一座用来崇拜的巨大教堂，

以至于一直以来从未被听说过的事情，如今第一次变成了一个事实，异教城市开始配备了上帝教会的长老和助祭，为万有之上帝献祭的一名主教，被任命去管理那里的人民。为了让更多的人接近上帝的道，皇帝向穷人赠送了大量的生活物资，他把这当作是促使人们听从救主教导的刺激因素：为此，他使用经上的一句话来表达自己的想法："无论是出于假意，还是出于真心，让基督被传扬吧。"①

第59章　尤斯塔修斯所引发的安条克骚乱

正当大家都在这些条件下享有一种幸福生活、上帝的教会在各行省和各方面成长壮大起来之时，一直在伺机反对良善事物的忌妒恶魔，再一次准备攻击兴旺的教会。他也许希望，皇帝在对我们的纠纷和紊乱感到愤怒的情况下会自行改变对我们的态度。他因此而点燃了一把巨大的火焰，使安条克教会遭受到悲剧性的大规模灾难，以至于整个城市几乎完全被毁灭。教会人士分裂成了两派，包括地方长官和军事人员在内的城市所有人口，都被激起采取好战的态度，若不是上帝的监督和皇帝的恐惧平息了暴民的激情，以及若不是皇帝的耐心再次以一位灵魂拯救者和医治者的方式给病者施予论证的药物，人们就可能要刀剑相向了。他非常文雅地与会众们交涉，并派出拥有"护卫"身份的和久经考验的忠诚

① 《腓立比书》第1章第18节。不过是"基督被传开了"，而不是"让基督被传扬"。

朝臣,[①]他在多封信函中力劝他们采取一种平和的态度。他教导说,他们应当以一种适度虔诚的方式来行事,他在写给他们的书信中,使用了劝导和辩论,他指出,他已经亲自聆听了引起骚乱的人的话。[②]他的这些信函充满着有益的教导,我们本可以在这方面把它们展现出来,不过它们也许会让受指控者丢脸。因此我暂时把这些信函搁在一边,决定不再翻新对不幸的记忆,而是把他所写的对其他团结和和平感到满意的部分收录到我的作品中。在这些信函中,他敦促他们不要试图从外部获得一位领导人,[③]因为他们已经取得了和平,而是应当根据教会的规则,选择全世界救主亲自指定的人来作为牧人。他分别给俗人和主教写信,内容如下:

第60章　君士坦丁致安条克人的信函,告诉他们不要指望从恺撒利亚调走尤西比乌斯,而应当另找他人

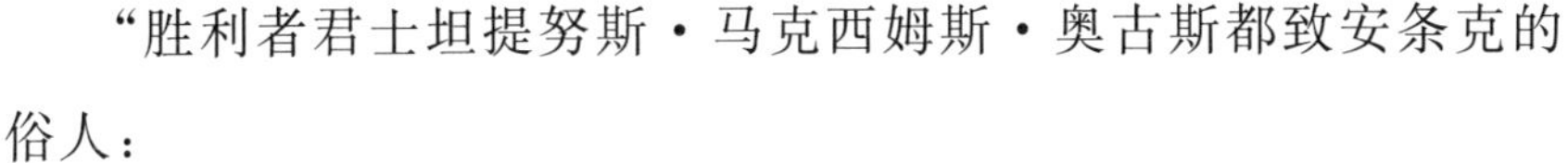

"胜利者君士坦提努斯·马克西姆斯·奥古斯都致安条克的俗人:

① "据信是军团司令。"(维纳伯斯)

② [指安条克主教尤斯塔修斯,尼科米底亚的尤西比乌斯的同党指控其不道德,因此他被免职,他的免职引发了文中所指的骚动。——巴格斯特译本]有一种观点认为,这整个事件不过是尤西比乌斯想要击败尤斯塔修斯的一个阴谋的结果,因为后者在某种意义上是尤氏的竞争对手。有关该观点的最有力的表达,可参看维纳伯斯《安条克的尤斯塔修斯》(Venables, *Eustathius of Antioch*, in Smith and Wace, *Dict*)。

③ 这一翻译相当字面化,默尔兹伯格的意译也许更好些:"不要……外来的主教。"

兄弟们，由于你们当中的和谐使世界上的能人贤士感到愉悦，我被你们所表现出来的节操、生活方式及真诚所感动，故我承认，我以一种永久的感情来爱你们。因此实际上，享有良善事物的正确方法，就是要采取一种真正健康的思想态度。能有什么如此适合于你们的东西呢？因此我不知道我是否可以说，真理是你们期待拯救而不是憎恨的一个理由。既然兄弟们已向上帝保证作为一
537 个神圣家庭的成员，大家都要遵循一种正确和正当的生活过程，那么在你们当中，还有什么比连同所有人兴旺发达的祝福一道的全体一致更为珍贵的呢？——这样，你们得自于法律的教育便愈发要引导你们的目的朝向一种更好的解决，我们倒希望增强我们用正统教义所做出的决定。[①]你们也许不知道我这封信的第一段的意图是什么。我并不想逃避这一问题或拒绝解释理由。我承认，我读过了你们的报告，你们为尤西比乌斯提供了高度赞颂性的证言，此人目前为恺撒利亚的主教，因他的学识和诚实，我认识他已经很久了，根据这些证言，我知道你们正迫切希望得到他。你们认为我在找到正确解决办法的努力中，已经做出了什么样的计划呢？对于你们的迫切希望，我会采取什么观点呢？啊，神圣的信仰，你借助我们救主的道和学说，显示了一种生活模式，如果你并不拒绝为获利而服侍，即使你想拒绝罪恶，也是多么的困难啊！据我的判断，把维持和平当作首要目的的人，似乎比胜利本身还要优越；因

① 在这段存在各种有争议的译文之后，可以大胆地添加上："我们自己倒极希望你们的判断能够得到良善忠告的加强。"

为凡有人能够做适当事情的地方，就没有人不为之而高兴。因此兄弟们，我要问你们，我们为何要根据我们所做出的选择来采取如此一种对他人进行伤害的决定呢？我们为何要试图获得将要毁灭掉我们声誉之信念的东西呢？我肯定要称赞那些你们也断定为与其身份和职位相称的人们；然而，在每一个集会中理当有权威性和对所有人均有约束力的那些原则不应该被完全忽视，以至于每个人均无法满足于自己的选择，所有人都享有属于他们的东西，要找到的不仅是一名候选人，而是几名候选人，以便这些候选人得以与此人做比较。因此，如果教会内的任命在所有情况下都是同等地具有吸引力的话，就不会存在任何骚乱和暴力。把对于这些事情的考虑变成了一个击败他人的问题，这是很不正确的，因为所有人都被同等地赋予接受和维持神圣教义的义务，无论他们在人数上是多还是少，以便在有关共同原则问题上，一方绝不会比另一方更不重要。如果我们必须老实地陈述事情的真相，就应当承认，你们不是因为留住了这位高级教士、而是因为错误地撤免了他而负有责任，你们的行为是以暴力而不是以正义为特征，不管多数人会赞同哪一种方式。我本人清楚地和断然地认为，该行为很容易犯上煽动大规模公民争斗罪。在失去了牧羊人的看管和先前的行走方向之后，绵羊也会显示出其牙齿的用处和力量来。如果情况真是如此，如果我们没有弄错，那么兄弟们（因为有许多严肃的问题从一开始就摆在你们面前），你们首先必须注意到，你们最初那种相互之间的真挚和忠诚是否发现没有任何的减少；其次，前来提供正确忠告的人正在从神圣的审判中获得其应得

的酬劳，[1]他因其诚实，在你们投给他的大量赞成票中得到了一份额外的褒奖。在这种情形下，就如你们习惯上所做的那样，要用一种公平合理的心态，做出各种适当的努力去识别你们所需要的人，抛弃一切暴动性和失序的吵闹；这种吵闹永远是错误的，它来自于易燃的爆破材料互相撞击的结果。愿我能取悦于上帝，并依照你们的祷告为你们而生，因为我爱你们和你们平静的港湾：从它那里驱除掉污秽，[2]借助良好行为用和谐取而代之，使你们的旗帜安然无恙，使用铁铸的(可以说)船舵，沿着朝向天上光明的路程行进。因此，你们应当知道，你们的船货是不会腐败的，因为会损坏船体的任何东西，都已经从货舱中清除出去。从今以后，你们在获取你
538 们目前的所有祝福的愉悦方面应当小心翼翼，以便在未来不至于因草率或错误导向的热情冲动而确定方法，或一开始就鲁莽地投入到一个不适当的过程。上帝保佑你们，亲爱的兄弟们。”

[1] 这里提到的是另一个观点。从其外表判断，在这种受教会一致承认中，尤西比乌斯似乎有资格与尤斯塔修斯发生争吵；可是在另一方面，我们应当记住，这种教会内的奇妙协调产生自如下事实：尤斯塔修斯以及所有同情他的人都已经退出，留下的只有尤西比乌斯一派的人。这就像在议会表决时因反对党座席空无一人而达到“全票通过”那样。他自己的同党对他的承认不太能够说明问题。

[2] [指的是尤斯塔修斯的罢免，他被控以诱奸罪。查阅过该章原文、尤其是它的后面部分的读者，都会从一个含糊不清的和可能是讹误的行文中判断出一种造成任何尚可容忍的争议。——巴格斯特译本]。翻译者(巴格斯特)从这个君士坦丁作品的晦涩希腊文中提取出这样一个总体意思，并作出了巧妙的翻译，这表现出了他的独出心裁。不过，体现于此处以及他的演讲当中的含糊不清这一事实，正好可以得出一个结论：把君士坦丁的作品看作是尤西比乌斯杜撰出来的这一观点，不可能是正确的。

第61章　皇帝致尤西比乌斯的信函，称赞他拒绝安条克主教一职

皇帝就我拒绝安条克主教一职向我发函

“胜利者君士坦提努斯·马克西姆斯·奥古斯都致尤西比乌斯：

我很高兴地阅读了阁下所写的信函，我注意到了教会正统风纪的原则得到了严格的维持。愿你坚持既能取悦于上帝、又能与使徒的传统相一致的东西。你当然应该认为在这方面你是有福的，因为根据全世界的实际证明，你已经被判定配得上成为任何教会的主教。如果他们全都希望你与他们在一起，他们无疑因此而增大了你所享有的幸福。可是知道如何坚持上帝的戒律和使徒的教会规则[①]的阁下你，在拒绝安条克教会主教职位方面已经做得格外好，你宁愿留在依上帝的意志你最初接受主教职务的那个教会里。我曾就这一话题致函安条克人民。你的同僚们曾亲自就该问题向我征询，我也一并做了答复。当你读这封信时，阁下就会很容易理解，由于正义驳回了他们，我在上帝的鼓动下已经致函他们；阁下将不得不出席他们的协商会，以便安条克教会中所决定的事情可以被上帝和教会完全认定是正确的。上帝保佑你，亲爱的兄弟。”

① “使徒的规则”第15条(或第14条)(ed. Bruns. 1 (Berol. 1839), 3)。

第62章 君士坦丁致公会议的信函，不赞成尤西比乌斯从恺撒利亚被调走

“胜利者君士坦提努斯·马克西姆斯·奥古斯都致狄奥多图斯、狄奥多鲁斯、那尔西苏斯、艾提乌斯、阿尔菲乌斯及安条克的其他主教：

我已经读过了诸位所写的信函，我欢迎与你们共奉圣职的尤西比乌斯的明智决定。在从你们的信函及我们杰出的伯爵[①]阿卡丘和斯特拉提吉乌斯的信函中获悉了事情的原委之后，经过了必要的调查，我已经致函安条克人民，告诉他们，什么才是取悦于上帝的东西，什么才适合于教会，我还命令把该函件的一个副本增添到目前这封信上，以便你们得以知道，在出于对何者为正确的问题的考虑的激励下，我决定向人民写些什么。你们的信函包含了以下的建议：根据人民的意愿和目的，以及你们自己的毅然选择，恺撒利亚教会中最圣洁的主教尤西比乌斯，应当被任命为安条克的主教，他应当主持那里的教务。可是，尤西比乌斯的信函却充分表现出对教会规则的坚持，他提出了相反的观点，即他决不舍弃上帝委托给他的教会。因此特作如下命令：他的极其合理的决定得到批准，你们所有人均应当给予支持，他不得与自己的教会分开。诸位还应当明白我自己的判断。有人向我报告说，卡帕多西亚的恺

① 该词被巴格斯特做了一般性的翻译，它也许是指他们的官衔，尽管在这种情形下他偶尔也把其翻译成“朋友”。

撒利亚公民和教会长老尤弗洛纽斯，以及另一位长老阿勒苏萨的乔治——他们的教职由亚历山大里亚的亚历山大任命[①]——完全具有确凿的信仰。因此，向诸位表明如下看法是适宜的：你们也许认为上述两位或其他人选是配得上担任主教职位的，如果是这样，你们就可以依照使徒的传统来做决定。在这个问题上，你们将可以依照教会规则和使徒传统，以真正基督教会戒律所规定的方式来引导这一选择。上帝保佑你们，亲爱的兄弟们。”

第63章 他展现出根除异端的热情

在向教会领导人发出这样的指令时，皇帝敦促他们为了神圣 539
之道的荣耀而处理好自己的所有事务。在他排除了分裂并把整个
上帝的教会带入了和谐之后，他继续决定，必须像对待毒药那样把 309
另一类人从人类当中排除出去。这是一些穿着圣洁外衣却在危害着城市的害虫。救主在其一则格言当中称他们为假先知或掠食的狼，“要当心假先知，他们将会披着羊皮来到你身边，他们实际上是

① ［乔治（后来的劳狄西亚主教）似乎曾经被委任他的同一位主教以不虔诚为理由从教会长老一职降了级。乔治和尤弗洛纽斯都是阿里乌分子，对于这一事实，君士坦丁可能一无所知。——巴格斯特译本］。乔治有时是一名阿里乌分子，有时是半阿里乌分子，有时则是一名父子不同论者（Anomoean），据说他被阿塔纳修斯称之为“所有阿里乌分子当中最邪恶的一个”（Venables in Smith and Wace，Dict. 2. 637）。他坚决反对尤斯塔修斯，这就解释了为何他在这时会露面。尤弗洛纽斯在此时也是一个被挑选出来的人。参照贝内特《尤弗洛纽斯》（Bennett，*Euphronius*，in Smith and Wace，*Dict*. 2. 297）。

掠食的狼;凭借他们的果实,你们就可以认出他们来。”[①]他下达了一道命令,要求各省总督驱逐所有这样的人。除了该命令以外,他还写了一篇训诫给这些人,敦促他们赶快忏悔:上帝的教会对于他们而言将是一个安全的港湾。让我们借助他写给他们的信函,来听一听他对他们所宣讲的是什么道。

第64章　君士坦丁反对异端的诏书

“胜利者君士坦提努斯·马克西姆斯·奥古斯都致异端分子:

你们这些诺瓦提安分子、瓦伦廷分子、马西昂分子、保罗派分子以及被称作卡塔弗里吉亚分子[②]的人们,[③]总之由你们的秘密集会而构成异端的所有人,凭借目前这道命令应当知道,你们的虚妄愚蠢纠缠在多少错误当中,你们教义中所涉及的有害学说是多么有毒害作用,以至于通过你们,健康人变成病人,活人成为永远的死者。你们这些真理的反对者、生命的敌人和毁灭的顾问!你们的每一件事情,都与真理相敌对,与丑陋的邪恶行为相一致;你们用离奇古怪的荒谬借口来为错误做辩解,使无辜者遭殃,拒绝把光明给予信仰者。你们借助在虔诚的借口下不断地犯罪,来败坏万

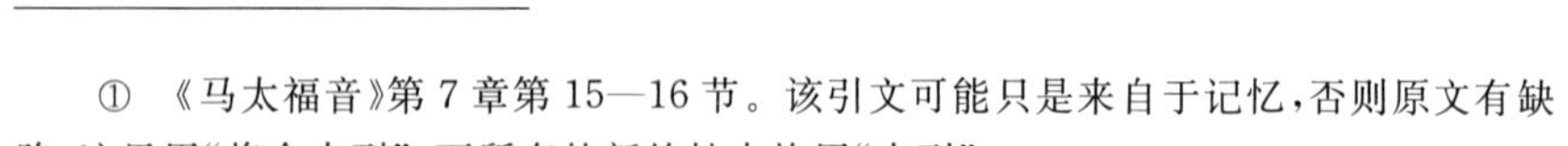

① 《马太福音》第7章第15—16节。该引文可能只是来自于记忆,否则原文有缺陷,这里用“将会来到”,而所有的新约抄本均用“来到”。

② 即孟他努主义者。——中译者

③ 要想了解各式各样的异端,可参看布伦特作品(Blunt. *Dict. of Sects. Heresies, Ecclesiastical Parties, and Schools of Religious Thought*, Lond. 1874, p. 382—389, Novatians; p. 612—614, Valentinians; p. 296—298, Marcionites; p. 515—517, Samosatenes [Paulians]; p. 336—341, Montanists [Cataphrygians])。或参看标准的百科全书。

事万物，你们用致命的打击伤害无辜和忠良，你们几乎剥夺了人类眼前的日光。在谈论到你们的罪恶时，为何我要花比我所能提供的更多的时间和闲暇来穷尽细节呢？你们所犯的罪行是如此的巨大、如此的可恨和恶劣，以至于花一整天也不足以把它们历数出来；总之，通过详述细节，然后塞上耳朵、转开眼睛，以便不致伤害我们自身信仰中那种纯洁而又未受玷污过的义务，是合适的。那么我们为何还要再容忍这样的邪恶呢？长期的疏忽使健康人感染上一种流行病。我们为何不像你们所说的那样，立刻使用严厉的公开措施把这样一种巨大邪恶连根拔除呢？”

第65章　异端分子被剥夺集会场所

“因此，既然再也无法容忍你们破坏行径的有害后果，我特公开命令，从今以后，你们不得擅自集会。[①]据此我们还下令，你们用来进行集会的所有建筑物都必须充公，不仅你们在公共场合，而且在个人住所或任何其他私人场所上的充满迷信罪恶的集会，也一概禁止。你们当中如果有人愿意接受真正和纯净的宗教，就应当走一条通往大公教会的更好的路线，与神圣教会的会众团结一致，这样，你们才有可能达到真理的知识。不过首先应当把你们充满

① 整部传记都在不断地重复对基督徒所抱怨的异端行为所采取的具体反对措施。由此看来这种宽容思想在宗教改革时代之前是普遍存在的，否则，如果在我们自己的眼里存在着这种精神的话，就不会去审判其他的时代，就如同在今天的美国和英国那样，——对于每一个像我们那样思考问题的人来说，最大的宽容就是那时的“不作审判”规则的中止，并附上一个业经改动过的祷词：“主啊，责罚他们吧，因为他们不知道他们所做的是什么。”因而表明了某种强迫推行神的审判的有力企图。

邪恶思想的欺骗从我们时代的繁荣中完全排除掉——我指的是那种受过污染和具有破坏性的异端分子和裂教分子的离经叛道。只有在继续保持我们在上帝之下所享有的目前的幸福当中，生活于良好希望之中的人们，才有可能从一切混乱的错误中被引导到正确的道路上，从黑暗中被引导到光明，从空虚中被引导到真理，从死亡中被引导到拯救。为了确保该医疗措施能够像早已说过的那样被执行，你们进行迷信活动的所有集会场所——我指的是所有异端分子的崇拜场所，如果可以称它们为崇拜场所的话——应当
540 无可置疑地和毫不耽搁地被没收，并移交给大公教会，其他的场地应当成为公共财产；由于今后你们失去了任何集会的机会，从今天开始，你们的非法团体将再也不敢在任何公共的或私人的场合里聚集一起。此令请予公布。”

第 66 章　在发现异端分子当中的禁书之后，他们中的许多人回归到大公教会

于是，异端分子的秘密阴谋被皇帝的命令所挫败，野兽们和他们充满亵渎的首领们被驱散。在受他们蒙骗的人们当中，有一些人出于对皇帝警告的畏惧，隐藏了自己的真正感情，带着欺诈的目的潜入了教会，因为皇帝的命令还要求搜寻出这些人的书籍，他们被发觉正在举行被禁止的邪恶仪式；这表明他们很容易借助各种伪装来为自己获得安全。[①]其他人也许出于真心，对上主怀有一种

① 这里再一次值得注意，无论是从历史的角度还是从道德教诲的角度：书籍被禁止，异端分子被处理，就如基督徒不喜欢被作为异教徒来“对待”那样。

更好的希望。教会的领袖们在这些人当中作出了仔细的区分：那些试图以虚假的理由进入教会的人，如同披着羊皮的狼那样，必须被阻挡在上帝羊群的外头；那些具有一颗纯洁之心、历经一段时间考验的人，则被允许进入教会。这就是对待声名狼藉的异端分子的政策。对于那些不是因亵渎的信仰学说、而是因裂教个体的缘由以别的方式从大公教会会众当中隔离开来的人们，他们则毫不耽搁地加以接受。这些人成群结队地回归教会，就如被流放者回到自己的故土，他们把教会看作是自己的母亲，他们曾经一度弃绝她，如今却欣喜地回到了她的身边。一个共有躯体的各个部分重新连接在一起，结合在一种单一的和谐之中，只有上帝的大公教会才能以自身的团结一致闪烁出充分的光彩，而异端思想和裂教主义则在世界上失去了存在的空间。[1]而对于这样一个伟大的成果，只有处处顾虑上帝的皇帝才是它的真正培育者。

① 这种君士坦丁因之受到赞美或诅咒的著名的“教会统一”，其实千百年来未必比现代的统一教会更为完善，在后一种情形下，所有的成员均各自拥有不同的心爱学说，并随时准备为了这些学说战斗到最后。

第4卷

第1章　他用礼物和晋升奖赏许多人

541　虽然皇帝大力从事振兴和荣耀上帝教会的工作，并履行各种能给救主教义带来良好声誉的义务，但他并没有忽视世俗的事务，在这方面，他也坚持不懈地把恩惠接二连三地赐予每个行省中的所有居民。一方面，他对所有人均表现出父亲般的关怀，在另一方面，他用特别的奖励来礼遇他所认识的每一个人，他以出自内心的慷慨大方把一切给予大家。寻求皇帝恩典的人，总能满足自己的要求，任何希望得到慷慨对待的人们，都不会对自己的期待感到失望。[①]有些人收到了大量的金钱，还有人收到了财物；有些人获得了行政长官的职位，还有人获得了元老的身份，另一些人则获得了执政官的职位；许多的人被任命为行省总督；有一些人被任命为第一等级的公民(comites)，还有人被任命为第二等级的公民，另一些人则被任命为第三等级的公民。与此相似，成千上万的人享有“克拉里西米”[②]的荣耀或拥有一系列其他头衔；为了奖励更多

① 有关一些从另一个角度看问题的人对这一行为的批评，参照导论中“性格”条。

② clarissimi，即“元老院成员”之意。——中译者

的人，皇帝发明了许多不同的荣誉称号。

第2章 四分之一赋税的减免

他为人民谋求幸福的方式，可以从一个总体上有益的例子中看得出来，这个例子自那时以来已经被所有地区所采用，而且直到今天仍然被承认。他减免了一年一度的土地税的四分之一，把这部分收益送给了土地所有者，于是，如果我们计算每年减少的这一部分，我们就会发现，耕种者每隔四年就能免纳一次贡赋，完全享有自己的产品。[①]这一条规定被确认为法律，并在随后的时期里仍然有效，它使皇帝的慷慨不仅永远铭刻在当时的人们心中，而且也铭刻在他们的孩子及后继者心中。

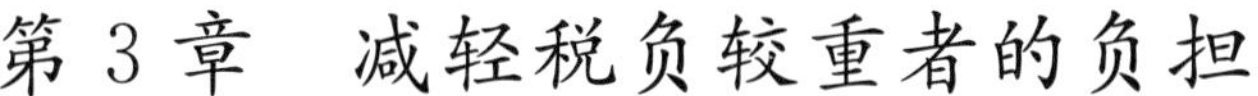

第3章 减轻税负较重者的负担

还有人抱怨以前的统治者所进行的土地丈量，声称他们的土地负担过重，这时他就会再次发出命令，派出核算官员去减轻请愿者的负担。

第4章 从自己的积蓄中拿出财物弥补诉讼失败者的损失

在为他人解决争端的过程中，为了使他的法庭中败诉的一方

① 有关对其税收政策的直接相反的报道，参照导论中的“性格”条。

不会比胜诉的一方心境更坏，皇帝总是从自己的积蓄中拿出部分财物或金钱来送给失败的一方，以确保失败者与取胜者一样高兴，只要皇帝能够看见他；因为在皇帝看来，让曾经站在自己面前的人失望地和痛苦地离去是错误的。[①]因此，双方都带着幸福的笑脸离开法庭，每个人都对皇帝的雅量充满钦佩。

第5章　借助我们主的徽号平定斯基泰人

我为何要附带地提及他是如何使蛮族处于罗马人统治之下的，以及他是如何成为第一个征服蛮族各部落、并强迫这些以前从未学会服从的斯基泰人[②]和萨尔马提亚人，违背自己的意志接受
542 罗马人为自己的主人的？此前的统治者甚至要向斯基泰人称臣纳贡，罗马人以每年一度的缴纳为蛮族服务。这样一种侮辱是皇帝无法接受的，继续交付其前任们所交付的贡赋显然与他的成功经历很不相容。出于对救主的确信，并举起了头上的胜利旗帜，他很快就打败了他们，他有时用军事力量驯服了倔强的敌人，有时靠理性的谈判平定了其他对手，使他们从一种无法无天的“动物”变成了充满理性和守法的文明人。借助这些方式，斯基泰人最终学会了为罗马服务。

---

① 实际情形也许比尤西比乌斯所描述的更少儿戏，因为这里指的可能是涉及要求权利均等的案件，在此类案件中，双方都认为自己的要求是正当的。

② [也许是指哥特人，参见苏克拉底《教会史》第1卷第18章。——巴格斯特译本]。有关他所发动的对哥特人的战争，参看导论中的“生平”条。

第6章　萨尔马提亚人的奴隶造反之后，主人臣服于君士坦丁

至于萨尔马提亚人，把他们推到君士坦丁脚下的正是上帝本人，他用下列方式击败了这个傲慢无比的蛮族。当斯基泰人攻击他们的时候，主人们便武装自己的仆人以抵抗敌人。可是在奴隶们赢得了胜利后，他们便掉转枪头来对付自己的主人，把他们从自己的土地上赶了出去。这些主人们除了在君士坦丁那里找到避难所以外，别无选择。他深知救援的意义，因而接受他们作为罗马版图内的臣民。[①] 他让适合从军的人注册参军；对于其余的人，他分给一块土地作为维持生计的手段，因此他们承认，这种灾难证明对他们是有好处的，因为他们享有了罗马的自由，却摒弃了蛮族的“兽性”。于是，上帝把对于所有各族的胜利赐予了他，以至于各式各样的蛮族自愿地臣服于他。

第7章　来自各蛮族国家的使节从皇帝那里获得礼物

外交使节持续不断地从其故国带来了贵重的礼物，如果我们碰巧在场的话，就能亲眼目睹宫殿的大门外各色外国人排成长队

① 依照《托名的瓦列西亚努斯》(*Anonymous Valesianus*)的说法，这些人的数目达到三十万人。此事发生于334年。

等待接见。他们的衣着具有域外情调，长相奇特，发型和胡须也各不相同；有的脸部多毛，样子令人惊讶，身材格外高大。有一些人的脸部是红的，一些人的脸部比雪还白，还有一些人的脸部黑如乌木或沥青，另有一些人具有混合的颜色；在我所能提到的人种中，还能看到波列米亚部落的人、印度人及埃塞俄比亚人，即“被广泛地划分的人类中最边远的人种”。[①]这些使节，就如在一幅图画中那样，依次把他们带来的特别宝藏献给皇帝，有的献上黄金王冠，有的献上宝石王冠，有的献上金发儿童，有的献上用黄金织成并带有明亮色调的外国服装，有的献上马，有的献上盾、长矛、标枪和弓，这表明了他们愿意为皇帝效力并被皇帝接受为同盟者。皇帝从这些使节手中接受了宝物，对它们一一做了登记，并回赐同等价值的礼物，以至于这些使节立即变得极其富有。他还赐予罗马人的头衔给他们当中最卓越的人，以至于如今有很多的人渴望留在这里，断绝了返回故土的念头。

第8章 他致函波斯国王，[②]后者以其辖境内基督徒的名义派出了一位使节

波斯国王觉得，借助一个使节来寻求获得君士坦丁的承认是

① ［荷马《奥德赛》第1章第23—24节。——巴格斯特译本］。

② 沙普尔二世（310—381年），号称大帝，萨珊王朝的君主之一，后来成为君士坦丁的儿子们的劲敌。他在不同的时期里曾经是基督徒的严厉迫害者，据（普拉特）说，“没有一名波斯国王像这位君主那样给罗马造成过如此的恐怖。”参照普拉特论萨珊王朝诸君主的文章，收录于史密斯作品（Smith，*Dict. of Gr. and Rom. Biog. and Mythol*）。

合适的，于是他发出了一个缔结友好协议的讯号；在为此目的进行谈判的过程中，作为报答，我们的皇帝在慷慨大方方面远远超过了这位首先表达尊敬姿态的波斯君主。当他获悉上帝的教会在波斯人当中迅速增长、成千上万的人民正加入到上帝的羊群之中时，他对这一消息充满喜悦，他决意对这一国家人民的福祉承担责任，为了这些人民的利益，他再一次采取了谨慎的措施。为此，他借助一封发送给波斯国王的信函用自己的话为自己做了解释，他以极度的机智和慎重向这位君主称赞了这些人民。这个文件也在我们当中传阅，它是皇帝用拉丁文亲笔写成的，如果它被翻译成希腊文的话，读者将会更容易理解。它是这样写的：

第9章　君士坦丁致波斯国王沙普尔的信函，在函中虔诚地认信上帝和基督 543

“我在保卫神圣的信仰中分享了真理之光。在真理之光的指引下，我认出了神圣的信仰。如事件所确证的那样，借助这些事物，我接受最神圣的宗教。我承认，我认领该崇拜为最神圣上帝的知识之教师。由于拥有这位上帝的权能作为伙伴，我从大洋之滨开始，用确凿的拯救之希望一步步地唤醒了整个世界，以至于那些在巨大暴君奴役下屈服于日常灾难并逐渐走向烟消云散的事物，得以迎来正义的恢复，得以像一名经过救治的病人那样获得康复。我所描述的上帝，其符号就刻印在我的军队的肩膀上，正义之道可以召集它直接完成任何需要的任务；我从这些人当中，在伟大胜利的印记下获得了直接的和愉悦的报偿。我承认，我在不断的荣耀和追忆当中所怀有的正是这位上帝，我乐意在其荣光的高处用纯净和坦率的思绪加以沉思的正是这位上帝。”

第10章　斥责偶像，赞美上帝

“我跪下双膝呼唤上帝，避开了一切可恨的血腥和令人憎恨的味道，拒绝了所有世俗火光的荣耀，[①]因为被这些荣耀所玷污的、亵渎的和邪恶的迷信击垮了异教世界的民族和所有人民，并把他们扔到了最深的深渊。宇宙的上帝出于对人类福祉的关心以及对人类的爱，使那些事物可被加以利用，这些事物必定不会被改为去适合个人的欲望；他所要求人们的不过是一个纯净的心智和洁白无瑕的灵魂，他把这些当作是获得虔诚和善良行为的手段。他以厚道和高雅的工作为乐，亲近温顺者，憎恨行暴者，热爱忠诚，惩罚不忠，捣毁一切自负夸示的力量，报复傲慢自大；对于那些骄傲地自我吹嘘的人，他给予彻底的歼灭，而对于那些谦卑和宽大的人，他则给予应得的奖赏。由于他还高度尊重公正的帝国，他用自身的资源增强了它，用和平的宁静保卫着该帝国的精神。”

第11章　反对暴君和迫害者；论瓦列里安的被俘

“我的兄弟，我相信，在承认这个万物的作者和父亲即上帝方

① ［这里所指的是异教祭司在他们的密仪中所造成的明亮的火光。——巴格斯特译本］。

面，我并没有弄错，许多曾经在这里掌权的人，由于受到疯狂错误的迷惑，一直试图否认他。但是这样的惩罚最终吞没了他们，以至于此后的所有人类，均把他们的命运看作是用来警告那些为同样的目的而挣扎的人们的榜样。我相信，他们当中的一个，[①]被如同雷电一般的神怒，从我们的国土驱赶到你的版图上，他所经受的耻辱助燃了你辉煌胜利的火焰。”

第12章　他宣布，在目睹了迫害者们的毁灭之后，他喜爱基督徒所享有的和平

“然而，即使在我们这个时代里，对这样一种人的惩罚也已经变得为世人所知，这似乎证明是有益的。我本人已经注意到了我身旁的人们的下场，他们用邪恶的命令来骚扰人民对上帝的忠诚。因此，一切感谢都要归于上帝，因为借助他的完美神意，尊敬神律的整个人类得以因重新获得和平而在胜利中狂喜。因此我确信，万事万物均处于最良好和最安全的状态之中，因为借助他们纯洁和优秀的宗教，并作为他们有关其神圣本质问题上协调一致的一个结果，上帝惠准把所有人均聚集到自己的身边。”

① ［指瓦列里安，他曾是基督徒的一名迫害者，他对波斯的远征以他自己的被俘告终，在波斯人手里受尽了耻辱和痛苦。——巴格斯特译本］。

第13章　他表明了对对方国家中的基督徒的迫切关怀

“当我听说波斯中最重要的部分也存在着大量的这一类人——我当然是指基督徒，他们是我的整个关切之所在——时，我
544 是多么高兴！因此向你致以最美好的祝愿，同时也向他们致以最美好的祝愿，因为他们也是你的。①你将会体验到至高无上的宇宙之主的怜悯和恩典。因此，既然你是如此伟大，我便把这些人托付给你，把他们的人身交由你去支配，因为你也是以虔诚著称的。就像爱你自己的人那样去爱他们吧。因为通过忠于信仰，你既使自己、又使我们获得了巨大的满足。”

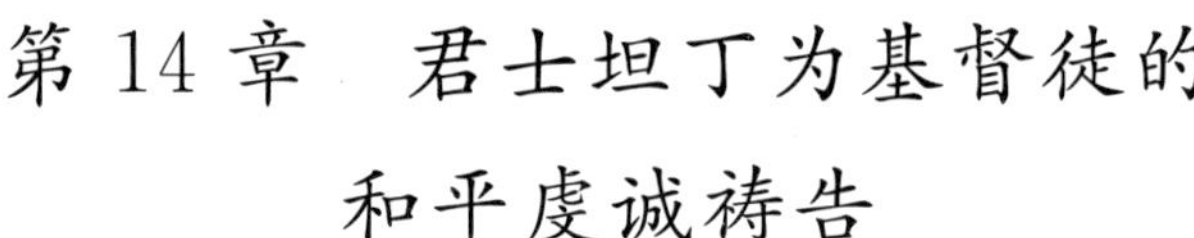

第14章　君士坦丁为基督徒的和平虔诚祷告

最后，这个世界的万民万邦均由一个单一的舵手来领航，大家都欢迎这个由上帝仆人所管理的政府，再也没有足以阻挡罗马人统治的东西，所有人都在毫无骚扰的安宁中度过自己的人生。皇帝认为，虔诚者的祈祷文为他保卫普遍之善的目的做出了巨大的

① ［此段上半部分所提供的意义（在原文中有讹误），建立在瓦列修斯恢复自狄奥多里图斯（Theodoritus）及尼斯弗鲁斯（Nicephorus）等版本的拼读法的基础上。——巴格斯特译本］。斯特洛斯的译文是（见海尼琛版）：“因此，我期盼你繁荣昌盛，同时也期盼他们（波斯境内的基督徒——中译者）与你一道兴旺发达。”

贡献,因此对这些祷文做了必要的规定,不仅他自己成了一名上帝的祈求者,他还命令教会领导人为他祈祷。

第15章　他的肖像被镌刻在硬币中,表现出了祷告的姿态

固定在他灵魂当中的神启信仰的伟大力量,也许可以从对下列事实的考虑中得到推断:他的肖像被镌刻在金币上,他目光向上、在祷告中身子伸向上帝。此类形象流行于整个罗马世界。在各个城市的皇帝寓所里,在竖立于大门口上面的塑像中,他呈站立姿势,双眼朝向天上,双手前伸做祷告状。

第16章　他立法禁止在偶像神庙中安置他的塑像

他正是用这种方式,在生动的艺术品中表现自己祷告的神态。不过他立法禁止自己的形象被竖立在偶像神祠里,以便他即使在仿制品中也不会受违禁事物的错误所玷污。

第17章　他在宫廷里祷告,以及阅读《圣经》

那些注意到他在教堂里以身作则的人们,也许会发现有关他的虔诚的更为高贵的证明,他自己就为聚集在那里的人们提供了一个热情仿效的榜样。他的双手总是捧着《圣经》,并专心致志地理解神启经文的意义,然后与皇室成员一起朗诵惯常的祷文。

第18章 他下令全面遵行主日和预备日

他还下令，真正的至高无上的第一天，即主和救主的节日，必须被用作正式的祷告日。他的家庭的整个照料工作被托付给助祭和其他圣职人员，这些人均忠心服侍上帝，并以生活的严谨和具有其他所有美德而著称，具有忠诚习惯的可靠的禁卫军和卫兵们，把皇帝看作是他们宗教行为方面的导师，他们本人也没有少向主的拯救日表示敬意，在这一天，他们参与了皇帝所喜爱的祈祷。这位有福之人还敦促所有人都来祈祷，仿佛通过鼓励这样做他就可以逐渐地把所有人带到虔诚的领域。因此他下令，在罗马政府统治下的所有人，均必须在以救主的名字命名的那一天休息，与此类似，他们必须持守安息日，我认为，这是为了纪念世界救主在这一天被记载所取得的成就。① 对于拯救日——也被称作光明之日和太阳之日，他教导所有的军人均要虔诚地尊崇。②对于那些享有神启信
545 仰的人们，他赐予自由的时间，让其得以毫无阻碍地参加上帝教会的活动，因为他认为，排除了一切障碍，他们就可以参加祈祷。

① [亦即星期五。此段不太好理解。它不是指君士坦丁下令这一天作为主被钉死在十字架上而应当在某种意义上区别于其他日子吗？——巴格斯特译本]。

② [君士坦丁有关全面遵守星期日为安息日的法令似乎发布于321年，在此之前，“老的和新的安息日”均为基督徒所遵行。吉本在其作品第20章的第8条注释中说道：“君士坦丁把主日称作‘太阳日’（Dies Solis），这样一来就不至于激怒异教臣民。”——巴格斯特译本]。这曾经被当作是如下说法的理由：君士坦丁直到生命终结时才真正委身于基督教。不过这仅仅表明在对待其帝国内部各种不同要素时他的机智和谨慎。

第19章 他甚至指导异教徒士兵们进行主日祷告

对于那些仍未享有神道的人们，他下了第二道法令，在每一个主日里，他们都必须走出到城外一个开阔的场地，当听到一个信号时，他们必须一起向上帝提供他们已经熟记在心的祷词；他们不应当把自己的希望搁置在长矛、甲胄或体力上，而应当承认万善及胜利自身的赐予者即万有之上的上帝，应当向他提供合法的祷词，朝着天上高高地举起自己的双手，向天上之王更高地伸出自己的精神视觉，并在自己的祷词中把他作为胜利的赐予者和救主、作为自己的保护者和帮助者来呼唤。对于军人们而言，他本人就是祷告时的教员，他嘱咐他们全部人都要用拉丁语说出如下这些话：

第20章 君士坦丁提供给士兵们的祷词

"我们认您为唯一之上帝，
您就是我们所承认的王，
您就是我们所召唤来的救助。
借助您，我们才赢得了胜利，
通过您，我们才击败了敌人。
我们为过去的善事感谢您，
我们也希望您是未来善事的赐予者。
我们一起为我们的皇帝君士坦丁

和他的为神所爱诸子向您祈求：
愿他为我们维持安全和胜利
直到永永远远。

这便是他下令军团在每个星期日必须做的事情，这便是他教他们在向上帝祷告时所要朗诵的话语。

第21章　他下令救主的十字架标志必须镌刻在士兵的盾牌上

而且，他还下令把那个拯救标志的符号刻印在他们的盾牌上，并废止了部队行进时由黄金塑像领头的惯例，[①]而只以拯救标志领头。

第22章　他热情祷告，对复活节表现出无比崇敬

他本人像某些参加神圣的神秘仪式的人那样，总是在每天的一个固定的时间里，把自己关闭在宫殿密室的某个私密场所中，与上帝进行个人交谈，他谦卑地跪在地上，为自己的祷求对象向上帝进行祈求。在救主节期间，他使出自己灵和肉的全部力气，更加严

① 有关这些问题，请参照耶茨（Yates）的文章（Yates, *Signa Militaria*，收录于 Smith, *Dict. Gr. and Rom. Ant.*），该文章提供了有关君士坦丁凯旋门的插图，插图展现了这类军旗。

厉地履行神圣的神秘仪式，一方面完全委身于生命的纯洁，另一方面则为大家开启节日庆典。他把神圣的守夜变成了如白天那样明亮，主要做法就是让蜡烛的光芒照亮整个城市；他还让闪闪发光的火炬照遍每个角落，以致神秘的守夜变得比明亮的白天还要辉煌灿烂。[①]天刚拂晓，他便模仿救主的善行，向所有行省的人民和城市打开他那慈善的手，向他们分发丰厚的礼品。这便是他在服侍上帝时的宗教习惯。

第23章　他禁止偶像崇拜，却接受殉道者和教会节日

对于罗马统治下的所有臣民——包括老百姓和军队——而言，进入偶像崇拜的每一条道路都被普遍堵死了，每一种献祭形式都被禁止了。[②]有一道下达给各行省总督的命令，要求他们也要尊崇主日。皇帝还命令他们同时也要尊崇殉道者们的殉道日，用公众集会来庆祝这些节日。[③]这些命令如皇帝所期望的那样全部获得执行。

① 有关此节日习俗的报道，参照维纳伯斯作品（Venables，*Easter*，*Ceremonies of*，in，Smith and Cheetham，*Dict*）。

② ［该禁令必然只局限于私人献祭。见第2卷第45章的注释。——巴格斯特译本］。

③ “斯特洛斯正确地翻译成‘并用公众集会来纪念该节日，’而瓦列修斯［和巴格斯特］则错误地翻译成‘按时纪念教会的节庆季节。’”——海尼琛译本。

546 第24章 他称自己是一名负责教会之外的事务的主教

因此,不足为怪的是,有一次,在招待主教们的宴会上,他无意中说出了下列的话:他自己应当也是一名主教。我们听到他的原话是这样的:"你们是教会之内的人们的主教,而我也许是上帝所任命的管理教会之外的人们的主教。"[①]根据这一说法,他对自己的所有臣民履行一名主教的管理权,并以其手中的权力,敦促他们所有人过虔诚的生活。

第25章 献祭、密仪、角斗表演及淫荡的尼罗河崇拜的禁止

因此,不足为奇的是,他在一系列法律和法令中禁止任何人向偶像献祭、施行占卜术、树立崇拜对象、举行秘密仪式及用角斗表演中的残杀来玷污城市。[②] 在埃及,特别是在亚历山大里亚,有些人习惯于借助男人们的女性化祭祀仪式来崇拜他们的河流。针对

---

① 君士坦丁此话引起了大量的注释和猜测。有关的讨论及其他较陈旧的文献,请参照导论"文献"条所提及的沃尔克的专论文章。

② 了解君士坦丁此方面以及类似的其他方面的最容易得到的信息,是沃兹沃思《君士坦丁一世》一书中的"总体变化和刑事立法"部分(in Smith and Wace, *Dict*. 1 [1877])。该部分在此书中的第636—637页上面。还请参照法令本身,收录于米涅《拉丁教父作品全集》第8卷。有关他的立法的价值以及他作为立法者的声誉的总体陈述,请参照"导论"。

这些人，他发布一条法律，宣布同性恋必须被作为一种堕落的事物加以废除，感染上这种严重下流行为的人，应当到处都被看作是非法的。虽然迷信的人推测说，河流将再也不会以其通常的方式泛滥，可是上帝却以同他们所期待的东西相反的方式，与皇帝的法律密切合作。因为尽管借助其可恶仪式玷污城市的人们已经不存在了，可是河流所淹没的土地仿佛得到了净化，河水涨得比以往任何时候都高，它用肥沃的溪水淹没了整个大地，因而非常有效地敦促受了欺骗的人们离开不洁之人，并把繁荣兴旺的原因归之于万善的唯一赐予者。

第 26 章　对无子女者的法律，以及遗嘱法的修正

的确，因为皇帝在每个行省都采取了无数这样的措施，以至于任何想要记录下它们的人，均不得不花费大量的口舌。其中一个例子是，他更新了一些法律，把这些处于原始状态的法律改造得更加神圣。简短地解释一下这些改良的性质，将是一件较为轻易的事情。古代法律用停止从亲属那里行使继承权利的方式惩罚没有孩子的人。这对于无儿女的人是一条严厉的法律，因为它把他们作为罪犯来惩罚。他废止了这一条法律，宣布这种情况下的人可以继承。皇帝使这一改变朝向神圣的正义，他说，故意犯罪者应当用与之相适应的惩罚方式来纠正。自然造就了许多人没有子女，他们也曾经祈求有一个大家庭，可是由于身体的疾病而失望。有些人没有子女，不是因为拒绝孩子的自然接续，而是因为戒除与妇

女的交媾，这是出于一种哲学的激情而自愿选择的禁欲，①献身于上帝神圣事业的妇女则实施完全的贞洁，她们通过一种灵与肉的纯洁而又完全神圣的生活，把自身奉献出来。难道这应受惩罚，而不应当得到欣赏和赞美吗？他们的热情理应受到高度的奖赏，他们的成就超越了自然天性。因此，那些因身体疾病而无法实现得子愿望的人们，应当得到怜悯而不该受到惩罚，而上帝的热爱者则应当获得最高的赞美而不该得到惩处。于是，皇帝用完美的推理改造了法律。对于处于弥留之际的人，古代法律规定，即使是使用最后一口气，他们所立下的遗嘱也必须用精确的字面程式来表达，陈述时必须使用确凿无疑的措辞和术语。这导致了对于死者意图
547 的大量蓄意操纵。皇帝注意到了这一点，因而改变了这条法律，他宣布，垂死之人应当用简朴直率的话语和日常的言辞表达自己心中所想到的东西，把自己的遗嘱构建在一个普通的文件中；如果他愿意的话，甚至不需要诉诸文字，只要他是在值得信任的证人在场的情况下完成这一工作，这些证人又能够准确地执行托付给他们的事项。

---

① ［这里以及第 28 章中的“哲学”一词，清楚表明，在基督教的较早时期里，贞节得到了高度的尊崇，对它的过度颂扬必然导致大量的弊端，而这些弊端几乎不可能得到充分的评价。——巴格斯特译本］。有关日益流行的守贞习俗，参照哈奇作品(Hatch, *Virgins*, in Smith and Cheetham, *Dict*)。不过，本注释本当属于下面那一节；因为在这一例子中，作者并没有提及基督徒的守贞，而主要是谈及哲学家的独身禁欲。那个时代的新柏拉图主义哲学，借助其有关灵魂从躯体或感官物质中解放出来而获得净化的学说，从总体上教导独身禁欲和苦修实践。普罗提诺(Plotinus, 死于约 270 年)就是这样教导并身体力行的，波菲里(Porphyry, 死于 301 年)更为明确。有关新柏拉图主义，可参考大量的文献，较方便的有策勒尔《古希腊哲学概览》(Zeller, *Outlines of Gr. Philos*. Lond. 1886, p. 326—343, *passim*)。

第27章　他还立法规定，基督徒不得成为犹太人的奴隶，并肯定了公会议决议的有效性

他还制定了一条法律：基督徒不得成为犹太人的奴隶，理由是，救主所赎出的人民，不适宜遭受杀害先知和基督的人的奴役。如果有人违反了该法律，受奴役者应当获得自由，而违法者则应被处以罚金。

他还授予主教们在宗教会议上所做出的决定具有权威效力，于是便使各行省统治者废止主教法令的企图为非法，因为上帝的教士高于任何行政官员。他为了自己臣民的利益颁布了大量与此类似的法令。如果要对皇帝在这些方面的政策做出精确的解释，不仅需要闲暇时间，而且需要专书叙述。既然他已经完全附着于上帝，我在这里还有什么必要详尽地介绍他如何从早到晚仔细考虑应当向哪些人赐予恩惠，或他是如何公平公正地分配他的恩惠的？

第28章　他对地方教会的捐赠，对守贞者和穷人的恩赐

不过，对于上帝的教会，他表现出额外的慷慨大方。他在某个地方赠送地产，在另一些地方则用谷物周济困苦中的穷人、孤儿及妇女。他对衣不蔽体的人们表现出巨大的关怀，为他们提供了大量的衣服。他用特别的荣誉使那些终身从事神的哲学之人与众不

同。他近乎崇拜那些永远坚守童贞的上帝的神圣的唱诗班，相信他们所献身的上帝就居住于他们的灵魂之中。

第29章　君士坦丁的演讲[①]

为了在神启之道的帮助下增强自己的理解力，他总是牺牲夜间的睡眠时间，花大量时间来写作演讲稿，并进行公开演讲；他认为他应当用具有教育意义的论点来统治自己的臣民，并把自己的整个帝国统治建立在理性的基础上。结果是，在他发出了邀请后，无数的群众蜂拥而来聆听皇帝的哲学。如果在演讲中他有机会提到上帝，他就会严肃认真，用缓和的声调，规规矩矩地站起来，仿佛是在把听众引到对于神启教义的深深敬畏之中，然后在听众爆发出一阵赞同的呼喊声之后，他就会指出，他们应当朝天上看，把自己的尊敬、赞美和荣耀留给万有之王。在设计自己的演讲时，他总是从驳斥多神教的错误开始，指出异教是一种骗局和一种无神论的掩饰；然后他会忠告说，必须承认唯一的神，接着便系统地阐述一般意义上和特定例子中的神意。他会继续讲救主的天启，证明就其适当性方面而言，这种天启的发生是必要的。他会继续谈论有关神的审判的教义。[②] 他会论及最能感动听众的事情，谴责盗贼、骗子和那些贪婪地从事投机活动的人们。他用自己的论据打动和鞭笞了他的一些廷臣，这些人因良心受到谴责而低下了自己

① 参照导论中“性格”与“作品”条。

② 参照导论，以及附着于本作品之后的演说词。

的头。他以清晰易懂的语言向他们宣布，他会向上帝报告他们的活动；因为万有之上帝已经给了他统治地上事物的权力，他在仿效上帝的过程中又把帝国的特定行政区域委托给他们；所有人的行
为都要在适当的时候接受上帝的彻底审查。这便是他的断言、他 548
的忠告以及他的教导的恒久主题。尽管他带着对真正信仰的确信，怀有和表达这样的观点，可是他们对于有关善的问题既不愿意了解，也不理会；他们用赞成的呼喊来为他的话喝彩，实际上他们由于贪婪而无视这些话。

第30章　他为面前的一个贪婪之人划出坟墓大小的范围，意在羞辱他

最后他转向自己身边的一名廷臣，亲口对他说："我的朋友，我们要使贪婪扩展到什么程度？"然后他用手中的木棒在地上画出了约一个人的高度的范围，并接着说："如果世上的所有财富和所有土地都变成你的，你拥有的东西还是没能超出这里画出来的这块地的范围——假如你真的得到了它。"[①]不过尽管他有这样的言行，却没有一个人受到这位有福君主的约束；然而事态的发展最终使他们确信，皇帝的宣告就像神的预言，而不仅仅是言辞。

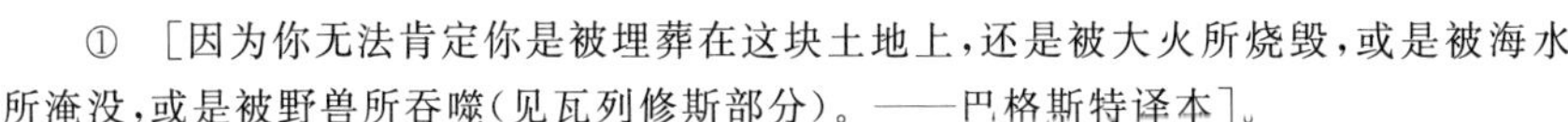

① ［因为你无法肯定你是被埋葬在这块土地上，还是被大火所烧毁，或是被海水所淹没，或是被野兽所吞噬(见瓦列修斯部分)。——巴格斯特译本］。

第 31 章　他因过分仁慈而受到讥讽[①]

同时，由于对死刑的畏惧并没能阻止住恶人的罪行，而皇帝又始终如一地倾向于仁慈，统治各行省的官员，没有一个对罪犯采取任何弹压措施，这必然给整个帝国政权带来不小的指责之声。无论公正与否，让每个人形成自己的判断吧，而我则只满足于记录真相。

第 32 章　君士坦丁为圣徒集会而写的演讲词[②]

无论如何，拉丁语是皇帝用来写作其演说词文本的语言。它们被专职的翻译者翻译成希腊文。作为其翻译作品的一个例子，我将在本书的后面附上他定名为《致圣徒们的集会》的演讲词，该作品被题献给上帝的教会，以便没有人会认为我们有关他的演讲词的断言只具有修辞学意义。

第 33 章　他站着聆听尤西比乌斯为纪念救主圣墓而做的演讲

这位了不起的人在我们面前所做的事情，在我看来似乎也是

① 参照导论中的“性格”条。

② 该演讲词附着于本作品的后面。

难以忘怀的。有一次,我们受到他对神圣事物之忠诚的鼓励,要求被允许在他面前进行一场有关救主坟墓的演讲。他与大量的听众一道站在皇宫里,全神贯注地倾听着。当我们乞求他在其身旁的皇帝宝座上就坐时,他并没有那样做,而是对演讲做了一个考虑周详的评论,他肯定了其教义学上的真理。由于花了很长时间演讲仍未结束,我们建议休息一会儿;然而他不同意,他敦促我们继续讲下去直到结束。当我们要求他坐下时,他还是拒绝了。他说,在讨论上帝的教义时,他放松地坐下来听是不合适的,而站着听对于他来说却大有好处:因为站着聆听上帝之言是一件神圣的事情。在演讲结束之后,我们回到了家,重新从事我们的日常工作。

第 34 章　他就复活节以及《圣经》抄写等问题致函尤西比乌斯

同时,在其对上帝教会的未来做细心考虑之后,他就抄写神启《圣经》的问题给我写了一封信函。他的这封信函被用来增补另一封有关最神圣的复活节节日的信函。在我向他就该节日报道方面做出一个神秘解释之后,他便以该函件作为给我的复函,全文如下:

第 35 章　君士坦丁致函尤西比乌斯, 549
称赞他有关复活节的论文

"胜利者君士坦提努斯·马克西姆斯·奥古斯都致尤西比

乌斯：

尊敬地谈论基督的奥秘，并以一种合适的方式解释复活节的争端和起源及其宝贵而又艰辛的成就，的确是一件其重要性无法用语言来形容的工作。[①]要想向人类尊敬地表述出上帝来，即使是对于能干的睿智之士来说也是不可能的。不过，怀着对你的学识和努力的巨大钦佩，我已经高兴地亲自阅读了你的作品，而且，我已经如你所愿地下令把它刊发给大量真诚地参加到上帝崇拜中来的人们。既然你知道我们是如何诚挚地喜欢从阁下你那里获得这样的礼物，那就应当做出每一种努力去创作更多的文学作品使我们高兴，在这些作品中，你使自己受到了很好的训练。我们鼓励你‘全速疾跑’——如谚语所说——进行你自己的惯常研究。如此巨大的自信必然表明，把你的作品翻译成拉丁文的人，在你看来并未能配得上翻译你的书，尽管这样一种翻译要令人满意地表现出用词的优雅的确是不可能的。愿上帝保佑你，亲爱的兄弟。”

这便是他就该话题所写的信函。

有关《圣经》话题的信函，全文如下：

第36章　就《圣经》抄写的准备问题，君士坦丁致函尤西比乌斯

“胜利者君士坦提努斯·马克西姆斯·奥古斯都致尤西比乌斯：

① ［亦即通过叙述基督的受难与复活。——巴格斯特译本］。

在根据救主上帝的神意以我的名字命名的城市里，大量的民众进入到最神圣的教会，既然城里的每个方面都在快速地发展，建造更多的教堂便显得特别合适。因此要准备好就我们所做出的决定采取紧急行动。向阁下你发出如下指示似乎是适宜的：你必须安排在技艺上受过良好训练的熟练抄手，用清晰的字体抄写五十册便于携带的《圣经》，这些《圣经》应当用皮革做封面，你很清楚这些《圣经》对于教堂圣事中的使用和阅读是必不可少的。[①]我们已经把书面的指示送达主教管区的负责人，[②]他负责提供所有必要的材料。以最快的速度准备这些《圣经》将是阁下的任务。[③]我们这封信函还授权你使用两辆公车作为运载的工具。这样，精制的抄本就能很轻易地被运到我们这里来接受审查；你自己教区中的一名助祭大概可以执行这一任务，在他到达我们这里时，他会感受

① 默尔兹伯格在一个注释中把这些看作是供礼拜时诵读的经文选，不过它们通常被认为是整部正规的希腊文《圣经》——七十子译本和新约，西奈古卷曾被认为是它们中的一部。它不会早于尤西比乌斯的时代，不过由于它包含了尤氏的《福音书十规则》，故可追溯到第4世纪。不无可能的是，它是这些经卷中的一部，无论如何，对它的一处描述——摘引自斯克里夫纳(Scriveners)"导论"(1883, p.88 sq.)——将是一个明显的例证。"13.5英尺长，14—7/8英尺高。""漂亮的精致皮纸。""每一页有四栏，每一栏有四十八行。""连续不断的高雅的安色尔字体。""四张对折，或三张对折。"通过参照尤西比乌斯的一些话语，可以很明显地看得出来：他本人所使用的新约副本，与西奈古卷原文并没有密切的关联，除非由这一抄本所引领的各种拼读方法从一开始就是错误的。有关此类不同的拼读方法，参照相关的注释。最后一个从句虽然出自海尼琛的译本中，但其根据却令人生疑。

② 这只是该词的一种译法，它被巴格斯特翻译成"地方财政官"，也许相当于"官员"(Long. article *Fiscus*, in, Smith, *Dict. Gr. and R. Ant.*)。不过这一翻译被人们所接受(Ffoulkes, *Catholicus*, in, Smith and Cheetham, *Dict.*)。

③ 西奈古卷显示出有二至三种笔迹，此事实表明该工作完成得很快，亦即是说，有各种不同的抄手分工协作一起完成同一本经书的抄写。

到我们的慷慨。上帝保佑你，亲爱的兄弟。”

第37章 《圣经》抄本的供应

这些就是皇帝的指示。紧接着这些指示的是行动，因为我们很快就送给他三四部用羊皮纸做成的封面华丽的《圣经》。[①]这可以用皇帝的另一个诏书来证实，在该诏书中，他解释说，他很高兴获悉我们的邻近城市君士坦提亚——该城以前由荒唐的迷信人士构成——在一场虔诚宗教运动中摆脱了以前偶像崇拜的错误，他欢迎他们所做出的转变。

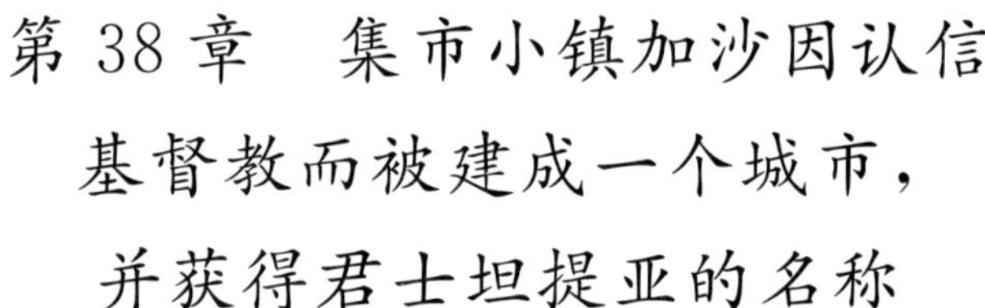

第38章 集市小镇加沙因认信基督教而被建成一个城市，并获得君士坦提亚的名称

550

如今在巴勒斯坦省，君士坦提亚认信了拯救的宗教，不仅获得了上帝的恩典，而且得到了皇帝赐予的荣誉。如今它第一次被晋升到一个城市的行列，并用皇帝的虔诚妹妹的名字替换掉以前的名字。

---

① [羊皮纸抄本用四张对折成一组的方式进行缝制，亦即每四张缝制在一起，就如三张对折是由三张纸构成那样。四张对折的每一组都有十六页，三张对折的每一组则有十二页(瓦列修斯部分)。——巴格斯特译本]这是有可能的，尽管西奈古卷的三栏形式和梵蒂冈古卷四栏形式也许表明了另一种意义。

第39章　腓尼基的一个地方也被建成城市，在其他城市里，偶像崇拜被废止，教堂被建造

其他许多地方也采取了类似的行动，例如在那个从皇帝那里获得名字的腓尼基城，市民们把几乎难以计数的木刻崇拜对象付之一炬，并代之以救主的律法。在其他省份，所有民众都改变了立场，最终转向了对救主的认识；在每块土地上和城市里，他们均抛弃了自己先前认为是神圣的东西，即用各种木料做成的偶像，仿佛它们什么东西也不是。大家争先恐后地拆毁庙宇及其辖区内的建筑，在其基础上建起教堂，他们从自己先前的错误中醒悟过来。依次描述这位为上帝所爱之人的功绩，与其说是我的任务，不如说是那些被特许与他终日相处的人们的任务。在这部作品中，我已经简要地记下了我所获得的信息，下来将继续叙述他生命的最后时期。

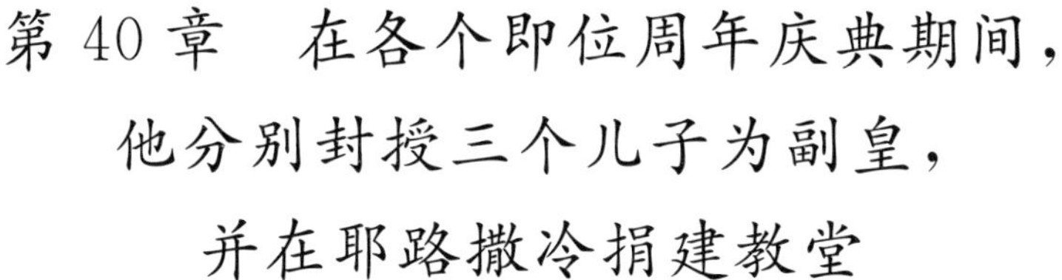

第40章　在各个即位周年庆典期间，他分别封授三个儿子为副皇，并在耶路撒冷捐建教堂

他的统治就快要满三十周年了。三位皇子即最为杰出的恺撒们在不同的时期里被任命为副皇帝。享有其父亲名字的老大君士坦丁在其父亲即位十周年时第一个获得了此荣誉；与其祖父同名

的老二君士坦提乌斯，大约是在二十周年庆典时获得该头衔；以适合其性格、象征着坚定和恒心的“君士坦斯”命名的老三，则大约是在三十周年结束时获得晋升的。[①]于是，就像一个三位一体[②]——即获得了三层为神所爱的子孙后代、并以在每个十年末授予皇帝身份来荣耀自己的后代——那样，他认为自己的三十周年庆典是向宇宙的万有之王表达感恩的吉祥时机，因此决定，要对耗尽一切艺术努力建立在耶路撒冷的殉道者祠进行一次奉献。

第41章　同时他下令在泰尔召开公会议，因为埃及的争端升级

然而，猜忌对此憎恨不已，它像一块遮挡太阳光线的乌云，试图妨害节日的光彩，它再一次用争端来搞乱埃及教会。不过，这位挂虑上帝的皇帝，重新把主教全体会议组织成为上帝的军队，发动他们反对卑鄙的魔鬼，命令他们从整个埃及、利比亚、亚细亚和欧洲全速赶来，首先是解决争端，其次是对上面所提及的圣祠进行奉献。在他们路经腓尼基的首府时，他命令他们先解决自身的争端，因为带着各自分歧意见来参加对上帝的崇拜是很不适宜的，神圣律法禁止处于争执中的人们在友好地和解及相互和平相处之前呈

---

① 这些都是很笼统的日期；“大约在第十周年时”等，本当更为精确。参照导论中的“生平”条。

② [Γριεδος λογω. 老的英语翻译者也许会对这做出很好的评述，“一种旧的表达。”我们也许会进一步把它斥责为对我们这位作者的无知和粗俗讨好，这可能是他那个时代的精神，不过似乎太过于带有倾向性。——巴格斯特译本]。

献自己的供品。皇帝出于自己的理性考虑,亲自为这些有益的命令增添活力,他教导他们要在完全协调及和谐中着手从事自己的工作,他的信函全文如下:

第 42 章　君士坦丁致泰尔公会议的信函

"胜利者君士坦提努斯·马克西姆斯·奥古斯都致泰尔的神 551
圣宗教会议:

为了保持我们时代的繁荣,大公教会应当免除内讧,基督的仆人们应当戒除一切舌战。可是既然有些人,由于受到不健康的争强好胜的教唆(因为我不能说他们生活得无愧于他们自己的标准),正在试图把每一件事情都颠倒过来,我认为其中的某些东西是一个极端的灾难,因此我敦促你们,'全速疾跑'(如谚语所说),毫不耽搁地走到一起,举行宗教会议,只要时间允许,就要保卫那些需要帮助的人,治疗那些处于危险中的兄弟,使有矛盾的成员恢复和谐,纠正一切错误,唯有如此,你们才能在诸多行省中恢复某些傲慢之徒穷凶极恶地企图毁灭的真正和谐。该宗旨既能取悦于宇宙之君王上帝,又是我每次祷告的至高无上的目标,倘若你们重新实现了和平,也会给你们带来不小的声誉,我确信所有人都会同意这种看法。因此不要再耽搁了,立刻做出你们最大的努力,使你们的争端尽快结束吧;你们务必要以一种完全诚挚和良好的互信来参与会议,使每个人的声音都被大家所听见,这是我们所崇拜的救主所特别要求于你们的。我本人并不缺少对你们的特别关心。你们在信函中所提到的每一件事情,我都做过了。我已经如你们

所愿致函给那些主教们，告诉他们应当前来参加你们的协商；我已经派出了一位具有执政官身份的人士狄奥尼修斯，他将会通告那些应当和你们一起出席宗教会议的人们，他也会出席会议，以便关注会议的进展，特别是维持良好的秩序。如果有人（我不希望有这种人存在）到如今还试图阻挠我们的命令并拒绝与会，我就要从我这里派出一些人去用皇帝的指令驱逐他，并明确地告诉他，与皇帝为了真理而颁行的法令作对是不适宜的。最后，诸位的任务是，通过全体一致的裁决，既不要追求敌意，也不要追求支持，而是要根据基督教会和使徒的规则，找到一种对于已犯之罪和已做之错的救治方法，以便你们可以使教会免除一切蓄意的批评，减轻我的焦虑，并使目前仍处于分歧当中的人们恢复到和平的祝福，以此来为你们自己赢得最高的声誉。上帝保佑你们，亲爱的兄弟们。”①

第43章　来自各个行省的主教参加耶路撒冷教堂的捐建仪式

正当这些命令开始被实施的时候，皇帝派出的另一位官员带着快信到达了，该快信敦促公会议的所有成员必须立即赶往耶路撒冷。②于是，他们都从腓尼基省开始出发，坐着公共交通工具来到了目的地。那里的整个空间均塞满了大量神的合唱队，因为来自各个行省的著名主教都聚集在耶路撒冷。马其顿人派出了

---

① 有关泰尔宗教会议（举行于335年），参照赫菲勒《公会议史》（Hefele, *Hist. of Councils*, 2［1876］, 17—26）。

② 参照赫菲勒《公会议史》，2.26—27。

他们首府的主教,[①]潘诺尼亚人和密细亚人则派出了风华正茂的年轻教士;一位圣洁的波斯主教也出席了,他是一个相当精通《圣经》的人;比提尼亚人和色雷斯人的出席,增加了与会人员的尊严。较重要的西里西亚人也没有缺席,扮演主角的卡帕多西亚人因其广博的学识而显得鹤立鸡群。叙利亚、美索不达米亚、腓尼基、与巴勒斯坦本土相邻接的阿拉伯半岛、埃及和利比亚、底比斯地区的居民,一起组成了伟大的神圣团队,来自各个行省的无数俗人陪伴着他们。一名皇帝的随员也参与到这些团队中来,[②]来自宫廷的主要官员用皇帝的训令来给集会的壮丽增添光彩。

第 44 章　他们获书记员马里阿努斯的款待;分发钱币给穷人;提供奉献给教堂

这些官员的领导人是皇帝的一位贴身近臣,他因其信仰和虔诚而著名,也因具有对《圣经》的专门知识而著名;由于在暴君统治时期因敢于承认自己的信仰而出名,他被正确地委托来安排这场集会。因此,在忠实地执行皇帝的命令时,他以友好和殷勤周到来迎接与会的人们,并以一场壮观的宴席来招待他们。对于衣不蔽 552
体的穷人,对于数不清的穷困男女,对于那些缺少食物和其他生活

① [帖撒罗尼迦的主教亚历山大。潘诺尼亚和密细亚的主教是乌尔撒奇乌斯(Ursacius)和瓦伦斯(Valens),他们都是阿里乌派的领导人;比提尼亚人和色雷斯人指的是尼西亚的狄奥戈纽斯(Theogonius of Nicaea)和佩林托斯的狄奥多鲁斯(Theodorus of Perinthus)(瓦列修斯部分)。——巴格斯特译本]。

② “皇帝本人非常敬重他们。”——默尔兹伯格

必需品的人们，他慷慨地分发钱币和衣物，他还用皇帝丰厚的奉献来美化整个圣祠。

第45章 与会主教们做演讲；本历史书的作者尤西比乌斯也做了演讲

在他履行这一职责时，上帝的仆人们则用祷告和布道来充实这一集会。一些人赞扬为上帝所爱的皇帝对于万有之救主的忠诚，详尽地列举了与殉道者祠有关的宏伟建筑；另一些人用建立在神圣教义基础上的节日布道，为所有出席者的耳朵提供某种理性的欢宴。其他人则对神圣读物进行解释，揭示其隐藏的意义，而无法做到这一点的人，则用不流血的献祭和神秘的仪式来抚慰上帝；为了普遍的和平，为了上帝的教会，为了对如此伟大的事情负有责任的皇帝本人，为了他那些为神所爱的儿子们，他们一起向上帝发出祈求的祷词。在这种场合上，我也被给予了超过我应得的特别待遇，即对参与集会的人们做了几场演讲，其中一场是根据一部已写成的著作，对皇帝的哲学思想进行详细的描述，另一场则是使来自于先知书中的比喻思想适用于目前正在进行的象征性仪式。①

① ［在这里，尤西比乌斯并没有给出《圣经》的具体卷次和段落。他的注释者瓦列修斯认为是指《西番雅书》第3章第8节（七十子希腊文译本）："我已决定聚集万民，召集列国，在他们身上倾泻我的所有怒火。"他告诉我们，耶路撒冷的西里尔在其第四篇布道书中，把《西番雅书》中的这段话解释为与君士坦丁在主复活地上所建造的殉道者祠和教堂有关。假设有人检视这整段话（考虑到七十子译本有可能译错了一个希伯来单词），和如果这是一个清晰的实例，那么我们必须想到的就是，4世纪的教父们都是《圣经》的阐释者。还请参看第3卷第33章的注释。——巴格斯特译本］。"解释来自先知们的相关段落。"——斯特洛斯译本和默尔兹伯格译本

借助这种方式，皇帝统治三十周年的奉献节庆便随着愉快的庆典气氛而进行。

第 46 章　尤西比乌斯对救主教堂进行描述，并当着君士坦丁的面发表了三十周年庆祝演讲

有关对救主教堂的描述，有关救主的墓穴，有关皇帝的艺术品以及那些用黄金、白银和宝石制成的大量供品，所有这一切，我已经在一部述及皇帝本人的单独作品中尽了最大努力记录了下来。在目前这本书完成之后的某个适当的时候，我将会出版那部作品，并把三十周年庆典上的演讲加上去。此后不久，我去了以皇帝名字命名的城市，在皇宫里当着皇帝的面又复述了一遍上述的演讲词，①因而有了第二次赞美整个宇宙的皇上即上帝的机会。这位上帝的朋友在听到该演讲后大为欣喜；这是他在听完演讲后宴请出席的主教们时亲口说出来的，他以各种荣誉来接待这些主教。

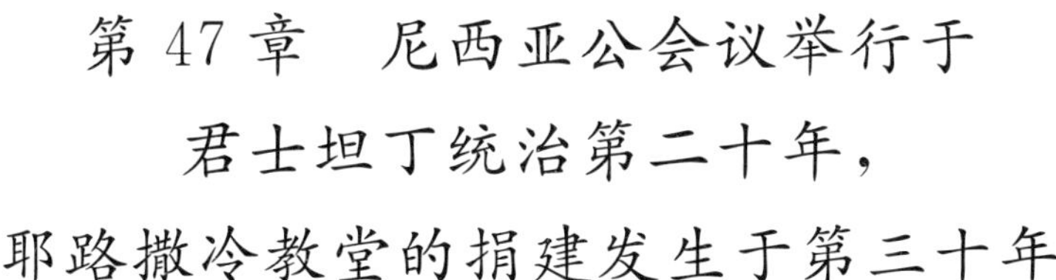

第 47 章　尼西亚公会议举行于君士坦丁统治第二十年，耶路撒冷教堂的捐建发生于第三十年

皇帝在耶路撒冷所召集的这第二次宗教会议，据我们所知是

① 该演讲词附在本作品后面。

最大的一次，此次会议紧接着第一次会议，即他在著名的比提尼亚首府所召开的会议之后。不过，那一次是一个胜利庆祝会，它是在他统治二十周年时为击败敌人而在战胜地点上[①]举行的感恩祷告；这一次则是为统治三十周年增添光彩，在此期间皇帝把殉道者祠奉献给一切善良事物的赐予者上帝，同时也把和平的供品奉献给救主墓。

第48章　君士坦丁为对自己的过度称颂感到不快

正当这一切事情被皇帝所从事的时候，和正当他为了上帝而展示出来的伟大英勇气概受到众人万口一词地称颂的时候，一名上帝的仆人以过人的勇气当着他的面宣布他是“神圣的”，因为在今生，他已经被断定为配得上得到全世界的帝国权力，在来世，他将注定要分享上帝之子的帝国。他听到此话之后感到很为难，他告诉他，他不该轻率地谈论这些事情，而是应当为他祷告，以便无论在今生还是在来世他都能配得上是上帝的仆役。[②]

① 即尼西亚。

② 可是尤西比乌斯在自己的演讲中却使用了几乎是令人作呕的语言，他记载说，君士坦丁对此感到了莫大的喜悦。这种差异也许是得体的。

第 49 章　其子君士坦提乌斯的婚姻

553

在他统治三十周年的过程中，他为第二个儿子[①]举行结婚仪式，该儿子比老大先结婚。举行了宴会和庆典，皇帝亲自担任了儿子的男傧相。他举行盛大宴会招待客人，男人们聚集在一个地方，妇女们则聚集在另一个地方，大量丰厚的礼品被分发给各城市和人民。

第 50 章　来自印度的使节和礼物

在该场合中，生活于接近太阳升起之地的印度人派来了使节，他们携带着礼物参与了庆典。这些礼物是各式各样闪亮的珠宝，以及我们从来没有见过的各色动物。他们把这些礼物带给皇帝，是想表明，他的权力所及范围，远达大洋之滨，同时也想表明，印度国家的统治者们如何借助向他贡献彩画和雕像的方式，承认他是君主和皇帝。当他刚刚即位的时候，第一个被他征服的是处于大洋中靠近太阳落下之处的布立吞人，如今这个则是印度人，他们的国土处在太阳升起的地方附近。

① 他的第二个儿子由法斯塔所生。如今，克里斯普斯似乎已经被排除在外。这不是著名的尤西比娅，即他的第二任妻子。

第51章 君士坦丁在三个儿子当中分配帝国，并在政治和宗教上教导他们

既然他已经控制了有人居住的整个世界的两端，他便把整个帝国政府在他三个儿子当中进行分配，仿佛是在把一笔遗产分配给自己最喜爱的人：他指定老大继承他祖父的那一份，老二获得东部的统治权，而介于这两者中间的部分则给了老三。①为了向他们提供一种足以拯救他们灵魂的优异遗产，他在他们的心灵中播下了虔诚的种子，引导他们从事神圣的学习，为他们指定被证明是虔诚的人担任他们的教师。同时，他也为他们聘任了一流的学者来向他们传授世俗知识。有人专门教他们军事科学，有一帮人专门教他们政治学，还有人专门训练他们的法律技术。他还给每个儿子各配备一队皇家扈从，包括士兵、禁卫军、卫士，以及各种级别的军事官员，如将军、百人队队长、司令官、保民官②等，这些人的军事技能是久经考验的，对皇帝的忠诚也是屡试不爽的。

① ［“小君士坦丁被指派到高卢去掌握军政大权；他的弟弟君士坦提乌斯将父皇的世袭领地，换取富庶且战事较少的东部各行省。意大利、西伊利里亚和阿非利加则尊崇他的第三个儿子君士坦斯，把他看作是君士坦丁大帝的代表。”（吉本《罗马帝国衰亡史》第18章）。——巴格斯特译本］。参照导论中的“生平”条。

② 百人队队长、将军、保民官。

第52章　在儿子们成年之后，他成为他们虔诚的向导

在恺撒们年幼的时候，他们在公共事务的管理方面获得了幕僚们的协助。而在他们成年之后，他们的父亲亲自教给他们所需要的经验。当他在场的时候，他建议他们以他自己为榜样，忠告他们遵循他的虔诚路线；而当他不在的时候，他会通过信函来为他们提供适合于他们皇帝身份的行为规则，其中第一重要的是规劝他们把对万有之主的知识和崇拜看得比财富更重，甚至比帝国本身还要重。至此，他已经授予他们为了公共的善而自行采取行动的权力，他敦促他们，他们的一个主要关切应当是上帝的教会，并教导他们要坦诚地承认自己是基督徒。皇帝还教导自己的儿子们，不仅要服从他的命令，而且要出自自愿地来执行这些命令，要超越父亲的忠告：要把其自身的勤奋努力适用于上帝底下的神圣化，在宫廷里和自己的所有家人一道履行教会的戒律。[①]这位父亲进行筹划的另一个结果是，他的儿子们的所有随员都是敬畏上帝的人，甚至负责公共事务的最高级别的官员，其中也有一些属于此类人。因此他与忠诚于上帝的人们一起形成了一道坚固的围墙，保护着他们。在这些事务获得了这位极福者的及时处理之后，万善的安排者上帝便决定，既然事情已经普遍地得到了他的很好料理，那么如今把他转到更好的事物上去，即让他入土为安便非常恰逢其

① 该措辞过分强硬。例如，君士坦提乌斯只是在临死前才接受洗礼。

时了。

554

第53章 在统治了约三十二年之后，即到了六十多岁时，他的身体仍然健壮

他只差几个月就要完成三十二年的统治，[①]他的寿命将近是这一时间的两倍。到了这把年龄，他的躯体仍然完好无损，没有任何的缺陷，比任何年轻人都要显得更为年轻，看起来很英俊，足以适合做任何需要体力的工作，例如训练、骑马、旅行、参加战斗、为击败敌人而竖立纪念碑、在不流血的斗争中赢得对敌手的胜利等。[②]

第54章 有人滥用他的极端厚道，行贪婪和伪善之实

他的精神品质[③]也已经推进到了人类完美的顶峰。他的各种美德都非常突出，其中最为突出的是厚道。大多数人都因为人们自私自利的卑劣行为而认为这一点是应受谴责的，这些人自身的邪恶恰恰有助于皇帝的克制和忍耐。的确，在这些特别的岁月里，

---

① ［在《编年史》一书中，尤西比乌斯给出了较为准确的统治时间：三十年零十个月。君士坦丁的统治开始于306年，他辞世于337年。——巴格斯特译本］。参照导论，以及克林顿《罗马年表》(Clinton, *Fasti Rom*. an. 337)。

② 参照导论中的"性格"条。

③ "心理特质"——其所包含的内容远远超出了"智力上"的范围。

我自己已注意到了两种困难。其一是对邪恶的贪婪之徒的谴责放松了，这些人损害了整个事务过程；其二是有人进行了恶劣透顶的欺骗，他们潜入了教会，并采用了基督徒名义上的虚假外表。然而，他的厚道和慷慨大方，他对自己信念的直截了当，以及他性格中的真挚，这一切使得他信赖这些自称有着良好名声的基督徒的信仰表白，后者以一种虚假的态度，图谋继续保持真正忠诚于他的伪装。通过把自己托付给他们，他逐渐因他们的恶劣行径而受到责备，因为猜忌把这一污点牢牢地钉在他的美德上。[①]

第55章　直到生命垂危，君士坦丁仍在从事撰述工作

不过，这些人很快就被神圣的惩罚打垮了。与此同时，皇帝自己在修辞学技巧方面的智慧是如此的高深，以至于直到最后，他还是继续写作演讲词，继续在公共场合露面，继续对他的听众发表具有神圣教育意义的指示。他继续为民事和军队事务制定法律，[②]并筹划有利于人类事务的一切事情。值得记载的一件事情是，就在他生命终结之前，他还在自己的常规听众的面前朗诵一篇葬礼献辞。在这篇献辞里，他详尽地谈到了灵魂的不朽，他认为这是一种为过虔诚生活的人们所保留的状态，是上帝为爱他的人们所预

① 参照导论中的“性格”条。该段落中有一种显而易见且非常自然的暗示，此暗示表明了这位传记作者的历史可靠性：它尽管暴露了皇帝的缺陷，却也向人们展示了他那令人愉快的总体性格。

② 参照导论中“作品”和“性格”条下的评论。

留的福分；他用冗长的论证弄清楚了追寻相反生涯的人将会遭遇到什么样的结果，用生动的语言描绘了不虔诚者的最后毁灭。他对于这些问题的论证是如此强有力地触及到他周围的人们的内心深处，以至于在他问及一名自诩为哲学家的人如何看待该论证时，后者证明说这些论证都是真理，尽管很勉强，但他还是极力赞扬对多神论者的谴责。在去世之前对自己的熟人进行一场这样的布道时，他就像正在为自己准备一次到达更高领域的顺利而又轻松愉快的旅行一样。

第56章　他让主教们随同他远征波斯，并为自己搭起一个教堂式的帐篷

另一件值得记载的事情是，大约就在这同一时间里，有报道说东方的蛮人当中出现了骚乱，听到该消息后，他说，他必须取得对于他们的胜利，于是他开始了针对波斯的军事行动。决定一经做出，他就让军官们开始工作，并在自己的宫廷里与主教们讨论战役，打算让部分主教一起从军，以便在打仗时也能进行崇拜。他们
555 说，他们非常高兴能够随他从军，他们决不后退，要成为他的士兵，用对上帝的祈求来与他并肩战斗。他对他们的承诺大喜过望，于是为他们的旅行做出了安排。[①]此后，在做军事准备的过程中，他让人为自己准备了一卷华丽的帐篷，届时，该帐篷将构成一座教堂，他可以在里面与主教们一起向胜利的赐予者上帝进行祈求。

---

① 从这里开始直到第58章第一句的末尾，被海尼琛放在一个括弧内。

第57章　他接见波斯的使节，并在复活节期间与他人一起守夜

与此同时，皇帝正在为战争做准备的消息传到了波斯人那里，他们对即将到来的战斗恐惧不已，于是便派出了一个使节团去向他要求缔和。在这种情况下，这位最爱好和平的皇帝接待了波斯的使节，很高兴地与他们缔结了友好协定。不久，伟大的复活节节期来临了，在节日期间，皇帝与其他人一起守夜，并向上帝祷告。

第58章　为纪念使徒们在君士坦丁堡建造一座教堂

此后，皇帝准备在以其名字命名的城市里为纪念使徒们建造一座教堂。他亲自主持建造了整座教堂，其高度难以想象，由于从下到上均镶上了各式各样的宝石，整座建筑闪烁着光亮。他把天花板隔开成一个个优美的格子，并使所有的格子都镀上金子。他用紫铜取代瓷瓦来铺设屋顶，这样就可以使建筑物有效地抵御雨水的侵袭。它的四周也装饰着大量的金子，这些金子在太阳光线的反射下，足以使远处的行人感到眼花缭乱。圆屋顶完全被一种用青铜和黄金精细地雕成的花窗格所围绕。

第59章　有关该教堂的更多细节

这便是皇帝所乐意加以美化的教堂的壮观情景。教堂的四

周,是一个露天的宽敞庭院,这个四方形院子的四周,都有面对着庭院中心即圣祠的门廊,沿着门廊,排列着官员府邸、盥洗室和灯房,此外,还建有许多供管理人居住的房子。

第60章 他在教堂里面建起了自己的墓室

皇帝建造这一建筑,是为了使全人类永远地纪念我们救主的使徒。不过,他建造该建筑时,心中还有另一个目的,最初不为人所知,后来人们才逐渐明白。他是在为自己的离世准备地方,他带着最高的信仰渴望,希望死后,自己的遗骸能够分享使徒们的祈求,以便自己即使离世之后,也能够从那种表现为向使徒们表示敬意的崇拜中获益。因此他下令在举行圣事的地方竖起了一个中心祭坛。他建起了十二个墓室,就像是为了纪念和尊崇十二使徒的神圣纪念碑那样,把自己的棺材放在使徒墓室的中间,每边各六个墓室。如我所说,他以精明的预见为自己的死后躯体提供了一个高尚的安息之地。他是在心中预先谋划了这些事情之后才着手建造使徒教堂的,因为他相信,对于他们的纪念,将会成为自己灵魂的一种有益的帮助;上帝在他的祷告中所期待的事情上是不会让他失望的。正当他在完成复活节的第一件圣事时,以及在光亮及愉悦之中享有救主日时,他都能够为了自己和大家而使节日快活起来,而到最后他都是以这种方式度过自己的时间,并在实际上从事这些事情,因为他在履行这些事务时所倚靠的上帝,总是在一个合适的时间里把他转向更加高尚的事物。

第 61 章 他病倒于海伦诺波利斯，祈求受洗

最初，他的身体有些不适；不久，疾病便接着而来。于是他访问了自己城市中的温泉浴场，并从那里到达以他母亲名字命名的城市。他在那里的一座殉道者小教堂中度过自己的时间，向上帝 556
做祈求祷告。不过在他得知自己的寿命已近终点之后，他意识到该是洗清自己在过去的生涯中所犯罪行的时候了。他坚定地相信，无论作为一个凡人犯过什么错误，自己的灵魂都将借助神秘话语和洗礼水的功效而获得净化。[①]在认识到这一点之后，他便跪在地上，亲自向上帝祈求，并在殉道者祠里做忏悔，在那里，他第一次接受了按手礼祷告。[②]此后，他离开了那里，去到了尼科米底亚的郊区。他把主教们召集在一起，对他们做出了如下的讲话：

① 字面上为“有益健康的净化话语”，不过，无论是采用“有益健康的净化”，还是采用“有益健康的净化话语”，巴格斯特的意译比这些读法中的任何一个都要来得可靠。

② [这些话似乎证明，如今皇帝第一次成为一名慕道者。他的受洗推迟到死前的最后一刻（在扮演基督徒宗教的公开倡导者和保护者的角色那么多年之后），以及他被鼓励去对这种“神秘”仪式的临终前施行的迷信和信赖，证明了就在基督教表面上成为罗马帝国的宗教的时代里，他对于基督教真理仍然处于令人忧郁的朦胧状态。吉本的如下评述也许包含着大量的真实性：“骄傲的君士坦丁拒绝接受一名慕道者的特权，这令人难以解释或原谅；不过他的洗礼一再延迟，倒是可以用基督教会古老习惯的准则和做法加以说明。……洗礼被认为包含着一种充分的和完全的赎罪，灵魂立刻就恢复到其最初的洁净状态，并有资格获得永远拯救的许诺。在那些改信基督教的人士当中，有许多人认为最不明智者，莫过于把严肃而又无法重复的仪式，匆忙地履行完毕，或是把失去而无法复得的和极为贵重的恩典，轻易地加以抛弃。”——巴格斯特译本]。有关被接纳为慕道者诸形式，参照马里奥特《洗礼》（Marriott, *Baptism*, in Smith and Cheetham, *Dict*）。

第62章　君士坦丁恳求主教们为他施洗

“这是我长期以来所期待的时刻，因为我渴望赢得上帝的拯救。这也是我们享有带来不朽的印戳的时刻，是我们享有带来拯救的印戳的时刻，我曾经想在约旦河的河水中接受这一印戳，因为据记载我们的救主作为我们的一个榜样就是在那里接受洗礼的。不过，知晓何物于我们有益的上帝，决定就在此时此地我们已配得上这些东西。因此请不要耽搁。[①]如果生与死之主希望我们在这里再生一次，即使那是最后的一次；如果我们在来世无疑能够跻身于上帝人民的行列中，并与他们一起参与对上帝的祷告，我现在就要为自己确立适宜于为上帝服务的生命规则。”

这就是他的话。主教们按通常的方式履行神圣的仪式，并向他下达了必要的指示，把他变成了神秘仪式的一位参与者。于是，在所有君主中，君士坦丁是第一个在一座捐建给基督的殉道者的教堂中获得再生并取得完善的君主；他因被赐予了神的印戳而狂喜不已，并因获得了更新而披戴着神圣的光。由于他的强烈信仰，

① 或“不要犹豫”。对于这一分句，存在着许多争论。默尔兹伯格将其翻译成“任何犹豫均再也不能奏效”，凯姆(Uebertritt C. p. 1)则译为“让一切口是心非均被驱除”。根据这一译法，君士坦丁一辈子均在敷衍和搪塞，试图让基督徒看来自己像一名基督徒，让异教徒看来则像一名异教徒。该假说的基础太过于薄弱，没有任何说服力，因为有足够的文献证明，君士坦丁不断公开地承认自己的基督教信仰，有关该方面的情况，见导论中的“性格”条。有关他受洗的各种观点的讨论，可以在导论中的“文献”条找到，请特别注意如下作者的作品：Busaeus，Castelli，Dalhus，Frimelius Fuhrmann，Guidi，Halloix，Hynitzsch，Jacobus of Sarug，Nicolai，Polus，Schelstrate，Scultetus，Tentzel，Walther，Withof。

他的灵魂充满着喜悦，同时也因神启威力的昭示而充满着畏惧。在既定的仪式完成之后，他穿上了闪烁着光芒的皇帝服装，[①]并在一张洁白的卧榻上小憩，他很不情愿再一次触摸紫色皇袍。

第63章　受洗后他向上帝做感恩祷告

然后他提高嗓门向上帝做感恩祷告，接着他继续说："我知道如今我受到了真正的赐福，我已经表明配得上拥有不朽的生命，我已经接受到了神的光。"他继续呼喊那些不幸的人们，说他们是可怜的，因为他们没能享有这些好事情。来自军队的军团司令官和高级军官们鱼贯而入，他们对皇帝的即将驾崩感到悲悼，希望他的寿命能够延长。他回答说，如今他享有了真正的生命，只有他知道他所收到的好东西；因此，他们应当加快朝见上帝之旅，一刻也不能耽搁。于是他对自己的财产进行处理。他授予居住在皇城里的罗马人一年一度的补助金。他像分配父亲遗产那样，把帝国的继承权赠予自己的儿子们，并按自己的意愿安排了每一件东西。[②]

① ［新入教者穿白袍是一种习惯，他们要一直穿到受洗后的第八天才脱掉。——巴格斯特译本］。

② 帝国的所有权思想，在共和国的时代似乎如此不可思议，它甚至也不被理论上的君主主义者所认可，不过在君士坦丁的内心里，该思想却似乎是最为理所当然的，在关于"僭主政治"和"共和政治"的问题上，尤西比乌斯是一名真正的帝制拥护者。无论是来自于"神的权利"还是"自然的权利"，确凿无疑的是它们都是一种"权利"，这种权利必须被自由地行使。

557 第64章 君士坦丁驾崩于圣灵降临节当天正午时分

所有这些事件，都发生在最重要的节日期间，即绝对神圣的圣灵降临节，该节期是在复活节过后七个星期，最后一个星期天即被确定为节日，在这一天，圣言描述了世界救主升入天堂，以及圣灵降临人类。在这一节日期间皇帝获得了我所描述过的特权；在七个星期的最后一天——人们可以合理地把它称作节中之节——的大约太阳当空的正午时分，皇帝被交付给了他的上帝；他把自己的遗体留给了世人，而他自己连同灵魂部分及其对上帝的爱，则一起被结合到了他的上帝那里。[①]这便是君士坦丁生命的终结。让我们继续叙述随后发生的情况。

第65章 士兵和军官们的哀悼

禁卫军战士和所有的贴身卫士立刻撕烂自己的衣服，猛然匍匐地上，并猛打自己的头部，无比悲痛地号啕大哭，他们哭喊着这位君主和主人的名号，仿佛亲生孩子呼唤死去的父亲。军团司令官和百人队队长为自己的救主、保护者和恩主而大声哭泣，军队的其他士兵也像羊群失去了好牧人一样，适时地穿上了丧服。平民

---

① 参照导论中的“最后的岁月”条；有关他死时的年龄，亦请参看“导论”及相关的注释。

百姓也徘徊于城中的街道上，他们用哭喊来表达自己灵魂深处的痛苦，而其他人则感到茫然失措，每个人的内心里均哀恸不已，仿佛自己生命中的公益已被剥夺殆尽。

第66章　尸体从尼科米底亚运往君士坦丁堡的宫廷

军方捡起了皇帝的遗骸，把它放进了黄金做成的棺材。他们给尸体穿上皇帝的紫袍，并把它抬进以皇帝名字命名的城市里；他们把棺材安置在皇宫中最壮丽的一个大厅的高台上，点燃了四周的黄金台架上的灯，于是便造就了一种对于每个目击者来说是自创世以来在太阳光下世上任何人均无法看到的奇异景观。在宫殿之内，在处于中心位置的皇帝寓所里，皇帝的尸体在经过多方装饰之后，穿着紫袍，戴着皇冠，由一大帮守夜的人们日夜守护着。

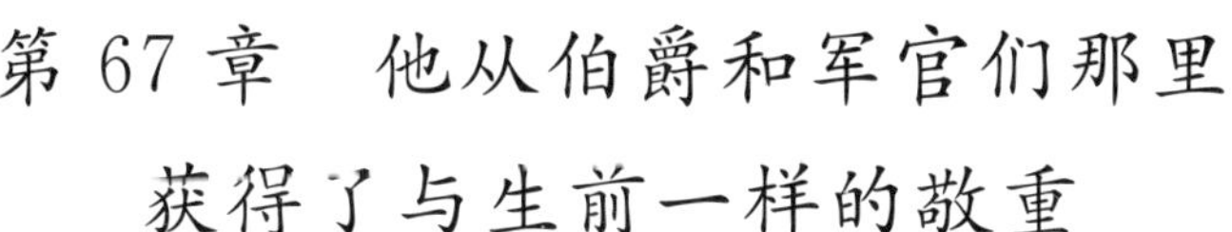

第67章　他从伯爵和军官们那里获得了与生前一样的敬重

军队的指挥官们、护卫以及所有的统治阶层，根据法律应当首先效忠于皇帝。这些人并没有改变自己的常规工作程序，他们在规定的时间里排成纵队从皇帝灵柩前走过，并像皇帝活着时那样，在走到皇帝灵柩前面时会向他行屈膝礼。接着这些主要人物而来的是元老院的成员和所有拥有官衔的人，他们也向皇帝灵柩行屈膝礼，接着是那些携老带少的平民百姓。这些程序继续了很长段时间，因为军队已经做出决定，皇帝遗骸必须被搁在那里，让人看守到他的儿子们到来时为止，届时他们将亲自参加仪式，以此来表达对于父亲的尊敬。凡人当中只有这位有福者才能在死后仍掌握着权力，就像是他还活着那样，各种习惯做法仍然得到维持，因为上帝把此特权授予了他，此后再也没人能得到它。因此在诸帝当中，只有他不像任何其他皇帝，他用各色各样的法令来荣耀万有的君王上帝以及他的基督，因此也应当只有他才享有这些特权，因为万有之上的上帝允许他那必死的部分在人类当中进行统治，以此向那些心智不算冷酷的人们证明，他的灵魂的统治期是没有年限和不会死亡的。

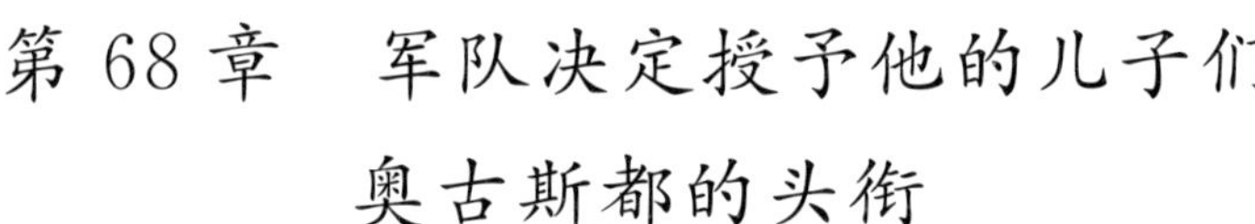

第 68 章　军队决定授予他的儿子们奥古斯都的头衔

当这一切正在进行的时候，军团司令官们从军官当中选出了
558 长期以来因诚实和忠诚而为皇帝所了解的人，派遣他们去向恺撒
们报丧。于是他们便出发履行这一任务。然而，各行省的军队一收到皇帝驾崩的噩耗，仿佛是受到超自然力量的驱动，似乎他们伟大的皇帝还活着，他们众口一词地决定只承认他的儿子们为罗马世界的统治者。不久，他们发现给予他们每人的合适头衔再也不应当是恺撒，从此时起应当选定他们为奥古斯都，这也许被看作是最初皇帝权威的至高无上的象征。这就是军队所采取的措施；他们通过相互之间的信函来往来表达自己的心声，并在同一个时刻里把军队的这种协调一致的决定告知各行省的全体人民。

第69章　罗马人对君士坦丁的哀悼；借助彩画纪念他

皇城的居民、元老院及罗马人民在获悉皇帝驾崩的噩耗之后，把这当作是最可怕和最巨大的灾难，因而陷入无比的悲痛之中。浴场和市场关闭了，公共表演和所有惯常的消闲娱乐活动停止了。先前逍遥自得的行人现在变得垂头丧气，大家聚在一起称颂这位有福者和为神所爱之人，认为他真正值得拥有这个帝国。他们不仅发出这样的呼喊，而且采取步骤，通过制作他的肖像，把他当作活人来尊崇。他们在彩画中描绘天堂，把他刻画成正躺在天空穹窿中的飘逸胜地上小憩。他们还宣布只有他的儿子们才是皇帝和奥古斯都，并以最诚挚的哭喊要求允许他们接受他们皇帝的尸体，即把它下葬在皇城里。

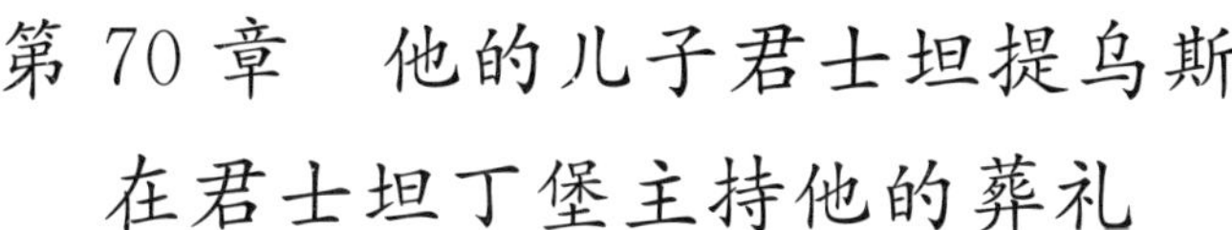

第70章　他的儿子君士坦提乌斯在君士坦丁堡主持他的葬礼

不过他们的确证明了对这位上帝所赐福者的崇敬。他的第二个儿子到达了城里，护送着父亲的遗骸，带领葬礼仪仗缓缓而行。军官们秩序井然地走在仪仗的前列，成千上万的人跟随其后，持标枪者和步兵护卫着皇帝的灵柩。仪仗队一到达救主使徒的教堂，棺材就被埋葬在那里。新皇帝君士坦提乌斯不仅以自己的出席、而且以既定的神圣仪式的履行向死去的父亲表达敬意。

第71章 在使徒教堂里为君士坦丁的葬礼而做的圣事

在他与军官们一起撤走之后，上帝的仆人们便在民众和敬畏上帝的俗人当中占据了中心位置，他们用祷告来履行神圣的崇拜仪式。接着对躺在高台之上的有福者进行赞颂，而痛不欲生、失声哀号的民众，则为皇帝的灵魂不断地向上帝祈祷，尽最大努力来取悦于这位为神所爱之人。①在下列方面，上帝也显示出对其仆人的宠爱：他心爱的亲生儿子们成为了皇位的继承人，他自己也如愿以偿地获得了与使徒们葬在一起的特权，因为即使在今天人们也能看到，这个具有极福灵魂的凡人寓所，享有了使徒们所祈求的荣誉，并被归入到上帝族类的行列当中，拥有了施之其上的神圣而又神秘的礼拜仪式，分享了神圣的祷告，他本人即使在死后也得以继续控制帝国。仿佛他在复活后重新管理着整个行政，他以"胜利者马克西姆斯·奥古斯都"这一名字支配着罗马政府。②

第72章 有关不死鸟

他不像埃及鸟，据说这种鸟具有一种独特的本质，它在芬芳的植物当中死去，把自己当作自身的祭品，然后从灰烬中复活，当它

① ［这里指的是他被埋葬于使徒教堂里的愿望，以此分享他们的荣耀，如第60章所提及的那样。——巴格斯特译本］。

② ［似乎存在着大约三个月的空位期，在此期间，所有的法律和政令均继续以君士坦丁的名义发布，就如他死前那样。——巴格斯特译本］。

向上飞翔时，又变成了自己以前的样子。他更像他的救主，就如能 559
够繁育出数倍、被撒播于地上的谷粒，借助上帝的祝福生长出大量的庄稼，并用自身的果实蔓延到整个世界。就像救主那样，这位极福者仿佛因自己儿子们的继位而日益繁殖增长。因此，在各个行省里，人们纷纷竖起他及其儿子们的肖像，即使是在他的肉体生命结束之后，君士坦丁的名字还是受到承认和尊崇。

第 73 章　刻画君士坦丁被接上天堂的硬币

与此同时，一种硬币按下列设计来铸造。在正面上出现了这位有福者的肖像，他的头部紧紧地盖着头罩；背面则描绘他坐在一辆四马拉曳的战车上，有一只手从上往下伸出，表示接受他上天堂。

第 74 章　他因崇拜上帝而理当获得上帝的奖赏

在用君士坦丁——他被明白无误地当作一名基督徒——的唯一实例向我们展现了这一系列事件之后，万有之上的上帝显示出：在那些已经被认定适合于崇拜他及其基督的人们，与那些选择对立路线的人们之间，存在着多么巨大的差异。那些开始攻击他的教会的人们，把他当作他们自己的敌人和对手，每个这样的人的生命的灾难性结局，均表明了因他们对上帝的敌意而受到的明确惩罚，就如同君士坦丁的结局向大家表明了对上帝之爱的奖赏。

第75章 他在虔敬上帝方面超过了先前的所有皇帝

在罗马诸帝当中，只有他用极度的虔诚荣耀了万有的君主上帝；只有他向所有人公开赞颂基督之道；只有他破天荒地第一次尊崇他的教会；只有他消灭了一切多神教的错误，揭穿了每一种形式的偶像崇拜；肯定地说，只有他，在世时和死后均被认为配得上获得任何其他人——包括希腊人和蛮人，甚至古代罗马人——都无法获得的荣誉，因为像他这样的人，从创世起讫我们的时代为止从来没有被记载过。[①]

① 尤利安的《诸帝传》中的尖锐讽刺似乎都是对尤氏这一结论的蓄意挑战。他在诸神面前引领着伟大的皇帝们，而在这里每一个皇帝都自称自己的伟大。君士坦丁大受嘲笑，这时人们必须被迫在尤利安与尤西比乌斯之间做出选择，而如果真正重视君士坦丁对世界历史的实际影响的话，尤西比乌斯就应当是一名更为公正的法官，至少他对于自己这位皇帝朋友的最高热情不至于不被原谅。

附录一　皇帝君士坦丁的演讲：致参加集会的圣徒们 561

第1章　复活节的开场白：给人类带来了种种恩惠的上帝之道，是如何被他的受惠者揭示的

使白昼的太阳相形见绌的光、复活的第一个保证、早已溶解了的[①]躯体的更新、诺言的神圣标志、[②]导向永恒生命的道路——一句话，耶稣受难的日子——就在今天，亲爱的博学君子们，你们作为我的朋友聚会于此地，目的是为民众祈福，而民众则崇拜一切崇拜的创造者，并依据神圣之道的训导，持续不断地用内心和言语赞美这位创造者。可是自然[③]既然是万物之父，你们又能够为人类谋求到怎么样的祝福呢？换言之，既然造就宇宙的上帝本身就是你们自身存在的创作者，你们的本领又是什么呢？因为正是他把

① 或“曾遭苦难的。”

② ερμαιου，“赫耳墨斯的礼物”；即神授的好运。瓦列修斯错误地辨读为 ερμα，即诺言的“根基”。

③ 瓦列修斯用“上帝”代替“自然”，该做法为各式各样的翻译者所仿效。不过这既不符合抄本的先例，又与上下文的情景相悖。

你们打扮得花枝招展；自然之美就是出自自然法则的生命。可是与自然完全对立的原则，却已强烈地占了上风；因为人们都赞同要抑制住对万有之主的正当崇拜，相信宇宙秩序并不依赖于他的神意，而是依赖于盲目的和不确定的命运：他所授意的先知们对真理最为清晰的宣告——他们的话语本该赢得信任——受到了亵渎之邪恶的完全抵制，这些邪恶憎恨真理之光，热爱黑夜中的阴暗迷宫。这种谬误无不伴随着暴力和残酷，特别是因为王侯们的意志受到民众盲目的急躁情绪的鼓动，或更确切地说，这一意志本身就引致一条充满草率和蠢行之路。这种受到许多代人的实践所认可的原则，在很早时期的人们当中就已经成为可怕的邪恶之源。可是救主显现的光辉一旦照临，正义便取代了谬误的位置，平静接替了暴风雨的混乱，先知们的预言全部应验。在他以其荣耀的审慎和品格的纯洁启发世人、并荣升到他的父亲的殿堂之后，他把他的教会建立在地上，作为一座美德的圣殿，一座永存不朽的圣殿，在里面，对至高之父和对他的崇拜活动，将得到虔诚的履行。可是充满疯狂恶念的族类到底在图谋什么呢？他们试图拒绝基督的恩典，试图毁灭为了所有人的拯救而受命建造的教会，尽管他们也保证要废止他们自己的迷信。[①]邪恶的骚动、战争和倾轧又一次盛行，他们一贯傲慢无礼、奢侈放荡，渴望得到财富，以为它可以用其貌似有理的希望去抚慰受害者，如今他们却感到无缘无故的恐惧；这是一种与自然天性相悖逆的渴望，是邪恶自身所特有的特性。

① 这是1709年译本、默尔兹伯格译本和瓦列修斯译本的译法。库辛译本则翻译成“用他们自己的迷信取而代之”。

让这种邪恶败倒在泥地上，并顺从胜利的美德之力量；让它在悔恨的痛苦中撕裂他自己。现在我们就来谈论有关神圣学说的话题。

第2章　请求教会和听众原谅和纠正他演讲的错误 562

请听着，你们这些船只的主人[①]，童贞纯洁的拥有者，教会的管理者，幼弱少年的抚育者，真理和文雅的守护者，通过你们终年不断的喷泉，拯救的溪水[②]川流不息！我宽容的听众，既然你们诚挚地崇拜上帝，你们因此便成为他呵护的对象：要留意的不是语言，而是被说出的真理；要留意的不是正在谈论的他，而是把他的谈论视作神圣的虔诚热情！当谈论者的真正目的仍然不被理解的时候，言语又有什么用处呢？我也许试图谈论伟大的事物；赋予我的灵魂以生命的上帝之爱，即一种胜过自然储备的爱，是我大胆努力去寻求的东西。因此我呼吁你们这些在上帝的玄妙中获得最好教导的人们，用你们的忠告襄助我，用你们的思想跟随我，纠正我的话语中任何具有错误倾向的地方，不必期待展示完善的知识，而是要仁慈地接受我的努力的诚挚。愿父与子之灵赐予其强大的援手，使得我能够说出他启发我发出或想出的话语来。[③] 因为无论

① ［指主教，他们常被比喻为教会的领路人和管理者。——巴格斯特译本］。

② 一些抄本读作 πομα，即“吸饮”。

③ “我读为 αυτη φρεσει，不过认为 φρεσει 并非源自于动词 φρεζειν，而是源自于名词 φρεσις。”——海尼琛译本

是在雄辩的实践中还是在任何其他艺术中，如果有任何作者期待在没有上帝帮助的情况下便会产生出一个既成的作品来，他和他的努力将同样会发现很不完善；尽管他没有任何害怕的理由，也没有任何沮丧的余地，[①]因为他曾经受到过上苍的赐福和激励。请你们宽容这个序言的冗长，让我们在最大的范围内尝试叙述这一主题。[②]

第3章　上帝是圣道之父，万物的创造者；物质性的物体不可能永存，原因是多种多样的

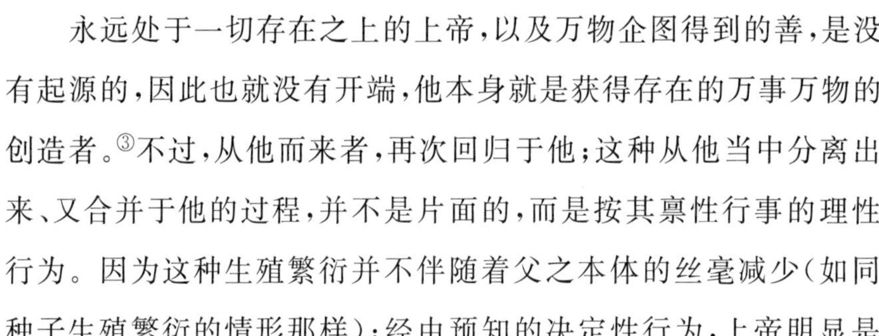

永远处于一切存在之上的上帝，以及万物企图得到的善，是没有起源的，因此也就没有开端，他本身就是获得存在的万事万物的创造者。[③]不过，从他而来者，再次回归于他；这种从他当中分离出来、又合并于他的过程，并不是片面的，而是按其禀性行事的理性行为。因为这种生殖繁衍并不伴随着父之本体的丝毫减少（如同种子生殖繁衍的情形那样）；经由预知的决定性行为，上帝明显是

① “不应该退缩或变得冷淡。”

② 瓦列修斯受到1709年译本以及巴格斯特译本的仿效，他们都删去了πρos，把其翻译成“开始着手解决我们所设计的最为重大的问题。”海尼琛则保留了πρos，他与默尔兹伯格一样，把其翻译成“尽可能着手进入我的主题”。他的意思是，有了上帝的帮助，他就不害怕“谈论伟大的事物”。

③ “开端”。

一位统辖[①]这个可感世界及其一切被造之事物的救主。[②]因此，这便是万事万物得以存在和拥有生命的根源，而万事万物只存在于这个世界的范围之内；从此便产生出了灵魂，产生出了每一种感觉；[③]从此便有了使感觉变得完善的各种器官。那么，这一观点的目的是什么呢？是为了证明，万事万物中存在着一个指挥者；万事万物，无论是天上的还是地上的，是自生的还是人造的，[④]都得服从他的唯一主权。因为如果这些数不清的事物的统治权不是交托给一位，而是交托给许多，那就必然存在着一个元素的分割和分配问题，因此古老的寓言是对的；[⑤]忌妒和野心为更大的权力而倾轧，它们毁掉了整体的和谐，而众多主人中的每一个，都会以一种与众不同的方式来管制属于他的那一部分。然而，这个宇宙的秩

① 大权在握的“监督者”、“总裁”或“统治者”。这是一个负责赛事、船只或公共工程等事项的总管。

② 参看《约翰福音》第1章第3、13、14节，《以弗所书》第1章第10节。有关这段话的翻译，存在着最大的差异，而巴格斯特的翻译则最糟糕。在这里，作者利用了一种逻各斯的哲学，它把三位一体中的第二位格认作是造物主和被造事物的首领。库辛的版本为这一思想提供了最具趣味的译文：“他被其永恒智慧的永不衰竭之生育力造就来统辖和管理这个可见世界的被造物。”一个较好翻译，有赖丁对逻各斯学说及其历史做出一个较好的解释。

③ 默尔兹伯格把其翻译成“und die Organe, mit Hilfe derer das Wahrgenommene innerlich zur Idee erhoben wird.”

④ 克里斯托佛森认为实际上是指“无论是自然的还是人工的”；默尔兹伯格翻译成“无生命的还是有生命的”；也许是指“无机的还是有机的”。

⑤ [这里指的是神话中整个世界被朱庇特、尼普顿及普路透等三兄弟所瓜分的故事。——巴格斯特译本]。三兄弟或称作宙斯、波塞冬及哈得斯。宙斯获得天，波塞冬获得海，哈得斯获得冥间，而以奥林匹斯山为最高点的大地，“仍然为我们大家所共有”——因此便留下了所有纠纷的祸根。参看荷马《伊利亚特》第15章第184—195节，杜达赖(Doederlein)编辑，2(1864)，第64—65页；布莱恩特(Bryant)译本，第15章第227—245行。

序永远是完全相同的，这证明了它处于一个上级权力的管理之下，
它的起源不能够被归之于偶然。宇宙本性的作者如何可能被知晓
呢？祷告和祈求能够首先或最后向谁发出呢？我能够选择谁[①]作
为我崇拜的对象而又不至于对他人表现得不虔诚呢？而且，如果
我意欲得到某种现世的幸福，在表达我对满足我的要求的力量的
感激之情的同时，我不该对阻挠这一要求的人表示谴责吗？当意
欲知道我的不幸的原因并试图获得解脱时，我该对谁祷求呢？让
我们设想一下，答复是由神谕和预言作出的，而案件又不在它们的
权力管辖范围之内，而是属于其他神祇的管辖范围。[②] 那么，怜悯
563 在哪里呢？上帝对人类的眷顾又在哪里呢？因此，必定存在着某
个更加仁慈的力量，他对于不具有这种感情的另一种力量采取了
一种敌对的态度，并乐意向我提供保护。因此，当每一个个体背离
了自身适当的行动范围时，愤怒、倾轧、相互指责及最后普遍的混
乱，将随着对权力的觊觎及权力份额的分配而至。这将会产生什
么结果呢？这种天上力量的不和必定对人间利益具有破坏性作
用：时间和季节的有序交替将会消失；地上连续不断的生产过程将
再也不会被享有：日夜相续的过程将不再发生。有关这一问题已
经讲得够多了：让我们再一次回到那种无从答复的推论吧。

① 在这里，一种可能的含义是 εξαιρετως，即认作是主要目标等。——瓦列修斯译本和海尼琛译本。

② 瓦列修斯评述道：有许多例子记载说，阿波罗神谕答复向他们征询的人们，他们要获得解放，就必须抚慰酒神巴库斯或农神萨图恩。

第 4 章　论偶像崇拜的错误

有开端就有结束。随时间而出现的事物开端被称作生殖:任何由生殖所产生出来的东西都是会腐败的,它的美[①]将会随着时间的推移而减少。那么,既然它们的起源来自于会腐败的生殖,它们又如何能够不朽呢? 而且,愚昧无知的民众都相信一种假定,即众神都要结婚和生育儿女。假设这样生出来的后代都是不死的,生殖过程又是连续不断的,那么其后代的数量必然无限增加:如果真是那样,天地虽大,岂能容纳如此不断繁殖的众神呢? 对于那些描述天上众神合谋与自己的姐妹神祇乱伦交媾,因而指责他们通奸和不纯洁的人们,我们又能够说些什么呢?[②]我们进一步以完全的自信宣告,这些神祇从人类那里所获得的荣誉和崇拜,恰恰是与其荒唐放肆和堕落行为相伴随的。更有甚者,经验丰富和技艺精湛的雕塑家在形成了自己心目中的概念之后,便依据艺术的规则完善他的作品;不久之后,他仿佛忘记了自己的存在,竟醉心于自己的创作物,把它当作一位不朽的神灵来崇拜,而他又承认自己是该雕像的制作者,这位制作者不过是一个凡人而已。他们甚至展示出他们认为是神仙的那些人们的坟墓和墓碑,并把神的荣誉授予死者:却不知道真正有福的不朽者是无须必死之人提供荣誉的。

① “形式”。

② 这是基督教护教家们喜爱谈论的话题。参看《克莱门的认知》(*Clementine Recognitions*. X. 22)中所列出的冗长的名单。

因为神只为智慧的眼睛所认出，只为有才智者所感悟，他并不以外表形式来识别，因此便不接受任何代表其禀性和相貌的外观。可是我们所说的荣誉却被提供给了已经屈服于死亡力量的人们：他们曾经是人，他们在活着的时候，就是一个拥有必死身躯的凡人。

第5章　上帝之子基督创造了万事万物，并为每一件事物规定了存在的期限

可是，我的目的明明是要表达对于真正上帝的颂扬，为什么我却用亵渎的话语来玷污我的舌头呢？还是让我用来自永恒上帝——他正是我的颂扬对象——的美德[①]甘泉的纯洁溪流洗刷掉我口中的苦涩气味吧。赞美基督是我的特殊职责，这既是出自于我的生命行为，也是出自于我对他的感恩，因为他已经赐予我众多显著的祝福。因此，我敢断言，他[②]已经为这个宇宙奠定了基础；他构造出了人类，并用自己的话语安排了这些事物。紧接着他把刚刚创造出来的我们的祖先（依照他的意志，他们最初对善恶一无所知）移送到一个幸福的地区，这个地区长满了各种花卉和果实。[③] 他最终给他们在大地上指定了适合于被赋予理性的生物的

---

① 或“完美”。

② “这里所提及的并非上述的‘基督’，而是……至高的上帝”。——海尼琛译本（?）

③ [君士坦丁似乎设想始祖所在的天堂是在这个世界以外的某个地方。这个想象中的地方虽然在《圣经》中找不到根据，却得到了德尔图良、塔提安、亚历山大里亚的

一个位置;然后便向这种理性生物授予辨别善恶的知识和才能。他还嘱咐人类繁育增殖;世界上每一个有益健康的地区,远至环绕海洋的范围,都变成了人类的居住地;人口的增殖与实用技艺的发明齐头并进。与此同时,各种各样的低等[①]动物以适当的比例生 564
长繁育,它们每一种都具有特定的禀性:服从人类的牲口,具有温顺的性格;力气巨大、动作敏捷的野兽,拥有一种深谋远虑的本能,以便得以逃避各种危险。他把较温顺的动物完全置于人类的保护和看管之下,却让人类去与具有凶猛性格的动物作必要的斗争。接着他创造了禽鸟类,此类数量种类五花八门,禀性和习惯各异;颜色五彩缤纷,被赋予了歌唱的自然才能。最后,在安排好了这个世界范围内所包含的各类聪慧物种之后,在为每一种创造物指定了明确的生存期限之后,他便完成了这个完美整体的美好秩序。

克莱蒙、奥利金、瓦伦提尼安及杰罗姆等人的肯定和支持,他们中有人把它放置在第三层天之内或之上,有人把其放置在第四层天中,也有人把其放置在一个比目前这个世界更为高级的世界里,等等。见瓦列修斯的注释,他援引了这些教父中的一些解释。有关下文的内容,我们不禁要问:君士坦丁了解堕落的情形吗?他是否故意回避提及这一情形?——巴格斯特译本]。答案是,君士坦丁就像我们当代的许多作者那样,似乎把"堕落"看作是一种高尚的失足——这是一种既不顾《圣经》又无视叔本华的自鸣得意的乐观主义。

① 在 λoγos 之外的,即无关节的,或(在这里为)非理性的。

第6章 有关命运[①]的一般见解之虚伪不实，既可以通过考虑人类法则获得证明，也可以通过创世的工作获得证明；创世的过程并不是偶然的，而是根据一个表明造物主意图的秩序井然的安排来进行的

然而，大多数人由于愚蠢，把宇宙的规则归之于自然，而一些人则把命运或偶然[②]想象成为原因。那些把对于万事万物的支配归之于命运的人，并不知道他们在使用该术语的时候，只不过是说出了一个词，而并没有指明任何积极的力量，因为没有任何东西具

① 关于希腊哲学中命运一词（η ειριαρμενη）的各式各样的定义和用法的充分讨论，可参照策勒尔作品（Zeller，*Stoics*，*Epicureans and Sceptics*〔Lond. 1880〕，pp. 170—171注）。

② αυτοματον."机会"或"偶然事件"通常用 τυχη。在这里，这两个词也许像在其他地方那样是同义词，不过，两个词虽然被使用在同一个短语中，但其使用方式则表明，在作者的心目中，τυχη 类似于"命运"而不是"机会"。αυτοματον 似乎被使用于"自创"的意义上，而 τυχη 的被使用，则源自某种未明的原因，或根本就没有任何原因。前者是现代的、自我提供活力的和"凭自己的力量出人头地"的发展过程。后者则是某种形式的不可知论。亚里士多德（*Metaph*. 10. 8）把机会（τυχη）定义为"偶然引发者"（συμβεβηκοs），或更为字面化的说法即"巧合"，这实际上就是珍妮特（Janet）（*Final Causes*. 1878. p. 19）所表达的意思，他把机会定义为诸种原因的巧合。在同一章的结尾处，亚里士多德在与 τυχη 做对比的意义上使用了 αυτοματον——"τυχη 或甚至 αυτοματον"，被马洪（M'Mahon）翻译成"机会或甚至自发性"。在现代的用语中，那些持有这三种不同的宇宙观的人们，分别被描述成"物质进化论者"、"超验的理想主义者"和"哲学上的（或也许是'不可知论的'）进化论者"。

有真正的和实质性的存在。如果自然就是万事万物的第一原因，那么这种命运自身又是什么呢?或者，如果命运的法则是神圣不可侵犯的，那么我们设想自然本身又是什么呢?“存在着一种命运法则”，正是这一断言表明，这样的法则就是一位立法者的作品:如果命运本身是一个法则，那么它必然是上帝制定的法则。因此，万事万物都附属于上帝，没有任何东西超越出他的权力范围。如果说命运就是上帝的意志[①]，理应受到尊重，我们承认这一事实。可是从什么方面看正义、[②]或自制[③]或其他美德会依赖于命运呢?倘若的确如此，那么它们的对立面，如非正义和放纵，又是出自哪里呢?因为邪恶发源于天性，而不是发源于命运;美德则是自然禀性和气质应有的规则。不过，假如行为的各种不同结果，无论其本身是对是错，都依赖于运气或命运，那么正义的总原则[④]，即善恶有

① 即“计划”。

② δικαιοσυνη，甚于“公正”，即“思想、感情和行为的正确”(Thayer, *Lex*. p.149)。因此下面所提及的其对立面(αδικια)就是甚于“不公正”，就如总体上在新约的英文修订本所表达的“不公义的钱财”(《路加福音》第16章第9节)。该词的意义超过了我们所说的“公平”，如苏格拉底所说(柏拉图《理想国》第1卷第331章)，正义的意义“超过了实话实说和有债就还”。公正是较好的翻译，可是我们还是遇到了困难，因此在哲学家们的译文中，它曾在总体上被翻译成正义。

③ σωφροσυνη，即节制，其对立面是ακολασια，即放纵，见下面;心智健全，其对立面是精神错乱(参看《使徒行传》第26章第25节中的用法，以及《马可福音》第5章第15节中动词的用法;《路加福音》第8章第35节;柏拉图《理想国》第1卷第332章中的用法，等等);自制的对立面是不受控制的欲望。σωφροσυνη与ακολασια的这一同样的对比也可以在亚里士多德的作品中找到，见其《伦理学》第2卷第7章第3节;第7卷第7章第1节;特别是第7卷第9章第5节。

④ τιδικαιον，不是δικαιοσυνη。

报的原则，在什么意义上能够被归之于命运呢？[①]如果能够说，作为鼓励行善，劝阻作恶，预防犯罪，集表彰、谴责和惩罚为一体的法律，只能从运气或偶然中而不是从正义[②]中获得其源泉，那么上帝的神意又有什么特定的属性呢？因为降临在人们身上的事件是因他们的生活进程而起的。因此，时疫或暴动、饥荒和丰收接踵而至，直接而又断然地宣告，所有这些现象都是用来调节我们的生命过程的。上帝喜欢善，同时也嫌恶一切不虔敬；能够接纳谦卑的生灵，却憎恨专横自大，以及把自己凌驾在所有生命之上的傲慢。尽管对于我们来说这些真理已经昭然若揭，但它们仍需要进一步加以显明，我们必须集中思绪，专心致志地思考它们的原因。我是说，我们适宜于过一种节制而又文雅的生活，不要听任我们的思绪傲慢地驰骋于我们的自然状态之上，要永远留意上帝就在我们的身边，他是我们一切行为的监督者。让我们进一步检验如下命题
565 的真实性：宇宙秩序依赖于机会[③]或偶然[④]。难道我们应该设想，恒星和其他天体，大地和海洋，火和风，水和空气，季节的更替，夏天与冬天的循环，所有这些事物都是一种非故意和偶然的存在，而

① 这种译法非常随意，它沿用了瓦列修斯和1709年版本的译法。1709年版本的栏外注解在字面上翻译得更加精确，“如果它们有时以这种方式或那种方式发生，那么作为一种良善和正确之内心目的的[特性]，到底是犯罪，抑或是勇敢的行为呢。”默尔兹伯格的翻译多少有些相似。很有可能它应当被解释为：“假如其结果直接[与他们自身的天性或期望]相反的情况——亦即出自于一种善良和正直意志的邪恶行为，或刚好相反，[出自于一种邪恶意志]的善良行为——可以被归之于机会或命运，那么还有什么可能是正确的呢？”等等。

② δικαιοσυνη。

③ τυχη。

④ αυτοματον。

不是出自上帝的创造之手吗？的确,有些人是如此无知,以至于会说,这些事物的大多数都是人类设计出来的,因为需要它们。应当承认,这一见解与世间的和易腐败的事物有着类似的理由(尽管自然本身以其慷慨之手提供了每一种善);然而,我们能够相信不朽和不变的事物是人类的发明吗？超出我们的感官范围之外、只能够为有才智之人[①]所领悟的这些事物和所有别的事物,的确不是从具有物质生命的人那里获得其存在,而是从具有理性和不朽本质的上帝那里获得其存在。因此,这些事物井井有条的安排,便是他神意的作品:例如,来自于太阳的光辉的白天是明亮的;夜晚则继太阳的降落而出现,只是借助群星[②],天空才从完全的黑暗中透露出些许光亮。月亮距离我们最遥远,它与太阳相对立,虽然也充满着光亮,却按与我们的远近而盈亏,对于它,我们将要说些什么呢？这些现象不正明确地显示出上帝的聪明才智[③]和精明智慧吗？而且,太阳光线必不可少的温暖还催熟了大地上的果实;微风的气流,则增加了大地四季的繁殖力;还有凉爽清新的阵雨;万事万物均处于和谐状态,在这种状态下,一切都按理性和系统的规则运行着;最后,行星遵照永恒的秩序运转,它们总是在规定的时间内回归到完全相同的位置上。所有这些,难道不是如同恒星的完

① νοος并不限制于只有理性的功能。“理性的”也并不只是一种大脑的功能,它是脑与心共有的功能——真知未必就是“理性化”,而今天人们却试图强行使“知”(know)这一词具有理性化的意义。

② 1709年译本译作“一组星星”。

③ 菲洛的 λογος ενδιεθετος,被亚历山大里亚的神学家们所频频使用。它是难以言喻的思想,对应于“易于表达的话语”。

善飞行那样，服从于一个神的法则，因而明确地证实了上帝的安排[①]吗？另外，青山之高大，河谷之深沉，平原之广袤辽阔，这些事物不仅各有所用，而且令人赏心悦目，它们的存在难道可以独立于上帝的意志吗？土地适用于耕作，水域为我们运输必须的外国货物提供了便利，两者被按比例交替分布于各处，这难道还不足以证明上帝那种无微不至的呵护吗？例如，水储存在山上，为平地所接纳，在被土壤吸收并充分恢复地力之后，残余便汇入了大海，大海最终把它裹挟进大洋。我们竟然还敢说，所有这些事物都是偶然[②]和意外发生的！尽管我们无法表明，这种偶然性是借助什么形态或形状表现出来的；但一种不是在理智上就是在感官上没有任何基础的事物，如何能够存在呢？它只能作为一种无任何实质的名称的声音鸣响于我们的耳朵里！

第7章　对于超出理解力之外的事物，我们应当颂扬造物主的智慧，只归因于他，而非归因于机会

实际上，“机会”这个词是人们表达在以偶然和不合逻辑的方式进行思考时的一种说法；他们不能够理解这些事物的原因，或者理解力低下，他们以为那些无法提出理由的事物，是无缘无故被造就的。毫无疑问，的确存在着这样一些事物，它们拥有奇

① 预先安排，或计划。

② αυτοματον。

妙的自然特性，要对它们进行充分的理解非常困难：例如温泉的性质。因为没有人能够轻易地解释造成如此一种强大热力的原因；尽管四周围被一汪冷水所环绕，它却根本不会失去自身的热气，这的确是令人惊讶的事情。这些现象在全世界似乎是较为稀罕的。我确信，它们为人类提供了有关神意力量的具有说服力的证明，这种神意力量做出了刻意安排，即两种直接对立的性状——热与冷，可以出自于完全相同的源头。许多甚至无数的事物，是上帝为了人类的舒适和享受而赐予的礼物；其中，橄榄树和葡萄树的果实特别值得一提；一种可以恢复精力，振奋灵魂，[①]另一种则有助于我们的享受，也能够用来治疗身体的疾病。江河日夜不停地流动，其运作过程也是奇妙无比，它象征着一种勇往直前和永不停息的生命；而同样奇异的则是日夜交替。

第8章　上帝为人类提供了一切充足的必需品；他对人类的愉悦既加以满足，又进行限制，这对人类大有裨益 566

上述所说足以证明，没有任何事物是无缘无故存在的，事物存在的最终理由就是上帝的神意。正是他按适当的比例分配诸如金、银、铜之类的金属矿藏；下令提供大量最被需要和广泛使用的

---

① ψυχηs＝“灵魂”。在缺少一种适当的圣经心理学的情况下，该词在翻译中被最可悲地滥用了。回到“心理”、“灵魂”及“生命”等单词的一种合适概念的唯一方式，就是为它们重新设置一套统一的译法。当 nephesk（＝ψυχη）被翻译成“生命”时，它就与我们的英文版的译法一样糟糕。

物品，同时用既慷慨又吝啬的双手来分发仅仅用于愉悦目的的奢侈品，在吝啬与豪爽之间保持中庸。用于装饰的金属，其藏量与其余金属一样丰富，但金属的寻找者，却受到贪婪心的驱使，不太愿意采集诸如铁或铜这类适用于耕作、房屋建造及船上设备的贱金属；他们想要的是那些有助于享受和成为过量财富的东西。因此如他们所说的，对于黄金和白银的寻求，的确要比对于任何其他金属的寻求困难和费劲得多，于是，辛苦劳作的激烈便从欲望的强烈那里获得了补偿。在造物主的劳作中，有多少鲜活的例子可以历数啊！他如此豪爽地赐予我们的自然礼物，应当很清楚地敦促我们形成自制的习惯和所有其他美德，带领我们远离不合适的贪婪。要探求所有这些事物的神秘理由，的确是一件超过人类权限和能力的工作。一种脆弱和必死的智力，如何能够获取完善真理的知识，或能够以其纯洁从头开始来领悟上帝的意图呢？

第9章　哲学家们陷入了错误的泥淖，他们因获取宇宙知识的欲望而处于危险之中——包括柏拉图学说

因此我们应当指向我们权限范围内的目标，而不要超出我们的自然能力。劝导性的论证影响，有一种把我们多数人引离事情真相的趋势，这种情况就发生在许多哲学家的身上，他们从事推理和自然科学的研究，就像所涉及的超越其调查能力的众多题目那样，经常采用各种不同手段来隐藏真相。因此，尽管他们自称具有智慧，但各自的判断不同，相互之间在学说上存在着争论性的对

立。于是，民众暴动此起彼伏，当政者由于担心世袭制度会被推翻，采取了严刑酷法，这些对于许多争论者自身是有害的。例如，苏格拉底因自己的辩论技巧而自鸣得意，他沉迷于自己那种争讼中转劣为优[①]的能力，持续地玩弄辩论的微妙，因而使自己成为公民同胞诽谤的牺牲品。毕达哥拉斯特别要求具有沉默和自制的美德，而他却被证明为虚妄。因为他向意大利人宣称，他在埃及旅行期间所获得的以及很久以前就由那个国家的祭司们所泄露的学说，是上帝私自启示给他本人的。最后，柏拉图是所有哲学家中最文雅和最高尚的，他最初企图从可感世界到理性和永恒对象中提取出人类思想，并教导人们要立志从事较为崇高的沉思，他首先正确地宣称有一位高居于每一种本质之上的上帝，不过他给这位上帝增添了一个第二，也就是在数量上把它们区分为二，尽管两者均拥有一种完善，而且第二位神的存在源自于[②]第一位。他是造物主和宇宙的支配者，因而显然是至高至上的；而第二位，作为他的支配权的顺从的代理者，则将万物的起源归之于他。因此，根据最合理的理由，我们可以说存在着一个神，他的关怀和神意君临万事万物，可以称他为上帝或道，他管理着万事万物；不过，作为上帝本身的道也是上帝之子。我们除了用子这一称号来指称他之外，还

① 这几乎同样是苏格拉底所宣称的(*Apol*. c. 2)其敌人因对其怀有偏见而散布的一种虚妄。“当你们是孩子、并用他们的虚妄占据你们的心智时，那些人开始讲某个苏格拉底的坏话，说他是一个在争讼中能够转劣为优的人(λογον，即‘理由’)，这些人要危险得多。”周伊特(Jowett)翻译(1(1874)，316.)。这一例子使作者的学识和内心的诚实均蒙受了特别的耻辱。

② 虽然“从……中获得存在”、“源自于”等表达给出了严格的思想，可是，这些表达与“子源自于”的字面上的混淆还是引起了争议，后一表达是完全不同的。

能用什么名称来称呼他而又不至于陷入最可悲的错误呢？因为万事万物之父被正当地看作是他自己的道的父亲。至此，柏拉图的意见是合理的；可是接下来他似乎便离开了真理，因为他把一种复数的神祇引入到他所指定的每一种独特形式中。这就给无思考能力的那部分人犯较大的错误提供了机会，他们完全没有注意到至高上帝的神意，因而崇拜他们自己设计的雕像，这些雕像是按照人
567 或其他生物的形象制造出来的。因此，由于存在着这样一类错误，这位哲学家的卓越禀性和令人钦佩的学识似乎根本就无法摆脱不纯洁和混杂。他曾经明白无误地宣称，理性灵魂是上帝的气息[①]，并把一切事物划分为两类：理性的和感性的。［一个是单纯的，另一个］[②]则由肉体组织所构成；一个只能被理智所理解，另一个则由意见和感官来评判。因此，前一类带有一些神的灵魂，是非合成的、非物质的和永恒的，继承了不朽的生命；而后一类则完全溶解为其所构成的元素，并不分享不朽的生命。他进一步教导可钦佩的学说：度过具有美德生活的人，即善人和圣人的灵魂，在与其肉体分离之后，便被祀奉在最美丽的天上宫邸里。这种学说不仅得到称赞，而且相当有益。[③]有谁在不愿意恪守公义和节制、和不愿意力避恶行的情况下会相信这样一种陈述并立志于追求这样一种

① “精神”。

② “一个是单纯的”并不在文本中，它是瓦列修斯猜想性的添加，并由多数翻译者所仿效。“由肉体组织所构成”似乎是对他划分成理性和感性的“一切事物”的一个附加说明短语，意在使理性的和感性的都拥有肉体（身体）组织。“一切事物”或“宇宙”，作为一个复数的专门词语，被认为是他内心里想要讨论像“一切”这样一类解释。这一心理学上的或然性比起各式各样的文本推断似乎是一种更为简单的解决方式。

③ 海尼琛怀疑这里的词句倒置，原话本该是：“他进一步教导可钦佩的和有益的学说”，而“这种学说不仅得到称赞”则应删去。

幸福的命运呢？与该学说相一致，他认为恶人的灵魂将像大洋中遇难的船只那样，痛苦地挣扎于地狱的冥河之中。

第10章　有关拒绝哲学家学说的人和拒绝《圣经》的人：我们应当相信诗人在万物问题上的教导，但我们不可相信他们在所有问题上的教导

然而，有一些人是如此糊涂，当他们遭遇到诸如此类的观点时，既不回心转意，也不被惊动：不，他们甚至以蔑视和鄙夷的态度来对待它们，仿佛他们所听到的是虚构的故事；也许他们会称赞其雄辩之美，却厌恶其戒律之严。他们相信诗人的虚构，认为无论是文明国家还是野蛮国家，[①]都应当以被推翻了的虚假故事为戒。因为诗人们断言，对死后灵魂的审判，只发生在那些被他们认作是众神的后裔们身上；[②]他们赞扬后者的公平和无私，并把他们说成是死者的保护者。这些诗人还描述了众神的战斗以及发生在他们当中的某些战争习俗，而且还说到他们屈从于命运的力量。诗人们还向我们描述某些神祇非常残暴，另一些神祇则根本不懂得关心人类，还有的神祇性格上显得特别可憎。他们还介绍他们对屠杀自己儿女的行为的悲叹，因而暗示他们不仅无法救助陌生人，而且无法援救他们最亲爱的人。他们还描述他们屈从于人的激情，

① “整个讲希腊语的世界，以及其他外国。”

② 拉达曼斯是天神朱庇特（或火与锻冶之神）与欧罗巴之子，参看荷马《伊利亚特》第14章第322节；《奥德赛》第4章第564节，第7章第323节。

喜欢用歌声表达他们的战斗和负伤，以及他们的喜乐和悲伤。所有这一切似乎都值得相信。[①]因为如果我们设想他们由于受到神圣鼓舞的打动而去尝试诗的艺术，我们就必然会相信他们，并被他们在灵感之下所说出的话语所说服。于是，他们便谈论到他们的神性所遭遇到的不幸；这些不幸当然完全是真的！可是，如果说谎成为诗人的特权，则要遭到反对，因为诗的独特职责就是使听者的灵魂陶醉[②]，而真理的本质则是：被告知的事情实际上恰恰就是它们被说成的那个样子。[③]让我们假定，偶尔地隐藏真相是诗所独有的一个特征。可是撒谎的人不可能没有目的而撒谎；他们不是受到一种获利欲望的影响，就是可能意识到某种邪恶的行为，他们因害怕威胁性的法律报复而被迫去隐瞒真相。不过可以肯定，至少在谈及至高存在的性质时忠实地坚持真理，他们是有可能（据我判断）避免立即犯撒谎和不虔诚罪的。

① ［毫无疑问（尽管事实并不能从文本的措辞中直接得到揭示），这段话的含义具有讽刺意味。——巴格斯特译本］。

② 毋宁说是“哄骗”或“欺骗”。散文家和小说家沃纳（Charles Dudley Warner）先生在一篇论虚构与生活的关系的有趣散文中说道：虚构的目的就是产生幻想，因而对它的艺术的检验就是它产生这样一种幻想的能力。

③ 这里存在着一种采纳默尔兹伯格译法的诱惑。“然而，当被告知的事情与现实一致时，真理就存在于虚构当中。”沃纳先生在其讲座中继续说道，虚构的目的就是不仅要揭示卑劣和肮脏的事物，而且要揭示一切可能是最好的东西，并对如下事实做出细微的解释：真正虚构的理想主义只不过是具有更为高贵特性和真实的现实主义。实际上，作为艺术的虚构与诗的目的，就是产生出形象来，——用一幅图像去充实个性。这只有在每一个细节恰恰与真相或现实相一致时从其最高的形式中获得。虚构的功能并不是幻想，而是实现。它的目的是真理的再现。默尔兹伯格让君士坦丁说道：当它与现实相一致时，虚构就是真实的，尽管形式未必是历史的或实际存在的。这是一个真正的经验之谈，但未必是君士坦丁所说。实际上，他所说的与沃纳先生一致，即目的是为了产生幻想或欺骗，而真理的思想则恰恰相反。

第 11 章　论主带着肉身而来;他的性质和原因[①] 568

那些追求一个与美德生活不相匹配的过程、并意识到自己一直过着一种无规律和紊乱生活的人们,必须悔改,必须以一种开通灵性的洞察力转向上帝;必须放弃自己过去的罪恶生涯,即使在其年迈体衰之时,也应当为获取智慧而努力。然而,我们从人的教诲中得不到任何帮助;不,有理解力的人们所尊崇的任何形式的恩典,都完全是上帝的恩赐。我无法用软弱的圆盾去对抗撒旦军械库中致命的武器;我所指的是我对那些令他愉快的事物所拥有的知识:在这些事物中,我将挑选出那些专属于我目前所预定的东西,与此同时,我着手赞颂万有之父。正是你,啊,基督,人类的救主,显现于我的面前,帮助我完成神圣的任务!请赐给我赞美你德行的言辞,[②]教导我很好地表达我对你的颂扬。谁也不要期待聆听用优雅语言说出的恩典:因为我非常清楚,那些急于要迷惑人们的耳朵、其目的是要获得掌声而不是要获得完善论点的人们的毫无生气的言论,是为具有健全判断力的听众所讨厌的。某些亵渎神圣的糊涂人断言,我们所崇拜的基督,被公正地判处死刑,作为一切生命的创作者的他,自身却被剥夺了生命。这样一种断言是被胆敢走上不虔诚的邪路的人所做出的,他们抛弃了一切恐惧,满

① 有一个抄本还添上"有关那些不了解这一秘密的人们"。在另一抄本中,本章被分成两个部分,这是第二部分的标题。

② 或"这篇有关德行的演讲"。

脑子隐藏着堕落思想，这丝毫也不会令人感到惊奇。不过，他们竟然有可能让自己相信，永不腐败的上帝会屈服于人的暴力，而不是承载着对人类独一无二的爱，这就大大地超出了愚蠢的范围了；他们无法理解，神的宽宏大量和忍耐力是任何侮辱所改变不了的，这种固有的坚定不移也是任何谩骂所无法撼动的；由智慧的精神和高尚的灵魂所铸就的力量，必然要粉碎攻击它的那些人的野蛮和残暴。上帝的仁慈宽厚，决意要废除不公义，并高扬秩序和正义。因此，他召集了一帮最聪明的人士，[①]制定了最高尚和最有用的学说，被用来引导善良和有福的人类去仿效他神意的关爱。既然上帝指定了公义的道路，并使那些被认为是配得上他的教导的人们感到惬意；既然善良可以被传递给所有阶层的人类，而且结果便是永久的幸福，那么我们所能谈论到的祝福，还有比这更为崇高的吗？这是辉煌的胜利；这是真正的力量；这是与其作者相称的非凡作品，它使所有的人都恢复到健全的心智：我们充满喜悦地把这一胜利的光荣归之于你，万有的救主！可是卑劣而又可怜的亵渎，你的荣耀就在于谎话、谣言和诽谤；你的力量就是用欺骗来压服缺乏经验的年轻人，助长他们的愚蠢。你诱使人们停止对真正上帝的服侍，设置虚妄的偶像作为他们崇拜和祷告的对象；因此，他们的

① [这里暗指使徒们，在第15章的开头，他们作为“他们的时代中最优秀的人”受到召唤。如果批评是我们的职责，我们就应当提到，这样的一种表述与《圣经》中为我们报道的有关“未受教育和无知之人”的说法存在矛盾，上帝把本身是软弱和容易受骗的人们选出来作为一种工具，用来促进他挽救一个堕落世界的奇异计划。——巴格斯特译本]。如果批评这位评论家是我们的职责所在，我们就应当注意到，对上帝的畏惧正是智慧的开始，可参考整部《箴言》。任何正确的智慧概念或真正的学识所说的都是同一回事。知道驾驭宇宙的是上帝而不是机会或运气的人们，比那些在世俗知识方面最为聪慧的人们更有学识。

蠢行所等到的报偿就是完全沦为你的牺牲品：因为他们污蔑基督，后者是每一项祝福的创作者，是上帝，和上帝之子。这个世界上最优秀和最聪明的民族的崇拜，难道不是被很好地引向上帝吗？后者尽管拥有无限的力量，其自身目的的纯真却保持固定不变，他对人类特有的仁慈和爱丝毫没有减少。走开吧，你们这些邪恶之灵，当对你们的僭越进行复仇时，你们还是要被制伏的；让你们的献祭、你们的节宴和你们纵酒狂欢的景象统统滚开吧；在宗教的幌子下，你们的心已沉溺于放荡的享乐；在履行献祭的借口下，你们已经成了你们自己愉悦的心甘情愿的奴隶。你们既不懂得任何的善，也不懂得伟大上帝的第一条戒律，上帝不仅向人们宣布了他的意志，而且授权给他的儿子去引导人类的生命过程，因此那些度过了充满美德的生涯并具有自制力的人，可以依照子的审判，获得第二次神圣而又幸福的生命存在。[①]到目前为止我已经宣布了上帝有关他指定给人以生命的命令，它既不像许多人所做过的那样愚昧无知，也不依赖于意见或推测的理由。不过也许有人会问，子的 569
这一称号从何而来？如果上帝确实是唯一的，不可能与另一个结合，那么我们所谈论的生殖过程又是从何而来？我们必须考虑到生殖分为两类：一类是通过自然生育的方式，此类为所有人所了解；另一类是一种永恒原因的结果，其模式被上帝的预知以及他所爱的人所领悟。因为明智的他会认出调节受造物和谐的原因来。因此，既然没有任何东西是没有原因而存在的，现存物质的原因就

① 克里斯托佛森把第10章延伸到这里，然后从这里开始第11章，标题为“论主带着肉身而来：其性质和原因”。

必定先在于它们的存在。可是,既然世界以及它所包含的万物存在着而且受到了保存,[①]那么它们的保存者必然曾是一个先在的存在,于是基督便是保存的原因,事物的保存就是一个结果:[②]正如父是子的原因,子是该原因的结果。这已经足以证明他的先在性。可是我们如何解释他降临这个世界而成人?如先知们所预言,他这样做的目的[③]源自于他对万物利益的无微不至的关怀:这是因为造物主理当关心自己的作品。可是当他采取一种肉身并逗留在这个世界上的时刻到来之际,出于需要,他为自己设计了一种新的诞生方式。[④]受孕产生于婚姻之外,分娩时却是纯洁的童贞:一位处女变成了上帝之母!一个永恒的本性获得了一个现世存在的开端:所出现的是一个具有灵性本质的可感知形式、一幅非物质明亮的物质显现。[⑤]同样奇妙的是伴随这一伟大事件的情景。一

① 被保存者、保存者和保存等于被拯救者、救主和拯救。比起把救主基督混同于救赎者基督的通俗概念,这更好地代表了《新约》的思想。救赎是他为了拯救我们所作努力的一个必须的部分,而拯救本身作为一种救助活动,在英文的严格字面意义上是"保存"。我们已经被救赎,但是我们正在被拯救。

② 在这里巴格斯特沿用了瓦列修斯的翻译,并且特别提到,他把"保存"一词当作是对斯卡利杰(Scaliger)的一个推测性的校正,这与此段的意义并不一致,因为他漏译了"存在的万物的原因"这一词组。可是海尼琛甚至并未暗示这样的读法,他的原文(也为默尔兹伯格所沿用)绝非是要妨害整个意义,它给出了明智得多的概念。基督是万物的保存者(救主)。事物的保存是该原因的结果,就如父是子的原因,子是该原因的结果。因此,就像原因先在于其结果那样,保存者先在于受造的事物。

③ 在这里,瓦列修斯似乎更喜欢使用 καθοδου(降临)这一读法,而不喜欢使用 καθολου(普遍的)这一读法,可是海尼琛却选择了后者,这无疑是正确的。巴格斯特沿用了瓦列修斯的做法。

④ "新方式"是一种只得到一个抄本支持的意译。νοθην 一词的真正意义已由克里斯托佛森很好地表达了出来:"alienam quandam a communi hominum natura nascendi rationem sibi excogitavit."它的通常意义是"不合逻辑的"。

⑤ 这被认为是指《希伯来书》第1章第3节,尽管使用了一个不同的希腊词语。

只发光的鸽子，像从诺亚方舟中飞起的那只一样，[①]降落到了童贞女的胸膛：与这种细微的结合相协调的，即比童贞还要纯洁、比清白无辜还要坦率正直的，是随之而来的结果。从婴儿期开始，他就拥有了上帝的智慧，约旦河以虔敬的畏惧拥抱他，他在此接受了洗礼，同时接受了帝王的涂油礼，并享有了普遍聪慧的灵性；他以知识的力量施行神迹，治愈人的技艺所无法康复的疾病；他对人们的祷求做出了迅即而又毫无障碍的回应，他的确把自己的整个生命都毫无保留地贡献给了人们的福祉。他的学说不仅渗透着审慎，[②]而且充满着真正的智慧：他的听众不仅在社会美德[③]方面得到了他的教导，而且在精神世界的行为方式方面也获得了他的教导；他致力于一切永恒事物及至上之父的知识的沉思。他所赐予

① 按照字面上翻译“从诺亚方舟飞起的”那只鸽子，有各种各样的说法。克里斯托佛森(依照瓦列修斯)认为它指的是诺亚先前从方舟中派出的鸽子，该鸽子是圣灵的一种形态，它后来来到了童贞女身上。杰罗姆在《信札》中也认为诺亚的鸽子是圣灵的一种象征。瓦列修斯，以及效仿他的1711年版本的作者和巴格斯特等，则宁愿把其解释为似乎“像那个样子”等。有关圣灵以一只鸽子的形式降临的故事，依照瓦列修斯的说法是来自于伪经的；他指的也许是来自于《致希伯来人福音书》。在较晚的艺术作品中，鸽子是圣灵的恒久象征，例如在西米纳·梅米(Simeone Memmi)的画作中就是这样，在詹姆森(Jameson)夫人所发表的六幅画作中也发现了同样的情况(*Legends of the Madonna*, p.165 sq.)。

② 作者在这里所提到的似乎是亚里士多德有关审慎与智慧之间的区别(参看《伦理学》第6章第3节；第7章第8节，等等)。它使我们联想到如下这一段(vi. 7, ed. Grant ad. ii. 165—166)：两者是有差异的，而且受到限定，智慧“关心的是永远不变的东西，审慎关心的则是变化无常的东西”；从更远的方面说，智慧与“治国本领”即巴格斯特的“社会性”的事物区别开来，后者是某种形式的“审慎”(tran., Williams, p. 160)，因而的确一般被等同于审慎(vi. 8.1)。于是(1,2)“政治艺术”便被等同于伦理学。

③ 社会美德，或“政治美德”。参看亚里士多德的“政治艺术”或“治国本领”。

的恩泽绝非一般的祝福可比：他给盲人以洞察事物的视力，给无助的弱者以健康的精力，并让死者获得再生。我并未详论旷野中丰富的储备，借助这一储备，极其贫乏的食物顿然变成了大量的食粮[①]，因而满足了嗷嗷待哺的广大民众的需要。[②]因此我们应当以我们微薄的力量，把感恩的祷告献给你，我们的上帝和救主；也献给你，基督，伟大圣父的至高神意，你不仅把我们从邪恶中拯救出来，而且还授予我们你那最神圣的学说：我说了这些事情，不是为了颂扬，而是为了感恩。既然我们已经知晓了你从无中创造了万物，并用你的光照亮了它们；既然我们已经知晓了你用和谐与秩序的法则纠正了各种元素的紊乱，而我们却仅仅局限于对你的赞颂，那么我们是多么不可宽恕啊！我们首先记下你那充满着爱的仁慈，[③]因为你已经促使那些衷心屈身于你的人们迫切要求过一种圣洁的生活，并且像真正有福的商人那样，已经要求他们把所获得
570 的智慧和好运授予其他许多人；与此同时，他们自己也收获到了永恒的美德之果。一旦从邪恶的桎梏中解放出来，并浸泡在人类同胞的爱之中，他们就会永远睁开怜悯的双眼，并期望获得信仰的诺言；[④]他们致力于节制，人类过去生涯所抛弃［而如今又因神意而

① ［Πολλου χρονου，“在很长的时间里”。这似乎是对该神迹故事的一个修辞学上的添加，这几乎无法被神启叙事的术语证明是正确的。——巴格斯特译本］。

② 克里斯托佛森从这里开始进入第 12 章，“有关那些不知道这一奥秘的人们”等。

③ 该翻译者以最大的随意性歪曲了“慈善”一词；如今各版本有的用“充满着爱的仁慈”，有的用“对人类同胞的爱”，等等，存在着生动的多样性，这种缺乏一致性的译法是可以接受的。

④ 参看《罗马人书》第 8 章第 25 节；《加拉太书》第 5 章第 5 节。

被其恢复过来的一切美德正遍及各地]。[①]对于这样一种邪恶，对于这种迄今为止坚持控制人类的不正义的灵魂，找不到任何一种其他的力量去加以纠正。然而，神意却能够触及这里的内情，并能够轻而易举地改变被人类激情的暴力和放肆所造成的紊乱状态。他毫不隐匿地操控着这一恢复性力量。因为他知道，尽管有一些人的思想能够认出和理解他的力量，可是其他的人却因野蛮和愚蠢无知的本性而唯独依赖于他们自身感觉的证明。因此，没有人——无论是好人还是坏人——会有丝毫的怀疑，在公共的日子里，他彰显他那神圣而又奇妙的治疗威力；使死人复活，仅用一句话就使丧失全身感觉的人恢复了行动的力气。[②]总之，他行走于海面上如履平地，抚平了狂怒的暴风雨，他不费吹灰之力，只借助施行这些神迹就使不信者成为坚定的信仰者，然后最终升上天堂。据此，我们能够设想他的这些所作所为比不上上帝的工作吗？他受难的时刻也无不伴随着类似的奇迹：当时太阳阴沉了下来，夜晚的阴影遮蔽了白昼的光线。与此同时，恐怖到处萦绕着人们的心头，万事万物的终结似乎早已到来，世界创造之前的那种混沌状态就要重新出现，这些想法再一次得以流行。接着，如此可怕的邪恶之因被寻找出来：原来，人类的罪过煽起了天怒；于是，上帝本人在以平静的威严觉察到不信神者的傲慢自大之后，更新了天上的面

① [此段最后一个分句中的原文无疑是讹误的。上面试图提出一种可能的意义。——巴格斯特译本]。这被海尼琛从其文本中删去。

② 即指治愈瘫痪者。这个被意译出来的句子在字面上可以翻译得更加确切，“命令失去感觉[即感官功能和知觉]的人重新有了感觉。”默尔兹伯格认为它指的是感官的功能——看和听等以及心理感受，这也许是正确的，虽然他的翻译几乎无法站得住脚：“对这样一种缺乏任何感觉的人，他赐予完全恢复感觉功能的能力。”

貌，并用群星装饰了它。于是，自然的暗淡面目遂重新恢复到原始之美。

第12章　有关对这一秘密一无所知的人们；他们的无知是故意的。知道它的人将得到祝福，特别是那些因认证信仰而死去的人们[①]

可是有一些喜欢渎神的人会说，改善和软化人类自然意志的工作，处于上帝权力的掌控之中。我不禁要问，除了与上帝本人进行交流之外，还能设计出哪一种更好的方式和做出哪一种更有效的努力去感化邪恶之人呢？他难道没有肉身显现以教导他们有关美德行为的原则吗？倘若上帝的亲身教导根本就不见效，他用得着继续不被看见和不被听见吗？那么，是什么东西有力量去妨害这个最神圣的学说呢？是人类乖张的愚蠢。因为我们知觉的清澈被立刻遮蔽，我们常常以极其不耐烦的态度去接受那些为了我们的福祉和利益而赐予我们的戒律。实际上，蔑视这些戒律、对它们置若罔闻甚至憎恨它们，这正是人的选择；如果他们倾心地聆听，他们本该获得一种与其注意力相匹配的奖赏，这一奖赏不仅是为了目前的生命，而且是为了未来的生命，这的确是唯一真正的生

① 按字面翻译更佳："经由信仰表白。"它指的是那些专门被称作信仰表白者的人们。这些人虽然也受过苦难，但不至于死，因此而被称作"信仰表白者"，而失去生命者则被称作"殉道者"(Pseud-Cypr. *de dupl. Mart*. c.31)，不过殉道者一词的使用也并非不经常(Ambrose, *ad Gratian*, c.2)。晚些时候，该词被广泛地使用，特别是基督的信仰表白者。

命。因为服从上帝的奖赏就是不朽的和永恒的生命，他们由于认识他[①]而渴望得到它，他设计他们的生命过程，以便给其他人提供一种榜样，就如同它是对德行超群之人进行仿效的永久楷模那样。因此，该学说才要求人们去理解，他们所传达的真理才可以被小心翼翼地记取，他们家庭成员的一种纯洁良心，以及一种对上帝戒律的真实和坚定不移的遵循，才可以被获取，这种果实是因对上帝的纯洁信仰和真正圣洁而来的对于死亡前景的果敢。因此而武装起来的他，能够抵挡住这个世界的暴风骤雨，甚至能够借助战而不胜的上帝力量去殉道，凭此他大胆地克服了最大的恐惧，并被认为配得上他高尚地为之见证的上帝的光荣冠冕。[②]他自身并没有接受称赞，因为他非常清楚地知晓，给予他力量去忍受、并带着自愿的热情去执行上帝命令的，恰恰就是上帝。由于这样一个过程，他收 571

到了永不衰退的纪念和永恒的荣耀作为奖赏。由于该殉道者的生命充满着稳健并服从于上帝的意志，他的死便成了灵魂真正伟大和宽大坚韧的一个榜样。因此，接下来的必然就是献给明察秋毫的上帝的赞美诗和颂歌；并为纪念这样的人们提供一个感恩祭，这是一种不流血和无伤害的献祭，因此不需要芬芳的乳香，不需要火，只要有聚集一起的崇拜者所需要的纯洁的光[③]就足够了。也

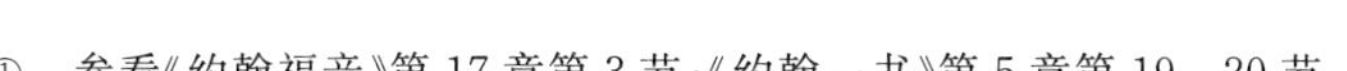

① 参看《约翰福音》第 17 章第 3 节；《约翰一书》第 5 章第 19—20 节。

② “为之”这一翻译与瓦列修斯的译法相一致，并被 1611 年版本、默尔兹伯格、“金莫尔曼”及库辛（“他认可了其原因”）所沿用，但是海尼琛采取的译法则是“那个人”，他沿用了克里斯托佛森的做法，后者的译文是“那个自身勇敢殉道的人”。

③ [暗指蜡烛，在殉道者殉道周年纪念日那天被点亮于其墓地上。——巴格斯特译本]。参照斯库达摩《光在仪式上之用处》（Scudamore, *Lights, The Ceremonial Use of*, in Smith and Cheetham, *Dict*. 1〔1880〕, 993 sq.）。

有许多人受到其慈善精神的引导，准备了一场有节制的宴会，目的是为了安抚穷困之人，劝慰那些被从自己家里驱赶出来的人：这个习惯被那些其思想与神圣学说不一致的人们看作是一种烦人的[1]沉重负担。

第13章　被造物存在着必要的差异。从善和作恶的倾向取决于人的意志，故审判是一件既必要又合理的事情

的确有这样一些人，他们胆敢带着孩子气的放肆去对上帝吹毛求疵。他们问道：为何他未曾创造出具有同样性质和性情的事物，却规定了许多不同事物、甚至性质相反的事物的存在，导致了我们道德行为和特征的差异。（他们说）就服从上帝的命令和正确理解上帝自身而言，为了坚定个人的信仰，一切人类都具有相同的道德禀性，难道不是更好吗？期待情况会是这样，却忘记了世界的构成不同于这个世界上的事物的构成，这的确是非常荒谬的；物质的和道德的对象其性质很不相同，躯体的作用与灵魂的作用也很不一样。[因为不朽的灵魂在高贵方面远远超过了物质世界，因而比必死的地上生物要更为神圣，与此相对应的是，它是高尚的，因而更加类似于上帝。[2]] 人类并未被从分享神的善中排除出去；尽

① “庸俗的”。

② [这段话的原文不完整。瓦列修斯这个推测性的修复似乎很合理，因此被多数人所沿用。——巴格斯特译本]。海尼琛像他之前的克里斯托佛森和萨维尔一样，在翻译一个抄本时，“毫不犹豫地”删去了这一段。

管这并不是一切人类的命运，而仅仅是那些深深地探寻神的性质、并把神圣事物的知识当作是自身生命的首要目标的人们的命运。

第14章　被造的自然完全不同于永生的存在；对于后者，人类借助一种美德的生活去亲近和了解

把被造物与永生的事物做对比，必然是愚蠢至极，因为后者既没有开始，也没有结束，而前者由于是被造就和被生成的，而且在某个确定的时间内获得了自身存在的开端，因此其结果必然是拥有终点。因此，曾被生成的事物，怎么可能与规定他们存在的他相比较呢？倘若两者真的可以比较，[①]控制他们存在的力量便不可能被正当地归之于他。天国的事物不可比作他，任何在物质[②]之上的东西都无法与理性[③]世界相比，就像摹本无法与其据以形成的模子相比。因此，把所有事物混淆一起，通过把他与人甚至动物相比，从而遮蔽上帝的荣耀，这不是很荒谬吗？完全疏离一种严谨和有德的生活，硬把某种力量与上帝等同起来，这不正是疯子所特有的吗？如果在任何意义上我们的确有志于获得如同上帝那样的幸福，我们的任务就是过一种遵守他的戒律的生活：只有这样，我们才能够在完成了与他所规定的律法相一致的过程之后，在超越

① 这是海尼琛为了迎合瓦列修斯对抄本的推测而做出的翻译。在其他推测中，则用 μανια 取代 ομοια，译为“因为如果疯狂到把这些事物比作他”等。

② 或“可感知的”；即感官或感性的世界。

③ 该词常常被巴格斯特翻译成“精神性的”。

于命运的力量的同时，永远居住在永恒和从不腐烂的殿堂之中。
因为在人当中唯一能够被提升去与上帝的力量做对比的力量，就
是诚挚和真诚的修行，和对他全心全意的忠诚；借助能取悦于他的
默祷和研究，把我们的爱慕提升到世上万物之上，尽我们的可能引
导我们的思绪达于高远的天上目的地：据说，我们通过这样的努力
所获得的胜利，其价值大于许多祝福。[1]就被造物中的不平等和尊
572 严及力量而言，这种差异性存在的理由，我已经做过描述。聪明人
应当以感恩戴德的喜悦来默认这一道理，而不服气的人则表现出
自身的愚蠢，他们将因妄自尊大而自食其果。

第 15 章　有关救主的学说和神迹；他赐予顺从之人以恩泽

上帝之子吸引所有人去实践美德，并使自己作为拯救戒律的教师，[2]显现给具有理解力的人们。的确，除非我们自己欺骗自己；或对于如下事实，仍然处于可怜的无知状态：为了人类的利益，并使人类获得祝福，他亲临这个世界；他把那个时代最优秀的人召集到自己的周围，向他们传授纯然有益的教导，赐予他们力量，使他们坚定地走在美德生活的道路上；他教他们信仰和公义，用以克服邪恶的敌对势力，这些敌对势力的喜爱，正是构陷和欺骗无经验

---

[1] 这被认为是指《启示录》第 2 章第 7—10 节；第 3 章第 11 节等。我们不禁要记起《歌罗西书》第 3 章第 2—4 节或《启示录》第 21 章第 7 节，这些章节中包含胜利的思想（νικεω = “攻克”）。

[2] 这与“日内瓦版本的栏外注解”及瓦列修斯所提及的相一致，瓦氏还提供了“根据救主的命令”和“根据父的命令”等译法，后者被海尼琛所采纳。

者。因此，他访问病人，解除体弱之人各种病痛，慰问一贫如洗的人。他还表彰健全、理性和稳健的品格，责成追随者要用尊严和耐心忍受各种伤害和屈辱，教导他们要把这样的祸害看作是为他们的父所允许，胜利永远属于那些高尚地忍受降临于自己身上的不幸的人们。他向他们保证，存在于坚定不移的灵魂当中的所有最高尚的力量，与不过是真理和善的知识的哲学密不可分，这种力量在人们身上产生了一种慷慨的习惯，那就是与自己的较为贫穷的同胞分享自己用体面的方式获得的财富。与此同时，他完全禁止一切傲慢的压迫，他既然与地位低下者为友，便毅然宣布，任何藐视地位低下者，都将被排除出他的恩宠之外。他对人们的信仰进行巨大的考验，以便据以证明他们对他权威的忠诚，他不仅让他们做好蔑视危险和恐惧的准备，而且同时教导他们对他自身要有最真实的信任。当他的伙伴之一因太容易屈服于激情的冲动、一心想保护救主的生命而用宝剑进行袭击因而暴露了自己时，他便对其发出了斥责以制止他的热情。接着他命令他打消念头，让他把宝剑插回皮鞘，训斥他对他自身安全的疑虑，并庄严地宣告，一切企图用同样的攻击来报复某种伤害或使用宝剑的人，都必须暴死。[①]人们应当这样要求自己：宁愿忍受而不愿实施伤害，宁愿遭遇不公正而不愿实施不公正。这的确是天国的智慧。因为既然伤害行为本身是一种最严重的恶行，那么最严重的惩罚，便必须落在伤害一方的身上而不是受害一方的身上。的确，顺从上帝意志的

① 《马太福音》第26章第52节；原文为："用宝剑者，必为剑所杀。"请注意这里特有的风格夸张。马太用了八个词，英文翻译者用了十二个词，君士坦丁用了十六个词，他的翻译者则用了二十二个词。

人,是有可能同时既避免实施伤害,又避免遭受伤害的,只要他坚定地相信上帝的保护,认定他的仆人在面临伤害时上帝总会适时显现以提供帮助。信任上帝的人,怎么会试图在自己身上寻找手段呢？假如真是那样,他必然要忍受与胜利的不确定性的冲突:任何有理解力的人,都不会选择一种可疑的结局而不要确定的结局。既然人们已经经历过种种危险,人们总是借助他的简单点头便能轻而易举地从一切恐怖当中解脱出来;既然人们似乎已经穿越了为救主的话语所抚平的大海,后者甚至为人们的通过提供了一条坚实的道路,那么,人们怎么可以怀疑上帝的临在和帮助呢？我相信,这便是信仰的可靠基础,是信任的真实根基,据此,我们发现诸如此类的神迹是在上帝的神意控制下施行和完成的。因此,即使是在磨难当中,我们也没能发现任何理由去对我们的信仰感到后悔,而是保持一种对上帝的毫不动摇的希望;当这种信任的习惯被确立在我们的灵魂当中时,上帝自身就会寓居于我们思想的最深处。他具有战无不胜的威力:既然灵魂的内里拥有了他,他的战无不胜便使得灵魂不会受到环绕其四周的危险的攻克。而且,[①]我们从上帝自身的胜利中学到了这个真理,尽管受到了不信神者的恶意的严重侮辱,他却仍专心致志于为人类提供祝福,虽历经受难而平安无恙,并以强大的威力征服了一切不公义,获得了永恒的胜利冠冕;因此而实现了他自身神意的目的,并以正义之爱,消灭了渎神者和邪恶者的残暴。

① 瓦列修斯喜欢用 πρos(“此外”)而不喜欢用 παρα(“而且,与此同时”),巴格斯特沿用了这一做法。

第16章　基督的到来已为先知们所预言；命令摧毁偶像和偶像城市 573

他的肉身降临和受难，在很久以前就为先知们所预言。与此同时，他道成肉身的时间、不公义和放荡果实——它们对公义的工作和道路具有很大的破坏性——的毁灭方式等，都已经获得了预告，根据这些预告，整个世界将具有智慧的美德和健全的判断力，救主所颁行的行为准则将普遍深入人心；对上帝的崇拜将得到确证，迷信的仪式将被完全废止。人们曾经发明过动物献祭、人祭以及充满污染的可憎崇拜：例如，根据亚述和埃及的法律，无辜者的生命，被献祭给铜塑或泥塑的雕像。因此，这些民族已经得到了与这种肮脏崇拜相匹配的报应。孟斐斯和巴比伦[据声称][1]将被毁坏，他们父辈的神祇将被丢弃。如今，我所说的这些事情并非来自其他的报道，而是我亲眼所见，实际上，我见到的这些不幸的城市中，最不幸的是孟斐斯。[2]摩西在神的命令下，曾丢弃一度强大的法老的国土，后者的傲慢自大招致了自身的毁灭，[3]其军队（它战

① 原文没有此话。这一插入语是各种推测性意译中最少引起反感的一个。

② 大概指的是它被戴克里先所毁灭，当时君士坦丁正伴随着他。见《导论：早年的生平》。

③ 此段原文最为可疑。巴格斯特沿用瓦列修斯的做法，翻译成“一个实际上的目击者亲眼目睹了不幸的命运降临到这些城市之上。孟斐斯荒废了；曾经一度是强大法老的骄傲的城市，被摩西依据神的命令摧毁了。”这已被改成与海尼琛的原文和标点法相一致。这一改变便让君士坦丁宣称自己是孟斐斯命运的一名目击者，这被认为与事实相一致；而事实上他与戴克里先一起在埃及，没有任何证据表明他见到过巴比伦。然而有可能他的确见过。

胜过无数的强大民族,这是一支在防卫和装备上都很强大的军队)不是被飞奔的箭矢或抛掷过来的敌人武器所打垮,而只是被神圣的祷告和安静的祈求所打垮。

第17章 有关摩西的智慧,它是异教民族中聪明人仿效的对象。关于但以理和三个小孩

没有一个民族比摩西所带领的民族受到过更加高贵的保佑:倘若他们不是自愿地让自己撤离圣灵的引导,别的人就休想继续享有更高贵的祝福。可是有谁配得上摩西本人所获得的赞扬;是谁使一个难驾驭的民族秩序井然、让他们的内心深处[①]养成服从和尊重的习惯、把他们从受奴役状态恢复到自由状态、把他们的悲伤变成喜悦并鼓舞他们的志气,[②]以至于由于与先前境况的鲜明对比和后代的繁荣发达,人民的精神变得日益傲慢和自豪的呢?在当时,他的智力已经超过了生活在他之前的人们,那些被异教民族所颂扬的聪明人和哲学家,[③]都渴望模仿他的智慧。毕达哥拉斯因为仿效了他的智慧,而达到了这样一种自制的高度,以至于在自控力方面成了柏拉图模仿的对象,后者自身就是一个审慎的楷

① “灵魂”。

② 同上。

③ 这段话的明智的注释者曾经认为有责任去对这种明显的同义重复做出解释和辩解,“聪明人或哲学家,——你可以选择其中的任何一个来称呼他们”(瓦列修斯和海尼琛)。从口语上说,在是一名哲学家与是一名聪明人之间,存在着一个巨大的差异。这似乎并不像编辑们所认为的是风格的失当或高雅语气的选择问题,而或多或少是技术术语上的清楚区别。

模。古代叙利亚国王的残暴是多么可怕,但以理却战胜了他,这位先知揭示了未来的秘密,他的行为表明了他的灵魂的出类拔萃,他那闪烁着光辉的品格和生命,不是超出众人之上吗?这位暴君的名字叫尼布甲尼撒,他的种族后来灭绝了,他那巨大的和强大的权力转入了波斯人手中。这位暴君的财富即使在今天看来也是数额巨大;他不合时宜地致力于非法的崇拜,他命人用各种各样的金属制造成偶像,这些偶像的头都朝着天;他还制定了可怕而又残暴的法律来鼓励这一崇拜。但以理由于受到对真正上帝的真实虔诚的支持,完全藐视这些恐怖,他预言道:这位暴君不合时宜的热情将给他自己带来可怕的恶果。然而,他无法说服这位暴君(因为过度的财富是真正健全判断力的有效障碍),最后,这位君主展现出其性格中野蛮残暴的一面,下令把这位正直的先知抛弃给狂怒的野兽。那些同胞们所展示出来的一致精神[①]的确相当高贵(其他人
一直在仿效他们的榜样,并且以他们对救主名字的信仰而赢得了 574
卓越的荣誉),[②]我指的是那些在火炉里烧烤后却完好无损的人们,本来他们是注定要被大火所吞噬的,可是当他们圣洁的躯体一接触到四周的火焰时,火焰就被从他们身上击退。在亚述帝国被推翻时——它是被来自天上的雷电毁灭掉的[③]——上帝的神意促

① “这些同胞在殉道时所展示出来的精神”。

② 默尔兹伯格评述道,为了从这堆言过其实的话语中获得可以理解的意义,翻译者常常必须做出猜测并进行非常随意的翻译。

③ [Αναιρεθεισηs κεραυνων βολαιs.这里暗指亚述帝国的灭绝,这必须被看作是一种修辞学而不是历史学的说法。挑剔的读者不可能不注意到该章中叙述上偶尔不准确和松散的例子,在整个演讲过程中总体上也是这样。——巴格斯特译本]。瓦列修斯很不喜欢1709年译本在用语上使用如下这一段:“对此我大惑不解。因为人口、乡镇和城市可能被雷电所毁灭,……可是我的确不能明白一个王国会被雷暴所消灭。”

使但以理去到波斯国王冈比西斯的宫廷。然而忌妒也尾随着他来到这里;不仅是忌妒,祆教僧侣发起的重大阴谋也要置他于死地,他们给他设计了一系列纠缠不休的危险;由于基督的神意照料,[①]他均能轻易地化险为夷,并在实践每一种美德的过程中大放异彩。在那一天里,他三次向上帝祷告,后者所展现的超自然力量昭然若揭:对他的祈求的功效充满着忌妒的祆教僧侣,向国王声称拥有如此威力的人隐藏着危险,并劝说他判决这位波斯人民的卓越恩人去做凶猛狮子的食料。于是,但以理在受宣判之后,就被投入了狮子窝(实际上不是要遭受死难,而是要赢得不朽的荣誉);尽管四周站满了凶猛的肉食野兽,可是他发现它们比那些环绕着他的人们还要温顺。由于受到安静而又坚定的祷告的威力的鼓舞,他得以驯服了所有这些动物,尽管从本性上说它们异常凶猛。冈比西斯在获悉了所发生的事情之后(因为如此强有力的神圣威力的证明不可能隐瞒得住),对这一神奇故事惊叹不已,他非常后悔自己太过于轻信祆教僧侣的诽谤性指控,不过他仍然决定亲自一睹奇观。可是当他看到这位先知正在高举双手赞颂基督,狮子们蜷缩于地上,整个场面所展现的似乎是一次崇拜活动时,他立刻判处曾向他进过谗言的祆教僧侣以完全相同的方式去死,他把他们关进了狮窝里。[②]不久前还是如此温顺的野兽,如今立即冲向它们的牺牲

---

① 君士坦丁显然相信一位不朽的基督。

② “他判处他们以完全相同的方式去死,把他们关进狮窝里”,这整句被瓦列修斯放在括号内,其中第二个从句被巴格斯特删去。

品,以一切凶残本性,把他们撕开并一一吞噬殆尽。[①]

第18章 有关厄里特洛安的西比尔,她在一首预言性的藏头诗中提到我们的主及其受难。该藏头诗是“耶稣基督,上帝之子,救主,十字架”

然而,我的意愿是要从外国的原始资料中获得对基督神圣性质的证明。因为借助这一证明就可以显明,即使是亵渎他的名声的人,也必须承认他是上帝和上帝之子——只要他们确实相信其观点与他们自己的[②]观点相一致的人们的话。厄里特洛安的西比尔本人使我们确信,她生活于大洪水之后的第六代,是阿波罗的一名女祭司,她模仿她所服侍的神,头上戴着神圣的束发带;她看守着为蜷蛇所环绕的青铜三脚祭坛,并对走近她的神龛的人们的询问做出回应;由于她父母的愚蠢,她献身于该仪式的服侍,这种服侍不可能产生任何的善或高尚,只能产生猥亵的愤怒,我们发现这后面一种情形就记载于达芙妮的故事中。[③]然而有一次,在急忙冲进进行愚蠢迷信活动的圣所后,她真正充满了来自天上的神启,用预言性的诗句宣告了神的未来目的;以这些诗句的首个字母清楚

① “把他们消灭殆尽。”瓦列修斯提醒大家注意我们这位作者特有的略微不准确!例如在《圣经》报道中,第一,不是袄教僧侣;第二,不是冈比西斯。

② “他们自身的”。

③ [蒂利希阿斯的女儿、德尔斐的女祭司。她被称作西比尔,因为在她发出神谕时,她的脸色和表情很狂野(伦普里尔部分)。——巴格斯特译本]。

地显示出耶稣的降临，用这些话语构成了一首藏头诗：耶稣基督，上帝之子，救主，十字架。诗句如下：

审判！大地渗出的毛孔①将记下这一天；
地上天王的荣耀将获得展现：
万有的君主升上了高高的宝座，
无数的民众将顺从自己的上帝；
当瞧见他们的法官时，喜惧交集，
为他的圣徒加冕，以人的形体出现。
当弃绝世上荣耀时，
财富、浮华及人的偶像崇拜是多么愚蠢！
在自然的厄运降临之时，
可怕的火焰将惊醒墓中的睡客，
全身将颤抖不止，
每一种秘密的诡计和罪行早就被忘却，
而邪恶和奸猾却被置于上帝的省察之下：
没有藏身之处，有的是绝望的痛苦。
黑夜的幽灵，将被从大地、太阳、星星
和月亮中，聚集到广袤的苍穹之上，
撤回它们的光亮；
上帝的臂膀将捣毁每一座山巅的骄傲；
在浩瀚的海洋上，再也没有海军的舶船。

① ［Ιδρωσει γαρ χθων，κ. τ. λ.——巴格斯特译本］。

源泉已经干枯，
没了江河奔流的劝慰，
没了甘泉解焦土之渴。
四周远处将吹起一阵号角，
久违的愤怒之声，如今终于显明。
大地的基础在呻吟，
借助无声的畏惧，
审判席上的大地之王将顺从他们的上帝。
在神圣的威严中振作起来吧，
在发射的光亮中，瞧那拯救的征兆！
为了罪人而背上十字架的主，
代人受过，受人凌辱，
如今却得到大地和天堂的承认，
他的坚强控制，渗透到每一个国度。
如此名声借助神秘的小诗得以显示，
救主，不朽的王，他带走了我们的罪。①

575

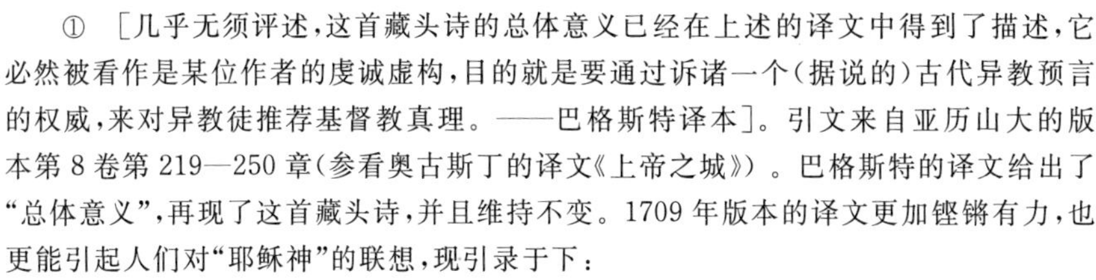

① ［几乎无须评述，这首藏头诗的总体意义已经在上述的译文中得到了描述，它必然被看作是某位作者的虔诚虚构，目的就是要通过诉诸一个（据说的）古代异教预言的权威，来对异教徒推荐基督教真理。——巴格斯特译本］。引文来自亚历山大的版本第 8 卷第 219—250 章（参看奥古斯丁的译文《上帝之城》）。巴格斯特的译文给出了"总体意义"，再现了这首藏头诗，并且维持不变。1709 年版本的译文更加铿锵有力，也更能引起人们对"耶稣神"的联想，现引录于下：

"当伟大审判的日子到来之际/ 溶解的大地将消融于恐惧/ 不朽的国王将从天而降/整个世界都要受到他的裁判/ 随着时间的老去，一切善人和恶人/ 都无法逃过伟大上帝的慧眼/ 圣徒的大军从他的右边开来/ 而人的灵魂则期待着最后的去处/ 宇宙将要干涸，河海将要荒芜/ 荆棘将蔓延于焦灼的土地上/ 在那恐怖的日子里/ 人们将愤怒

显然，这位童贞女在神的启示下读出了这些诗句。我不得不尊重她的这一福分，因为救主选择她来揭示他对我们的仁慈。

第19章　有关我们救主的这一预言并非基督教人士的虚构，而是厄里特洛安的西比尔所提供的证据，她的书早在基督到来之前就被西塞罗译成拉丁文。维吉尔也提到过同一事情，以及有关童贞女怀孕生子事，不过他出于对统治权力的畏惧而含糊地谈及它们

然而，有许多人虽然承认厄里特洛安的西比尔的确是一名女

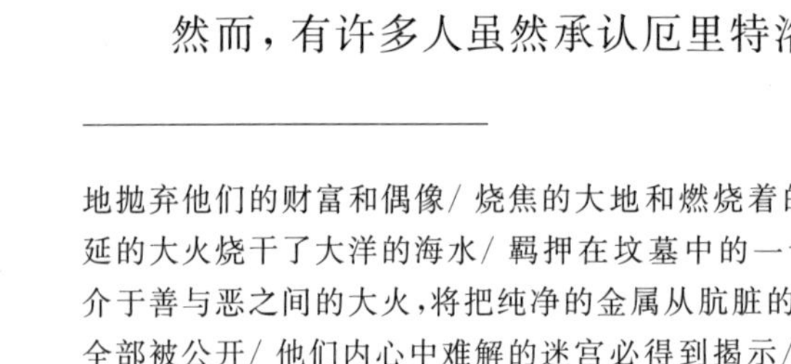

地抛弃他们的财富和偶像/ 烧焦的大地和燃烧着的上苍，将忍受燥热的煎熬/ 四处蔓延的大火烧干了大洋的海水/ 羁押在坟墓中的一切尸体，挣开身上的镣铐重见天日/ 介于善与恶之间的大火，将把纯净的金属从肮脏的渣滓当中分开/ 人类的秘密行为将全部被公开/ 他们内心中难解的迷宫必得到揭示/ 咬住嘴中的牙，他们为自己的命运悲叹/ 当恒星齐齐起舞时，太阳无法升起/ 天体袅袅上升，世间退缩到最黑暗的夜晚/ 辛劳的月亮将失去她借来的光/ 带有旷野的高山处在同等水平的灰汁中/ 河谷再也不会开裂，山丘再也不会高耸/ 船只将再也不会行驶在傲慢的大海上/ 光鲜亮丽的大地脸面，将干瘪枯萎，伤痕累累/ 燃烧的江河噼啪作响，它们的溪流顿成了坚硬的结晶/ 天上的号角吹起了凄凉的乐调/ 这个世界就要毁坏，它的罪恶四处传扬/ 张开大口的地狱之门将向人们显现/ 一切国王都要在上帝面前接受正义的审判/ 硫磺像河水那样从天空滚滚而至/ 上帝将倾泻复仇之火的河流/ 一切人类将远远看见光荣的十字架/ 该盼望已久的标记已进入信者的眼帘/ 虔诚的灵魂将获得巨大的喜乐/ 邪恶的罪人只能看到阴郁的前景/ 光线照亮了被召唤者的道路/ 此时罪恶已在十二条清澈的溪流中被洗净/ 他的帝国无边无际/ 上帝将用铁棒控制顽劣之徒/ 他就是诗句中所描述的不朽之王/ 随着我们救主的死去，人类的厄运将得到翻转。”

先知，却拒绝相信这一预言，他们想象这些诗句的编撰者，是某个接受了我们的信仰、却不熟悉诗歌艺术的人。总之，他们坚持认为，它们是一个伪造品，他们之所以愿意接受西比尔预言，是因为它们包含了有用的道德观点，例如劝人遏制放荡，引导人们过一种有节制和正派的生活。然而，这个故事里的真理是显而易见的，因为我们的同胞[①]对时间做过精细的计算；因此没有任何理由相信这首诗是基督降临和受难之后才创作的，或这整个报道是虚构的，因为这些诗句是较早时期里的一个西比尔预言。我们得承认，西塞罗很熟悉这首诗，他把它翻译成拉丁文，并且与他自己的作品收编一起。[②]在安东尼揽权期间，这位作者被处死，安东尼又被奥古斯都击败，后者的统治延续了五十六年。提比略继位，正是在他的统治时期里，救主的降临照耀了整个世界，我们最神圣宗教的奥秘开始盛行，一个新的族类诞生了。

我认为，拉丁诗的王子曾谈论到该族类：

瞧啊，一个诞生于天上的新族类已经出现。[③]

---

① “我们的人”，即基督徒而不是“同胞”。

② ［西塞罗中的这一段（*De Divinatione*，Bk. Ⅱ. ch. 54）显然并没有提及这首藏头诗，相反，其作品自身中包含了对西比尔预言中的真理性的明确否定。“Non esse autem illud carmen furentis, cum ipsum poema declaret (est enim magis artis et diligentiae, quam incitationis et motus), tum vero ea, quae ακρoστιχιs dicitur, cum deinceps ex primis versuum litteris aliquid connectitur, ut in quibusdam Cumanis, id certe magis est attenti animi, quam furentis,” &c.——Bag.］。

③ 此句和下面所引用的诗句均来自于维吉尔的第四首田园诗《波利奥》。巴格斯特的版本被允许维持不变。如果要想获得更多的翻译和解释的不同种类，可以参考维

再看该田园诗的另外一节：

西西里岛的缪斯，吹响了高亢的号角。

还有什么可能比这更清晰的呢？

接着他又说，

丘马神谕的声音再次被听到。[①]

显然，这里指的是丘美亚的西比尔。即使这样也是不够的：诗人又向前迈出了一步，仿佛是被不可抗拒地推动着去作证。那么他说了什么呢？

瞧啊！流转的岁月带来了新的祝福：

童贞女正在光临，伴随着她多年来想见到的国王。[②]

吉尔作品的大量迷人的英译本，由于我手头这方面的资料不多，故无法提供更多的例子。我手头有的是：Ogilby，Lond.，1675，pp.41—49；Warton，Lond.，1763，pp.76—82；Trapp，Lond.，1755，pp.37—46；Kennedy，Lond.，1849，pp.25—29；Wilstach，Bost.，1884，pp.154—161；Bowen，Lond.，1887，pp.24—28. 请参照 Henley，*Observations on the Subject of the Fourth Eclogue*，etc.，Lond.，1788. 8vo。

① 的确有很多种译法。1711 年版本翻译成："丘美亚预言的最后时刻到来了，"——不管这是什么意思。默尔兹伯格则译成："如今，遐迩闻名的丘美亚神谕的声音沉默了。"

② 在这里君士坦丁非常随意地利用了这位诗人，以便让他说出他本人愿意他说出的话来。手头最新的翻译是这样的："如今，世界的伟大循环再一次从旧的终点开始；/童贞女带来了正义，农神的王国重新出现。"（Bowen）

那么，就要到来的童贞女是谁呢？她不就是那个被圣灵所充
满、并怀有圣灵孩子的女子吗？怀有圣灵孩子的她，为什么不可能 576
是和继续是一位童贞女呢？这位国王还将再来，他以自己的光临，
照亮了这个世界的悲哀。诗人又说，

> 贞洁的露赛娜[1]啊，你已经向新生婴儿致意，
> 在他的统治之下，黑铁子孙的时代就要结束，
> 黄金的后代从天而降；
> 在他的王国里，被驱走的美德将要复临，
> 犯罪将不再肆虐这个罪恶的世界。

我们注意到，这些话是在秘密当中同时以寓言的方式清楚地说出来的。那些深入探寻这些话的含义的人们，得以辨认出基督的神性。可是因为担心帝都中有权势的人指控诗人写了某些与国家法律相悖逆的东西，或颠覆了自古以来就占据支配地位的宗教的感情，他故意遮蔽了真相。我相信，他很熟悉把救主的名字提供给我们主的神圣奥秘。[2]不过，他也许想避开残酷之人的苛严对待，便把听众的思想引向他们所熟悉的对象上来，因而会说，祭坛必须被竖立，庙宇必须被建造，牺牲必须被献祭给新生婴儿。他的结语也被改造成适应于那些习惯于此类信条的人们的感情；因为他说道：

① 露赛娜(Lucina)，罗马神话中司生育的女神。——中译者。

② “有关我们救主的神圣而有益的奥秘。”——1709 年译本。“拯救的奥秘。”——默尔兹伯格译本

第20章 进一步从维吉尔·马洛的作品中摘引有关基督的话语，并进行解释，以此表明，该奥秘是在暗中揭示出来的，这也许是作为一名诗人所期待的

他将过着不朽的生活，
他将被英雄们所看见，他也能看见他们。

显然，这里指的是善人。

他用和平束缚爱争斗的民族，
用父亲式的美德统治人类。
他带来了大地上的初果和香草，
用以迎接其刚刚出生的国王。

我们的确就是这个极其聪明和有教养的人，因而熟知当时的残酷人物。他继续说道：

自愿回家的山羊，保持着丰满的乳房；
低头食草的兽群，将不再惧怕凶残的狮子。

这实际上是说：信仰将不必分担对皇宫中有权势者的畏惧。

早在婴儿时期,他就戴上了用鲜花织成的王冠:

蟒蛇的窝巢将被彻底毁灭;

神圣的田地将要拔除杂草,

有毒的植物将无法结果;

每一种低等灌木,都将披挂上亚述的蔷薇。[①]

再也没有比这种说法更为真实和更加与救主的美德相一致的了。因为圣灵的力量就像芬芳的鲜花那样,把上帝的摇篮呈现给新生的族类。[②]蟒蛇连同它的毒液一起灭亡,它最初诱惑了我们的第一代祖先,把他们的思想从其与生俱来的天真无邪[③]引到了愉悦的享受上,从此他们必须经历[④]威胁性的死亡。在救主降临之前,蟒蛇的力量表现在败坏那些没受过基本训练、并对等候善人的不朽一无所知的人们的灵魂。而在此之后,它遭遇了痛苦,并被暂时地从其所曾利用的躯体中分离出来,借助圣灵的传授,复活的力量被揭示给人们:人类罪行的尚存污点将被神圣祓除的涤荡所抹去。

救主的确能够命令他的追随者快乐起来,并记住他那值得敬慕的和荣耀的复活,期待自己具有同样的幸运。的确可以说,有毒

① [亚述蔷薇——巴格斯特译本]。"亚述肉桂"(Kennedy, p.28);"小豆蔻的香味愈加浓烈,它来自于亚述的花园"(Wilstach, 1, p.157);"叙利亚的香料"(Trapp, 1, p.92);"亚述的丰富香料"(Warton, 1, p.78);"亚述的蔷薇"(Ogilby, p.42)。

② [即基督徒。——巴格斯特译本]。

③ 自制。

④ "无须经历",依照某些人的译法,包括海尼琛,他最初拒绝了此译法,不过在其第二版的译文中却加以接受。

的族类已经灭绝了。死亡自身已经被消灭，复活的真理得到了证明。亚述种类已经消失，这首先导致了对上帝的信仰之路。[①]不过，当他谈到亚述肉桂树到处生长时，他是在暗指上帝真正崇拜者的众多。[②]就好像是枝繁叶盛，结满了芬芳的鲜花，并从完全相同的根基中适时地吸收水分。马洛，[③]你这位最聪明的诗人，说出了最公正的话语。

下列所引，与上引诗句完全一致。

> 子的勇猛和年轻配得上去记取、
> 仿效和尊崇父的美德。

借助对英雄的赞颂，他展现了正人君子的善功；根据父的美德，他谈及了创造及世界的永久结构；这里所涉及的，也许是上帝用以引导其亲爱的教会、并使其在一个公正和美德的程序中运作的那些律法。更可惊叹的是，向着那种居间的生命状态中的更高级的事物推进，就仿佛是在善与恶之间，它很少接纳一种突然的改变：

577 地上将长满唾手可得的作物，[④]

---

① ［显然是指亚伯拉罕。此段建立在君士坦丁对维吉尔诗句的错误解释的基础上，依照某个版本，这一解释被希腊文文句所仿效。——巴格斯特译本］。

② ［通过对“亚述肉桂树”这一词语的玩味，他暗指基督徒是 αμωμοι，或无可指责之人。——巴格斯特译本］。

③ 即维吉尔，马洛（Maro）是维吉尔的姓。——中译者

④ “地上将铺满金黄色的谷物”。

这显然是因人的修行而出现的神圣律法的果实。

呈现出泛红的外表，成串地匍匐在每一节荆棘上。

此时人类生活远未进入堕落和无法无天的时期。

多结的橡树享受着甜蜜的甘霖。[①]

在这里他描述了那个时代人们的愚蠢和顽固；也许他还暗示，为了上帝而经历艰辛的他们，将为自己的忍耐力而收获甜蜜的果实。

老骗子的足迹继续存留；
商人为了获利而将精耕细作：
伟大的城市将用城墙环绕，
锐利的犁头将惹恼果实累累的土地；
另一位提菲斯将勘探新的海洋；
另一艘亚尔古船到达伊比利亚海岸
并拜会那里的酋长；
另一位海伦挑起了又一场战争，

① 巴格斯特增添上："流动的黄金蔓延在遍地丛生的草地上。"1709年译本翻译成："坚硬的橡树沐浴着露珠的甜蜜水汽。"而默尔兹伯格则翻译成："从坚硬的橡树中流出了可爱的甜露。"所有这些译法，都比君士坦丁更加接近维吉尔的原意。即便诗的含义再宽泛，"松树"也似乎不应当译为"橡树"。

伟大的阿喀琉斯驱策着特洛伊的命运。

唱得好,最聪明的史诗吟诵者!你已经把一位诗人的奔放发挥得恰到好处。因为承担一位先知的工作并非你的目的,你不可能自称其能。我还认为你受到了某种危险感的限制,这种危险感威胁着一个必须攻击古代宗教习俗的声誉的人。因此,他必须尽可能小心翼翼地和安全地向有能力理解它的人们描述真理;当他声讨军需品和战争冲突时[①](这种冲突的确仍然被发现于人类生活的过程中),他描述我们的救主着手开始反对特洛伊的战争,也描述了特洛伊人对世界本身的理解。[②]他必定强调了反对敌对邪恶势力的斗争,这一斗争是由他自身神意的预定和他的全能之父的戒律作为一种使命派出的。那么,这位诗人又是如何继续其预言的?

当他日渐成熟并成长为成年人时,

这里是说,在到达成年人的年纪之后,他就会完全除去环绕在其人生道路上的罪恶,并用和平的祝福使这个世界安定下来。

贪婪的水手努力行走在海上;
为了外国的货物,任何船只都愿破浪前进,

① 字面上为“时局与战争”。——1709年译本

② 这虽然很糟糕,但似乎不至于比现代寓言作者对《圣经》的主观性解释更糟,肯定不会比尤西比乌斯的某些《圣经》解释更糟。

因为每一寸土地产生出每一种产品。
辛勤劳作的农人，将把自己的公牛分开；
没有犁会伤害耕地，没有修枝钩镰会伤害葡萄树；
被遮盖住颜色的羊毛，不会发亮：
可是羊群的首领，却华丽无比，
穿着天然的紫色外衣，披着自身闪光的金纱，
他在艳丽的羊毛衣下，自豪地挥洒着汗水；
羔羊披着泰尔的长袍，咩咩地叫着。
苍老的大自然，仍然迈开荣耀的脚步，
啊，天上的种子，抚育着朱庇特的儿子！
看吧，辛勤工作的大自然，
呼唤你忍耐三界的火焰！
小心它们复燃于地上、海上和天上；
欢乐的时代将从欢快队列的后面显现。
尽情歌唱吧，上苍将使我的生命延长。
受鼓舞的灵魂，配得上如此歌声，
色雷斯的俄耳甫斯，将不会超过我的曲调，
利诺斯也不会戴上永不枯萎的月桂冠冕；
缪斯教给歌唱的才能，福布斯授予写抒情诗的本领。
潘神在诗句上争奇斗艳，你则为我提供了话题，
阿卡迪安的法官必宣判他们神祇的罪状。①

① ［读者将会发现，上述诗句除了极少数例外或稍微有些变动外，均摘之于德里顿（Dryden）对维吉尔第四首田园诗的译文。——巴格斯特译本］。

请注意(他说道),伟大的世界及其元素是如何一起彰显它们的快乐的。

第21章 这些诗句所谈论的,不可能只是一个人;不信者由于对宗教的无知,他们甚至不知道自己存在的来源

某些人也许会愚蠢地认为,这些话语所指的不过是一个普通凡人的出生。可是如果真是如此,那大地有什么理由不需要播种和耕作,葡萄树又有什么理由不需要修枝钩镰或其他修整手段呢?我们如何能够想象这些事情所指的只不过是一名凡夫俗子的诞生呢?因为自然是神的意志的仆人,不是一种服从于人的命令的工具。元素的快乐确实是指上帝的降临,而不是一个人的受孕。诗人祷求他的生命获得延长,这证明了他所祷求的对象的神圣性;因为我们是从上帝那里,而不是从人那里,要求得到生命和生命的维持的。因此,厄里特洛安的西比尔确实向上帝要求:“主啊,你为何还驱使我去预告未来,而不是免除我在这个世上等待你到来的神圣日子?”

马洛对自己前面所说的话做了补充:

开始吧,快乐的少年!
你的母亲眉开眼笑地获知,
578 是谁背着你的包袱离去了整整十个月。
凡人的父母不会笑对你的诞生:

你知道没有结婚的喜乐，

也没有世间的节宴。

他的父母如何能够对他微笑呢？因为他的父[①]是上帝，后者是一种无须感官性质的力量，[②]不是以任何确定的形状而存在，而是包含着其他的生命，[③]因此并不以一个人的躯体的形式而出现。谁不知道圣灵根本就不参与婚姻的结合呢？什么才希望能够存在于万物意欲得到的善的气质当中呢？简言之，智慧与愉悦能够保持什么样的一种伙伴关系呢？不过，还是把这些论点留给那些认为他具有人的起源的人们吧，这些人并不愿意用话语和行为来洗净其身上的一切罪恶。啊虔诚，我呼唤你来增强我的话，因为你正是纯洁的律法，一切祝福中最理想的祝福，最神圣的希望之老师，最确信的不朽之诺言！啊，我所敬慕的虔诚和仁慈。我们这些获得过你的帮助的人们，[④]因你的治愈能力而对你永远感恩戴德。可是那些天生憎恨你的民众，却失去了你的帮助，他们同样疏离了上帝自身，不知道他们生命和存在的原因，其实这些人无论有多么罪孽深重，他们的生命和存在都与对他的正当崇拜联系一起，他是

---

① “父”是瓦列修斯包含在其译文中(1659 年)的校正，但他的原文中(1659 年)并没有该词。它被默尔兹伯格括入方括弧里：“他的上帝[和父]。”

② “纯净的力量”。

③ 这种形式听起来很像是泛神论，不过在默尔兹伯格的译文中，这被译成：“因其他[存在]的限度而可以确定的。”

④ 瓦列修斯认为它应当这样译，不过瓦列修斯和海尼琛译文的原文却译成“我们这些贫穷的人们”等。

万有之主:因为世界本身是属于他的,所有一切都包含在这个世界当中。

第22章 皇帝把其胜利和其他一切幸福都归之于基督;谴责马克西敏的暴行,后者迫害的暴力反倒增加了宗教的荣耀

我把我自身兴旺发达和拥有一切的原因归之于你,虔诚。我一切努力的幸福结局都见证了这一真理:勇敢的行为,战争中的成功,以及对被攻克之仇敌的胜利。这个伟大城市自身用快乐和赞美来承认这一真理。这个可爱城市的人民,也有着同样的感情,尽管他们曾一度受到毫无根据的希望的欺骗,选择了一个与他们不相配的统治者,[①]该统治者由于蛮横无理,很快就得到了应有的惩罚。不过今天我并非是要唤起对这些事件的记忆,而是要与虔诚你进行一番交谈,企图通过最诚挚的努力,用神圣和文雅的话语向你致意。我仍愿意谈论一件事情,此事或许不至于不合适或不体面。暴君们坚持发起一场针对虔诚你以及你的神圣教会的狂暴、残酷和难以和解的战争:罗马自身不乏某些对这种大大伤害公共福祉的灾难欢呼雀跃之徒。不,战场已经准备就绪;这时你往前一站,[②]由于受到对上帝信仰的鼓励,你把自己提供出来作为自愿的牺牲品。不信神者的残暴像一把吞噬一切的大火那样不停地肆

① [马克森提乌斯(W.罗斯部分)。——巴格斯特译本]。

② 此节显然涉及殉道者的自愿受苦。见瓦列修斯的注释。

虐，如此恶行却成就了你那奇妙而又永难忘却的荣耀。当观众们看到折磨神圣牺牲者的躯体的刽子手累得筋疲力尽、甚至对自己的残暴行为也感到恶心不已[①]的时候，他们惊讶得目瞪口呆；镣铐松开了，折磨的机器再也无力运作了，火焰熄灭了，而受苦难者却不屈不挠，丝毫也没有动摇。最不虔诚之人，你借助这些残暴行为到底获得了什么呢？[②]是什么原因引致你如此疯狂愤怒呢？你无疑会说，你所做的这一切，都是为了表示对众神的敬意。那么，他们又是怎么样的一些神呢？你怎么会认为他们拥有神圣的性质呢？你难道没想过众神也像你一样会喜怒无常吗？如果你的确想过，那么在他们敦促你去对无辜者进行罪恶的杀戮时，你最好是质疑他们奇异的决定，而不是服从他们苛刻的命令。你也许会把你的祖先的习惯和人类的总体意见，当作是这一行为的理由。我承认这是事实，可是那些习惯就像这些行为本身那样，是由完全相同的愚蠢这一根源所引起的。你也许以为，某些特别的力量就寓居于人的手工所塑造的偶像当中；因此你必须加以尊崇和小心呵护以免它们受到玷污：于是，你就把看护人类的希望，寄托在这些巨大的和被高度颂扬的众神身上！

① “对发明新的残暴手段感到茫然无措”，巴格斯特译本；“对他们所遭遇到的辛劳和麻烦感到困惑”，1709 年版本；“不愿意继续他们这种可怕的工作”——默尔兹伯格译本。

② 指马克西敏，从该章的标题似乎可以看到，他是最严厉的基督徒迫害者。

第 23 章　有关基督徒的行为。上帝喜欢过美德生活的人：我们必须期盼一场审判和未来的报应

让我们把我们的宗教与你的宗教做一次比较吧。我们当中难道不存在真正的和谐以及对他人的不倦的爱吗？当我们谴责一种过失的时候，我们的目的难道是为了破坏而不是为了提供忠告、是
579 为了实施冷酷而不是为了纠正偏差吗？难道我们不是既要履行对上帝的诚挚信仰、又要在社会生活的关系中做到忠诚可靠吗？难道我们不怜悯不幸者吗？难道我们不是不屑于用欺诈和伪善的面具来掩盖罪恶、从而过着一种单纯质朴的生活吗？我们难道不承认真上帝以及他那不可分割的主权吗？这就是真实的信神；这就是诚挚的和真正纯洁的宗教；这就是智慧的生活。拥有它的人，便是走在导向永恒生命之高尚路上的旅行者。因为已经进入这一过程、并时刻保持灵魂纯洁使其不受肉体污染的人们，是完全不会死亡的：他应当被说成是完成了上帝指定给他的服务工作，而不应当被说成是死。而且，对上帝申明过忠诚的人，是不会轻易被傲慢或愤怒所压倒的；相反，他会高尚地忍受住困难的压力和对其恒心的考验，这些压力和考验是上帝恩泽的入场券。我们不能够怀疑，神喜欢人类行为中的杰出表现。如果有权势者和卑贱者对给他们带来利益的人怀有同样的感恩戴德之情、并迫切希望对其恩情进行报答，这的确是很荒谬的事情；可是如果这位给他们带来利益的人是万有当中的至高至上者上帝，那这样的事情就一点也不奇怪了。

他关注着我们生命的整个过程，在每一种善的行为中接近我们，接受甚至立即奖赏我们的美德和服从；尽管他把充分的报应拖延到未来的时期，但他这样做是为了观察我们的生活行为，为了使善人获得永恒生命的酬劳，使恶人得到罪有应得的惩罚。

第24章　有关戴修斯、瓦勒里安和奥勒良，他们由于迫害教会而经历了悲惨的结局

今天我要控诉你戴修斯，[①]你极其蔑视善人的劳作：你是教会的憎恨者，也是过着一种圣洁生活的人们的惩罚者：如今你死了之后处于什么样的状况呢？你目前的情形是多么的艰难和悲惨啊！你死亡之前的间歇充分证明了你的不幸命运，那时你在斯基泰的平原上被你自己的军队所推翻，因而你使罗马自夸的威力受到了哥特人的藐视。还有你，瓦勒里安，你对上帝的仆人们表现出了同样的残暴精神，因而给正义的审判提供了一个榜样。你作为敌人手中的一名俘虏，穿着紫色的皇袍，手脚锁着铁链，被强行带到敌军面前示众，最终你的皮被剥了下来，并在波斯国王沙普尔的命令下被腌制保存起来，于是便为你的灾难留下了一个永久的纪念品。而你，奥勒良，作为每一种坏事的凶恶肇事者，你在色雷斯那野蛮生涯当中的最终灭亡是多么引人注目，在公共大道上被刺时，你那邪恶的鲜血注满了路旁的沟渠！

① ［参看尤西比乌斯《教会史》第6卷第39章。吉本（第16章）非常宽厚地谈到戴修斯的迫害。——巴格斯特译本］。

第25章　有关戴克里先，他可耻地放弃了[1]皇帝的宝座，因迫害教会而害怕闪电的袭击

然而，戴克里先在展示了作为一名迫害者的冷酷和残暴之后，意识到了自己的罪恶，并感受到了神经混乱的痛苦，因而过上了一种深居简出的和自我幽禁的生活。[2]那么，他通过与我们的上帝的积极对抗，到底能够得到什么呢？我相信，他只能够在对雷电击打的持续恐惧中度过自己的余生。尼科米底亚证明了这一事实；包括我自己在内的目击者们，均披露了该事实。皇宫和皇帝居住的内室都被雷电毁坏了，被天上的大火吞噬了。天性聪颖的人们的确已经预言了这一行为的结局；因为他们不能够保持沉默，对这样一种卑劣的行为无法隐藏自己的悲哀；相反，他们大胆和公开地表达自己的感情，他们互相诉说着："这是怎么样的一种疯狂啊？这对权力是一种多么蛮横无理的滥用啊，此人竟敢与上帝开战，竟敢故意侮辱最神圣和最正义的宗教，竟敢在未经丝毫挑衅的情况下就图谋消灭掉如此众多的正人君子！很少有像他的臣民那样温和节制的。他军队中可敬的教师实际上是关心和保护他们的公民同胞的。从未见过一支撤退军队的后卫的人们，如今把自己的宝剑

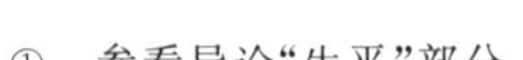

① 参看导论"生平"部分。

② ［戴克里先的精神错乱似乎只是暂时的。他退位的原因无法完全弄清；不过他似乎在很早以前就已经考虑到这一步了。见吉本（第13章），以及瓦列修斯的注释。——巴格斯特译本］。

插入了自己同胞的胸膛!"流血牺牲的规模是如此之大,以至于倘若这些血流在与蛮族敌人对决的战场上,便足以赢得一场永久的和平。[①] 最后,上帝的神意的确对这些亵渎神明的行为报了仇;可是对国家还是造成了严重的伤害。因为我刚刚讲过的那位皇帝的整个军队,变得服从于一个毫无价值的人物[②]的权威,此人 580
用暴力手段篡夺了罗马的最高权力(如今上帝的神意已经为这个伟大的城市恢复了自由),不过他在一系列战斗中最后被消灭殆尽。当我们回忆起被压迫者发出痛苦的喊叫、他们因极其渴望得到天生的自由而请求上帝的帮助时;当我们见到他们因其呻吟声下的罪恶被除去而向他表达赞美和感恩时;当他们重新获得了解放、自由和公平的交流得到了恢复时,这些事情的每一件,难道不都是为上帝的神意、为他对人类利益的慈爱的关怀提供了令人信服的证明吗?

① 瓦列修斯译本和海尼琛译本。在其第一版中,巴格斯特改变了译文的词序:"……对国家的严重伤害,流血牺牲;这些血如果流在……"不过瓦列修斯建议——海尼琛在其第二版中加以采纳——整个句子应当像上面那样调换词序。

② ["他指的是马克森提乌斯。戴克里先的军队如何落入马克森提乌斯的控制之下,这是一个不大好理解的问题。戴克里先退位之后,伽列里乌斯·马克西米安获得了他的军队的控制权,他从中分出了一部分交给恺撒塞维鲁用于意大利的防卫。不久以后,马克森提乌斯在罗马篡夺了皇帝的权力,伽列里乌斯派遣塞维鲁带着他的军队去征讨他。不料,马克森提乌斯用欺诈和允诺等手法收买了塞维鲁的军队。在此之后,伽列里乌斯亲自带领一支更加庞大的军队去迎战马克森提乌斯,可是他本人却被以同样的方式为自己的军队所抛弃。于是戴克里先的全部军队就落入了马克森提乌斯的控制之下。"(瓦列修斯部分)——巴格斯特译本]。

第 26 章　皇帝把他个人的虔诚归之于上帝；表明我们一定要从上帝那里寻求成功，并把它归因于他；不过应把错误看作是我们自己疏忽失职的结果

当人们称赞我的服务时，既然它们的起源应当归因于天上的神启，那么他们恰恰清楚地证实了这样一个真理：上帝就是我获取功勋的原因！他们无疑就是这样：因为把事情做得最好的是上帝，而执行上帝命令的则是人。我的确相信，最优秀和最高尚的行动过程，就是在我们试图去做之前便能够确定一个有把握的结果：可以肯定，所有人都知道，雇用了这些人手的神圣服务，发源于对上帝的纯洁而又真实的信仰；为了公众福祉所做的一切，均由积极的努力以及祈求和祷告所导致；这些努力的结果之巨大，犹如个人和公共利益的总和，这便使每一个人都能够大胆地信赖自己，以及他认为是自己最亲近的人们。他们亲眼目睹过战斗场面，并曾经是一场战争的观众。在这场战争中，上帝的神意把胜利赐予了这个民族：[①]他们已经明白，他是如何偏爱和支持我们的祷告的。因为公义的祷告是一件战无不胜的武器；只要向上帝发出圣洁的祈求，任何人都会达到自己的目的，不可能受到拒绝，除非祷告者的信仰

① 即罗马人。瓦列修斯和海尼琛坚持这一解释，不过瓦列修斯又认为也许应该译成"赐予我的军队"。

发生了动摇;[①]因为上帝是永远充满善意的,永远准备着认可人类的美德。然而,人们很自然地偶尔会犯错,但上帝并非人类犯错的原因。因此,所有虔诚之人,都适合于向万物的救主表达感谢之情,首先是因为他给予我们个人以安全,其次是他赐予我们公共事务的幸福局面;与此同时,我们要用圣洁的祷告和恒常的祈求向上帝乞讨恩泽,请他继续赐福于我们。因为他是正人君子的战无不胜的盟友和保护者;他是万事万物的至高审判者、不朽的王子和永恒生命的赐予者。

① 字面上更佳的翻译是“放松了信仰”。在确定“动摇”一词作为“软弱”的通常表达时,多少存在着对原始和真正的信仰概念的偏离。信仰是对一个目标的一种稳定的人格倾向,信仰的缺乏更经常的是这种坚定和坚持的活动的减少或放松,而不是充满怀疑的动摇。无信仰者比反信仰者要多。

581 附录二　尤西比乌斯·潘菲路斯的演讲:皇帝君士坦丁颂

——在其即位三十周年庆典上

序　　言[①]

1.我并没有自告奋勇要准备一个虚构的叙述,也没想要用优美的语言去捕获人们的耳朵,无须用莎琳海妖般的歌喉来勾引听者;我也不想向喜爱此类事物的人们勾勒出饰有可爱花朵的金杯中的欢愉(我指的是风格的魅力)。我宁愿遵循贤者的告诫,忠告所有人避免走老路,阻止他们与粗俗的群氓相接触。

2.我来,是为了准备用一种更新的语气赞颂我们的皇帝;尽管有大量的人想要和我一起完成目前的工作;可是,我决心要避开人们的通常思路,[②]并寻求那条未经践踏过的道路,须知用不洁净的

---

① 这里维持了传统上的标题。逐字翻译时则为:"尤西比乌斯在君士坦丁即位三十周年庆典上的演讲,致皇帝君士坦丁。致君士坦丁的颂词之序言"。

这个演讲词的译文比起《君士坦丁传》或《君士坦丁的演讲》的译文来,更能表明翻译者与尤西比乌斯的华丽风格相一致,巴格斯特在总体上成功地以译文的极大准确性呈现了原文的精神,在做修订的努力期间,再现这一风格的试图本身,曾是经常令人惊讶的问题。

② 参看荷马《伊利亚特》第6章第202节,布莱恩特(Bryant)翻译,第6章第263—264节,"避开人类的每一种窠臼。"

双脚走在这条道路上是非法的。那些欣赏一种粗俗风格的人们，充满着幼稚的精妙，由于愉悦是他们心目当中所拥有的目标，他们便会博取一种讨人喜欢的沉思默想，并企图用一种纯粹人间功绩的叙述，来迷惑人们的耳朵。然而，那些被教以宇宙科学[①]的人们，既获得了人的知识，也获得了神的知识，并把后者的选择视作真正的卓越，他们把上苍所认可的皇帝的那些美德以及他的虔诚行为，看得比他那些纯粹是人的成就更重要；他们会把赞美他的较小功绩的任务，留给次等的赞美者去完成。

3. 既然我们的皇帝被赋予了与上帝直接有关的神圣智慧，同时又被赋予了关系到人类利益的知识，我们就应当让有能力从事这样一项工作的人去描述他的世俗成就，这些成就尽管伟大和卓越，而且对人类不无裨益（因为一切能够塑造皇帝性格的东西都是伟大的和高尚的），可是与他那较为神圣的方面相比仍然是次等的，因此便被委托给不具备神圣天赋的人们。

4. 然而，必须让那些处于神殿之内、已经达于最内里那个未经涉足的幽深处的人们，关起门来，以防被亵渎的耳朵所窃听，因为有关我们皇帝品格的奥秘，只对内部人士展现。必须让那些在虔诚的溪流中洗净了自己的耳朵、因而把自己的思想提升到其翱翔的心智翅膀之上的人们，加入到至高的万有之主周围的伙伴当中，并在沉默中学到神圣的奥秘。

5. 与此同时，必须让神谕——不是由占卜的精灵发出（更确切

① 当尤西比乌斯使该词适用于神学时，该词便几乎与其现代意义相同："最终的哲学"、"科学中的科学"、"科学的王后"。

地说是疯狂和愚蠢)，而是在神的真理的启示下发出[①]——成为我们这些奥秘中的教员；这些神谕通常会向我们谈及统治权：如有关他作为万有中的至高君主，环绕着万有之主的天上队列；有关出现在我们面前的皇帝权力的典范，那些镌刻着肖像的硬币；以及最
582 后，有关来自两者的结果。于是，以这些神谕吸纳我们进入到神圣仪式的知识中。下面，让我们尝试开始我们神圣的秘仪。

第1章　演讲

1. 今天是我们伟大皇帝的节日：我们作为他的孩子，为此而欢欣鼓舞，感觉到被我们的神圣话题所启示。主持我们的庄严仪式的，就是这位伟大君主本人；我的意思是，他的伟大是名副其实的；我敢断言(不是要冒犯这位听我演讲的君主，而是想赞同把这个赞美归之于上帝)，那位高高在上者，超越了一切被造物，是至高、至大和至强的力量；他的宝座就是天上的穹窿，大地就是他的脚凳。[②]我们不配理解他的存在；那环绕在他四周的不可言喻的荣耀光彩，逼退了每一双企图对他的威严进行注视的眼睛。

2. 他的阁员们就是天上的主人；他的军队就是超凡的力量，对他忠心耿耿，把他当作老师、恩主和国王。无数的天使，是天使长的伙伴和圣灵的合唱队，他们从他的光辉中得到了光，就如同从永恒光亮的喷泉中获得光那样。是的，每一束光，尤其是其居所远在天体之外的神圣和无形体的智慧，都用崇高而又神圣的赞歌来称

① “神的光”。

② 来自对《以赛亚书》第66章第1节的意译。

颂这位威严的君主。广袤的苍穹,就像一幅蔚蓝色的面纱,被安置在他的王宫内外的居民们之间:苍穹周围的太阳和月亮,与其他天体一道(犹如皇宫入口处附近的举火炬者),为了向他们的君主表示敬意,完成为他们指定的路程;在他的命令下,这些天体还为那些注定要居住在天堂范围之外的较黑暗区域的人们,提供一缕永远燃烧的光。

3.的确,当我记起我们自己得胜的皇帝向这位强大君主表示赞美时,我明智地仿效了他,因为我知道我这样做是为了把我们生活其下的皇帝权力唯独归之于他。虔诚的恺撒们在他们的父亲的智慧的教导下,承认他是每一种祝福的源泉;军人们、乡村中和帝国城市中的全体人民,与一些行省的总督们一道,遵照他们伟大救主和老师的告诫,聚集一起崇拜他。总而言之,整个人类大家庭,无论是何种民族、部落和语言,包括集体的和各自的,不管他们在其他主题上有何意见差异,都在一种信仰之下高度一致;他们一致服从注入他们身上的理性,他们具有一种来自自身心智的自发的和无须命令的冲动,并在吁请唯一上帝时紧密团结。[①]

4.广袤大地不是承认他是她的主、并借助她所产生的植物和动物生命来宣布她自身对一个更高级力量的意志的服从吗? 千万溪流注入江河,终年不息的甘泉,源自永不枯竭的幽深处,这些自然奇观的终极原因,均应归之于他。海水之深,无法用尺度量,其

① [我们应当对这里的(也许还有这个演讲的其他段落中的)修辞学上的修饰给予容忍,因为严格来说,这些修饰无论从哪个方面看显然都是不真实的。——巴格斯特译本]。此段的意图也许就相当于当今有人所说的:在某种形式上,已经不存在不崇拜上帝的民族。

激起的波涛，一浪高过一浪，气势足以使大地默不做声，可是一旦触及海岸，便悄然退去，完全屈服于他的神律的力量。冬天适度的降雨量，隆隆作响的雷暴，闪电激起的光亮，旋转的气流和大风，行走于空中的云层，所有这些，都在向那些无法看到他的容貌的人们揭示出他的存在。

5.全身发光的太阳，虽然拥有超越时间推移的持久生涯，却只认他为主，服从他的意志，不敢偏离他所指定的路线。光芒稍逊的月亮，按规定的周期充盈和亏缺，同样要服从他神圣的命令。美丽的上天结构，闪烁着群星，它们按和谐的秩序运行，而且每个星体各自占有固定的轨道范围，它们都宣布他是一切光亮的赐予者；所有天体均按照他的意志和话语，保持一种宏伟和完美的运行整体，追寻它们天空生涯的轨迹，随着旋转的时间流逝而完成它们各自的远方旅程。日夜的交替循环，四季的变化，宇宙的秩序和平衡，这一切披露了[他那无穷力量]的多种智慧。在整个广袤空间中不改变自身方向的看不见的动力，为他提供了应得的赞词。这个地球本身、天堂之上以及苍穹那边的众多天体，都向它们的伟大君王表示敬意：天使大军用难以言喻的颂歌向他致敬；从无形的光中获得存在的灵魂，则把他尊崇为他们的创造者。这个天地被创造之前的无穷的时代，与除了它们之外的其他时代，连同一切可见生物的无限遥远的祖先，均承认他是独一的至高君主。

583 6.最后，他存在于万有之中，存在于万有之前和万有之后，①

① [可能与《启示录》第1章第8节有关："'我是阿尔发，我是欧梅嘎'，那昔在、今在和将来永在的全能者上主这样说。"——巴格斯特译本]。或者也许与《以弗所书》第4章第6节有关，不过它似乎只是一些字词上的暗示。

他唯一生出的先在的道,强大上帝的伟大而又高贵的祭司,比所有时间和每一个时代都要年长,献身于他的父的荣耀,为了人类的拯救而唯独向他说情。[①]作为至高的和杰出的宇宙统治者,他分享了他的父的王国的荣耀:因为他就是那光,这光超越于宇宙之上,环绕于父的身边,并调解和分开永恒的和非被造的本质与一切派生而来的存在;那光,流自于高处,产生自那位既不知道起源也不知道结局的神,他照亮了天空之上的区域,整个天堂为他所包容,其智慧的光辉超越了太阳的光彩。正是他掌握着对这整个世界[②]的至高统治权,他既在万物之上,又在万物之中,并渗透于一切可见的和不可见的事物当中;[③]他就是上帝之道。我们神佑的皇帝正是从他那里并借助他而收到神圣统治权的一个副本,这是对上帝自身的直接仿效,即对于这个世界事务的掌管。

第 2 章

1. 这个唯一被生的上帝之道,从没有开端的时代就开始掌权,一直到无限的和没有终结的时代,都是他的父的王国的搭档。[我们的皇帝]永远为他所爱,并从上面得到皇帝权力的源头,他的神

---

① [如果这里指的是作为上帝的道,那么此段中就暗含着阿里乌主义,如果我们认为它所谈论到的基督是彰显于人性当中的道,那么阿里乌主义就不存在。见瓦列修斯的注释。——巴格斯特译本]。

② 宇宙。

③ 这直接来自于《以弗所书》第 4 章第 6 节:"他在万物之上,也贯穿万物,并处于万物当中。"他因此直接与父有关,基于巴格斯特上面的注释,似乎可以证明有阿里乌主义之嫌,可在实际上,一个先在的道的概念,明显是正统学说。

圣头衔的力量[①]非常强大，因为他控制这个世界的帝国已经有相当长的时间。

2.这个宇宙的维护者为天、地及天上王国确定秩序，这与他的父的意志相一致。即使如此，我们这位为他所爱的皇帝，也要通过把他在地上所统治的人们带到独生的道和救主身边，把他们变成他的王国的合适臣民。

3.既然他是人类的共同救主，他就要像一名好牧人那样，借助他那不可见的神圣力量，把他的羊群赶离凶残的野兽，后者是一些背弃信仰的精灵，他们曾经飞跃在这个大地的空中，并紧紧盯住人们的灵魂；[②]而成为他的朋友的人，必被赐予天上恩惠，使之能战胜一切仇敌，并依照战争的惯例征服和惩戒真理的公开敌人。

4.他是先在的道，万事万物的保护者，他把真正智慧和拯救的种子赐予自己的门徒，并立刻使他们领悟和理解他的父的王国的知识。我们的皇帝作为他的朋友，同时也是上帝之道的解释者，他的目的就是要把上帝的知识交还给整个人类，并对着所有人的耳朵，用强有力的声音向一切居住在大地上的人们清楚地宣布真理和敬神的律法。

---

① [很难精确地知道这里指的是什么意思。也许是指基督徒的称号。——巴格斯特译本]。

② 这里指的是后来被称作吸血鬼迷信的现象，——该信仰不知出现于古代的哪个时候，它特别以各种形式流行于东方。里德伯格《中世纪的巫术》(Rydberg, *Magic of the Middle Age*. p.207)这样描述其中世纪形式："依照中世纪的信仰，吸血鬼是脱离了肉体的灵魂，它们重新披上自己那已经被埋葬的躯体，在夜间偷偷溜进房舍，从睡着的人的奶头上吸吮他全身的血。"(Perty, *d. myst. Ersch*. 1 [1872], 383. 91; Gorres, *Chr. myst*. Vol. 3, etc.)精灵的概念在性质上是类似的，它们总是吸走睡着的人们的生命气息，该概念为猫吸走睡着的小孩的生命气息这一现代迷信留下了踪迹。

5.全宇宙的救主再一次向其生命旅程结束于彼岸世界的人们打开了他的父的王国的天上大门。我们的皇帝仿效他的神圣榜样，既然已洗刷掉他的地上王国的每一种邪恶错误的污染，便诚邀每一位圣洁和虔诚的崇拜者进入他的皇宫大殿，诚挚地希望他被指定为舵手的这条巨大船只上的所有船员都能获救。在那些行使过罗马皇帝权力的所有人当中，只有他被至高君主赐予三个十年周期的统治时间，如今庆祝这一节日，并不像他的祖先们做过的那样，是为了向阴间的魔鬼表示敬意，或是为了纪念诱惑人心的幽灵，或是为了推崇不虔诚者的欺诈性巫术；而是为了对他表示感恩，因为借助他，我们的皇帝才得以获取各种恩典和祝福。他并没有仿效古代的惯例，用鲜血污损自己的宫殿，也没有用烟火和献祭的供品来讨好阴间的鬼神；他向全宇宙的君主献上的，是一种愉快而又可以接受的燔祭，即他自己的纯洁灵魂，以及真正适合于为上帝服务的那颗心智。

6.因为只有这样的献祭才足以表达对他的谢意：我们的皇帝带着纯净的心智和思想，学会了这样一种献祭，这种献祭作为一种供品提供给上帝，无须涉及烟火和鲜血，而他本人的虔诚则被他灵魂中储存的真正学说所加强，他用华丽的语言发出了对上帝的赞美，并用自己的实际行动模仿他的神圣慈善。他完全忠诚于他，把自己的整个心身作为一种高贵的供品和世上的初果献给他，他自
己则受托管理这个人间世界。我们的皇帝把这个最初的和最大的 584
供品首先献给了上帝；然后作为一名忠实的牧羊人，他并没有提供“著名的初生羔羊大祭”，他提供的是作为他照看对象的羊群的灵魂，他带领这些理性的生物去认识和虔诚地崇拜上帝。

第3章

1.他非常高兴地接受和欢迎这一供品，并通过延长他的统治时间来表彰如此尊严而又高贵的祭品的提供者，以此进一步证明了与皇帝对他的神圣服务相称的上帝的慈善。因此，他允许皇帝在整个伟大帝国的繁荣昌盛期间庆祝每一个十周年的纪念节日，并在每一个十周年期到来之际，提升他的一个儿子与他本人共享皇帝的权力。①

2.拥有父亲名字的老大，大约在他统治的第一个十年结束时成为他帝国中的搭档；年龄排在第二的儿子，在他统治的第二个十年结束时获得晋升；老三的提升则发生于第三个十周年期，即在我们目前这一节日期间。既然第四个周期已经开始，他的统治时间仍在进一步延长，他必然很希望通过召唤更多的亲属分享自己的权力来扩大自身的皇帝权威；并借助对恺撒的任命，②去实现神圣先知的预言，这些预言是他们很早以前就发出的："至高者的圣徒们，将要分享王国。"③

3.于是，万能的君主给我们最虔诚的皇帝增添了年寿和孩子，

① 这是尤西比乌斯喜欢做出的一个总体陈述。皇子们的提升大概就发生在这些十周年纪念日期间，不过未必每一个的时间都能准确地对应得上。请参照导论中的"生平"。

② [达尔马提乌斯和汉尼拔里亚努斯。——巴格斯特译本]。

③ [《但以理书》第7章第18节。对于《圣经》这样一种唯独恶意的应用，根本就用不着去加以评述，比这还要过分的是该受指责的修辞上的华丽辞藻，或是暗示这位第四世纪最博学的作者那种可悲的灵性理智的缺陷。——巴格斯特译本]。"不过，至高者的圣徒们将要获得王国。"——修订本

并使他对世界万民的统治仍旧生气勃勃,蒸蒸日上,仿佛是刚刚诞生的政权正焕发着青春的活力。正是他,给他设置了目前这个节日,因为他已经使他战胜了妨碍他的和平的每一个敌人;正是他,向人类展现他是真正虔敬的一个榜样。

4.因此,我们的皇帝就如光辉的太阳,通过恺撒们的到场,照亮了他的帝国中最遥远的臣民,就像他自身明亮的和洞察秋毫的光线那样。他已经让一个与他自己相匹配的儿子去统治我们所居住的东部地区;[①]让第二和第三个儿子分别统治他的帝国的其他区域,就如来自于他自身的光亮的辉煌反射物一样。他安排四位最高贵的恺撒的工作,仿佛是在为四匹马套上马具,好让他们拉动皇帝的马车,他自己则坐在高位上,用神圣和谐与协调的缰绳引导着他们的路程;他无论出现于哪个地方,都在严密地关注着每一个事件,并能详尽了解到世界上每一个地区的情况。

5.最后,就像他被授予一种天上统治权的外观一样,他凝视着上苍,并依照神圣原本的形式来构建他的地上政府,在与上帝的君主政体保持一致当中感受到力量。这种一致性被全宇宙的君主赐给这个世界上被创造的唯一一个人:因为只有他是君主权力的创造者,他命令所有人都要服从一个人的统治。

6.君主政体必定要远远胜过每一种其他的政体和政府形式:因为它的对立面即民主等权制理所当然地被描述为无政府状态和混乱。因此,存在着一个上帝,而不是两个或三个,或更多:因为主张复数的神就是清楚地和完全地否定了上帝的存在。存在着一个

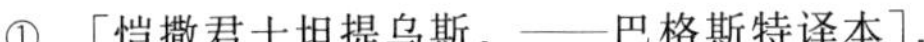

① [恺撒君士坦提乌斯。——巴格斯特译本]。

君主;他的道与皇家律法是同一回事:律法不必用音节和言辞表达出来,也不必书写或镌刻在牌匾上,因为这样做会使它随着时间的推移而磨灭;而活生生的和自我存在的道,本身就是上帝,他代表在他之后的和服从他的权力的所有人掌管他的父的王国。

7.他的随员就是天军;上帝的亿万天使阁员;超越地上的无数军队;那些处在天堂之内的看不见的精灵,他们的作用就是被用来调节这个世界的秩序。所有这些统治者和首领都是皇家的道,扮演着至高君主的摄政者之角色。在神圣作者的神谕中,加在他身上的名称,有首领、伟大的大祭司、父的先知、强大的顾问天使、父之光的明亮、独生子等一千个左右。父已经为他构建生命的道、律法、智慧及一切祝福的圆满,并把这个最美好和最伟大的礼物提供给他统治下的所有臣民。

8.他自身渗透于一切事物当中,因此无论他出现在哪里,都会用毫不吝啬的手展现他的父的慷慨,他甚至把他的君主权力的一个样本授予了这个世界上的理性受造物,因为他已经为那些按他
585 自己的形象塑造而成的人的心智提供了神的机能,因此这种心智便能够具有流自于同样是天上源泉的其他美德。只有他是聪慧的,因此他是唯一的上帝;只有他在本质上是善;只有他具有强大的力量,因此是正义之祖,理性和智慧之父,光和生命之源泉,真理和美德的分配者:简言之,他是帝国和一切统治权及力量的创造者。

第4章

1.可是,人又是从哪里获得这一知识的,是谁把这些真理提供给了凡人的耳朵?人的口舌又是从哪里得到力量去谈论如此完全有别于肉体或物质存在的事物的?是谁凝视着不可见的国王,并在他的身上看见了这些圆满?身体感官可以理解元素及它们的混合物,因此具有一种与自身同源的性质;可是没有一个人曾自夸能够用肉眼细察到掌控万事万物的不可见的王国,也没有一个凡夫俗子能够认出完善智慧之美。谁曾经借助肉体的手段瞧见公义的脸面?合法统治权的思想从何而来,皇帝权力的概念又是从哪里传达给人的?绝对主权的思想从何处进入到一个由肉和血构成的人的脑际?又是谁向这个世界上的凡人宣布了有关不可见、未定义、不存在任何外在形式的非物质本质等此类思想的?

2.这些事情的解释者必定只有一个:渗透一切的上帝之道。[①]因为他是存在于人身上的理性和理智存在的作者;由于他本身就具有了他的父的神圣性质,他把他的父的无限慷慨倾注在他的子孙后代身上。因此,那种自然的和无须教导的思想之力量,是一切人,即希腊人和野蛮人所共同拥有的;这些思想包括:对理性和智慧的感受,正直和公义的培育,及对哲学学问的高尚的爱。因此,所有知识都是伟大的和向善的;人们应当领悟上帝自身,并过一种配得上崇拜他的生活;因此就应当承认他对人的国王般的权威,以及他对这个世界上的受造物的一种无可争议的领主权。

3.道是一切理性生物之源,他依照上帝的形象给人的心智烙

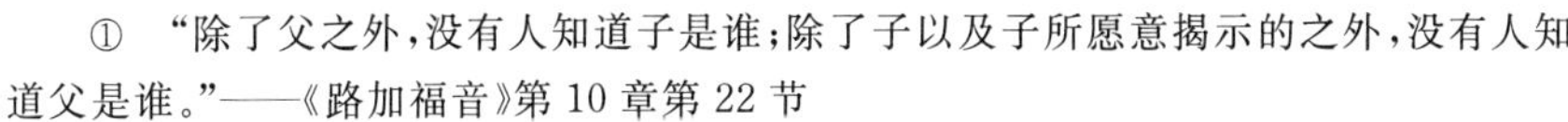

① “除了父之外,没有人知道子是谁;除了子以及子所愿意揭示的之外,没有人知道父是谁。”——《路加福音》第10章第22节

上了一个印记特征，[①]并使他成为一种高贵的受造物，因为在所有世上的被造物之中，他唯独给了他统治与服从的能力（以及预谋和预知允诺给予他天上王国的希望，由于有这样的预谋和预知，他就像自己孩子的父亲那样走了下来，并不鄙视与凡夫俗子进行交往）；他继续培育自己亲手播下的种子，更新他那自上而来的仁慈的恩惠；向大家提出了分享他的天上王国的许诺。因此他召唤人们，力劝他们准备好前往天上的旅行，并为他们提供适合于这一召唤的衣服。他借助一种难以描述的力量，用他的学说充满了世界上的每一个部分，并用一种地上王国的外貌去表示他诚挚地邀请全人类都前往的天上王国，把它作为一种与他们的希望相匹配的目标提供给他们。

第5章

1. 在这一希望中，我们的神宠皇帝甚至分享了今世的生命，他既然被上帝赋予了天生的美德，便把他所发出的恩宠收入到自己的灵魂深处。他从一切理性的伟大发源地获得了自己的理性；他是聪慧的、善良的和正义的，就如与完美的智慧、善良及公义为伴那样；他是有德行的，就如遵循着完美德行的榜样那样；他是勇敢的，就如分享了天上的力量那样。

2. 他的确应当得到皇帝的称号，因为他依照天上王国的标准，

---

① 尤西比乌斯借助谈论道在人身上烙上上帝形象的印记，表明了善的哲学和善的神学。

把自己的灵魂塑造得具有高贵的美德。可是，有的人却是这些祝福的一名陌生者，否定宇宙的君主，未把忠诚献给精灵们的天上之父；他自身并不具有适合于一位皇帝的美德，相反，他用道德上的缺陷和卑劣来包裹自己的灵魂；他用残暴野兽的愤怒取代高贵的仁慈；用无法治愈的蓄意邪恶之怨恨取代宽大的性情；用愚蠢取代审慎；用所有邪恶中最为可憎的轻率取代理性和智慧，因为从这种坏性格中，就如从一股苦泉中那样，结出了最有害的果实：如积重难返的生活放荡、贪婪、凶杀、不虔诚和蔑视上帝；一个人如果沉迷于诸如此类的邪恶，不管他借助专横的暴力而被认为多么有势力，他都没有真正的资格获取皇帝的称号。

3.灵魂上刻印着成千个伪神的荒谬形象的人，[①]如何能够表

① 这里似乎是暗指菲洛主义，或是由新柏拉图主义者与基督教神学家所发展起来的菲洛主义哲学。思想史似乎开始于柏拉图思想。这些在其灵魂上留下印象的独立存在的形式，自然成为灵魂甘心接受的个性，因而其形象便被刻印在灵魂上。这些个性化的观念在菲洛的学说中就是有关上帝的思想或观念，而这个上帝便是照自己意志行事的“神”，就如北方神话中的瓦尔科，即奥丁神的人格化思想或意志。这些客观的观念在整个组织结构上就是道。

当观念的客观性被放置在与“心智解读”和“思想转移”等有关的情景下时，或是使其与由振动所引致的活力的保持及威力的传递等现代概念相关时，这种客观性便给出了一种有关概念的物质基础的有趣的暗示。如果思想伴随着大脑微粒的振动，那当然可以想象这种振动经由任何能够传递振动的媒介来凸显，该媒介不是另一个个体的神经，就是空气。一个具有至高意志活力的人，会使这些振动更加激烈，而一个无限的个性，则会使我们称之为物质的阻力的程度甚至可以触及得到。一个伟大的中心个性在具体化的各不同阶段中、以及在一个巨大的和持续的意志向前流动中，发出了一种有组织的相关思想系统，这一概念是最为有趣的。根据这一点，所有个体的意志形式均的确与这些规范协调一致。然而，当较小的意志发射出不适宜的意志形式时，它们就会与较大的意志发生冲突。根据这一点，人的灵魂就受到了一直被发射出来的所有观念的欺骗，而不论是以个体的形式还是以某种合并的力量，这些观念是依据其委身于的对象形成起来的，无论此对象是组织不良的较小意志，还是伟大的规范。

明是天上统治权的一个真正的副本呢？当这样一类残酷主人统治
586 着人民时，他如何可能是这些人民的绝对领主呢？这样一名拥有低俗嗜好和无节制欲望的奴才，一名非法勒索财富、喜怒无常、怯懦和恐怖的奴才，一名像魔鬼般残忍、像精灵般毁灭灵魂的奴才，如何能够成为臣民的统治者呢？

4.因此，真理自身表明，只有我们的皇帝配得上这一称号；他为至高君主所宠爱；只有他是自由的，他的确是真正的领主：他超越了对财富的渴望，不为性欲所动；他甚至战胜了自然愉悦；他控制了而不是受控于愤怒和激情。[①] 他的确是一位皇帝，这一称号与他的行为完全相对应；他实际上是一位胜利者，因为他已经获得了对那些压服过其他人的激情的胜利；他的性格是通过模仿至高君主这一神圣原本[②]而塑造出来的，他的心智就像是在一面镜子中那样，反射了他的美德的光辉。因此我们的皇帝在审慎、善良、正义、勇气、虔诚和对上帝的忠诚等方面都是完善的；他是一名真正的哲学家，因为他了解自己，并完全知道，洒落在他身上的每一种祝福都来自于他自身以外的源泉，甚至是来自于天上的源泉。他以自己的华丽衣装被宣布拥有至高权力的威严称号，只有他才配得上那套如此适合于他的皇帝紫袍。

5.他的确是一位皇帝，他日夜不断地用祷告来吁请和祈求他的天上之父的恩惠，他的炽烈的欲望被固定在天上王国。因为他

---

① 参照绪论中的“性格”条目。人们应当记住，这种特有的自制，也是他父亲的禀性，在某种程度上是新柏拉图主义哲学的产物。

② 字面上是“原型观念，”——与菲洛第1章第4节所使用的是同样的词语（ed. Lips., 1828, I. p.7）；即物质世界据以塑成的非物质模子，或上帝的形象。

知道，今世的事物是会腐烂和死亡的，它们就像是江河的溪流那样流动和消失，因而不值得与作为万有之君王的他相比；因此他思慕不腐败的和非物质的上帝之国。他相信他将获得这一王国，将把自己的心智提升到苍穹之上的思想极致，并对那里所闪烁着的荣耀充满着难以言状的渴求，这种荣耀与他所认为的虽则昂贵却是黑暗的今世事物形成了鲜明的对照。因为他把人间的统治权看作不过是一种对凡人的短暂生命的微不足道和转瞬即逝的统治，认为它不会高于牧羊人的权力：不，它比羊群还要令人烦恼，因为它所照看的，是更难驾驭的臣民。他把人民的喝彩和恭维的声音当作是一种令人苦恼而不是使人愉悦的事情，因为他生性稳健坚定，具有真正自律的心智。

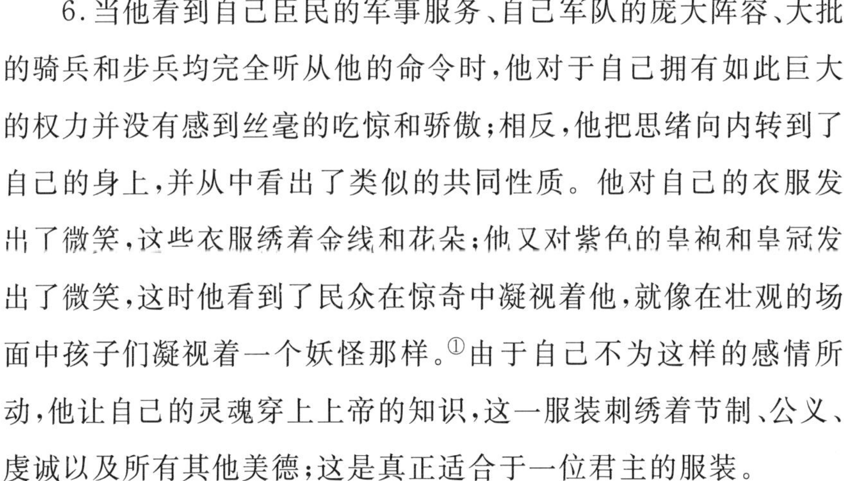

6. 当他看到自己臣民的军事服务、自己军队的庞大阵容、大批的骑兵和步兵均完全听从他的命令时，他对于自己拥有如此巨大的权力并没有感到丝毫的吃惊和骄傲；相反，他把思绪向内转到了自己的身上，并从中看出了类似的共同性质。他对自己的衣服发出了微笑，这些衣服绣着金线和花朵；他又对紫色的皇袍和皇冠发出了微笑，这时他看到了民众在惊奇中凝视着他，就像在壮观的场面中孩子们凝视着一个妖怪那样。[①]由于自己不为这样的感情所动，他让自己的灵魂穿上上帝的知识，这一服装刺绣着节制、公义、虔诚以及所有其他美德；这是真正适合于一位君主的服装。

7. 别的人如此渴望地得到的财富，如黄金、白银或宝石，在他

① 这也许是真的；不过请参照绪论中的“性格”，从中至少可以了解到他的实践方面的情况。

眼里不过是石头和无价值的物质而已，不仅无益于收藏，更是无益于避恶趋善。因为这些东西有什么能耐可以祛病健身甚至抵御死神的光临？借助使用这些物品的个人经验而获知这一真相，使得他用平静的冷淡态度来看待臣民的华丽服装，此类服装对一些人是有吸引力的，他对于这些人的幼稚只是一笑置之。最后，他戒除过量饮食和饮酒，从不纵口贪吃，他断定如此嗜好无论如何适合于他人，都不能适合于自己，他深信它们的有害趋势，认为它们在遮蔽灵魂的理性威力方面起到了很坏的作用。

8. 尽管有这样一些理由，我们这位具有神启和高贵心智的皇帝，由于渴望到达比此世所提供的更为高尚的目标，故吁请他的天
587 上之父赐予他思慕已久的王国；他在其生活的每一个行为中均展示出一种虔诚的心灵；最后，就像一位聪慧而又善良的教员，他授予其臣民有关万有之主的知识。

第 6 章

1. 作为一种未来奖赏的预兆，上帝亲自赐予他由兴旺发达的黄金时间所构成的统治三十周年的皇冠；[①]如今，在三个十年周期运行之后，他又允许全人类庆祝这个广泛性的——更确切地说是宇宙性的节日。

2. 在这普天同庆的日子里，我们头戴神圣知识的鲜花，无不适

---

① ［（瓦列修斯说）这里指的是有一些行省的人民在诸如目前这样一种场合中习惯上呈现给罗马皇帝的金皇冠。——巴格斯特译本］。在《君士坦丁传》的序言中，尤西比乌斯称这一演讲是三十周年皇冠（或花冠）的编织。这些皇冠可以从罗马体制下的凯旋皇冠中找到其历史渊源（Rich，in，Smith，*Dict. Gr. and Rom. Ant.* p.361）。

当地设想，天上的合唱队因受一种自然的共鸣所吸引，把他们的喜悦与世间人们的喜悦合并在一起：是的，作为一位仁慈之父的至高君主本人，也对忠实的孩子们的崇拜感到欣喜，并因此而借助一段悠长的统治期来奖赏他们的服从；他不会把他的统治寿命限制在三个十周年期内，他将把他的统治延伸到最遥远的时期，甚至达到无穷无尽的境界。

3. 如今，其整个广度上的无穷无尽[①]也超越了权力的衰落或死亡：它的长度和广度同样不会受到必死思想的控制。它将不会经历将要被觉察到的重要关头，它目前那种被称作是持久性的东西也不可能为好奇的心智所理解。现在的意义远远比不上未来或过去：因为事物转瞬即逝；尽管未来还没有到达，因此并不存在。就被称作“现在”的东西而言，甚至在我们思考着或谈论着它的时候，它便已经消失不见，它逝去的速度比话语被讲出来的速度还要快。在任何情况下都不可能把这一时间理解为现在；因为我们不是在期盼未来，就是在缅怀过去；现在悄悄地从我们身边溜走，因此即使在思想行为中它也成了过去。于是，“无穷无尽”在其整体广度上便不再服从于必死的理性。

4. 可是它并不拒绝承认它自己的君主和领主，[②]它认为是他决定了它升降起落，并对他所授予的美丽装饰感到欣喜。[③]他并不

① ［也许很难找到一个更好的词语来表达原文 αι’&240—ν. 的意思。——巴格斯特译本］。

② 参照《提摩太前书》第 1 章第 17 节（栏外注解）。“万世的君王”（“ aeons”，或翻译为“无穷无尽”）。

③ ［这里的意思是指日、月、年及季节。瓦列修斯即据此迻译。——巴格斯特译本］。

像诗人所想象的那样,亲自用一条金链子绑住它,[①]而是用难以言喻的智慧之缰绳去控制它的运行,用完美的和谐去调节它的月份、季节、时间、年份及日夜的更替,因而使它服从各种各样的限度和尺度。而“无穷无尽”从其性质上来说则是直接地向前延伸至无穷大,因为拥有一种永恒的存在[②]而获得无穷无尽这一名称,它在其所有的部分中是相似的,更确切地说是没有区域或距离的,只是在直接延伸的一条线上向前推进。不过上帝用居间的切割来分配它,他像对待一条延伸很长的丝线那样,把它剪切成许多段,并把它包含在分成许许多多部分的整体中;尽管它在本性上是一,并类似于一个统一体自身,可是他使它服从于数量上的多;虽然他自身是无形状的,可是他给了它无限多样的形状。

5.首先,他在它当中建构成无形状的物质,作为一种有可能获得一切形状的材料。接着,他借助数字二的力量,赐予物质以质量,并赐予此前缺乏优雅的物质以美。然后,借助数字三,他建构了一个由物质和形状所合成的躯体,并为其提供了宽、长、深三种维度。接着,从数字二的双倍中,他设计出了元素的四个一组,即土、水、气、火,并规定它们成为这个宇宙供给的永久渊源。此外,数字四产生了数字十,因为一、二、三、四相加总数等于十。[③]三乘

① 荷马《伊利亚特》第8章第19节。

② [Aι'&240—ν, ωσπερ αει ων.——巴格斯特译本]。

③ 目前还不清楚尤西比乌斯到底从哪些材料中获得对于毕达哥拉斯原理的这一实际应用技巧。从四个数中得到十这样一个概念,也可以从菲洛的《论世界的创造》(Opif.)第15章中找得到,据说(*Ueberweg*)四和十对于最初的毕达哥拉斯学派而言是在创世中特别有意义的数字。这种新毕达哥拉斯主义与柏拉图主义和菲洛主义的混合,是那个时代的特征。

以十就等于一个月的天数;十二个月的天数连续相加,便完成了太阳的整个旅行过程。因此,年的运行,季节的变化,如同绘画中的各种不同颜色一样,给此前是无形状和缺乏美的永恒带来了恩惠,因为把完成其中的生命旅程当作是自身命运的人们,从其间获得了心旷神怡的欣喜。

6.对于那些怀有获取奖赏希望的人们来说,比赛的场地是由一定的距离来限定的;从事一次遥远旅行的人们,其道路上必定分布着休息场所和适度的间歇区,以便使旅行者在看到毫无止境的茫茫前景时,勇气不会遭到挫伤;即便如此,宇宙的君王还是把永恒本身控制在他自己智慧的限定力量之内,他以其最佳的判断来引导和转变它的过程。我是说,这同一位上帝给未被限定的永恒 588
披上了衣装,就像是美丽的色彩和盛开的花朵一样,使白天因沐浴在太阳的光辉之下而灿烂宜人;他虽然用黑暗的被子覆盖了夜晚,但同时又使发亮的星星像金色的点缀一样闪烁其中。正是他,点亮了启明星的光彩,造成了月亮变化的壮观和群星汇聚的辉煌,并把广袤的苍穹打扮得花枝招展,宛如一袭镶着珠宝的披风。此外,他造就了巍峨而又深广的天空,使整个世界在长度和宽度上均感受到它那冷峻的权势;他命令,天空上应当被装饰着各式各样的鸟类,并让这空间的海洋开放给每一种可见的和不可见的生物去自由翱翔,它们的路程就是穿越天上的地带。在这个大气层的中间,他悬挂了大地,大地的中心,则用海洋来环绕,就像一件美丽的蔚蓝色服装。

7.他指定大地为它所包容的一切生物的家园、养育者和母体,并用雨水和泉水去浇灌它,为了生活的愉悦,他还使它长满了植物

和各种各样的花卉。他还按自己的形象造人，这是世上生物中最高贵者，他自己最爱戴者，是一种被赋予理智和知识的生物，是理性和智慧的孩子，他赐予他统治生长和活动于大地上的所有其他动物的权力。因为人在所有的世上生物中，是最为上帝所爱戴的：我是说，作为一名溺爱的父亲，他已经让凶残的被造物附属于人；他使海洋适合于人航行，使大地长满了各式各样的植物；他授予人为了获取一切科学而进行推理的能力；他甚至把海洋生物及空中的飞禽也放置在人的控制之下；他允许人类沉思天体、揭示太阳和月亮的运行和变化、探讨行星和不变的恒星的运行周期。总而言之，在世上生物中，他只授予人承认他为其天上之父以及赞美他为至高的永恒君王的戒律。

8. 可是造物主已经用一年四季来限定不可改变的永恒过程，用春季的到来去结束冬季，就像用一个均等的摆轮去调节周而复始的季节。在用春季的各种不同产品来装饰永恒的时间过程之后，他还加上了夏天的热气；接着他用秋天的间歇期来缓解劳作的辛苦；最后，他用冬天的阵雨①使季节得到更新，土地得到净化，这些充沛的甘霖，就像一匹既健壮又润滑的高贵骏马，再一次被派送到山泉的大门口。

9. 至高君王一旦用这些智慧的绳索把他自己的永恒与一年一度的循环连结一起之后，他便把这样的周期变化过程委托给一位强大的统治者去引导，后者是他唯一生下的道，是一切被造物的维

① 尤西比乌斯所在的恺撒利亚处于地中海东部沿海地区，属于典型的地中海气候群，这种气候特征主要表现为夏旱冬雨。——中译者

护者，他交给他驾驭宇宙力量的缰绳。后者在从一位慈善的父亲那里获得了这份遗产、并把天上四周上下的万事万物合并成一个和谐的整体之后，便开始指导它们始终如一的进程；他用合宜的方式为世上的理性生物提供了完善的正义，他为人类寿命规定了配给的限度，他甚至允许人们期待有一种未来存在的开始。因为他教导他们说，在今生今世以外，存在着一种神圣的和有福的生存状态，该状态是为那些一直受到天上祝福的希望所激励的人们预留的；那些过着一种有德的和虔诚的生活的人们，将要迁居到一个好得多的住所；而那些不虔诚的有罪之人，将依据其罪行，被宣判进入到一个惩罚的处所。

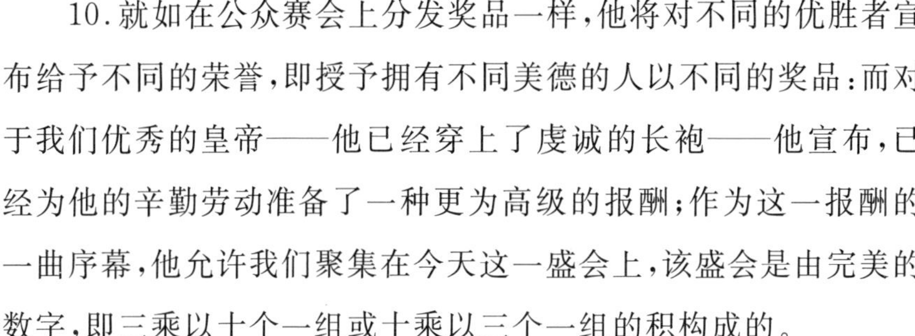

10. 就如在公众赛会上分发奖品一样，他将对不同的优胜者宣布给予不同的荣誉，即授予拥有不同美德的人以不同的奖品：而对于我们优秀的皇帝——他已经穿上了虔诚的长袍——他宣布，已经为他的辛勤劳动准备了一种更为高级的报酬；作为这一报酬的一曲序幕，他允许我们聚集在今天这一盛会上，该盛会是由完美的数字，即三乘以十个一组或十乘以三个一组的积构成的。

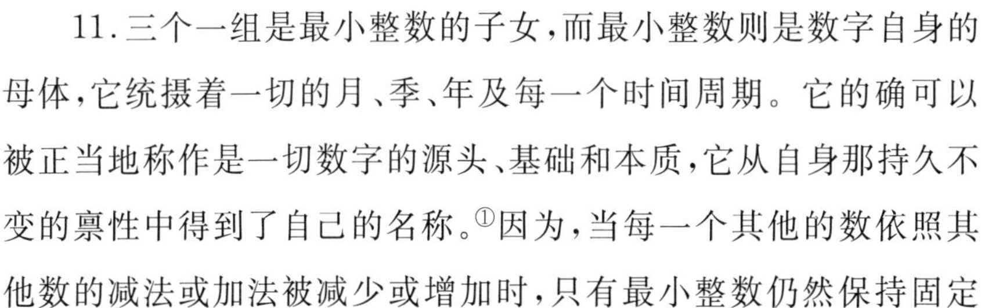

11. 三个一组是最小整数的子女，而最小整数则是数字自身的母体，它统摄着一切的月、季、年及每一个时间周期。它的确可以被正当地称作是一切数字的源头、基础和本质，它从自身那持久不变的禀性中得到了自己的名称。[①]因为，当每一个其他的数依照其他数的减法或加法被减少或增加时，只有最小整数仍然保持固定

① ［μονας，παρα το μενειν ωνομασμενη. 本章中借助数字进行比拟（读者也许会认为此种做法十分幼稚）似乎是对柏拉图神秘性推测的某种模仿。——巴格斯特译本］。

不变，它从许多当中以及因它而构成的其他数当中被抽取出来，这就类似于不可分的本质那样，后者与所有别的事物虽然完全不同，但却借助对所有别的事物的性质的参与，决定它们的存在。

12. 最小整数是每一个数的创作者，因为许多是由最小整数的组合和相加构成的；如果没有最小整数，就根本不可能设想有数的
589 存在。可是最小整数本身是独立于许多的，因此它便脱离开并优越于所有的数；虽然它可以构成和造就所有别的数，可是它自身并不需要从别的任何数中获得增加。

13. 与此同源的是三个一组，它同样不可分割和完美；总数中的第一套三个一组，是由偶数和奇数构成的。因为完美的数字二，在加上最小整数之后，就形成了一套三个一组，这是第一个完美的复名数。该三个一组通过解释平等为何物，首先教导人们正义，因为它本身就具有一个同等的开端、同等的中间和同等的结尾。它也是神秘的、最神圣的和高贵的三位一体的一个形象，它自身虽然不具有开端或起源，却包含着所有被造物存在的坯胎、理由和原因。

14. 因此，三个一组的力量可以被正当地看作是万事万物的第一原因。此外，数字十包含了一切数的终结，即结束了它们自身，因此它可以真正地被称作是一个充分的和完美的数，因为它包含了数的每一个种类和每一个尺度、比例、和谐和协调。例如，最小整数通过加法形成并终结于数字十；在把该数作为它们的母体之后，也即是说它是它们旅程的极限，它们便走完该旅程达到其生涯的终点。

15. 接着它们进行第二次循环旅行，然后第三次和第四次，直

到第十次,于是它们通过十个十次的旅程,完成了第一百个数。自此回到了最初的起点上,它们又开始获得了数字十,如此走完了十次,便完成了第一百个数,然后它们又退回原位,从新的起点重新开始新的旅程,借助旋转运动,它们从自身开始,再次回归自身。

16.由于最小整数是十当中的十分之一,十个最小整数就构成为一套十个一组,十个一组本身就是极限,是固定的终点和最小整数的边界:因为正是它结束了数的无穷大;它是最小整数的尽头和终点。三个一组与十个一组联合一起,着手进行十的三重旅行,于是便产生了最自然的数字三十。正如三个一组所涉及的是最小整数,数字三十所涉及的是十。

17.它也是在亮度上次于太阳的天体运行的固定边界。因为月亮从与太阳的一个会合处运行到另一个会合处,从而完成了一个月的周期;在此周期之后,似乎是获得了第二次生命,它又重新开始出现一次新的光亮和其他日数,从而被荣耀地装饰着三十个最小整数、三套十个一组和十套三个一组。

18.我们得胜的皇帝的广泛的统治权,也被万善的赐予者用同样的方式来辨别,这种统治权如今已经进入到一个新的祝福领域,今天虽然迎来了这个三十周年的节庆,但皇帝的统治权无疑还要延伸到一个极其遥远的时期,因而他将有希望在天上王国中获得未来的祝福;在那里,不仅是太阳,而且还有数量无数的发光体,将环绕着全能的君王,这些发光体的光辉将超过太阳,它们从永恒的光源中获得了辉煌灿烂的光线。

19.在那里,由美丽而又永不枯竭的祝福所环绕的灵魂,将享有自身的存在;在那里,生命将不会受到悲伤的烦扰;在那里,对纯洁和神圣愉悦的享受，以及无法度量和无限持久的时间，将延伸至无边无际的空间；那里不被日月的间歇、年轮的运转和时间与季节的循环所限定，生命将持续无穷。这种生命既不需要太阳的热量，也不需要月亮和众星的光泽，因为它拥有巨大的发光体，那就是上帝的道，全能君主的独生子。

20. 因此，正是神秘而又神圣的神谕，揭示他是公义之子，和远远超过一切光亮的光。我们相信，他还用公义的光线及智慧的光辉照亮了极幸福的天上精灵，他真正接收了虔诚的灵魂，不仅仅把他们带入了天界，而且把他们拥进了自己的怀抱，的确证实了他曾经亲自给出的保证。

21. 凡人的眼睛无法看到，凡人的耳朵无法听到，穿上肉体衣裳的心智也无法理解到，上帝为那些已经装饰有信神恩典的人们准备了什么样的东西；虔诚的皇帝啊，祝福已经在等待着你，开天辟地以来，全能的宇宙君主只授予你净化人类生命过程的力量：他还向你揭示了他自身的拯救标志，他由此而征服了死亡的力量，并战胜了每一个敌人。你已经使用这个胜利的战利品去鞭笞邪恶精灵并抵御偶像崇拜的错误，不仅对你的一切不虔诚的和残暴的仇敌，而且对同样野蛮的敌人即邪恶精灵，均取得了胜利。

第 7 章

1. 我们由两种不同的性质所构成，我指的是肉体与灵魂，其中一个是可见的，另一个是不可见的，这两种性质，总是受到两个野蛮而又残暴的敌人的追击，其中一个是不可见的，另一个则是公开的。一个用有形的力量反对我们的肉体;另一个用无形的袭击包围赤裸的灵魂。

2.可见的蛮人,就像充满野性的游牧部落,并不比残暴的野兽 590
好,他们攻击文明民族,蹂躏他们的国家,征服他们的城市,像沙漠中残酷的狼那样袭击定居在那里的人们,残害所有落入他们手中的人。可是那些看不见的仇敌,远比蛮人残酷得多,我是指毁灭灵魂的魔鬼,他们的生涯就是穿越空中地带,借助恶劣的多神教陷阱,成功地征服整个人类,使他们再也无法认出真正的上帝,因而徘徊在无神论错误的迷宫当中。我不知道他们从哪里获得了实际上到处都不存在的诸神,并抛弃了唯一真神上帝,仿佛他从未存在过。

3.于是,躯体的生殖被他们尊崇为一个神,与这相对立的原则,即躯体的解体和毁灭,也被加以神化。前者作为生殖力量的作者,被在维纳斯[①]的名义下尊以各种仪式;后者在控制人类方面,因其意味深长和强大而获得了普路透或死神的名称。那个时代的人们除了自然生殖的生命之外,对于别的东西毫无所知,因此他们宣称那种生命的原因和起源是神圣的:而且,由于相信死后万念俱灭,他们声称死亡本身就是一个世界性的征服者和一位强大的神。既然认为人注定要被死亡所湮灭,他们便缺乏一种责任感,整天过着一种名不符实的生活,其肮脏的生活实践的确令他们死有余辜。根本不考虑上帝会进入到自己的内心深处,根本不期待神的审判,根本不回忆或思虑自己的灵性存在:由于承认一

① 或阿弗洛狄特。

个令人恐惧的上级即死亡，并且坚信在它的力量的作用下自身肉体的分解就是最终的湮灭，他们把一个强有力的和值得尊敬的神即普路透的名称[①]授予了死亡。于是，死亡对于他们而言便成为一个神；不仅如此，他们认为与死亡相比，活着是一件弥足珍贵的事情，这大大地促成了他们生活上的奢侈。

4. 于是，动物式的愉悦对于他们来说也是一位神；营养及其产物也是一位神；树上的果实是一位神；喝醉狂闹是一位神；肉体上的欲望和愉悦是一位神。于是就有了科瑞斯[②]和普罗塞尔皮娜[③]的秘仪，普罗塞尔皮娜曾被普路透劫掠，随后又被放回；于是就有了巴克斯[④]的纵酒狂欢，以及被醉态（亦即一位更强大的神）所征服的赫尔克里斯；[⑤]于是就有了丘比特[⑥]和维纳斯的那些通奸习俗；于是，朱庇特本人才迷恋于与妇女们及伽尼莫德斯[⑦]的风流韵事；[⑧]于是，这些放荡的神祇们才恣意娇气和享乐。

5. 这些正是残暴的蛮人和至高上帝的敌人据以完全击败人类

---

① [μεγαν θεον και πλουσιον，παρα και Πλουτωνα，τον θενατον ανηγορευον. ——巴格斯特译本]。

② 科瑞斯(Ceres)，古意大利专司粮食丰收的女神。——中译者

③ 普罗塞尔皮娜(Proserpine)，罗马的冥界王后和丰产女神，相当于古希腊的佩耳塞福涅(Persephone)。——中译者

④ 巴克斯(Bacchus)，罗马的植物神和酒神，亦即希腊的狄奥尼修斯(Dionysus)。——中译者

⑤ 赫尔克里斯(Hercules)，力大无穷的大英雄，亦即希腊的赫拉克勒斯(Heracles)。根据希腊神话，这位大力士的失败并非醉酒所致，而是赫拉使其疯狂所致。——中译者

⑥ 丘比特(Cupid)，罗马的小爱神，等于希腊的厄洛斯(Eros)。——中译者

⑦ 伽尼莫德斯(Ganymedes)，希腊神话中宙斯身边的侍酒少年。——中译者

⑧ 有关这些神祇的各种不同名称，请参照《希腊罗马辞典》(*Dict. of Gr. and Rom. Biog.*)。

的迷信的武器;他们到处建造不虔诚的纪念碑,在每一个角落中竖起他们虚假宗教的神祠和庙宇。

6.那个时代的统治阶级受到错误势力的奴役是如此之大,以至于他们用自己同胞和亲属的鲜血去抚慰他们的神祇;他们磨刀霍霍,是为了对付坚持和维护真理的人;他们举起双手所要进行的一场无情的战争,不是用来反对国外的或野蛮的仇敌,而是为了反对用家庭和亲情纽带去束缚他们的人,是为了反对同胞、亲人和最亲爱的朋友,因为这些人在实践美德和真正虔诚的过程中,决心荣耀和崇拜上帝。

7.当人们专心致志于服侍众王之王的时候,这些王侯却以如此的疯狂精神去向他们的恶魔神祇献祭。在另一方面,他们的牺牲者作为真正虔诚事业中的高贵的殉道者,则决心以自己的生命为代价去迎接一场光荣的死,完全蔑视这些残暴行为。作为上帝的士兵,他们坚忍不拔,无视一切形式的死亡:被用火烧,被用剑截,被钉死在十字架上;被抛入斗兽场喂野兽,被沉溺于大海深处;肢体被切开和被烧烙,眼珠被挖出来,整个躯体被残害;最后,让其挨饿,将其囚禁,罚其矿山之劳役,不一而足。他们认为所有这些苦难要比任何世俗的幸福或愉悦好受,因为他们怀有对他们天上之王的爱。妇女们也以同样的方式表明了一种不逊于男人的不屈不挠的精神和勇气。

8.有些人忍受了与他们类似的冲突,因而为自己的美德获得了相同的奖赏;另一些人被强行带走而成为暴力和污染的牺牲品,他们宁死不屈;而更多的人则不能容忍听到行省总督用来对付他们的相同威胁,毅然承受住每一种不同形式的折磨,以及每一种不

同形式的死亡宣判。[1]这些全能君王的勇敢士兵,以灵魂的坚忍不拔来坚持与多神教敌对势力作斗争;这些上帝的敌人和人类拯救的对手,比凶猛的野兽残暴得多,他们喜欢用人的鲜血来作奠酒;他们的代理人为了向他们为之服务的魔鬼表示敬意而喝干了罪恶
591 杀戮之杯,并以人类的毁灭为代价,为他们准备了这场恐怖和邪恶的宴会。

9. 在这些悲惨的境况下,上帝和这些受折磨者的国王所追寻的是什么道路呢?对于他最亲爱的朋友们的安全他可能无动于衷吗?他会听任他的仆人们走向这个巨大的绝境吗?没有任何谨慎的舵手会听任船沉人溺,而不设法稳住船只拯救全船人员生命的;没有任何有责任心的将军会对自己的伙伴满不在乎,随便将其遗弃给敌人去处置的;一位忠实的牧羊人,不可能不惦念那只从自己羊群中走失的绵羊,他必定会先把羊群留在安全的地带,然后义无反顾地前去寻找那只迷路羔羊,哪怕是要与凶残的野兽进行一番搏斗。

10. 然而,万有的伟大君王的热情,为的并不是无意识的[2]绵羊:他所看护的,是他自己的忠实朋友,是为了他而坚持战斗的人们;这些人奋斗于他亲自认可的虔诚事业当中,他们将携带着他所授予的胜利奖章回归到他的面前,并被结合进天使的合唱队中去。他把其他的人留在这个世界上,为的是让他们把活着的虔诚种子传递给未来的几代人,并使他们成为他向不信神者进行复仇的直

---

① 有关这里所提及的各种迫害细节的报道,请参照《教会史》。

② “αλογου”。

接目击者和整个事件的叙述者。

11.在此之后,他张开臂膀对敌人进行审判,用神怒的打击彻底消灭他们,不管他们是如何不乐意,均要强迫他们张开自己的嘴巴低头认罪,并撤回自己的恶行;与此同时,他将从地上扶起和荣耀地褒奖长期以来受到压迫和遗弃的人们。

12.这就是至高君王的处置方式,他任命一名所向披靡的战士担任他从天上派出的复仇特使(我们的皇帝因其卓越的虔诚,喜欢上帝之仆人这一称号),他已经证明他胜过一切反对他的人,因而提升他作为反抗众多敌人的一个力量。他们数量庞大,是许多邪恶精灵的朋友(尽管事实上他们是不信教者,因此现在数量上不会更多);而我们的皇帝是一,由一位全能君王所任命,并成为其代表。邪恶的精灵用残酷的杀戮毁灭公义;而他则仿效自己的救主,只知道如何挽救人的生命,并用虔敬来宽恕和教导不虔诚者。

13.因此,与胜利者这一名称相称,他击败了两类蛮人:首先,他借助审慎的使节团平定了野蛮部落,迫使他们了解和承认他们的优胜者,把他们从一种无法无天的粗暴生活方式改造成具有理性和人性的民族;与此同时,他用事实向他们证明,具有无形精灵的残暴和无情的种类,在很久以前就已经被一种更高的力量所征服。因为作为宇宙的保护者,他用一种看不见的审判来惩罚这些看不见的精灵;我们的皇帝作为至高君王的代表,继续这一胜利,他从那些死去多时并已腐烂成灰的人们那里夺取了战利品,并用慷慨的手在他的得胜之主的士兵当中进行分发。①

① [即夺走他所毁灭的庙宇中的塑像,并在他的基督徒追随者当中分配这些战利品:参看下一章,该章大部分是《君士坦丁传》第3卷第54和55章的一个副本。——巴格斯特译本]。

第8章

1.当他得知无知的民众对那些用黄金和白银制成的错误的妖魔塑像怀有一种愚蠢和幼稚的恐惧时,他立即断定把它们拆除掉是正确的,这就如搬走一个搁置在黑暗道路中间的绊脚石,从此以后,他就可以为所有人开辟出一条平坦而又毫无障碍的高尚之路。

2.在形成了这一决定之后,他认为要制止该罪恶,无须动用任何形式的士兵或军事力量,他自己的几位朋友便足以担当这一任务,他通过一个自己意志的简单表达,派遣他们去分别巡视若干个省份。

3.于是,他们借助对皇帝虔诚的坚信和他们自己对上帝的忠诚,穿越无数部落和民族中间,在每一个城市和国家中废除了这种古代的错误制度。他们命令祭司们必须在公众的嘲笑和鄙夷之中亲自把众神像从黑暗的壁龛中带到日光之下。然后他们把它们的装饰通通剥去,于是就把曾经暗藏在绘色外表之下难看的内里暴露在众目睽睽当中;最后,这些物质中凡有价值的部分都被他们挖了下来,并用火溶解,以证明它们的成分,接着,他们拆卸下那些他们觉得对实现其目的有用的东西并带走,而给迷信的崇拜者留下的却是一堆没用的东西,这些东西成了他们耻辱的纪念物。

4.与此同时,我们这位可钦佩的帝王亲自从事一项与我们描述过的事情相类似的工作。如我们所说过的,在这些贵重的死人形象被剥掉珍贵物质的同时,他也袭击了用黄铜制成的塑像;他命人用绳索把这些塑像从庙宇中拖走,就像带走俘虏那样,这些塑像

曾经被陈年神话尊为神。我们威严的皇帝接着所做的事情，就是 592
点燃了一支明亮的火炬，借助火炬的光亮来察看四周，看看是否还有暗藏的错误痕迹尚未被发现。

5.就像翱翔于苍天中目光犀利的雄鹰，得以从高空上察觉到地面上最遥远的目标：正当他居住在自己那美丽城市的皇宫之内时，他从一座瞭望塔上发现了腓尼基省中存在着一个暗藏的和致命的灵魂陷阱。这是一座丛林中的庙宇，不是坐落在城市中间，也不是在任何公共场所当中，不像通常所能看到的引人注目，它处于通衢大道所无法畅达的黎巴嫩山峰之巅，是捐建给名叫维纳斯的肮脏魔鬼的。

6.这是一切被弃绝的不虔诚之徒及用女人气毁灭自身肉体之人的罪恶之渊薮。在这里，男人们不像男人，他们忘掉了自己性别的尊严，用自己的娇柔行为来邀宠于魔鬼；妇女们的非法性交、通奸连同可怕的和名声扫地的陋习，就发生在这个庙宇中，就如同发生在一个法外之地一样。

与此同时，这些恶行并没有因目击者的到来而受到任何抑制，因为性格正直的人，是不敢冒险参观这样一种场所的。

7.然而，这样的行为是无法逃避我们威严的皇帝的警惕的，他带着特有的深谋远虑亲自视察了它们，断定这样一座庙宇不适宜于天上之光的照临，因此下令完全拆除这一建筑物及里面的祭品。皇帝的敕令得到了执行，这样一些肮脏迷信的机械被立即拆毁，在净化这一地方的过程中，军事力量发挥了重大的作用。如今，曾经过着毫无约束的生活的人们，通过皇帝的惩罚威胁，学会了如何自制。

8. 于是我们的皇帝撕开了这个虚妄和邪恶的设施的假面具，让其暴露于众目睽睽之下，同时向所有人公开宣示他的救主的名。没有任何辩护者出现；无论是众神或魔鬼，还是预言家或占卜师，都无法向被看破的欺骗行为的作者提供帮助。因为人们的灵魂再也不会被包裹在一团漆黑的厚厚迷雾中，在真正虔诚的光辉的照耀下，他们哀叹自己祖先的无知，可怜他们的盲目，同时对自己能够从如此致命的错误中解放出来感到喜悦。[①]

9. 于是，依照强大上帝的忠告，借助我们皇帝的作用，每一个敌人，无论是可见的还是不可见的，都被迅速彻底地除掉；从今以后，作为青少年幸福养育者的和平，便扩展到整个世界。战争结束了，因为众神已经不存在；再也没有乡村或城镇中的战事，再也没有人类鲜血的流泻，疯狂的恶魔崇拜和偶像崇拜流行时期的人类苦恼，已经一去不复返。

第 9 章

1. 现在，我们就可以很好地对比当今和以前的情况，重温这些与过去的邪恶形成鲜明对照的幸福变化，并记录下古时的每个城市为了这些虚假的神祇，是如何煞费苦心地竖起门廊、圣域、丛林和庙宇的，他们的神祠又是如何被塞满大量祭品的。

2. 那些时代的统治者对于众神崇拜的确加以高度的重视。屈

① "这位法利赛人站着，并自言自语地做祷告：上帝，我感谢你，因为我不像其他的人那样。"

从于它们的权威的各族人民，均依照自己祖先的宗教习俗，在乡村中和每一个城市里，甚至在每一个家庭和密室里，都安放着它们的神像。然而，这种崇拜的结果根本就不是我们今天才能看到的和平的协调，相反，战争、骚乱和暴动却深深困扰着他们的整个生活，人们的牺牲流血和互相残杀肆虐于他们的国家。

3.此外，他们的崇拜对象可以用狡猾的谄媚来向这些君主们提供预言和神谕的许诺及有关未来的知识：然而它们却不能够预言自己的毁灭，也无法就即将到来的灭亡作自我预告；这必定是它们的欺骗行为的最巨大和最有说服力的证明。

4.那些经常发出耸人听闻的话语的人，没有一个曾宣布过人类救主的光荣降临，[①]或曾宣布过他前来赐予的神圣知识的新启示。皮提乌[②]本人和那些强大的神祇，都没能领悟出自身即将到来的衰落前景；它们的神谕也无法提及那位即将成为它们的征服者和毁灭者的基督。

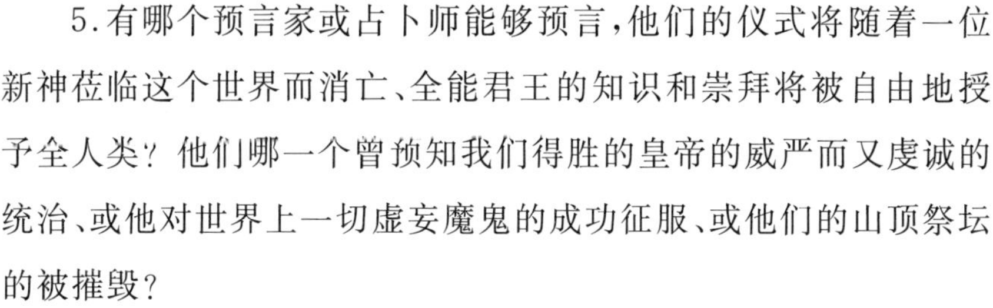

5.有哪个预言家或占卜师能够预言，他们的仪式将随着一位新神莅临这个世界而消亡、全能君王的知识和崇拜将被自由地授予全人类？他们哪一个曾预知我们得胜的皇帝的威严而又虔诚的统治、或他对世界上一切虚妄魔鬼的成功征服、或他们的山顶祭坛的被摧毁？

6.有哪一位英雄曾宣布过无生命的塑像被熔化掉、它们无用 593

① 他似乎并不同意作为该演讲的听者的皇帝在《致圣徒们之演讲》中所坚持的有关异教徒预言的观点。

② 皮提乌(Pythius)，古希腊德尔斐的阿波罗神庙祭司的名字，以其神谕的灵验著称于古代世界。——中译者

的形状被改做成对人有用的器皿？哪一位神祇有力量谈及自己的塑像被熔化掉并被轻蔑地砸成碎片？

7.当它们为人们所毁灭、以至于连一丝记忆也没留下时，它们的保护力量又在哪里呢？我还要问，那些曾坚持以战争来解决问题的人们，当你们瞧见你们的征服者正安逸地居住于最深远的和平之中时，你们又去了哪里呢？那些对自己坚持盲目和愚蠢自信、并信赖众神的虚荣的人们，那些处于迷信错误之巅峰、却还坚持与真理的斗士进行一场毫不留情的战争、并最终死有余辜的人们，你们又去了哪里呢？

8.那些把武器对准天上的巨人族类，以及那些发出嘶嘶声响并使用恶毒的语言反对全能之王的蟒蛇们，你们去了哪里呢？这些万有之主的敌人，自信可以得到众多神祇的帮助，以强大的军事力量开始发起攻击，他们最先推出的就是某些死者的塑像，以及没有生命的雕像，作为他们的防御盾牌。而在另一边，我们的皇帝则穿上敬神的甲胄，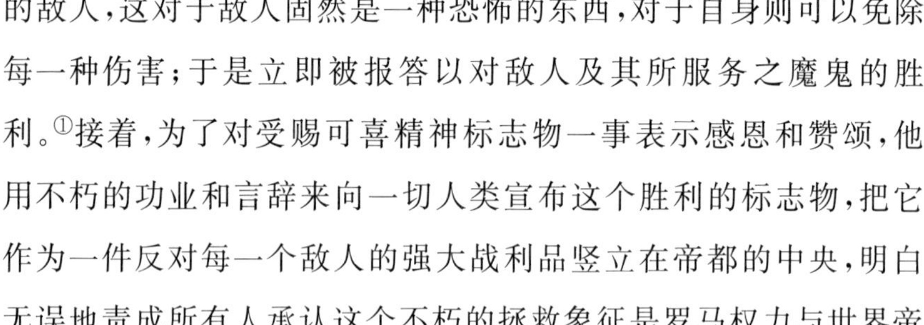用那有益健康和赐予生命的标志物去抵挡众多的敌人，这对于敌人固然是一种恐怖的东西，对于自身则可以免除每一种伤害；于是立即被报答以对敌人及其所服务之魔鬼的胜利。[①]接着，为了对受赐可喜精神标志物一事表示感恩和赞颂，他用不朽的功业和言辞来向一切人类宣布这个胜利的标志物，把它作为一件反对每一个敌人的强大战利品竖立在帝都的中央，明白无误地责成所有人承认这个不朽的拯救象征是罗马权力与世界帝

① 有关下面所详叙的细节，请参照《君士坦丁传》，这里是该书中的一个梗概。此句和前面一句几乎是一字不漏地照抄该传的第2卷第16章。

国的卫兵。

9.这就是他向自己的臣民广泛下达的指示;不过该指示特别向他的士兵下达,他忠告他们不要信任自己的武器、甲胄或自己的体格力量,而是要把信任寄托在承认至高上帝为每一种善和胜利的施予者之上。

10.于是,虽然奇怪和不可思议但却是事实:皇帝本人成了他的军队践行宗教的教导者,他教导他们依照神圣的法令提供虔诚的祷告,要他们朝着天上伸出自己的双手,把自己内心的想象力更高地对着天上之王,他们应当呼唤他为胜利的创作者、他们的维护者、保护者和帮助者。他还命令,某一天应当被当作是进行宗教崇拜的特别日子;我指的是,所有日子中第一的和首要的一天,即我们主和救主的日子;这一天的名称与光、生命、不朽及每一种善存在着关联。

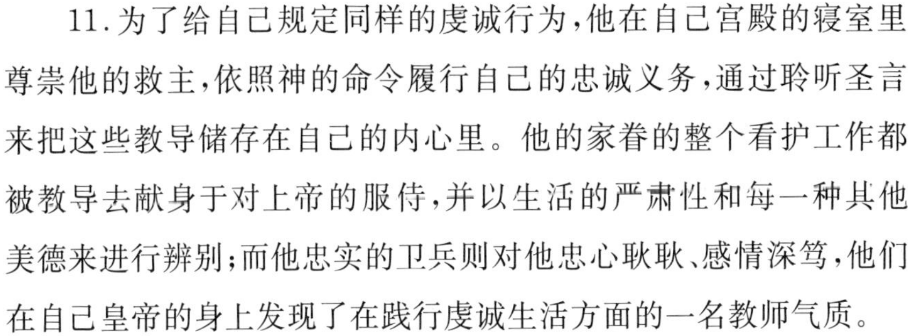

11.为了给自己规定同样的虔诚行为,他在自己宫殿的寝室里尊崇他的救主,依照神的命令履行自己的忠诚义务,通过聆听圣言来把这些教导储存在自己的内心里。他的家眷的整个看护工作都被教导去献身于对上帝的服侍,并以生活的严肃性和每一种其他美德来进行辨别;而他忠实的卫兵则对他忠心耿耿、感情深笃,他们在自己皇帝的身上发现了在践行虔诚生活方面的一名教师气质。

12.此外,他对胜利标志物的看重,也表现在他对其神圣功效的实际经历上。在这面前,他的大量敌人消失了;由于它,无形的恶灵势力逃之夭夭;由于它,上帝敌人的傲慢自夸完全失败,亵渎和不虔敬的嘴巴陷于沉默。由于这一标志物,野蛮部落被击败;由于它,迷信欺骗的仪式得到了正义的驳斥;由于它,我们的皇帝就如清偿了一种神圣的债务那样，借助在世界的各个地区竖立有价值的胜利纪念碑、建造规模庞大的圣殿和教堂、命令所有人合力构造祷告圣所等，履行了所有善中最高的善。

13.于是，我们皇帝的这些庄严壮丽的显著证明立刻出现在帝国的行省和城市中，不久便在每一个国家中闪烁着引人注目的光芒；那些邪恶的暴君们不久前竟疯狂到胆敢与上帝作对，他们像凶残的恶狗那样乱吠，并向无意识的建筑物发泄其无法与之平起平坐的狂怒，他们的受斥责和被推翻，已经留下了令人信服的纪念物；他们摧毁了祈祷场所，铲除了这些建筑物的地基，致使它们成为一个城市的悲哀，因为它们已经被交由敌人去蹂躏。这些就是邪恶精灵据以试图向上帝本身发起进攻的罪恶的展示，不过不久以后，他们就尝到了自身疯狂和愚蠢的恶果。只是在很短的时间内，上天发怒的一阵风暴就把他们完全肃清，没有留下亲属，没有留下后代，甚至没有留下他们存在的任何遗迹：尽管他们的数量曾
594 经很多，却在神圣复仇的打击下顷刻间化为乌有。

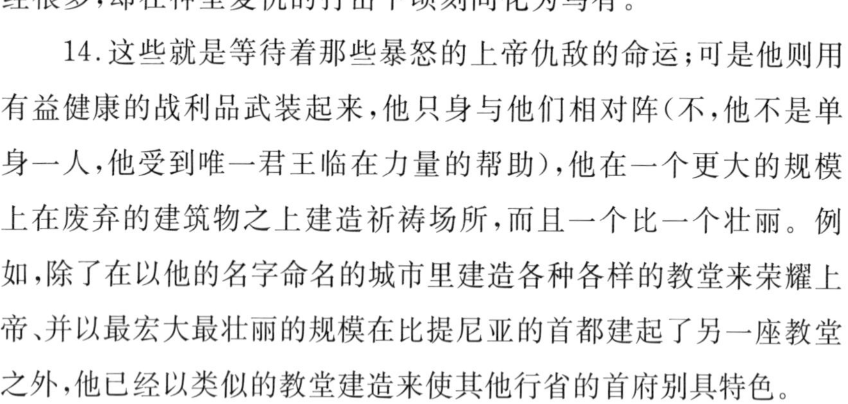

14.这些就是等待着那些暴怒的上帝仇敌的命运；可是他则用有益健康的战利品武装起来，他只身与他们相对阵（不，他不是单身一人，他受到唯一君王临在力量的帮助），他在一个更大的规模上在废弃的建筑物之上建造祈祷场所，而且一个比一个壮丽。例如，除了在以他的名字命名的城市里建造各种各样的教堂来荣耀上帝、并以最宏大最壮丽的规模在比提尼亚的首都建起了另一座教堂之外，他已经以类似的教堂建造来使其他行省的首府别具特色。

15.首先，他在帝国的东部区域选择了两个地方，一个在巴勒斯坦（因为赐予生命的河流正是从那里流出，就像为了所有民族的

祝福而从一个源泉流出那样），另一个在东方的首府城市，该城市从安提俄克斯这一名称中获得自己的名字；[①]在这里，就像是在帝国这一部分的头部那样，他建起了专用于服侍上帝的一座教堂，其规模和美丽无与伦比。整座建筑被用一堵范围辽阔的围墙所环绕，围墙内的教堂高耸入云，呈八边形状，四周有许多的房间，每边均有天井，装饰得最为富丽堂皇。[②]

16. 这些就是他在这里的作品。此外，在巴勒斯坦省，在那个曾一度是希伯来君权驻跸地的城市[③]里，就在主墓的遗址上，他建起了一座规模巨大的豪华教堂，教堂的大殿中安置着一个装饰华丽的有益的十字架，这个十字架成为一座永恒的纪念碑，它是救主战胜死亡力量的标志物，由于有了它，整座教堂的美丽无法用语言来描述。

17. 在同一个国家里，他发现了三个神圣的洞穴，认为这三处场所值得崇敬：在救主第一次显现的洞穴遗址上，他建造了造价昂贵的建筑物，并用适当的赞美来尊崇它；在主最后从山巅上升天的洞穴遗址上，他也建造了纪念物，以示尊崇；在第三个洞穴遗址上，他也以建筑物纪念主的伟大战斗及获取冠冕的胜利。[④]我们的皇帝之所以要装饰和美化这些场所，是希望借此来向全人类宣布赎

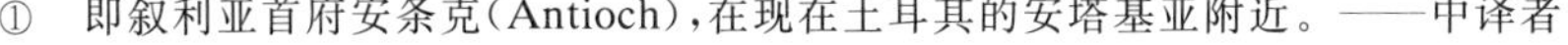

① 即叙利亚首府安条克（Antioch），在现在土耳其的安塔基亚附近。——中译者

② 几乎是逐字照抄《君士坦丁传》第3卷第50章。

③ 指耶路撒冷。——中译者

④ ［在《君士坦丁传》（参见第3卷第41章及上面）中，尤西比乌斯只提到两个洞穴，他谈到了由海伦娜在伯利恒和在橄榄山上所建造的教堂。这里他指的是君士坦丁在主墓上所建造的华丽教堂，并把海伦娜的教堂也归之于他，似乎是皇帝出资建造的。瓦列修斯即据此迻译。——巴格斯特译本］。

罪的符号。

18.十字架的确报答了他的虔敬热情；由于它，他的家庭和皇权事业均兴旺发达，他的统治被赋予悠长的岁月，对他美德的奖赏也惠及他的高贵的儿子们、他的亲属们以及他们的子孙后代。

19.他用同一只手握有了正义的平衡，并向各方分配他们所应得的奖赏，这必定是他所服侍的上帝的力量的一个强大证据。对于祈祷场所的毁灭者，他们的不虔诚行为受到了严厉的惩处：他们立刻就被剪除，不留任何家室、亲人及族类。在另一方面，虔诚献身于主的他，则在每一个行为上均鹤立鸡群，他建起了华丽的圣殿来尊崇主，在整个世界上借助神圣的供品向自己的臣民宣扬主的名，因此，我认为他理所当然地感受到主是他的皇室家庭及其族类的维护者和保卫者。因而很明显，借助这个有益健康的标志物的神圣功效，上帝的行为方式已经得到了彰显。

第 10 章

1.对于那些精通我们神圣宗教的奥秘的人们来说，有关这个有益健康的标志物，的确有大量的话要讲。因为它的的确确是拯救的象征，谈论它是奇妙的，想象它更是奇妙的；它在这个世界上的出现从一开始就把一切虚假宗教的谎话抛进了最深的幽暗处，把迷信的错误埋葬和遗忘在黑夜之中，并向所有人揭示了能照亮人的灵魂的灵性之光，甚至揭示了有关唯一真正上帝的知识。

2.这种朝向更加美好的变化非常普遍，它引导人们唾弃无生命的偶像，把魔鬼神祇的非法仪式踩在脚下，并嘲笑父辈们那历史悠久的蠢行。于是，在每一个地方都建起了学习神圣知识的学校，在那里，人们被教以拯救真理的戒律，再也不用害怕人的肉眼所能看到的被造物，也不再用惊奇的眼光凝视着太阳、月亮或星星；人们只需要承认万有之上的上帝，认定他就是万有的创造者和无形的存在，并学会仅仅崇拜他。

3. 这些就是人类从这个伟大和奇妙的标志物中得出的祝福，由于它，曾一度存在过的邪恶，如今已经不复存在，从此以后，无数的美德到处都闪耀着真正虔诚之光。

4. 所有民族的耳朵，都可以听到劝导过美德和神圣生活的演说、箴言和布道。值得注意的是，皇帝亲自进行宣讲。这位强大的帝王，像一位全能君王的意志的解释者那样，对整个聆听着的世界提高嗓门，请求每一个国家中的臣民们去学习有关真正上帝的知 595
识，这的确是一件奇妙的事情。

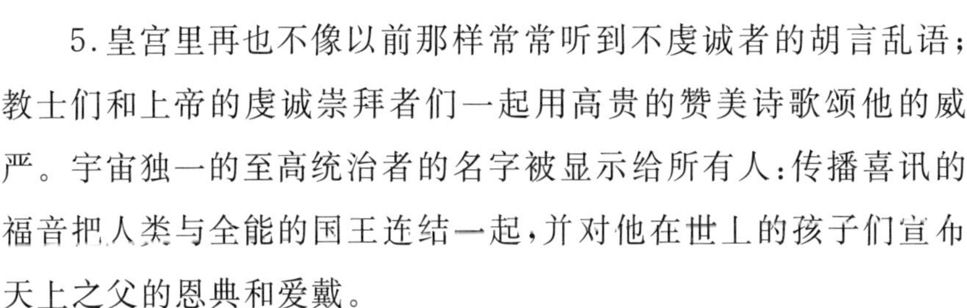

5. 皇宫里再也不像以前那样常常听到不虔诚者的胡言乱语；教士们和上帝的虔诚崇拜者们一起用高贵的赞美诗歌颂他的威严。宇宙独一的至高统治者的名字被显示给所有人：传播喜讯的福音把人类与全能的国王连结一起，并对他在世上的孩子们宣布天上之父的恩典和爱戴。

6. 到处都用一种胜利喜庆的风格来吟唱对他的赞美：凡人的声音混合着天使唱诗班的和谐旋律；理性的灵魂把躯体当作是表达对他的名进行适当赞颂和崇敬的一种工具。东方和西方的民族，都在同一时刻里被教导以他的戒律；北方和南方地区的人民，在同样的原则和律法的影响下获得了协调一致，他们均追寻一种虔诚生活、赞美一个至高上帝、承认他的独生子为救主和每一个祝福的源泉、并承认我们的皇帝与他的虔诚的儿子们是世上的唯一统治者。

7. 他本人则像一位技艺娴熟的舵手，威风凛凛地坐在船舵的高处，用丝毫无误的航线引导着船只破浪前进，并用柔和的顺风把他的船员运抵一个安全和风平浪静的港口。与此同时，上帝本人作为伟大的君王，自上而下伸出他那有力的右手来为他提供保护，赐予他对每一个敌人的胜利，用悠长的统治岁月来稳定他的帝国；他还会赐予他更高的祝福，在每一个行为中确证他自己所作诺言的真实性。不过对于这些，我们目前并不想详述，必须等到世界变得更好的时候；因为要充分领悟上帝的事情，这并非凡夫俗子所能做到。[①]

第 11 章

1. 如今，得胜的和伟大的君士坦丁，在这篇演讲中，你的高尚的论点就是全能之王的荣耀，让我把他的神圣真理的某些奥秘呈现在你的跟前：不要认为是在教导你，因为你亲自受教于上帝；也不是为了要向你揭示那些他自身的秘密奇迹，不是经由人的媒介，而是经由我们共同的救主，以及长期以来向你展现和表露的他那神圣临在频频发出的光；并希望把无知者带向这光，向那些不了解它们的人们显示你的虔诚行为的理由和动机。

---

① 依照某些人的意见(参照特别序言)，一个演讲到此结束，接下来开始一个新的演讲。

2.你力图在整个适合于人类居住的世界上实现对至高上帝的每日崇拜和尊崇，正是你的这一高尚努力成为广泛颂扬的主题。不过，你既然在我们所在的巴勒斯坦省以及作为救主之道[①]的源泉的城市中用建造教堂来记载上帝的功德，那么这些对你的救主和维护者的感恩记录，就已经发布给了全人类；此外还有神圣的大厦和圣洁的殿堂，你把它们建造成他战胜死亡的纪念物；还有那些崇高和高尚的建筑以及具有一种庄严精神的帝国纪念碑，你竖立它们是为了永远纪念救主的坟墓；我认为，这些事情的来由对于所有人来说，并不是同样明显的。

3.的确，那些受到圣灵的力量和天上知识所启迪的人们，能够很好地理解其中的缘由，并因你在上苍激励下所做出的深思熟虑和果敢而正当地赞美和祝福你。而在另一方面，无知者和心灵的瞎子却用公开的讥讽和嘲笑来看待这些设计，把它看作是一件古怪的和没价值的事情。在他们看来，如此强大的一位帝王，不值得把自己的热情浪费在死人的坟墓和纪念碑上。

4.他们也许会说："爱护那些古代习惯所神圣化了的仪式，寻求其崇拜在每一个行省都受到尊崇的神祇和英雄的恩泽，而不是因为它们会降祸于人而拒绝和抛弃它们，这样做不是更好吗？它们理应获得与自身受难的那个人同等的尊重；如果它们受到拒绝，亦即如果它们难以免除来自人类的悲哀，则同样的待遇才应当被正当地强加在那个人身上[②]。"他们讲得眉飞色舞，却用一种浮夸

① 在这里，作者所谈及的似乎既是道，又是一般的话语。

② 这里的"那个人"，与上一句中的"那个人"，指的都是耶稣基督。——中译者

的语气表明了自我想象的智慧。

5. 由于对这种无知充满着同情，我们最仁慈的父的宽厚之道慷慨地邀请这些走在错误道路上的所有人——而不仅是其中的一个——去接受神圣知识的教导；在整个世界上，在每一个乡村和村庄，在绿洲和荒芜地区，以及在每一座城市里，他都规定了这些教导的手段；作为一位仁慈的救主和灵魂的医生，他呼吁希腊人和野蛮人，聪明人和无文化者，富人和穷人，仆人及其主人，臣民及其领主，不信神者，亵渎者，无知者，作恶者，侮辱神圣者，大家一样地走
596 在一起，赶快前来接受他的天上救治。他及时而又清楚地对所有人宣布宽恕先前的违法乱纪，他说道："凡劳苦和挑重担者，可以到我这里来，我将让你们得休息。"[①]他还说："我来本不是召义人，而是召罪人悔罪的。"[②]他添加了理由："因为健康的人用不着医生，有病的人才用得着。"[③]他又说："我并不愿意罪人死去，而是希望他会悔罪。"[④]

6. 因此，只是为了那些自身得到神圣事物的教导并理解其工作就是结果的人的热情之动机的人们，我们才会去欣赏我们的皇帝据以被引导的那种超越冲动的东西，才会去赞美他对上帝的虔

---

① 《马太福音》第 11 章第 28 节。

② 《马太福音》第 9 章 13 节。修订版为："因为我来本不是召义人，而是召罪人。"这里的原文有 εισμετανοιαν 的表达，但被提申多夫(Tischendorf)和修订者删除掉并代之以巴格斯特译本，不过此举得到了谢科尔的支持(sab. cop., etc.)。值得注意的是，它并不存在于西奈抄本(即七十子希腊文本。——中译者)中，如果这个原文的表达是正确的，那将几乎推翻了该抄本是尤西比乌斯指导下所准备的抄本之一的可能性。

③ 《马太福音》第 9 章第 12 节。

④ 《以西结书》第 18 章第 23 节。修订版为："主上帝说：恶人死去，我岂能高兴，我岂不希望他回头离开所行之路而存活？"

诚，才会去相信他对我们救主复活纪念物的看护是自上而下授予的、真正由至高君王所激发的一种愿望，并相信他永远的忠诚仆人和代理人就是他最大的骄傲。

7. 由于确信会获得你的赞同，最伟大的皇帝，此时此刻，我愿意向所有人宣布你的虔诚工作的理由和动机。我愿意成为你的计划的解释者，去解释献给上帝之爱的一个灵魂的忠告。我提议向所有人教授：那些喜欢理解我们救主上帝据以使用他的力量的原则的人们应当知道些什么，他成为万事万物的先在的支配者并最终从天上降临我们的理由，以及他采纳我们的人性、甚至屈服于死亡的力量的理由。我将宣布那接踵而来的不朽生命的原因，以及他从死中复活的原因。而且，为了那些仍需要此类证明的人们的缘故，我将列举出令人信服的证据和观点。

8. 现在让我开始我被指定的工作。

那些罔顾造成和统治这个世界的上帝而把崇拜转向自己手头上的作品的人们；那些把太阳、月亮，这个物质体系中的其他部分，或各种元素自身，土、水、气、火等，看作与万有的造物主同等重要的人们；那些除了服从创造这个世界的上帝之道之外还给从来就未存在过的事物取了神的名字的人们——依我的判断，这类人与那些忽视了赋予一座宏伟宫殿以壮丽的大师之手的人们相类似；他们惊讶地迷失于它的屋顶和墙壁，各种美妙的图画和装饰它们的色彩，光彩夺目的天花板及雕塑，认为值得赞赏的是作品本身而不是工作于其间的艺术家的技巧；然而，他们不该把他们惊讶的原因归之于这些看得见的物品，而应该归之于设计师本人；应当承认，技艺的证据的确是显而易见的，可是只有他，才是技艺的所有者，因为他造就了拥有技艺之人。

9.此外,我们可以把那些人比作孩子,他们欣赏七弦竖琴,却无视发明和使用这种乐器的人的存在;他们懂得用胜利的花冠装饰自己的长矛和盾牌,却忘记了勇敢的战士;他们把一个巨大城市的广场、街道、公共建筑、庙宇和体育馆等,看作与它们的建造者同等重要;他们忘记了他们的赞美不应当归之于无生命的石头,而应当归之于有智慧设计和施行这些伟大工作的他。

10.有人用自然的眼光来看待这个宇宙,把它的起源归之于太阳、月亮或任何其他天体,这一看法荒谬无比。我们应当承认,这些事物本身就是一个更高智慧的作品,必须记住他是万有的创造者和构成者,值得赞美和尊崇的是他而不是他的创造物。当然,被造物的被看见,可以激发一种灵感,促使他们专心致志地赞颂和崇拜他,因为他是肉眼无法看见的,却可以被清澈无云的灵魂之视觉所感悟,他是至高君王即上帝之道。让我们以人体为例:没有人曾授予眼睛、头、手、脚或其他器官以智慧的属性,因为这些属性远非一名聪明而又有学识之人的外在衣装;也没有人把哲学家家里的家具和器具称作有智慧;可是每一个理性的人都会赞赏无形的秘密力量,即人自身的心智。

11.因此,我们不会赞赏如物质一般的可见的宇宙机械结构,它们是由完全相同的元素构成的;可是我们会赞赏不可见的道,他造成和安排一切,他是上帝的独生子,其自身就是万事万物的创造者,他远远超过万事万物,他本身是被生的,是被指定的这个宇宙的主和统治者。难道不是这样吗?

12.必死的躯体或他所创造的理性灵魂不可能会接近至高上

帝，因为它们与他的完善之间存在着无法度量的距离，因为他是非生出的、高于一切被造物之上的、不可言喻的、无法进入的、无法接近的，就如他那让我们确信的神圣的道那样，他寓居于无人能够进 597
入的光之中；[①]而它们则是从无当中被创造出来的，距离他那非生出的本质无限遥远；大仁大慈和全能的上帝，就像是在他自己与它们之间插入了一个居间的力量，[②]以彰显他独生的道，即为神的无所不能。这个力量处在与寓居于他当中的父的结合的完美亲近和亲密之中，他分享父的秘密意图，他在恩典的充满中，屈尊顺应那些如此远离至高上帝的威严的人们。远在万事万物之上的他，在与其自身的神圣相一致的同时，如何可能把自身混合到易腐败的有形物质之中呢？因此，神圣的道把自身与这个宇宙相连接，把这个世界的缰绳抓在自己手中，并依照他自己的意志和喜好把它引导和训练成为一名熟练的马车驾驶者。

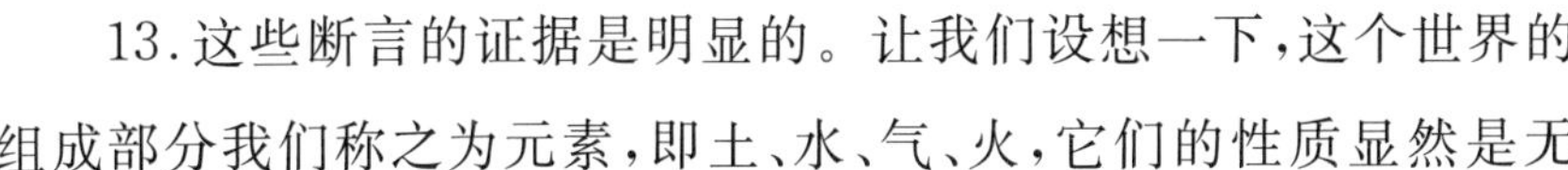

13. 这些断言的证据是明显的。让我们设想一下，这个世界的组成部分我们称之为元素，即土、水、气、火，它们的性质显然是无

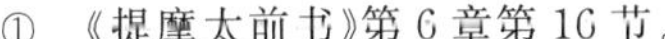

① 《提摩太前书》第6章第16节。

② ［这段话（它得到了瓦列修斯的辩护）严格解释起来，似乎带有某种阿里乌主义的倾向。——巴格斯特译本］。它具有菲洛的味道。他的学说关系到一位不可言喻的上帝，在物质之上并与物质分离，可是任何与他相接触的东西都会使他受到玷污。为了把他带进到与被造事物的联系，他引进了居间的存在，或“势力”，即包括所有其他存在的宇宙力量逻各斯。请参照策勒尔《希腊哲学概览》（Zeller, *Outlines of Greek Philosophy*, pp. 320—325）中的简短报道；齐格弗里德《亚历山大里亚的菲洛》（Siegfried, *Philo von Alexandria* [Jena, 1875]，特别是第199、219、362—364页，在这里他极不充分地谈论到尤西比乌斯对于菲洛的依赖；还请参看菲洛的作品及尤西比乌斯的《福音的准备》和《福音的证明》。存在着某种把道看作是被造出的机会，不过如果这一点先受到预防的话（因为他也使用过“被生出”），在使道成为世界的创造者和父的唯一启示者当中就不存在任何内在的异端思想。菲洛的直接影响可以在下面句子的措辞上看得到。

智慧的，因此它们是独立存在的；如果它们有一个共同的本质——精通自然科学的人们称之为巨大仓库、母体和万物的养成者；如果这本身完全缺乏形状和外形，缺乏灵魂和理性，那么我们怎么可以说它已经获得了其目前的形式和美呢？我们又能够把元素的差别或与其性质刚好相反的事物的结合归之于什么呢？谁命令液态的水去支撑沉重的土元素呢？谁逆转了水往下流动的过程，并让其升上空中成为云呢？谁约束了火的力量，让其只潜藏于水之中，并让其兼备了与自身最为相反的本质？谁混合了冷的空气和热的空气，因而调和了敌对要素之间的不和？谁设计出人类的持续繁衍，因而给了它一种长久存在的期限？谁铸造出雄性和雌性的形状，使它们之间的相互关系达到完美的和谐，并把一种共同的生产原则授予了每一种活着的生物？谁改变了流动的和易腐败的种子的特性——种子自身并无理性——并赐予它生殖能力？此时此刻，又是谁借助百试百应的神迹，以其无法看见的影响力，每时每刻都在赋以它们的生产过程永久化？

14. 真正无所不能的上帝之道和他的神迹的施行，必定被看作是所有这些事物的有效原因：这道使自己渗入到万物之中，以其无形的活力向上下左右弥漫，并把整个宇宙纳入到他的强力控制中，他使这整个体系秩序井然，他从那些非理性和无形状的物质中为自己构建了一副完美和谐的工具——那就是得到适度调校的和弦，他用熟练的和准确无误的技巧去触摸该和弦的音键。正是他用无法言喻的律法统治着太阳、月亮及其他天体，并引导着它们为了整个宇宙的工作而运转。

15. 正是这位上帝之道屈尊来到我们所生活的这个世界上，创造了五花八门的动物种类，以及美丽的植物世界。这同一位道渗透到大海深处，给海洋带来了有鳍动物，并创造了无数生活在那里的生命种类。正是他造就了子宫的负担，并使这个自然的实验室充满着生命的原理。流动的和有重量的湿气借助他而被提升到高处，然后又被一种净化的变更所提纯，最后则在固定的季节里以更为慷慨和适度的量降落到大地。

16. 像一名技艺娴熟的农夫，他充分地浇灌着土地，用适当的比例来调节湿气和干燥，他令花卉雍容华贵，令美色五彩缤纷，令气味芬芳可人，令果实种类繁多，总之，他使得整个世界多样化，以此来满足人们的各种不同品位。可是，我为何胆敢尝试一种无望的任务，即细述上帝之道的伟大工作、并描述一种超越凡人思想的活力？的确，他已经被某些人称作宇宙的造化，被另一些人称作世界灵魂，被其他人称作命运。还有人宣布他是最高上帝，奇怪的是混淆了最广泛不同的事物；把它们带入到这个世界上，合并到一个易腐败的和物质的躯体上，并给作为万有之主的至高和非被生的力量，在非理性动物和理性的凡人与不朽的存在之间，指定了一个居间的位置。[①]

第 12 章 598

1. 在另一方面，神圣的学说教导说，他是善的至高源泉，是万

① ［对于这个有些含糊的表述，一名翻译者不仅仅给出一个尽可能接近的字面译文。聪明的读者不可能不发觉，在这里和在下一章中，作者已经踩到了非常危险的领域上。——巴格斯特译本］。参照上面有关尤西比乌斯与菲洛关系的注释。

事万物的原因，是无法完全理解的，因此无法用言辞、话语和名称来表达；他不仅超越了语言的力量，而且超越了思想的力量。他不被位置或躯体所限定；也不限于在天上，在缥缈空间，或在这个宇宙的任何其他部分；可是他又完全独立于所有其他事物，他渗透到未被探知的神秘智慧的深处。神圣的神谕教导我们去承认他为唯一的真正上帝，①他离开一切有形的本质，与一切从属的侍奉不同。因此据说万事万物均从他而来，但不是借助他而来。②

2.他作为君王，自身寓居于无法接近的光的神秘而又难以被发现的地带，并借助自己意志的单一力量去规定和安排万事万物。任何东西都是按他的意志而存在，若没有他的意志，任何东西都不可能存在。他的意志永远存在于每一个事物当中，因为他本质上就是善本身。而万物据以形成的他，亦即上帝之道，以一种难以言喻的方式出自于上面的父，就像出自于永恒的和永不枯竭的山泉，就像一条大河为了宇宙整体的储存而裹挟着丰富和大量的溪水向

① ［显然是指《约翰福音》第 17 章第 3 节："他们会认识你独一的真神，并认识你所派来的耶稣基督，这就是生命的永恒。"这段话曾经被基督神性的责难者看作是一个中心点；不过，只是从其前后联系来考虑，这段话也不能够被公正地理解为带有子低于父的色彩；这里所谈到的似乎是前者作为他的恩典之显现的使命，而他则被称作"唯一的真神"，以根本区别于异教世界的多神教。换言之，与"他所派来的耶稣基督"的知识相联系的"唯一真神"的知识，构成了"永恒的生命"；如果没有另一个，这一个就是无效的和的确是不可能的。——巴格斯特译本］。请参照《约翰一书》第 5 章第 20—21 节："我们也知道上帝的儿子已经来到，且将智慧赐给我们，使我们认识那位真实的，我们也在那位真实的里面，就是在他儿子耶稣基督里面。这是真神，也是永恒的生命。"这段话似乎表明，在这个问题上，约翰在本质上并没有任何从属论的思想。

② ［不过，为了驳斥这一陈述，请看《罗马人书》第 11 章第 36 节，及《希伯来书》第 2 章第 10 节。——巴格斯特译本］。然而这里提供的第二个材料指的显然是子。在谈及上帝父时，尤西比乌斯记住了这一事实：万物均由子所造，"凡被造的，没有一样不是借着他造的。"（《约翰福音》第 1 章第 3 节）

前流动。

3.现在，让我们从自身的经验中选取一个例证。我们的内里中存在着一个不可见的和难以被发现的心智，没有人能够知道它的本质属性，它就像一位君主，坐落在它的密室的深处，单独地决定着我们的行为过程。从这一过程中，来自其父的胸怀的独生的话语，被以某种方式并借助一种难以言喻的力量为我们生了出来；它是其父的思想的第一位信使，宣布他的秘密意图，把自身传播到别人的耳朵，并实现父的计划。

4.这一能力的益处为所有人所共享；可是没有人能够瞧见这个不可见的和隐藏的心智，它是话语自身的母体。[①]以同样的方式，或毋宁说，以某种远远超过一切相像物或类似物的方式，至高上帝的完美的道，就像上帝独生的子（并不存在于发出言辞的能力中，也不被包含在一言半语里，也不是由一种振动于空中的声音来传播；他本身就是活生生的和有效的至高之道，并作为上帝的能力和智慧，以一个个体生存着），[②]出自于他的父的神性和王国。[③]因此，作为一个完美的父的完美后代，以及作为万事万物的共同维护者，他用活生生的力量把自身扩散到所有受造物当中，从他自身的

① 在这里作者特别谈及口头的或“表达出的”话语。

② 参照《哥林多前书》第1章第24节。

③ 把圣道与父的关系类比为人的话语（包括内在的和外在的）与人的心灵的关系，这一概念对于阐明这个奇异的奥秘至少具有某种有趣的提示意义，由于缺乏一种更好的言辞，这种奥秘依目前流行的方式被称作人格，它必定是按上帝的形象和肖像制造出来的。若不是潜伏着某种微妙的异端思想，人们必定会冒险去接受这种有趣的类比，这种类比所要解决的问题包括不可见的自我、自我表达的自我（内在的言辞）、向外揭示的自我（外在的言辞）等复杂关系，以及被引入到具体化意义上的表达（道成肉身）等。

充满中，不仅向距离他自身最近的对象，而且向包括地上、海上或任何其他最遥远区域的存在物，源源不断地输送理性、[①]智慧、光以及每一种其他祝福的丰富供给物。

5.他以完美的公平为所有这些存在物规定了它们的范围、位置、律法及继承权，并依照他的君王的意志向它们每一个分配适当的份额。对于其中的一些，他分配给地面上的区域，对于另一些，他分配给天上作为它们的住所；他安置一些在缥缈空间，一些在低空中，还有一些则仍旧在地上。正是他把人类从一个领域转移到另一个领域，不偏不倚地审查他们的行为，依照每个人的生活表现来给予某种报应。包括生活必需品和食品在内的一切供养，都是借助他来提供的，它们不仅为理性生物所需，而且也为兽类所需，但最终都是服务于人的。

6.他让后者[②]享有一种必死的和转瞬即逝的存在期限，同时又邀请前者[③]分享对于不朽生命的拥有。因此，上帝之道的媒介作用是全面的：他的智慧能力到处皆是，渗透于万事万物，他仰望着他的父，管理着这个较低下的创造物，并依照他的意志，屈尊虚己，成为万事万物的共同维护者。

7.居间协调被造物与非被造的本质，把前者吸引到后者中来，这个上帝之道作为二者之间的一条永不断裂的链条而存在，他借
599 助一条无法分离的纽带去把最不相同的事物结合在一起。他是统治宇宙的神意，是全体的保卫者和指导者；他是上帝的能力和智

① "逻各斯。"——这里指的是内在的话语。
② 显然是指上一节刚刚提到的兽类。——中译者
③ 指理性生物。——中译者

慧,是独生的上帝,是道,即被生的上帝本身。因为“太初有道,道与上帝同在,道就是上帝。万物借助他而造,没有他,任何被造的事物都不可能被造出来。”这是我们从神圣作者的话语中学到的。[①]自然万物借助他那给与生气的能力而成长和繁育,为他那持续的甘霖所滋润更新,并被赋予永远新颖的活力和美。

8.在引导对宇宙的统治中,他始终保持着与父的意志和步骤的一致,就如紧握着这艘伟大船只的舵柄,使航行永远朝着向上的方向。这位荣耀的代理人,至高上帝的独生子,是父作为其完美的后代而生出的,而父则给这个世界以万善中最高的善;把他的道注入无意识的被造物中,就如灵魂进入无生命的躯体内;借助神圣的能力,把光和能量授予了本身即为粗陋、无生命和无形状的物质。因此我们应当承认他,确信他的无处不在,相信他把生命赐予了物质和自然元素;[②]在他当中,我们看到了光,甚至难以表达的光的灵性后代;这一,在本质上的确就是一位父之子;可是其本身则拥有许多和各种不同的能力。

9.世界的确被划分成许多部分;可是我们不可因此而设想存在许多独立的代理人;尽管被造物五花八门,我们却不可据此而承认许多神的存在。那些多神教崇拜的幼稚而又糊涂的倡导者的错误是多么的悲哀,他们竟然神化宇宙各构成要素,把本来只有一的体系瓜分成许多!

10.这样的行为就相当于把一个人的眼睛单独抽出来称其为

① 《约翰福音》第1章第1—3节。

② 这里显然具有某种异端的味道,似乎已经响起了“诺斯替主义”的警报。

一个人，把他的耳朵抽出来称其为一个人，把他的头抽出来称其为另一个人；或是通过竭力的想象，把脖子、胸脯、肩膀、手脚或其他肢体各自分离出来，然后把本来是一个整体的人说成是有许多的人。这种蠢行必定要受到有理性之人的蔑视。然而，正是这样的人从一个单一世界的各组成部分中为自己发明了众多的神祇，或是认为这个世界虽是一个造物主的作品，但因为它是由许多部分所构成，这些部分本身就是神；①他并不知道神圣的造物主根本就不能够被瓜分成各部分；因为如果是合成的东西，它必然要借用另外一种力量的媒介作用；而如此合成的东西本身绝不可能是神。如果它由不一样和不相同、或者由坏与好两种元素所构成，那它怎么可能是神呢？神的性质是简单的、不可分的和非复合的，它存在于这个可见的世界结构之上的一个无限的高处。

11. 因此，神圣的传令官②的清晰证据使我们确信，存在于万物之前的上帝之道，必定是一切理性事物的唯一维护者；而处于万有之上、作为这道的生殖之作者的上帝，本身就是万事万物的原因，他被正确地称作道之父，他承认除了他的独生子以外，没有更加高级的原因。因此上帝本身是一，从他那里产生了一个独生的道，即无所不能的万物之维护者。正如七弦竖琴由不同的弦所组成，包括升音和降音，其中有些弦上得松，有些上得紧，其他的居于

① 有一个奇异的作品（匿名的）刚刚在教育局的授权下发行，该作品洋洋得意地从作者那纯粹而又无拘无束的自觉意识中引申出了存在的真理，——因为他从未读过任何科学或神学的著作——并且得出了具有恩赐意味的结论：存在着一位上帝；或者毋宁借用尤西比乌斯的话：作者最后“认为世界……本身就是上帝。”

② ［指（瓦列修斯认为）圣约翰，尤西比乌斯在前面曾经引用过他的话“太初有道”等，如今又对其进行释义。读者可以自行决定该释义的优劣。——巴格斯特译本］。

两个极端的中间,可是它们各自的音调都依照调和艺术的规则来协调;这个物质世界也是这样,它由许多不同的元素所构成,其中包括了对立或相反的要素,如湿气与干燥、冷与热等,都被调和进一个协调的整体,可以被正当地称作是上帝之手所构成的一架伟大的乐器:这架乐器上的上帝,并非由部分和对立的要素所构成,而是不可分割和非合成的,他用完美的技艺,弹奏和产生出一支与他的父万有至高之主的意志相一致的悦耳乐曲,这也是他自身的荣耀。而且,虽然一个单一的躯体是由许多外在和内在的部分和肢体所构成,可是一个不可分割的灵魂和无形的心智却渗入到整体;这个创造物也是这样,虽然它由许多部分组成,然而它是一;一个伟大的全能的上帝之道更是如此,他渗入到万物之中,并以未离正道的能量把自身扩散到这整个宇宙,他就是存在其间的万事万物的原因。

12.让我们审视一下这个可见世界的周围。你难道没有看见同一个天空是如何把星星的无数行为聚集和包容在自身当中的?而且,太阳是一,它借助自身光线的卓越荣耀,遮蔽了许多甚至所有其他天体。虽然如此,父本身是一,他的道也是一,后者是完美 600
之父的完美之子。若是有人对他们不是更多提出异议,就是无异于抱怨没有许多的太阳、月亮、世界或许许多多的其他事物;那他简直就像一个疯子,想要颠覆大自然自身那美丽而又完善的进程。就如在可见的世界中,在灵性的世界中也是如此:在可见的世界里,同一个太阳把自身的光扩散到整个物质世界;在灵性世界里,一个全能的上帝之道用不可见的秘密力量照亮了万事万物。

13.此外,在人当中有一个灵魂,这是一种理性的能力,然而它也是无数结果的能动的原因。同一个心智被指示去做许多的事情，它将试图耕作土地，建造和指引一艘航船，制造房屋：的确，人的心智和理性有能力获得成千上万事情的知识；同一个心智将理解几何学和天文学，将对语法规则、修辞学及医术做出论述。它将不仅擅长科学，而且善于实践；没有一个人曾经设想在一个人体中有许多心智存在，也没有人对于人体中存在的复数表达过惊异，因为他由此获得了拥有各种不同知识的能力。

14. 设想一下有人找到了一堆没有形状的泥土，想用自己的手塑造它，把它变成一个人的形状：照着一个人形塑造头，照着另一个人形塑造手和脚，照着第三个人形塑造眼睛和脸颊，如此类推，按照造型艺术的规则，分别塑造出耳朵、嘴巴、鼻子、胸脯及肩膀。结果是，一个躯体之中有着各种不同的式样、部件和器官；然而我们不应当认为它是许多不同作者的作品，而应当把它完全归之于一个单一艺术家的技巧，并且还要因他以自身单一的心智和能力塑造了它而称赞他。宇宙自身也是如此，它是一，尽管是由许多部分构成的；我们无须设想有许多的创作力量，因此也就无须发明出复数的神祇来。我们的任务就是崇拜他那全知和全善的代理人，他的确是上帝的力量和智慧，他的不可分割的能力和能量充满和渗透到整个宇宙，创造了万物，给了万物以生命，从集体的和各自的意义上为万有提供补给，而他自身正是种类繁多的补给品的源泉。

15. 我们得出的同样印象是，太阳的光线立即照亮了整个空间，给眼睛以光亮，给触觉以温暖，给土地以丰饶，给植物以成长。同一个天体构成了时间进程，控制着星星的运行，执行着天上循环的任务，把美授予大地，并向万有展示上帝的力量：他是用自身独

自的和无须帮助的力气来履行所有这些工作的。以类似的方式,火具有提炼黄金、熔化铅块、熔解石蜡、烘干陶土、烧光木材等属性:以一种同样的燃烧力,就能产生出众多不同的结果。

16.至高的上帝之道也是如此,他渗透于万事万物之中,无处不在,存在于天上和地上的每一个地方,以一种性质上难以言状和结果上无法抗拒的活力,控制和引导着可见和不可见的被造物,包括太阳、苍天和宇宙自身。从他身上,就如从一股永不枯竭的山泉中那样,太阳、月亮和星星获得了光亮;他永远统治着天上——这是他作为其自身伟大的适当标志而创造出来的。正是他用自己特有的宝库,让生存于天上领域和大地那边的天使和灵性力量,以及无形的灵性存在,充满着光和生命,充满着智慧和美德,充满着伟大和善良的一切。此外,他以一种相似的创造技巧,不停地给元素提供材料,规定结合、合并、形状、样式和有机体的无数特质;维持动物和植物、理性动物和兽类的各种不同的特性;以同等的力量向所有人提供一切物品;从而证明自己不是一般的七弦竖琴[①]的作者,而是作为被造世界这样一个手工艺作品的完美协调体系的作者。[②]

第 13 章

1.现在让我们来着手解释这个伟大的上帝之道降临人间并与

① [这里所指的,是上一章中有关七弦竖琴的实例。——巴格斯特译本]。

② 把一种被如此明确地合为一体的思想体系看作是哲学上或神学上毫无价值的考虑因素未必有益,尤其是在有了上述的圣经基础的情况下。它也许既不深刻也非原创,但却是明确的和清晰的。

人相处的理由。我们这个无知和愚蠢的种类，无法理解他是天地之主，就像源自于至高的山泉那样出自于他的父的神性，永远临在于整个世界中，用最清晰的证据表明了他对人类利益的神意照看；这个种类把值得敬慕的神的称号授予太阳、月亮、苍天及天上众星。他们并非到此为止，而是神化大地本身，神化它的产物以及动物生命据以维持生存的各式各样的物质，发明出了科瑞斯、普鲁塞尔皮娜、巴克斯①以及诸如此类的各种塑像。

601 2.他们并不害怕继续把神的名称授予他们内心想象出来的概念，以及那些概念所据以表达的言辞；他们称心智为米涅瓦，称语言为墨丘利，②给获得科学研究手段的能力安上摩涅莫叙涅③和缪斯的名字。甚至这些还不够：在不虔诚和愚蠢生涯中走得更远的是，他们神化自己的邪恶激情，这种激情他们本该以厌恶的态度去对待或用自制的原则去加以约束的。他们的性欲、激情和灵魂中的肮脏疾病，诱导猥亵的身上肢体，甚至是可耻愉悦中的无拘束④，他们都会给它们取名叫丘比特、普里阿波斯、⑤维纳斯⑥及其他类似的名称。

3.他们并没有到此为止。他们一方面使神堕落为具有外形的和必死的生命，另一方面则神化自己的同胞，他们把神和英雄的名称授予那些享有过公共荣誉的人，并愚蠢地想象，神圣的和不死的

---

① “德墨特尔、科拉及狄奥尼修斯的……”

② “雅典娜……赫耳墨斯。”

③ 摩涅莫叙涅(Mnemosyne)，希腊神话中的记忆女神。——中译者

④ 这里所用的 ακρετεια 一词，是著名的哲学术语 εγκρετεια(自制)的对立面。

⑤ 普里阿波斯(Priapus)，希腊罗马神话中的男性生殖神。——中译者

⑥ “厄洛斯、普里阿波斯、阿弗洛狄特。”

要素会常常光临死者的坟墓。比这还要过分的是,他们甚至尊崇各种种类的动物,尊崇最有害的爬行动物;他们砍倒树木,挖掘岩石;他们为自己寻获铜矿、铁矿及其他金属,用它们来塑造男女人像、野兽形象及爬行动物的形象;他们把这些形象当作他们的崇拜对象。

4.这些还不够。对于那些潜伏于雕像内、或隐藏于神秘的黑暗壁龛中、渴望饮用奠酒和品尝祭品滋味的邪恶精灵,他们也给予同样的尊崇。他们企图借助被禁止的巫术的魅力,以及亵渎神圣的歌曲及咒语的强制力,极力获取这些精灵以及活动于整个空中地带的看不见的力量的帮助。而且,不同的民族接纳不同的人作为他们崇拜的对象。希腊人把神和英雄的名称授予巴克斯、赫尔克里斯、艾斯库拉皮乌斯、[①]阿波罗及其他曾经是凡人的精灵。埃及人则神化荷鲁斯[②]、伊希斯、[③]奥西里斯[④]及其他凡夫俗子。他们自诩聪明,自夸具有奇妙的技艺,借助这一技艺,他们发现了几何学、天文学以及有关数字的科学,可是他们却不能理解如何估价上帝力量的大小,或如何计算他超越非理性的和必死的存在的伟大的程度。

5.因此他们还进一步把神的名称授予最可怕的兽类,授予有毒的爬行动物和凶残的畜生。腓尼基人神化梅尔卡沙路斯、乌索

① 艾斯库拉皮乌斯(Aesculapius),罗马神话中的医神。——中译者

② 荷鲁斯(Horus),埃及神话中的鹰形苍天神,也是伊希斯之子。——中译者

③ 伊希斯(Isis),埃及神话中司生育与繁殖的女神,也是良妻的象征。——中译者

④ 奥西里斯(Osiris),埃及神话中的王室丧葬神,也是死者的主宰,地狱的判官。——中译者

路斯[①]等;这些都是必死的畜生,因此谈不上什么荣誉;阿拉伯人神化杜萨里斯[②]和奥波达斯;盖塔人[③]神化扎莫尔西斯;西西里岛人神化莫普苏斯;底比斯人神化阿姆菲亚劳斯。[④]总之,每个民族都拥有自身特有的神祇,这些神祇与他们凡夫俗子的同胞根本就没有任何的不同,他们不过是真正的人。而且,包括埃及人、腓尼基人、希腊人等在内的每一个民族,均千篇一律地把对世界每一部分和元素的崇拜合并到太阳之下,甚至认为它就是事物的原因。最令人惊讶的是,通过承认他们神祇的通奸及变态的淫荡罪行,他们不仅用这些神祇的庙宇、神祠和塑像充满每一座城市、村庄和地区,他们还遵循它们的榜样去糟蹋自身的灵魂。

6.我们听说他们把诸神和诸神的儿子们描述成为英雄和好神灵,这些称号完全与事实相悖逆,它们的品格与人们给予它们的荣誉根本不相符合。据说那些意欲指出太阳和天体的人,不需要把自己的眼光转向它们所在之处,而应该用自己的双手在地上进行摸索,在泥沼中寻找天上的力量。他们被自己的愚蠢和邪恶精灵的诡计所欺骗,竟然相信处于天上和地上的神圣的和灵性的本质,与下面凡人躯体的出生、感情及死亡可以相容。他们的疯狂达到

① 也许就是《福音的准备》第1章第10节(ed. Gaisford, Oxon. 1843, 1. p.77 and 84)中所提到的"梅尔卡斯洛斯(Melkathros)"和"乌索乌斯(Usous)"。这同一句话的英文译文也被发现于克里《古代残篇》(Cory, *Ancient Fragments*. Lond. 1832, p. 6—7, 13)。

② 据说杜萨里斯等于巴克斯。

③ 盖塔人(Getae),居住在色雷斯北部一带的古代居民。——中译者

④ 上述所有名称,除了特别加注的以外,均可以发现于《希腊罗马传记和神话辞典》(Smith, *Dict. of Greek and Roman Biog. and Mythol.*)

了如此的顶点，竟至于为某种狂乱的感情所驱使，最终撕断一切自然纽带，屠宰自己唯一的和最亲爱的孩子，献祭给他们最钟情的神祇的偶像。

7. 他们用亲属的鲜血作人祭，以此污染每一个城市甚至他们自己的家室，还有比这更为疯狂的证据吗？希腊人本身难道没有证明这一点、一切历史难道不是充满着类似邪恶的记录吗？腓尼基人把自己最亲爱的唯一孩子作为一年一度的祭品献给撒特恩。[①]罗得岛人在梅塔齐尼昂月[②]的第六天，要把人作为牺牲献祭给这同一位神。在萨拉米斯的米涅瓦·阿格劳里斯和狄奥墨底斯[③]的庙宇里，一个人受到众人的追逐，此人被迫环绕祭坛走三
圈，最后被一名祭司的长矛刺中，他就被放在燃烧的柴堆上成为献 602
给神的燔祭。在埃及，人祭最为普遍。在赫利奥坡里，每天要向朱诺献上三个人祭，国王阿摩西斯对这种残暴行为感到无法忍受，遂下令用同等数量的蜡制人像加以取代。在开俄斯岛，以及在忒涅多斯岛，人们常常向俄梅狄安·巴克斯提供人祭。在斯巴达，人们宰杀活人献给玛尔斯。在克里特岛，人们做着同样的事情，人祭被提供给撒特恩。在叙利亚的劳迪西亚，每年都要杀一名童贞女献给米涅瓦，不过现在用一只公鹿来代替。利比亚人和迦太基人也用人祭抚慰他们的神祇。阿拉伯半岛上的杜马特尼人，每年都要

① 撒特恩(Saturn)，罗马神话中的农神。——中译者

② 接近我们的八月(Key, *Calendarium*, in Smith, *Dict. of Gr. and R. Ant.* p.223)。

③ 狄奥墨底斯(Diomedes)，希腊神话和传说中仅次于阿喀琉斯的希腊英雄。——中译者

在祭坛下烧烤一名男童。历史告诉我们，希腊人也毫不例外，色雷斯人和斯基泰人习惯于在出发打仗之前进行人祭。雅典人记载说，琉斯的童贞孩子们，[①]以及厄雷奇修斯的女儿，[②]都被作为人祭献给神。谁不知道在朱庇特·拉提阿里斯的节日里罗马人要提供一个人祭？

8.这些事实已经得到了最有口碑的哲学家们的证据的证明。博览群书的狄奥多鲁斯[③]断言，有两百名最高贵的青少年被利比亚人当作人祭献给撒特恩，还有三百人被自己的父母自愿地献出来当人祭。罗马历史的编撰者狄奥尼修斯[④]明确提到，在意大利，朱庇特和阿波罗要求得到所谓的土著人人祭。他叙述道，根据这一要求，人们按他们所有产出的比例向众神提供祭品；可是，由于他们拒绝杀人以祭神，他们便被卷入了各种各样的灾难中，这些灾难没有任何缓解，最后他们以十中杀一的方式，向众神提供人祭，才平息了众神的愤怒，但却使整个国家趋于荒芜。由此可见这种古老的陋习对整个人类犯下了多么巨大的罪恶。

9.他们的不幸并非到此为止。他们还要呻吟于其他罪恶的压力之下，这些罪恶数额同样巨大，同样无可救药。整个世界上的一切民族，无论是文明民族还是野蛮民族，似乎被一种魔鬼般的疯狂

① ［据说琉斯祭献了自己的三个女儿：法西舍娅、狄奥珀与尤卜勒；德尔斐神谕宣称，城里的饥馑，只能通过一名公民的女儿们的流血来缓解。——巴格斯特译本］。

② ［这里指的是厄雷奇修斯祭献女儿以及潘迪翁祭献儿子；雅典人根据神谕作出允诺：如果打败厄琉西尼亚人及其色雷斯人同盟者，将杀死厄雷奇修斯的一个女儿作为向神的献祭。——巴格斯特译本］。

③ 狄奥多鲁斯·西库路斯的作品在另一个地方（《福音的准备》第1章第6节，盖斯福德编，第40页）被作为“历史的百科全书”而提及。

④ 哈里卡纳苏斯的狄奥尼修斯。

所激励,都像患上某种可怕的重大疾病一样处于骚乱之中:人类家庭因而无可协调地四分五裂;伟大的社会体系散乱不堪;在大地的每个角落里,人们互相敌视,在法律和政府管理的问题上争斗不已。

10.由于激情唤起了狂怒,人们热衷于互相倾轧,宝贵的生命迅即消亡,犹如处在永不停息的战场上。除非准备好随时遇见敌人,否则没有人胆敢从事旅行;在农村和乡下,连农夫都装备刀剑,穿盔戴甲,而不是准备劳动工具,他们把掠夺和奴役自己的邻人当作高尚的行业去从事。

11.他们还借助寓言故事自行发明了自己的神祇,并为一种卑劣和堕落的生活寻找理由,使用每一种淫荡来损毁肉体和灵魂。由于还不满足于此,他们甚至越过自然所划定的界限,一起犯下了难以置信的和很不光彩的罪行,“男人与男人(用那位神圣作者的话说)以极不适宜的方式厮守一起,最终因其自身的错误而得到了应有的报应。”

12.他们并不至此为止。他们还滥用自己对上帝的想当然的看法,否定这个世界的进程是由他的神意照看所引导,把万事万物的存在和继续看作是机遇盲目运作或命运需要的结果。

13.而且,由于相信灵魂和肉体一样因死亡而瓦解,他们过着一种畜生般的生活,没有任何名声可言;由于不顾及灵魂的性质或存在,他们并不害怕神的正义审判,因为他们既不期盼美德的奖赏,又不考虑对其邪恶生活的惩罚。

14.因此,所有的民族均以各种不同的形式成为罪恶的猎物,他们都被自身兽性的结果所糟蹋。他们有一些生活在最邪恶和无法无天的乱伦习俗之中,即与自己的母亲和姐妹通奸,并败坏自己的女儿;有一些则杀害自己信任的客人;有一些以人肉为食;有一些勒死自己家中的老人,或是将其作为美味佳肴来享用,或是将其扔给野狗去吞噬。对于一直控制着整个人类的根深蒂固的疾病的诸多症状,我没有足够的时间来加以细说。

15.这些情形与无数未曾列出的情形,都是流行的罪恶,对于
这些罪恶,仁慈的上帝之道充满着对于芸芸众生的同情,长期以来
借助他的先知们的服侍,较早和较晚的时候还借助因虔诚地献身
于上帝而著称的人们的服侍,邀请那些绝望地患上这些疾病的人
603 们前来医治;还借助律法、竭力劝告和各种学说等方式,向人们宣
布真正虔诚的原则和成分。可是,如我所说,既然促使人类烦恼不
已的并不是狼和其他野兽,而是无情的和毁灭灵魂的邪恶精灵,人
类自身的力量就显得很不充足,因此必须依靠超越人类的力量的
帮助;于是,正是上帝之道,服从其大慈大悲的父的意志,最终亲自
显现,最为欣然地居住在我们当中。

16.他出现的原因,我早已描述过,由于这一原因,他屈尊来到人类社会;他的到来不是以惯常的方式,因为他是非物质的,因此整个世界上无处不在,并以其天上和地上的行为,证明他的全能力量的伟大,不过却是采用一种新的和迄今不为人所知的身份。由于采取了一种凡人的躯体,他得以屈尊与人联系和交往;他意欲借助其自身肖像的媒介,拯救我们必死的种类。

第14章

1.现在,让我们来解释非物质的上帝之道采取这种凡人躯体

作为一种与人交流的媒介的原因。神圣的、无法触摸的、非物质的和不可见的本质,要在不能够或不愿意辨认万事万物的创作者和制作者的被造的和世俗的对象中对寻求上帝的人们显现自身,除了采用人的形式之外还能够有什么别的办法呢?

2.因此,作为一种与人类交流的适当方式,他采取了一个凡人的躯体,这是他们本身所熟悉的形式;因为据谚语所说,物以类聚。故对于那些其感情为可见的物体所占有的人,对于那些在雕像和无生命的形象中寻找诸神的人,对于那些想象神就存在于物质的和有形的物体当中的人,对于那些把神的称号授与人的人,上帝之道便以这种形式显现自身。

3.因此,他为自身获得这一躯体作为极神圣的圣殿,作为一种理性力量的可感知的住所,作为比任何无生命塑像的价值大得多的一种高尚的和最神圣的形式。物质的和无感知的塑像,是由卑劣的技工之手,用黄铜、黑铁、黄金、象牙、木头或石头塑造而成的,它们可以成为邪恶精灵的适当住所;可是由天上智慧的力量制成的神圣形式,则拥有生命和灵性的存在;这种形式因其优越性而充满活力,是上帝之道的住处,神圣上帝的神殿。

4.因此,存在于内心中的道[①]与人交流,并为人所知,就如与人有亲戚关系;不过并不像他们那样屈从于激情,也不像自然灵魂那样屈从于躯体。他未曾放弃任何内在的伟大,也未曾改变其固有的神性。就如太阳渗透一切的光辉,并不因接触过死亡的和不

① 所有这些各式各样的道的概念,都具有严格意义上的《圣经》起源:(1)作为父的唯一揭示者的道,没有他,父就不为人所知;(2)取人的躯体,作为上帝的殿;(3)存在于内心中的道。

洁的躯体而遭受任何污染;上帝之道的无形力量在本质上的纯洁中更不可能受到损毁,也不可能因与一个人体的灵性接触而稍减任何的伟大。

5.因此,我们的共同救主证明自身就是万有的恩主和维护者,他借助其人性的帮助展现自己的智慧,宛如一位乐师使用七弦竖琴展示自身的才艺。希腊神话告诉我们,俄耳甫斯[①]有能力迷惑凶猛的野兽,他用一只高超的手拨弄乐器的弦,以此驯服它们那残暴的灵魂;该故事在希腊人当中家喻户晓,他们普遍相信,一部无意识的乐器可以征服不驯服的猛兽,并令树木移位,以服从它的旋律的威力。可是完美和声的作者、大智大慧的上帝之道,意欲为人类灵魂的各种疾病提供每一种治疗方法,他使用自身智慧作品的人性,作为一种乐器来弹奏悦耳的曲调,其所要驯服的,并非凶残的天然野兽,而是被赋予理性的野兽;用神圣学说的治疗能力,医治文明民族和野蛮民族中的每一种狂暴脾气,以及灵魂中残忍和愤怒的激情。就像一位具有完美技术的医生,他以适当的治疗来应对那些在本性上和肉体上都在寻求上帝的灵魂的疾病,以此向他们显示他就是以人的形式出现的上帝。

6.他对肉体的看护丝毫不亚于对灵魂的看护,他在人们的眼前施行神迹,以作为他神圣力量的证明,同时又把他亲自用世俗的语言所发出的学说,灌输到凡夫俗子的耳朵里。总之,他借助肉体的作用履行了自己的全部工作,他之所以采纳肉身,是为了那些无

① 俄耳甫斯(Orpheus),希腊传说中音乐和诗歌的发明者,并被认为是荷马之前最伟大的诗人,也是俄耳甫斯教的创始者。——中译者

法理解他的神圣性质的人们。

7.在所有这一切中，他都是他的父的意志的仆人，他自身仍然保持着与他和父在一起时的样式，在本质上没有改变，在性质上未受削弱，既没有受到凡人肉体的桎梏的束缚，也没有受到其肉身住所的妨碍，因为他照样无处不在。[①]

8.在他与人类进行交往时，他都是渗透于万事万物之中，并与
父同在，和存在于父当中，同时又看护着天上和地上的万事万物。604
他并不像我们那样，在一个地方出现时就无法在另一个地方出现，他可以完全不受任何干扰地和连续不断地履行其神圣能力。他施予别人，却不需要从别人那里获得报偿；他把自己的神圣权能授予人类，却未曾从人类身上得到回报。

9.因此，他的出生成人，并没有带来任何玷污；在他的凡人躯体解体时，他那泰然自若的本质不可能会受伤害。我们可以想象一下，一部七弦竖琴可能会受到意外的损害，它的弦可能会折断；但这并不能够推论出，它的演奏者也会因此而受到伤害；如果一个聪明人的肉体经受了惩罚，我们不能够据此而断言，他的智慧或他内在的灵魂会受到残害或烧伤。

10.我们不应当断言，道的内在力量会因他的肉体激情而遭受任何损害，因为正如我们早已使用过的例子那样，从天上照射到大地上的太阳光线不会受到玷污，尽管它要接触到每一种泥沼和污染。我们的确可以断言，这些事物分享了太阳的光辉，而太阳的光

① 这应当多少缓释了尤西比乌斯在这方面所受到的阿里乌主义的指责，而不管他所采纳的观点有多么“危险”。

线却不会因此而受污染，太阳不会因为与其他肉体的接触而受到玷污。

11.这些事物本身的确不会违反自然；可是由于救主作为无形的上帝之道，本身就是生命和灵性的光，他用神圣的和无形的威力所触碰到的任何东西，都变得充满着光与生命的智慧。因此，如果他触碰到一具躯体，它就会变得豁然开朗和圣洁，立即从各种疾病、虚弱和苦难中解放出来，此前它所缺乏的一切均获得了补充而变得充盈。

12.这就是他在世上的生命的趋向；如今证明了他的人性与我们自身的人性的一致，如今揭示了他自身就是上帝之道：在他的工作中如上帝一般奇妙和强大；预告了遥远的未来所要发生的事件；以每一种行动，包括朕兆、奇迹和超自然的力量来宣布道的到来，这道的临在本来是为极少人所知道的；最后，以他的神圣教导，邀请人们的灵魂准备好处于天上的宅邸。

第15章

1.我们所要加以解释的，是登峰造极的事实；我指的是他的死——此事已被如此广泛了解——和他的受难方式，以及他死后复活的伟大奇迹；然后是借助最清晰的证据证明这些事件是真正的事实；除了这些之外，还有什么留下的呢？

2.由于上述的原因，他借助凡人肉身，作为一种与其神圣威严相称的外形，就如一位伟大的君王，使用它作为他与人交流的翻译器，履行了与他自身的神圣力量相一致的所有事情。因此可以设想,在其旅居于人类当中的生活就要结束时,他借用任何其他手段突然从他们的视线中撤出,私自地取下他自身的翻译器——这是他所采取的形式——并急忙地逃出死亡,以后又借助他自己的行为,听任自己的凡人肉身自行腐烂和解体:在这样一种情况下,他无疑就会被所有人看作不过是一个幽灵。果真如此,作为生命、道和上帝的能力,他就不会采取一种和其自身相匹配的方式,而会听任自己的翻译器去自行腐烂和死亡。

3.而且,他与邪恶精灵的战争就不会因与死亡势力的冲突而获得圆满。他退出的场所就必然仍然不为人所知;他的存在便不会被那些没能亲眼见到他的人们所相信。他战胜死亡、并把凡人从其天性虚弱的法则中解放出来的证据就无法提供。他的名字就不会传遍整个世界,他就无法激励他的门徒去蔑视死亡,他也就无法鼓励那些信奉他的学说并希望与上帝一起享有一种未来生活的人们。他也就无法履行他自己许诺过的诺言,也就无法实现先知们有关他的预言。他也就不会经历最后的战斗,因为这应当是与死亡势力的斗争。

4.由于所有这些理由,由于给这样一种服侍以神圣之道的凡人躯体遭遇一种与其神圣入居者相匹配的结局实属必要,因此他的死的方式应当得到规定。不过仍然存在着两种选择:一种是任凭他的躯体完全腐烂,从而给生命的场面带来一种耻辱的终结;另一种是亲自证明对于死亡的胜利,并以神圣力量的行为给凡人以不朽。前一种选择已经违背了他自己的诺言。因为火的特性并不是冷,光的特性并不是黑暗,生命的剥夺与生命是不能兼容的,以一种反理性的方式行事,自然无法与神圣智慧共存。允诺给别人

以生命的他，如果自行选择允许自己的躯体死在腐烂的力量之下，
605 这如何与理性相一致呢？以不朽的希望激励其门徒的他，怎么可
能让其神圣意图的这一倡导者屈服于死亡的毁灭呢？

5.第二种选择因而变得必不可少：我指的是，他应当主张他对死亡力量的统治。但如何才能做到呢？这应当是一种偷偷摸摸的秘密行动，还是应当在众目睽睽之下被公开地履行呢？如此伟大的一种成就，如果还秘而不宣，就必然会因疏忽人们的利益而得不到预期的效果；相反，同样的事件如果被公开宣布，其奇妙的特性被人们所理解，就会大大地增进大家的公共利益。因此，从理性上说，既然有必要证明他的躯体对于死亡的胜利，而且在众人眼前此事并非秘密，他就会勇敢地面对审讯，因为如果流露出半点畏惧，就是对死亡势力卑劣感的表现，而他则坚持与敌人的斗争，这种斗争给凡人以不朽；这是为生命、不朽和所有人的拯救而进行的斗争。

6.设想一个人想要向我们表明一个容器可以耐得住火的威力；他除了把它扔进燃烧的火炉里然后再完好无损地取出来之外，难道还有更好的证明方式吗？因此，作为一切生命之源的上帝之道，想要证明他为了人类的拯救所采取的躯体对死亡的胜利，想要让这一躯体分享他自己的生命和不朽，他追寻着一个与这一目的相一致的进程。他暂且让他自己的躯体[①]屈从于死亡，目的是为了证明其必死的性质，可是他很快就从死亡中恢复了它，以此来证明他据以展现不朽的神圣力量，这不朽是他曾允诺完全超越死亡

① [此话(如瓦列修斯所注意到的)无须做呆板的解释。——巴格斯特译本]。

领域之外的。

7. 这当中的理由相当清晰。对于他复活的确认,他的门徒必须要得到视觉上的证明,因为他曾教导他们要把希望寄托在这复活上面,以作为战胜死亡恐惧的一种动机。那些立志要追寻一种圣洁生活的人们,的确最需要获得有关这一本质真相的一个清晰印象;对于那些有志于在整个世界传扬他的名、并把上帝的知识——他在此前就已经为万邦万民规定了的——传达给人类的人们来说,这种证明更为必须。

8. 由于对一种来世生活拥有最为强烈的确信,他们就得以毫无畏惧和毫不退缩的热情去坚持与异教徒和多神教错误作斗争:这是一种他们从来未曾准备遭遇的危险的斗争,除非是习惯于对死亡的蔑视。因此,在武装他的门徒去反对这最后的敌人的势力中,他并不仅仅以逐字训导的方式来陈述他的学说,也不仅仅借助劝导的论说来试图证明灵魂的不朽,而且还通过自身的榜样,向他们展示一种对于死亡的真正胜利。

9. 这就是我们的救主与死亡势力进行斗争的第一的和最大的理由,他据此理由去向他的门徒证明困扰全人类的恐怖其实是无关紧要的,并为他所许诺的生命的真实性提供了一个可见的证据;并把它作为我们在上帝临在时有关来世生活和不朽的共同希望的一个初果呈现出来。

10. 他复活的第二个理由是,寓居在他的凡人躯体中的神圣力量,可以得到彰显。此前人类尊崇屈服于死亡势力的人,授予和他们自己一样的凡人各种神灵和英雄的称号。因此,由于这一原因,上帝之道显示出自身的仁慈性格,向人们证明他自身优越于死亡,恢复其凡人躯体第二次生命，在众目睽睽之中展示一种对于死亡的不朽的胜利，并教导他们承认这样一种胜利的作者便是唯一的真神——即使是通过死亡这一方式。

11.我还要提出救主死亡的第三个理由。他是为了整个人类而供奉给宇宙至高君王的牺牲：这是一种为了人类的需要和为了摧毁魔鬼崇拜的错误而供奉的牺牲。我们救主的神圣躯体是为了人类而被杀的，它是一种圣洁而又伟大的祭品，也是一种为了万邦万民而提交的赎金，因为此前人类犯有不虔诚的迷信罪，从此以后，不洁的邪恶精灵的力量被彻底剪除，每一种人类的虚妄错误立即衰减和消灭。

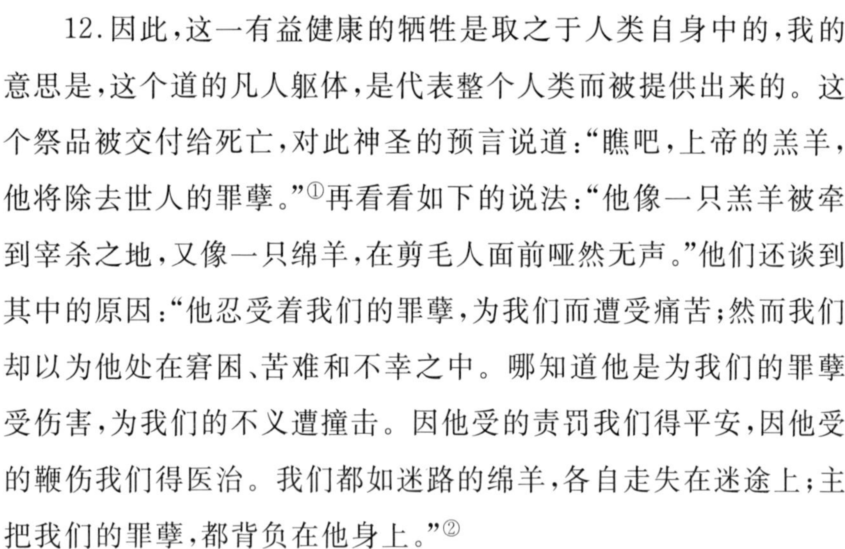

12.因此，这一有益健康的牺牲是取之于人类自身中的，我的意思是，这个道的凡人躯体，是代表整个人类而被提供出来的。这个祭品被交付给死亡，对此神圣的预言说道："瞧吧，上帝的羔羊，他将除去世人的罪孽。"[1]再看看如下的说法："他像一只羔羊被牵到宰杀之地，又像一只绵羊，在剪毛人面前哑然无声。"他们还谈到其中的原因："他忍受着我们的罪孽，为我们而遭受痛苦；然而我们却以为他处在窘困、苦难和不幸之中。哪知道他是为我们的罪孽受伤害，为我们的不义遭撞击。因他受的责罚我们得平安，因他受
606 的鞭伤我们得医治。我们都如迷路的绵羊，各自走失在迷途上；主把我们的罪孽，都背负在他身上。"[2]

① 《约翰福音》第1章第29节。

② [《以赛亚书》第53章第4、5、6、7节，英文译本第728页。——巴格斯特译本]。巴格斯特译本(1879年)第889页。尽管第一个理由使人感觉到似乎作者已经处于轻视道的赎罪作用的危险中，不过这里他非常清楚地符合圣经的原意。

13.这些就是导致上帝之道的凡人躯体作为献祭的原因。可是由于他也是献身于至高之主和国王的伟大的祭司,因此他便不只是一个牺牲,他也是道、力量和上帝的智慧;他很快就从死亡的控制下复活了自己的躯体,把它作为我们共同拯救的初果呈现给他的父,并高举这一战利品,作为他战胜死亡和撒旦、废止人祭和祝福全人类的一个直接证据。

第 16 章

1.如今,该是我们着手证明这些事情的时候了——如果这样的真理的确要求获得证明,如果证据的帮助对于确证明显事实的确凿性是必不可少的。这样的证明会在这里被提供;愿人们带着留心的和仁慈的耳朵来接受这种证明。

2.在世上的古老民族中,整个人类均接受各式各样的行省的、民族的和地方的①管理,从属于不同种类的王国和公国。这种多样性的结果就是战争、冲突、人口的减少及对他人的奴役,这些现象随着永不消停的愤怒而在乡村和城市当中肆虐。于是就有了无数的历史题材,包括通奸和对妇女的强暴;于是就有了特洛伊的灾难,②以及古代的悲剧,这些灾难和悲剧在所有人民当中家喻户晓。

3.这些灾难和悲剧的起源可以被正当地归咎于多神教错误的

① 州的、总督区的和地方区域的。

② 指荷马史诗所描述的希腊联军与小亚细亚西北部的特洛伊王国之间为期十年的战争,战争以特洛伊城破国亡告终。——中译者

迷惑。不过,极神圣的基督之躯体作为我们救赎的手段,证明其自身优越于撒旦的一切欺骗,它用语言和行为摆脱了罪恶的束缚,为了废止古代的罪恶而立即复活,因而成为他战胜黑暗势力的象征;在这种情况下,这些邪恶精灵的活力便立即被歼灭。攻城掠村的惨状据以发生的五花八门的统治形式,包括僭主政治和共和政治等,如今已经不复存在,一位上帝的观念已经深入人心。

4.与此同时,一个世界性的力量,即罗马帝国,已经崛起并且蒸蒸日上,各民族之间旷日持久的和难以和解的互相憎恨,如今已经被去除,因为有关一个上帝、一种宗教和拯救方法、一种基督的学说的知识,已经为全人类所深知;在同一个时期里,罗马帝国的整个统治被配以一个单一的君主,整个世界迎来了意义深远的和平。借助同一位上帝的明确命令,祝福的两大根源,即罗马帝国和基督教虔诚的学说,为了人类的利益而一起出现。

5.在此之前,世界上各不同国家,如叙利亚、亚细亚、马其顿、埃及和阿拉伯等,均各自从属于不同的统治者。犹太人则在巴勒斯坦地区确立起自己的统治。这些民族由于受到某种疯狂精神的驱使,以村庄和城市为单位从事着永不消停的杀戮性战争和冲突。不过两股强大的势力,即罗马帝国——从今以后由一个单一的君主进行统治——和基督宗教,基于相同的出发点,征服和调解了这些互相敌对的元素。

6.我们救主的强大力量立即消灭了许多政府和许多黑暗势力的神祇,并向一切人,包括大地末端的野蛮人和文明人,宣告上帝自身的唯一统治权。与此同时,罗马帝国由于去除了众多政府的统治,因而实现了对那些遗留势力的轻而易举的征服,它的目的就是要把万邦万民合并到一个和谐的整体中,该目的在很大程度上已经实现,目前所要做的事情就是使既往的成就尽善尽美,并借助有益健康的学说,通过神圣力量的帮助,对可居世界的边缘地带做最后的顺利征服。

7.这对于那些愿意审视热爱真理问题而又不愿对这些祝福吹毛求疵的人们来说,必定是一个奇妙的事实。[①]魔鬼迷信的虚妄被证明有罪;各民族间积重难返的冲突和相互憎恨已被除去;与此同时,一个上帝和有关上帝的知识被传扬给所有人;一个世界性的帝国已经占据支配地位;整个人类服从于和平与协调等支配性力量,相互之间以同胞情谊相待,并对他们具有共性的感情做出响应。因此,作为一个上帝父亲的孩子,拥有真正的宗教作为他们共同的母亲,他们用和平的话语互致问候和请安。因此整个世界就像一个秩序良好的统一大家庭;每个人都可以毫无障碍地旅行到自己愿意去的任何地方;人们可以安全地从西方旅行到东方,从东方旅行到西方,所到之处就像自己的本乡本土;总之,古代神谕和先知 607
们的预言已经实现,有关拯救之道的功绩,数量实在太多,在此无法一一详举。“他的统治范围将从此海到达彼海,从大河直到大地末端。”而且,“在他的时代里,公义将要涌现,和平将要充满。”“他们将铸刀剑为犁头,铸长矛为镰刀;国与国不再相互攻伐,他们再也用不着学习战事。”[②]

---

① 这是一种公平的呼吁,很适合于他面前的听众。它至少就君士坦丁统治时期而言是真实的,该时期产生了一种相对和平与繁荣的状态。

② [《诗篇》第71章第7、8节;《以赛亚书》第2章第4节。七十子希腊文译本。——巴格斯特译本]。英文版《诗篇》第72章。

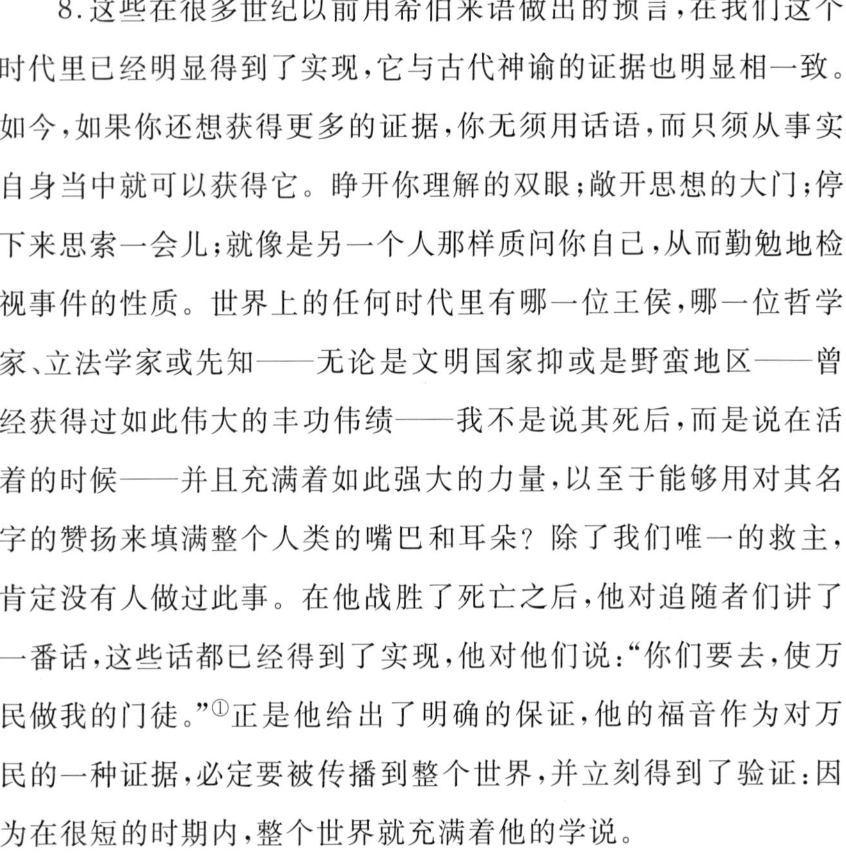

8.这些在很多世纪以前用希伯来语做出的预言，在我们这个时代里已经明显得到了实现，它与古代神谕的证据也明显相一致。如今，如果你还想获得更多的证据，你无须用话语，而只须从事实自身当中就可以获得它。睁开你理解的双眼；敞开思想的大门；停下来思索一会儿；就像是另一个人那样质问你自己，从而勤勉地检视事件的性质。世界上的任何时代里有哪一位王侯，哪一位哲学家、立法学家或先知——无论是文明国家抑或是野蛮地区——曾经获得过如此伟大的丰功伟绩——我不是说其死后，而是说在活着的时候——并且充满着如此强大的力量，以至于能够用对其名字的赞扬来填满整个人类的嘴巴和耳朵？除了我们唯一的救主，肯定没有人做过此事。在他战胜了死亡之后，他对追随者们讲了一番话，这些话都已经得到了实现，他对他们说："你们要去，使万民做我的门徒。"[1]正是他给出了明确的保证，他的福音作为对万民的一种证据，必定要被传播到整个世界，并立刻得到了验证：因为在很短的时期内，整个世界就充满着他的学说。

9.那么，那些对我演讲的开头吹毛求疵的人们，如何能够对此做出回应呢？因为视觉上的证据必定要比任何语言上的阐发更加有力。古时的破坏性邪恶精灵使万民成为它们的猎物，它们倚仗自己的形象在人们当中实施许多欺骗行为，除了他之外，还有谁使用一只无形而又强有力的手从人类社会中把此类残酷兽类赶走？除了我们的救主之外，还有谁借助对其名字的祈求、并借助由他转

① 《马太福音》第28章第19节。

递给至高上帝的真诚祷告,为那些以真正和诚挚的服从去追寻他所规定的生命过程和行为的人们提供力量去驱除世上的邪恶精灵的余孽?除了我们的救主之外,又有谁教导他的追随者通过履行对上帝的祈祷和内心崇拜来献上不流血而又符合理性的祭品?

10.因此,在整个有人居住的世界里,圣坛已被竖起,教堂已被建造,在里面每一个民族都献上这些灵性和理性的祭品,以作为对一个至高上帝的一种神圣服侍。而且只有他借助无形的神秘力量,制止和完全废除了那些借用烟火的作用来施行的血腥献祭,以及残酷和麻木不仁的以人为牺牲的人祭;这一事实难道不是被异教历史学家自己所证实了吗?只是到了救主神圣学说发布之后,亦即大约在哈德良统治时期,人祭的习俗才被普遍抛弃。

11.我们救主死后的力量和活力的彰显,证据确凿。那么,有谁如此罔顾事实真相,拒绝承认他的生命是神圣的?我所描述过的这类行为,是由活人做出的,而不是由死人做出的;可见的行为对于我们而言,就是那些我们无法见到的行为的证据。一个邪恶和不虔诚的族类骚扰和打乱了人类社会的和平,并且拥有强大势力,这似乎是咋天发生的事件。可是生命一旦离去,他们就匍匐在地,像粪便般毫无价值,无法呼吸,无法动弹,无法言语,名声不佳,因而被后世彻底遗忘。这就是死者的状况;不再在世的人是一文不值的,而一文不值的人又如何有所作为呢?既然其存在都受到怀疑,其积极的力量和能量怎么可能比活着的人还要大呢?尽管他是自然肉眼所看不到的,可是敏锐的能力并不局限于外表的感觉。我们并不是用躯体的感觉来理解艺术的规则或科学的理论,任何肉眼都无法觉察到人的心智。上帝的力量更是不能用肉眼来感悟:在这样的情形下,我们的判断是通过显而易见的结果来形成的。

12.因此,我们一定要根据其明显的结果去评估我们救主那不可见的力量,并决定我们是否要承认他目前正在进行的伟大行动是一个活着的行为者的工作;或它们是否应被归之于一个根本不存在的个体;或该质问本身是否不荒谬和不会不连贯。我们该以什么样的理由来断言不存在的个体是存在的?因为所有人都同意,不存在者是缺乏力量、能量和行动的,而这些东西恰恰是存活
608 者的特性,死者的特性则刚好相反。

第17章

1.现在该是考虑我们时代里救主的工作、并细想活着的上帝的活着的行动的时候了。我们知道,一位活着的行为者真正享有上帝的生命,除了以他的力量为活着的证据之外,我们将如何描述这些伟大的工作呢?如果有人想询问这些工作的性质,可以立即叫他参与我们的讨论。

2.可是最近有一帮人,受到狂怒热情的驱使,并受到同样的势力和军事力量的支持,通过毁灭教堂、摧毁献给上帝的崇拜场所及建筑的方式来显示对上帝的敌意。总之,他们以各种方式来攻击不可见的上帝,并用千百支语言的干戈来向他发出挑战。可是,不可见的他却用一只不可见的手来为自己复仇。

3.他单凭其意志的命令,就把敌人彻底歼灭,后者在不久前还兴旺发达,被其同伴颂扬为配得上神圣荣誉,并受祝福享有持续的

权力和荣耀,[①]因为当时他们与后来的对手还维持着和平及友好关系。然而,他们一旦胆敢公开抗拒他的意志,并用诸神来反对我们所崇拜的神,便立刻依照他们所悖逆的上帝的意志和力量而受到与其无耻行为相对应的审判。在他的威力面前他们不得不屈服和逃离,并一起承认他的神圣性质,急忙改弦易辙,废弃先前所采取的悖逆措施。

4.于是,我们的救主毫不迟疑地到处竖立这一胜利的纪念碑,用更多的神圣殿堂和祈祷场所装饰这个世界;在每个城市和乡村,不,在所有的国家,甚至在未开化的荒野,下令为了崇拜至高上帝和万有之主而建造教堂和神圣建筑物。正是这些神圣的大厦被认为配得上承载他的名,它们不是从人那里而是从主那里获得其称号,根据该称号的原委,它们被叫作教堂(或主的住宅)。[②]

5.如今,让他站出来告诉我们,在被夷为平地之后,是谁按原状恢复了这些神圣的大厦?在一切希望似乎均已湮灭之后,又是谁让它们在一个比先前更为高贵的程度上被重新竖立起来?令我们惊奇不已的是,这一复兴并不是发生在那些上帝的敌人死去之后,而是发生在这些大厦的毁灭者仍然活着的时候;因此,是他们借助自己的话语和敕令撤销自己的邪恶行为的。[③]他们这样做时,天气并未晴朗,万物并未复苏(我们可以设想,仁慈或宽厚可能是原因),当时他们正在遭受神圣复仇的打击。

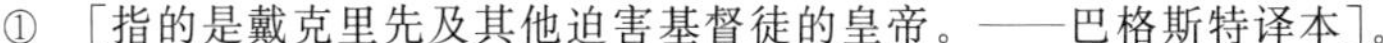

① [指的是戴克里先及其他迫害基督徒的皇帝。——巴格斯特译本]。

② [Κυριακων ηξιωνται των επωνυμιων.德语为 Kirche,苏格兰语为 Kirk,英语为 church,它们也许都是从这一希腊词中得到其渊源。——巴格斯特译本]。

③ 参照有关宽容法令的文献。

6.在经历了如此频繁的迫害风暴、闯过了如此重大的危险关头之后，又是谁在服从他的天上戒律期间，使得整个世界上有如此之多的人专心致志于哲学，忠诚地服侍上帝，并自觉地成为献身于永恒贞洁生活的神圣贞女唱诗班的一员？谁教导他们要快活地坚持践行持久的禁食，采取一种严肃的和首尾一贯的自我否定生活？谁说服了众多的两性人口，为了献身于神圣事物的研究，宁要能够满足于理性灵魂所需的灵性食物，而不要肉体食物？[①]谁曾教导蛮人、农民、柔弱妇女和孩子，以及无数的各族民众，要生活在对死亡的蔑视中，并使他们确信他们的灵魂是不朽的，故应当意识到人的行为处于无误的正义之眼的监视下，应当期望上帝对好人和恶人的报应，因此就应当真正践行正义和美德的生活？因为如果不是这样，他们就无法坚持虔诚的旅程。这些必定都是我们的主在起作用，这些行为目前已经得到了实现。

7.现在让我们稍微转变一下话题，即借助如下的质询去努力说服固执的反对者。那么，无论你是谁，请站出来谈谈有关理性的话语；不是要透露有关麻木之心的情绪，而是要揭示一个有智慧的和开明的心智的想法，我是说，在与你自己做深沉的和严肃的交流之后。那些从遥远的时代开始就为人们所熟知、在民众中享有令誉的贤人当中，有谁用先知预言的方式向一度受宠于神的希伯来民族预言过我们的救主呢？可是他的出生地，他降临的时代和他的生活方式，他的神迹、话语及伟大行为，都得到了预示并被记载

① [一位第四世纪的作者如此赞扬童贞、修道和禁欲，对此我们不应该感到惊奇。有才智的基督徒必定会像尤西比乌斯那样，拒绝把这些堕落的丰富源泉归咎于主本身。——巴格斯特译本]。

在这些先知的神圣经卷当中。

8.而且,是谁为悖逆他的罪行提供了一位报仇者,因此,作为 609
他们不虔诚的直接后果,整个犹太民族被一个看不见的力量所击毁,他们的王室宝座被彻底拆除,他们的圣殿连同圣物一起被夷为平地?谁如我们的救主那样,就那个不虔诚的民族和在整个世界里他的教会的建立发出了预言,并且用真实的事件对这两者加以同等的印证?有关这些罪恶之人的神殿,我们的主说:“瞧吧,你们的家将成为废墟,留给你们。”[①]“这地方将没有一块石头能留在另一块石头上面而不被拆掉。”[②]在涉及他的教会时,他说:“我要把我的教会建立在一块磐石上,地狱的大门也无法胜过它。”[③]

9.那种威力竟然能够召唤起出生低微和目不识丁的渔夫村汉,并把他们变成了人类的立法者和教员,这是多么的奇妙啊!他最终把捕鱼者变成了捕人者,因而很好地履行了自身的诺言。从这里我们可以看出他的神性得到了多么清楚的证明:这一切均来自于他所赋予的权能和活力,凭借这些权能和活力,他们撰写和发表了如此权威性的作品,以至于它们被翻译成每一种文明民族和野蛮民族的语言,[④]被所有民族所阅读和思考,包含在其中的学说被作为上帝的预言来相信!

10.他对未来的预言是多么的奇妙!他曾对自己的门徒发出

① 《马太福音》第 23 章第 38 节。

② 《马太福音》第 24 章第 2 节。——显然是凭记忆来意译此话。

③ 《马太福音》第 16 章第 18 节。

④ 叙利亚语、皮斯基透语、丘勒顿尼亚语、古拉丁语(伊塔拉语)、底比斯和孟斐斯的科普特语等版本,在此时至少有这些版本被发行。

过预警:他们将要被带到国王和统治者的面前,将要忍受最严厉的惩罚,不是因为犯罪,而仅仅是因为他们承认他的名,这一预警已经得到了证实。他为他们准备了力量,靠着这种力量,他们得以用一种乐意的心智并披上虔诚的盔甲,在斗争当中维持一种恒久的大无畏精神。那么,谁要对这一力量进行充分的描述呢?

11.他的直接门徒,这些门徒的后继者们,甚至我们时代的许多人,都以一种获得加强的灵魂的坚定不屈乐意地忍受每一种折磨和每一种拷打,因而证明了他们对于至高上帝的忠诚,那么,对于这些义举,我们怎么样去进行足够的赞美呢?而且,有哪一位君主曾经把自己的统治延至如此长久的时期呢?还有谁有力量发起如此殊死的战争,用一只看不见的神秘之手战胜了每一个敌人,征服了每一个野蛮的和文明的民族和城市,并最终击败了自己的对手?

12.最后,也是最重要的,有哪一张善于毁谤的嘴唇敢于质疑我们早已提及的全宇宙的和平?这种和平是借助他的力量在整个世界确立起来的。[①]所有民族间的协调及和谐,在时间点上是与我们救主学说的扩展和在整个世界的传播相一致的:这两件事情的同时发生,是在很久以前的过去就被上帝的先知们所预言过的。仁慈的皇帝,留给我的日子已经不多,我应当试图一心一意地展示那些即使在今天,也可以从其结果中看得见的、有关我们救主神圣威力的令人信服的证据;因为无论是在文明民族中还是在野蛮民族中,还没有人展示过如我们救主那样的神圣美德的威力。

① [基督一出生,就赐罗马世界以和平(瓦列修斯)。——巴格斯特译本]。

13.可是既然已经谈到万民皆认为是神圣的存在,世上似乎没有一种力量能够与他相比,那么我为何还要谈到人呢?如果世上有一种力量能够与他相比,请对此加以证明。来吧,你们这些哲学家,请告诉我们在拥有良好声誉的神或英雄当中,有哪一个曾经像我们的救主所做过的那样,陈述过有关永恒生命和一个天上王国的学说?有谁像他那样说服了整个世界的民众去追寻神圣智慧的原则,去确定自己的希望在天上,去期待因为爱上帝而为他们在那里所预留的宅邸?有哪一个具有人形的神祇或英雄曾控制过日出和日落的过程?这是一个与太阳共存的过程,他用其学说的明亮而又荣耀的光束照耀着人类,使到世上的每一个民族均向一位真正的上帝提供统一的崇拜。有哪一个神祇或英雄如他所做过的那样,抛弃文明民族或野蛮民族中的一切神祇和英雄,并规定必须从它们身上撤下所有的尊崇,要求人们必须服从这一命令;尽管是单枪匹马地进行战斗,却完全歼灭了众多敌对势力,战胜了每一个时代的神祇和英雄,使其自身在可居住世界的每一个地区中被所有人民承认为上帝的独子?

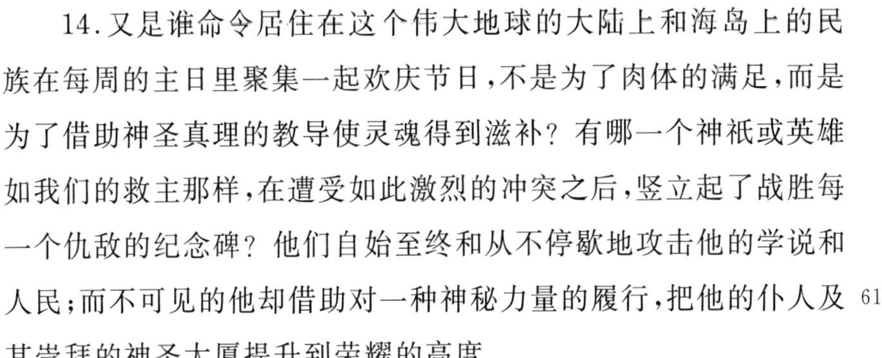

14.又是谁命令居住在这个伟大地球的大陆上和海岛上的民族在每周的主日里聚集一起欢庆节日,不是为了肉体的满足,而是为了借助神圣真理的教导使灵魂得到滋补?有哪一个神祇或英雄如我们的救主那样,在遭受如此激烈的冲突之后,竖立起了战胜每一个仇敌的纪念碑?他们自始至终和从不停歇地攻击他的学说和人民;而不可见的他却借助对一种神秘力量的履行,把他的仆人及 610
其崇拜的神圣大厦提升到荣耀的高度。

可是我们为何还要自负地把目的放在细述我们救主的力量的

神圣证据上？这些证据没有任何语言配得上去加以表达，它们也的确不需要我们用话语去描述，因为它们自身就能够用最响亮的声音吸引住那些打开双耳迎接真理的人们。这的确是一个奇异和奇妙的事实，在人类生命的编年史上是独一无二的；我们描述过的祝福应当被授予我们这些凡人种类，实际上是独一无二的他，即不朽的上帝之子，应当被世人所见到。

第 18 章

1.然而，[仁慈的]君主，我们这些话语在你听来似乎是多余的，因为你已经用频繁的个人经历确证了我们救主的神性；你自身已经用行动而不是用话语，为整个人类充当起真理的先驱。愿在闲暇的时候，我们有幸聆听你叙述我们的救主对你的大量显现，以及在你睡着时他多次对你发出的异象。我所谈论的，并不是那些对我们未曾揭示的神秘暗示，而是他已经灌输进你的内心深处的那些要素，这些要素充满着人类的总体利益和福祉。你将亲自用美妙的话语叙述在战斗期间你那神圣的庇护者所提供的看得见的保护；你的公开的和秘密的仇敌的毁灭；他在危急关头的及时帮助。你将要归之于他的事项包括：你的困境的解除，孤军作战时的防御，危险时期所采取的权宜之计，对于未来事件的预知，你对于公共福祉的预先考虑，你探讨未确定问题的能力，你的最重要的冒险行为，你的民事上的行政管理，[①]你的军事部署，对各部门的陋

① 字面上为“你的政治经济学”。

习的纠正,你有关公众权利的法令,最后,你有关所有人的公共利益的立法。你还将向我们详尽地叙述他的恩典的细节,这些恩典对于我们秘而不宣,只为你所独知,储存在你高贵的记忆当中,就如储存在秘密仓库里。无疑,这就是理由,这就是我们救主力量的令人信服的证据,这些证据促使你建造起神圣大厦,它一视同仁地展现在一切信者和不信者面前,它是他战胜死亡的纪念碑,是神圣上帝的神圣宫殿;同时也是为了尊崇那些高贵和壮观的不朽生命的遗迹以及他的天上王国;为了为我们全能救主的征服提供记录,这些记录与作为它们提供者的你之皇帝尊严是极其相称的。你已经用这样的记录装饰了作为不朽生命之证据的大厦;你既然以一位皇帝的资格,把胜利和成功归之于天上的上帝之道,我便应当,用清晰无误的嗓音,借助行动和言辞,向一切民族宣告你对他的名的虔敬的承认。

索　　引

（索引中的页码为英译本原书页码，即本书边码）

图书在版编目(CIP)数据

君士坦丁传/(古罗马)尤西比乌斯著;林中泽译.—北京:商务印书馆,2017
(汉译世界学术名著丛书:120年纪念版:珍藏本)
ISBN 978-7-100-14250-2

Ⅰ.①君… Ⅱ.①尤… ②林… Ⅲ.①君士坦丁(约274-337)—传记 Ⅳ.①K835.467=2

中国版本图书馆CIP数据核字(2017)第137422号

汉译世界学术名著丛书
(120年纪念版·珍藏本)
君士坦丁传
〔古罗马〕尤西比乌斯 著
林中泽 译

商 务 印 书 馆 出 版
(北京王府井大街36号 邮政编码100710)
商 务 印 书 馆 发 行
北 京 通 州 皇 家 印 刷 厂 印 刷
ISBN 978-7-100-14250-2

2017年12月第1版　　开本 710×1000 1/16
2017年12月北京第1次印刷　　印张 35¼
定价:175.00元